양자심리치료

Arnold Mindell 저

이규환 · 양명숙 공역

The Quantum Mind
and Healing

역자 서문

민델 박사의 『양자심리학(Quantum Mind)』에 이어 『양자심리치료(The Quantum Mind and Healing)』를 번역하게 되었다. 『양자심리학』이 광대한 이론을 펼쳐 놓은 책이라면, 『양자심리치료』는 『양자심리학』의 이론을 임상에 접목하여 독자가 알기 쉽게 풀어 놓은 자습서와 같다. 『양자심리학』의 번역은 무척이나 힘들었던 작업으로 기억되었지만, 『양자심리치료』는 즐기면서 그리고 이해하면서 작업할 수 있었다. 한편으로는 초벌 번역을 한 이후에 여러 번의 수정작업을 하면서 번역의 완성도도 높아졌을 뿐만 아니라, 이 책을 통하여 그동안 고통받던 마음이 스스로 치유되고 있다는 느낌도 받을 수 있었다.

이 책을 작업하는 동안 여러 가지 아픈 경험이 있었다. 특히 가족원의 갑작스러운 죽음은 커다란 충격으로 다가왔지만, 돌이켜 보면 이미 신호교환을 통하여 희미하게나마 다가올 것을 예상하고 있었던 일이기도 하였다. 어느 날 죽음이 가까이 느껴졌고, 이 죽음은 너무나 자유롭고 평온한 마음의 상태임을 알려 주었다. 이러한 순간적인 느낌 속에서 '아! 죽음이라는 것이 이렇게 자유롭고 평화로울 수도 있구나. 나를 포함하여 누구의 죽음도 이제는 수용할 수 있을 것 같다!' 라는 느낌은 실제 사건에서 현실에 와 있었다. 그러나 현실에서는 엄청난 충격과 고통 속에서 가슴이 찢어지는 것 같았다. 더구나 이 고통에 아무런 대비가 없던 다른 가족원들의 고통은 이루 말할 수 없었다.

그러나 『양자심리치료』 번역을 하면서 이러한 고통과도 친숙하게 작업을 할 수 있었다. 죽음이라는 의미와 노화 과정에 대한 장을 다루면서 이런 과정들이 무엇을 의미하는지 더욱더 확연하게 이해할 수 있었다. 그래서 고통 속에서 아직도 힘들어하는 나의 가족에게도 기회가 될 때마다 이 책의 내용을 소개해 주었다. 그리고 80세가 넘어 자신의 노화 과정과 더불어 생의 마지막 단계를 준비하는 모친에게도 어떻게 당신의 죽음을 준비할 것인가와 죽음 너머 어떤 세계가 있을 가능성에 대해서 이야기를 나누기도 하였다. 이러한 과정을 통하여 가족은 점차 고통을 이겨 내는 힘을 얻을 수 있었고, 각자의 종교적 신념에 따라서 극복하고 있는 중이다.

이 『양자심리치료』에는 우리가 이미 지식적·문화적 맥락에서 알고 있었던 내용들이 많이 실려 있다. 그럼에도 불구하고 민델 박사가 안내해 주는 『양자심리치료』는 그동안 알던 지식들을 통합하여 그 열매를 맺을 수 있도록 인도해 주고 있다. 민델 박사가 풀어 주는 이 『양자심리치료』는 우리에게 완전히 새로운 이론은 아니다. 우리는 민델 박사가 과학적 과정을 통하여 풀어 주고 있는 이 양자 세계의 패러다임을 구전소설이나 동화책 그리고 조상이 남겨 놓은 흔적들을 통하여 이미 알고 있다. 다만 알고 있으면서도 깊이 깨닫지 못하고 있었을 뿐이다. 이에 다시금 우리 선조의 통찰과 지혜에 대하여 감탄하면서 현대 과학은 이제 겨우 그 꼬리를 붙잡고 있다는 현실을 실감하기도 하였다. 이제 다가오는 미래는 초(超)과학의 시대다. 일상적 실재 CR에만 머물고 있는 우리의 의식을 비일상적 실재 NCR과도 통합할 수 있는 알아차림을 통하여 한 차원 더 의식이 진화할 수 있도록 열어 두어야 할 것이다.

끝으로 이 책의 초벌 번역을 위해 노고를 아끼지 않은 한남대학교 일반대학원 상담학과 대학원생들과 타이핑 및 그림 작업 등을 꼼꼼하게 해 준 조은주 선생을 비롯하여 학지사 관계자 여러분께도 감사드린다. 하지만 무엇보다도 이 책의 처음부터 마지막까지 화학자의 성실과 열정으로 번역을 주도해 주신 이규환 교수님께 존경과 감사를 드린다. 『양자심리치료』 또한 이규환 교수님의 절대적인 노력으로 완성되었기에 첫 번째 공역자로 들어가기로 했음에도 역자 서문은 양보해 주셨다. 이규환 교수님의 탁월한 능력이 없었다면, 자연과학과 심리학이 만나는 민델 박사의 책들이 우리나라의 독자와 만나기에는 더 오랜 시간이 걸렸을지도 모른다. 이 지면을 빌어 다시금 감사드린다.

이 책 번역의 마무리를 위하여 작업하고 있던 날, 민델 박사 부부로부터 이메일이 왔다. 포틀랜드 프로세스 워크 센터에서 연수를 받고 있는 전지경 박사를 통하여 전달한 작은 선물에 대한 감사함과 더불어 그동안 한국에서 자신의 책들을 번역하고 이를 통해 학생들을 가르치고 연구해 준 것에 대하여 사랑을 듬뿍 담아서 격려의 메시지를 보내셨다. 그러나 도리어 누구보다 이 책을 집필해 주신 민델 박사님에게 깊은 감사와 존경과 그리고 사랑을 보낸다.

한남대학교 오정골에서
역자 대표 양명숙

감사의 글

먼저 오리건 주 포틀랜드의 프로세스 워크 센터에서 열렸던 나의 강의들과 세미나를 기록해 준 수잔 코센(Susan Kocen)에게 감사드린다.

나의 파트너 에이미 민델(Amy Mindell)과 함께 포틀랜드, 런던, 취리히, 도쿄 등 많은 도시에서 열렸던 양자의학을 주제로 한 나의 강의와 세미나에 참석해 준 참가자에게 감사드린다. 그들의 실험, 경청 그리고 질문이 나에게 이러한 아이디어들을 이끌어 주었다.

이 책에 대한 격려와 관심, 첫 번째 부제 '증상의 양자 차원'을 제안하였던 햄프턴 로드 출판사의 리처드 레비턴(Richard Leviton)에게 감사드린다. 그의 아이디어는 내게 많은 새로운 사고(思考)를 주었다.

편집을 통하여 결정적인 아이디어를 첨가하고 끌어내는 놀라운 능력을 가진 마거릿 라이언(Margaret Ryan)에게 감사드린다. 당신은 어떻게 그리도 저자의 마음에 잘 들어갈 수가 있는가?

나의 최초의 원고가 너무 물리학으로 가득 찼다고 언급하면서, 내가 의사 및 환자들에게 더 집중하도록 도와준 칼 민델(Carl Mindell)에게도 감사드린다.

음악에서 나의 오류를 찾아준 랜디 레바인 툴리(Randee Levine Tully)와 우주에 관한 열역학의 의미에 대한 사고(思考)와 같은 물리학을 확인해 준 오리건 대학교의 물리학과 샤론 세션스(Sharon Sessions)에게 감사드린다.

내가 사고(思考)의 일상적인 상태에 있을 때와 꿈꾸는 사람(dreamer)으로서 생각에 잠겨 있을 때를 더 깨닫도록 요청하고, 많은 세부 작업들을 도왔던 헤이코

스포덱(Heiko Spoddeck)에게 감사드린다.

나로 하여금 바디워크(bodywork)의 과학을 마음의 깊은 경험과 관련시키기 위해 노력하도록 만들어 준 던 멘켄(Dawn Menken), 잰 드워킨(Jan Dwokin), 맥스 슈바흐(Max Schupbach), 조 굿브레드(Joe Goodbread) 및 많은 친구들에게 감사드린다.

나의 친구이자 물리학의 용기 있는 해석자이며 재창조자인 프레드 알랜 울프(Fred Alan Wolf), 닉 허버트(Nick Herbert) 그리고 아미트 고스와미(Amit Goswami)에게 당신들의 선구적인 연구에 대해 감사드린다.

내가 일반적인 의학과 대체적이며 비국소적인 의학을 이해하는 것을 도와준 제이 톰린(Jai Tomlin), 피에르 모린(Pierre Morin), 미치 스타그로브(Mitch Stargrove) 그리고 래리 도시(Larry Dossey)에게 감사드린다.

이 책을 쓸 때 나와 함께 했던 스승들, 즉 1961년 취리히에서 융(C. G Jung)의 동시성에 대한 개념을 나에게 전해 준 마리-루이스 본 프란츠(Marie-Louise von Franz), 나에게 초자연주의를 소개하고 일상생활에서 어떻게 그것과 함께 살아가야 하는지 보여 주었던 프란츠 리클린(Franz Riklin), 그리고 '정신과 물질(psyche and matter)'이라고 불렸던 것과 관련된 모든 것들에 지지를 보낸 융에게 감사드린다.

나의 내담자, 친구 그리고 조력자로서 배움을 준 다양한 대증요법 의사, 대체 의학 의사 그리고 상보적 의사들에게도 감사드린다.

비록 고인이지만, 양자물리학의 위대한 선구자들인 루이 드브로이(Louis DeBroglie), 에르빈 슈뢰딩거(Erwin Schrödinger), 존 본 뉴먼(John von Neumann), 데이비드 봄(David Bohm), 리처드 파인만(Richard Feynman)에게 감사드린다. 그리고 가상의 공간과 시간과 삶의 이면에서의 또 다른 실재에 대한 그들의 설명에 대해 살아 있는 초공간(hyperspace) 물리학자들인 미치오 카쿠(Michio Kaku)와 스티븐 호킹(Stephen Hawking)에게 감사드린다.

존경하는 에이미(Amy), 창조성에 대한 당신의 연구는 내가 꼭두각시 인형(puppet)을 진지하게 받아들이도록 가르쳤다. 그 꼭두각시 인형과 함께, 당신의 과학적 영감은 어느 물리학자도 (꼭두각시 인형 없이) 이제까지 생각할 수 없었던 증상들의 양자 차원에 관해 내가 시험하고, 명백하게 알 수 있도록 해 주었기에 누구보다 감사드린다.

저자 서문

우리의 생각이 어떻게 우리의 신체에 영향을 주는가? 우리는 신체 증상의 경험을 바꾸는 데 어떻게 우리의 알아차림을 사용하는가? 두통과 요통, 종기와 혹, 피로와 현기증 등과 연관된 고통과 두려움을 다루기 위해 우리는 무엇을 할 수 있을까? 암 또는 심장 질환에 대해 우리의 주관적인 경험은 어떠한 역할을 할 것인가? 이 모든 것이 유전학, 환경 그리고 우연한 기회에 의해 발생하였는가? 이러한 모든 문제 뒤에 어떤 지성(知性, intelligence)이 있는가?

그렇다. 그 배경에는 깊은 지성의 형태가 있다. 나는 그것을 양자마음이라고 부르고, 이것이 어떻게 치료의 근원이 될 수 있는지 보여 주고자 한다.

이 책 『양자심리치료(Quantum Mind and Healing)』에서 전통적인 생체의학과 대체의학 과정 사이의 연관성을 탐구하고, 신체의 지성에 대한 경험적이고 양자역학적인 근거를 제안할 것이다. 개인과 집단에 대한 나의 치료 작업들은 심리학, 물리학 및 의학의 특별한 분야를 연구하여 이러한 과학들을 통합할 수 있도록 하였다. 이 책은 우리의 가장 미묘한 경험들과 아원자적(subatomic) 물리학의 기본이 되는 비슷한 기본적 패턴의 발견에 기초를 두고 있다. 이러한 패턴들의 발견은 나로 하여금 사람들에 대한 생각과 신체 증상에 대한 연구의 새로운 방법들을 개발하도록 하였다.

나노(나노는 10^{-9}, 즉 10억 분의 일이라는 측정 단위를 나타내는 접두사이며, 여기서는 10억 분의 1m 크기 안에서 일어나는 원자와 분자 과정을 의미한다) 사건이나 나노의학 연구는 현대 의학에 많은 발전을 줄 것이다. 의학 그리고 이와 관련된 심리학과 물리학 분야는 각 분야에서 오늘날 하는 것보다도 더 많은 일을 함께하게 될 것이다. 그러나 해부학, 심리학, 정신생물학, 생물리학, 의학공학, 의학 교육, 일반 임상 그리고 진단 의학에서의 연구를 움직임(movement)과 음악 치료를 포함하는 많은 심리정신 치료들과 연결하는 통합적인 패러다임은 아직 알려진 것이 거의 없다.

이 책『양자심리치료』의 첫 번째 목적은 신체 증상에 초점을 맞추는 것이다. 이 책은 근본적으로 실용성에 초점을 두고 쓰였다. 또한 두 번째 목적은 앞서 언급한 분야들을 함께 모아 통합적인 개념을 제시하고자 하는 것이다. 이 책에서 제안하는 실습은 과학적인 발견과 고대 전통으로부터의 개념에 근거하고 있다. 이러한 발견과 전통을 이 책의 설명박스 부분에서 더 깊게 논의하였다. 과학적 지식을 가진 독자는 부록에서 추가적인 개념과 이론을 볼 수 있을 것이다.

이 책을 저술하는 것은 나에게 많은 감동을 주었다. 이 책을 마무리하기 전날 밤 꿈에서 깨었다. 그 꿈에서, 시원한 밤공기가 있는 높은 산에 있음을 깨달았다. 어떤 위대한 힘이 나로 하여금 높고 울퉁불퉁한 봉우리의 바위로 된 암벽을 마주하면서 산길에 홀로 서 있게 될 때까지 산을 오르게 했다. 어둠의 그림자 안에서 산기슭으로부터 뿜어 나오는 일종의 어떤 마음과 놀라운 힘의 존재를 느낄 수 있었다. 그러나 그 힘을 느낄 수 있었지만 설명할 수는 없었다.

꿈에서 깨어나면서, 갑자기 신체 증상에 관한 이 책의 제목이 지성과 자연의 힘 그리고 내가 양자마음이라고 부르는 것과 연관되어야 한다는 것을 알게 되었다. 반쯤 몽롱한 상태에서, 우리 인간 모두에게 이야기를 하고 있는 그 산기슭의 힘으로부터의 의사소통과 같이 느껴지는 다음 문장을 썼다. 하지만 오늘날 나의 일상적 마음은 그러한 자기 확신적 황당함 때문에 이러한 내용을 거부하기도 한다.

당신 인생의 방향은 어떤 꿈들에서 분명하게 나타난다. 그러나 일상에서 당신은 다음에 무엇을 해야 할지 확실하지 않은 것처럼 행동한다. 낮 동안에 당신은 자신의 신체를 움직이면서 밤의 가장 깊은 공간으로부터 나오는 분명하지만 미묘한 침묵의 힘을 느끼지만, 당신은 일반적으로 이 힘을 무시하기로 결정한다.

당신의 인생을 되돌아보면, 당신은 어떻게 이 힘이 항상 존재해 왔는지 알아차리게 된다. 사실, 당신 삶의 경로는 거의 피할 수 없는 것처럼 보인다. 돌이켜 보면 한두 번쯤은 우연처럼 보이는 것이 피할 수 없었던 것처럼 나타나기도 한다. 그러한 순간에 삶은 혼란스럽고, 우연히 발생하는 것 같다. 그러나 당신의 삶을 돌아보면, 침묵의 힘이 모든 명백하고 무작위적인 행동들 뒤에 있다는 것을 알게 된다. 비록 과거 어떤 순간에 당신이 그 힘과 타협했다고 생각할 수도 있지만, 당신이 '삶'이라고 부르는 그 특정한 경로는 피할 수 없는 것처럼 보인다. 되돌아보면, 그 경로는 어쩔 수 없는 것으로 보인다. 당신은 오로지 그 힘에 동의해서 운명처럼 그것을 따라가거나, 또는 동의하지 않고 반대해서 그것에 의해 당신이 파괴되어야 한다는 것을 나중에서야 깨닫게 된다.

이러한 힘이 존재하지 않는 것처럼 가장하는 것은 소용이 없다. 왜냐하면 그 힘의 존재를 부정하면, 그것은 신체 증상에서 놀라운 사건으로 나타나기 때문이다. 그 힘이 여기 없는 것처럼 행동하면, 삶은 비통해지고 공간은 유령으로 가득 차게 될 것이다. 그러나 일상적인 삶에서 침묵의 힘을 향해 문을 열면, 삶은 무한하고, 놀라운 여행처럼 나타날 것이다.

침묵의 힘은 당신의 개인적인 존재뿐 아니라, 우주의 기원과도 연관되어 있다. 침묵의 힘은 과학으로는 측정할 수 없는 실재이지만, 그 능력은 양자이론의 수학에서 볼 수 있으며, 시간에 있어 역사에 제한되어 있지 않으며, 또한 공간에 있어 이 지구 행성에 제한되어 있지 않다. 이 힘은 일종의 양자마음인 미묘한 지성을 가지고 있다.

이 꿈을 꾼 후에 『양자심리치료』는 완벽한 제목처럼 보였다. 왜냐하면 무엇보다도 그것이 우리가 지금까지 자연, 신, 정신, 양자과정(상태의 중첩, 비국소성, 얽힘 등) 또는 흑체(黑體, dark matter, 우주에서 우주의 변화 속도를 설명하기 위해 필요한 이론적이며 보이지 않는 물질)와 관련된 것으로 여겼던 신비로운 사건과 건강상 문제들을 경험하는 방법이기 때문이다. 생리학, 의학, 물리학 그리고 심리학 사이의 관계는 오랫동안 논의되어 왔다. 이 책의 관점은 기본 입자, 분자 그리고 인체를 기술하는 수학적 설명이 꿈꾸기 경험의 투사라는 것이다.

『양자심리치료』는 증상을 이해하고 당신 자신의 신체 증상과 다른 사람들의 신체 문제를 경험적으로 연구하는 것에 관심이 있는 당신의 일부분에 대하여 언급한다. 신체적 질병과 관련되어 발생하는 증상으로 고생하는 당신의 부분에 대해서는, 이 증상에 접근하고 그것들에 의해 확대되는 특정한 방법이 있다. 내가 서로 다른 분야들을 통합하는 데 관심이 있는 과학자들에게 과학에 대해 제안하는 관점은 간단하다. 무엇보다 인간적 알아차림이 가장 중요한 원리다. 우리가 사물을 인식하는 방법, 즉 우리의 인지와 경험의 본성은 어떠한 관찰이나 이론의 기초가 된다.

이 책을 저술하는 것은 나 자신의 가장 '실재적인' 부분, 즉 때때로 주관적인 경험을 무시하는 부분에 직면하게 했다. 내 안에 있는 보수적 과학자는 한평생 하나의 법칙을 고수하는 것이 낫다고 생각한다. 나도 동의한다. 그러나 신체 증상 연구에 대한 내 평생의 관심 때문에, 내 안의 무언가가 한 가지 원칙만 추구하도록 요구하는 완벽함에 사로 잡혀 있지는 않았다. 단지 이것이 내 능력의 최선임을 인정하고, 이 연구를 되도록 이성적이고, 합리적이며, 이해할 수 있는 것으로 만들려고 노력해 왔다.

이러한 나의 노력은 양자역학의 창시자 중 한 명인 에르빈 슈뢰딩거(Erwin Schrödinger)의 말을 생각나게 한다. 그의 작은 책 『삶이란 무엇인가?(What Is Life?)』 서문에서 그는 다음과 같이 말한다.

과학자는 먼저 어떤 주제들에 대해 완전하고 철저한 지식을 가져야 하며, 일반적으로 자신이 전문가가 아닌 다른 분야의 주제에 대해서는 글을 쓰지 않는다는 것이 일반적인 생각이다. 이것은 노블레스 오블리주의 문제라고 여겨진다. 나는 현재의 목적을 위해서 이 노블레스를 포기하고 부여된 의무로부터 벗어날 수 있기를 희망한다.

하나의 마음이 [과학의] 작고 특별화된 부분보다 더 많은 것을 전적으로 조종한다는 것은 거의 불가능해 보인다. 그러나 우리 중 일부가 스스로를 바보로 만드는 위험성을 감수하고 사실과 이론의 통합—비록 몇몇 이론의 간접적이고 불완전한 지식에도 불구하고—에 착수하는 것 외에 (우리의 진실한 목표를 영원히 잃지 않도록) 이 딜레마로부터 어떠한 탈출구도 찾을 수가 없다고 본다.

증상들을 다루는 것은 심리학, 의학, 물리학 그리고 영적 전통에 대해서 비록 우리가 그 세계를 완전하게 파악하지는 못했지만, 아는 것만이라도 함께 엮는 것 외에는 다른 선택을 할 수는 없다.

이러한 이유와 신체와 심리학의 더 큰 이해를 얻기 위해 『드림바디(Dreambody)』를 쓰기 시작한 이래, 꿈들이 어떻게 신체 증상에 연결되고 영향을 주는지에 대한 나의 연구의 근거를 정립하기 위해 20년 이상을 노력해 왔다. 나는 1982년에 출간된 『드림바디』 제2장에서 드림바디가 어떻게 양자이론과 많은 공통점을 가지고 있는지에 대해서 말하였다. 당시에는 주로 드림바디의 신화(神話)에 집중하였다. 지난 20년 동안, 꿈꾸는 신체와 정신적·신체적 개입의 결과에 대해서 만족해 왔다. 기본 개념을 모든 의식 상태에 있는 개인 및 집단과 작업하는 데 적용할 수 있도록 탐구하고 확장하였다. 그동안 전 세계 10만 명 이상의 사람들과의 내 경험, 실험 그리고 임상들은 의학과 심리학을 비국소성의 물리학과 연결하려는 이 책의 요점이 되었다.

우리의 신체는 우리가 있는 곳에 국한된다. 즉, 국소적이다. 반면에 관계와 집단에 의해서 영향을 받고, 즉각적이고 중요한 사건들에 의해서 영향을 받는 신체는 비국소적이다. 인간과 자연환경이 우리에게 영향을 미칠 뿐만 아니라, 우리 안에 일어나고 있는 일들이 우리의 세계를 바꾸기도 한다. 이 책을 읽으면서, 당신은 양자이론에서 예견되었던 그러한 변화가 이제는 새로운 양자 의학 또는 비국소적 의학의 한 부분이 될 수밖에 없다는 것을 알게 될 것이다. 우리는 신체 안의 문제들을 단지 신체 안을 바라봄으로써 풀 수는 없다. 우리의 문제 일부를 해결하기 위해서 우리가 그것을 경험하는 똑같은 방법으로 전체 세계와 작업해야 할 필요가 있다.

마지막으로 이 책이 환자, 의사 그리고 이론가에게 신체적 고통에 대한 이해와 고통으로부터의 구원을 가져다주기를 희망한다.

2002년 오리건 주 야핫츠에서

www.aamindell.net

독자에게

증상과의 작업을 하기 위한 이 책에서의 제안은 때때로, 일시적으로 의식의 변형된 상태로의 여행을 요구하기도 한다. 만일 독자가 변형된 의식 상태에 대해 불안함을 느낀다면 이 책에서의 실습을 시도하기 전에 심리적 도움이나 의학적 도움을 받기 바란다.

차 례

제1부 증상에서의 침묵의 힘

제2부 비국소성 의학: 증상의 세계

제4부 양자 도깨비 삶의 방식: 초시간적 육체

제1부

증상에서의 침묵의 힘

제1장
침묵의 힘

> 만약 우리가 꿈을 꾸지 않는다면, 우리는 어떤 것도 찾을 수 없을 것이다. ……
> 꿈은 가장 흥미로운 과학이 발생하는 방법이다.
>
> — 댄 골딘(Dan Goldin), 미국항공우주국 국장[1]

신체 증상은 강렬함과 문제들로 가득한 격렬한 전쟁터다. 만약 당신이 자신의 증상들을 부정한다면, 당신은 그 전쟁을 억누르고 있는 것이고, 그 증상들은 밤새도록 당신을 위협할 것이다. 다시 말해서 당신이 그 실재에만 집중한다면, 특히 그 증상들이 바로 치유되지 못한다면, 당신은 우울하게 되고 두려움을 느끼게 될 것이다. 이 책『양자심리치료』는 실재적이며 꿈 같은(dreamlike) 방법에서 당신의 꿈과 신체의 감각을 작업하는 것이 당신의 신체 경험을 어떻게, 왜 바꾸는지를 설명하는 원리를 담고 있다.

독자인 당신에 대한 나의 약속은 이러한 원리들을 가능하면 당신의 신체와 마음에 적절하게 느껴지도록 만드는 것이다. 요점은 당신의 알아차림이 당신 신체의 아원자(亞原子, subatomic) 영역과 상호작용하고 있다는 것이다. 당신은 2000

년대 초기에 내부의 문제들에 대한 해결 방법을 찾는 개인으로서, 우리의 과학이 아직 달성하지 못한 것을 이루어야 한다. 당신은 성장하는 생체의학의 영역에서 뿐만 아니라 당신 신체의 가장 깊은 꿈꾸기와 양자 수준의 탐구에서도 도움을 얻어야 한다. 이러한 단계에서, 당신은 내가 침묵의 힘이라고 부르는 당신 신체의 지성에 대해서 알게 될 것이고, 당신은 우주와 연결될 것이다.

이러한 탐구를 하기 위해서, 모든 수준에서 가장 미묘한 상태에 있는 당신의 신체와 마음을 이해하고 경험하는 것을 돕도록 다양한 단계를 제안할 것이다. 나는 또한 당신의 개인적인 탐구 여행을 지원하는 것을 넘어서, 존재하는 패러다임들을 통합하는 방법에 대해 의학 전문가와 치료사, 물리학자, 생물학자, 대중요법 의사 그리고 대체의학 치료사들의 제안을 제시할 것이다. 나의 방향은 오늘날의 과학적 천재성을 과거의 지혜로운 전통과 통합하고자 하는 것이다. 우리는 증상들에 대해 작업하고 이해하기 위한 새로운 방법들을 얻기 위해 양자 현상, 심리학 그리고 생물학뿐만 아니라 초자연치료를 통해 탐색할 것이다.

과거와 현재의 작업

초기 저서 『드림바디(Dreambody)』와 『꿈꾸는 영혼(Working with the Dreaming Body)』(한나 정 역, 2006)에서, 나는 꿈이 모든 종류의 신체 증상들을 반영한다고 주장하였다. 『깨어 있는 동안의 꿈꾸기(Dreaming While Awake)』에서, 하루 동안 선명한 알아차림에 근거한 초자연치료적인 삶의 방식을 제안하였다. 최근 연구 『꿈 제조사의 제자(The Dreammaker's Apprentice)』에서, 프로이트와 융 이래로 우리 상담자들이 '꿈작업(dreamwork)'이라고 부르던 것을 최신 내용으로 바꾸기 위해 호주 토착민의 꿈 시대(Dreamtime) 개념과 양자이론을 사용하였다.

이제, 『양자심리치료』에서 다음 내용을 다시 생각해 봄으로써 심리학과 물리학의 내용들을 펼칠 것이다.

- 증상에 대한 꿈꾸기와 양자 차원
- 생명의 기원과 알아차림이 노화 방지의 요인이 되는 방법
- 양자이론이 증상들에 대한 음악적 치료가 되는 방법
- 공동체가 신체에 영향을 주는 이유
- 건강을 증진시키는 새롭고 무독성인 삶의 방식

나의 생각들은 두 가지 요인, 즉 모든 신체 문제 및 의식 상태의 사람들과 함께 작업한 40년의 경험과 물리학에 의한 결과다. 나에게 물리학은 이론이며, 실재적인 현실이고, 또한 우리에 대한 심리학의 은유(隱喩)다. 수학과 물리학은 물리적 과정뿐만 아니라 의식의 깊은 변형 상태를 기술하는 기호를 사용한 공식이다. 물리학에서 새로운 개념들은 이론이나 실험 때문에 발생하는 것이 아니고, 우리의 의식이 우리 자신 안에서 우주의 새로운 측면을 발견할 준비가 되어 있기 때문에 발생하는 것이다. 나의 초기 저서 『양자심리학(Quantum Mind)』(양명숙·이규환 공역, 2011)에서 어떻게 모든 사람들이 물리학을 경험할 수 있는지 보여 주었다. 물리학에서의 수학은 실재 이면의 꿈과 같다. 따라서 모든 사람은 물리학에서 측정할 수 없는 양자파동의 장(場)을 경험할 수 있다. 왜냐하면 이러한 가상적인 장은 현실 세계에서의 사건뿐만 아니라 미묘한 신체 경향성(다음에서 언급)의 지도이기 때문이다.

주류의 과학이 우주에서 영점(零點) 에너지(zero-point energy)의 효과를 측정하고, 미묘한 에너지 동요(動搖)가 우주의 기원을 일으키는가 혹은 그렇지 않은가에 대한 논쟁을 하는 동안, 알아차림의 가장 작은 암시들이 내가 침묵의 힘이라고 부르는 개념에서 어떻게 우리의 생명을 창조하는지에 대해 명상을 제안할 것이다. 『양자심리학』에서, 이러한 암시들이 어떻게 양자 물리학, 심리학 그리고 명상에서 보이는 '경향성'이 되는지에 대해 논의하였다. 양자이론의 기본인 물리학의 수학에서 발견된 자기반영 패턴은 침묵의 힘이 어떻게 의식, 실재, 그리고 모든 삶의 기쁨과 문제 그리고 증상을 만들어 내는가에 대한 은유라고 할

수 있다.[2]

이 책에서 이러한 미묘하고, 보편적이지만 측정할 수 없는 경향성들이 침묵의 힘으로써 우리 신체에서 감지할 수 있는 것을 만들어 낸다는 것을 보여 줄 것이다. 더구나 이러한 경향성들은 우리 자신의 자기반영적 능력뿐만 아니라 우주의 자기반영적인 능력과도 연결되어 있다. 의학에 대한 결론은 다음과 같은 통찰을 따른다. 병을 치료하기에 앞서 알아차림을 훈련하는 것은 의학 종사자들의 가장 기본적 임무라는 것이다. 신체의 증상은 해결해야 할 유일한 문제가 아니다. 만성적인 증상은 공안(公案, 선문답), 즉 우리의 의식을 향상시키기 위하여, 해답이 없는 질문들인 것이다. 이러한 많은 증상들은 우리 신체에서 침묵의 힘을 인지하기 위해 알아차림의 사용과 우리의 일상적인 사고의 포기를 요구하기도 한다.

오늘날 신체에 관한 주류의 의학적 관점은 나로 하여금 도시 지도를 생각하게 한다. 예를 들어, 그 지도에서 당신의 집 주소, 당신 신체의 위치와 일치하는 지점을 찾을 수 있다. 우리 대부분은 우리 자신을 어떤 지도에서 어떠한 지점에 위치하고 있는 것으로 생각한다. 이 시간과 공간에 대한 관점의 진실은 명백하다. 그러나 이것이 진실의 전부는 아니다.

양자이론에서의 꿈처럼, 측정할 수 없지만 경험적인 당신의 부분은 지구의 어느 섬과 대륙, 나라, 도시, 길모퉁이에 위치하고 있는 것이 아니다. 당신은 또한 이 태양계나 은하수에 위치하고 있는 것도 아니다. 오히려 당신은 지도의 그 지점에서 일상적 실재(consensus reality: CR)에 있으며, 그리고 동시에 당신이 우주를 통해 펼친 꿈 영역(dreamland)에서 존재하는 것이다. 당신의 신체가 지구의 특정한 지역에 홀로 존재하고 있다는 것을 믿는 당신은 당신의 개인적 관계를 방해할 수 있으며, 또한 증상을 만들어 낼 수도 있다.

새로운 의학은 이 우주(또는 이 평행한 우주들)에서 발생하는 무엇이든 간에 우리가 느끼고 생각하는 것(우리가 물체들을 경험하는 방법)이 전체 우주에 영향을 주듯이 우리의 신체에 영향을 준다는 것을 기억하고 발견할 필요가 있다. 우리는 현실적이지만 가상적인 실재로 구성된 우주에서 살고 있다. 그러므로 새로운 의학은 '국소적'으로 시간과 공간에서 신체를 다루어야만 하지만, 우리 주위의 세계가 우리의 신체에 영향을 미치는 방법을 다루기 위해서는 '비국소적'이기도 하여야 한다.

21세기 초기에, 일상적인 마음은 우리에게 양자 실재와 주관적인 경험은 우리 상상 속의 허구이며 믿으면 안 된다고 말함으로써 객관적이어야 한다고 한다. 첫째, 먼저 현재의 이론이 오늘날의 의학과 뉴턴적인 물리학과 화학에서 알려진 모든 것을 포함하고 지지한다는 것을 확신함으로써 이 일상적인 마음의 긴장을 풀어 주고자 한다. 나는 도리어 현재의 작업들이 양자이론을 심리학적인 방법으로 확인하는 것이라고 제안한다. 둘째, 나는 양자이론과 꿈에서 상징화된 미묘한 경험을 무시하는 것이 신체의 불편함인 질병을 일으킨다고 제안한다. 한마디로 말하면, 당신은 주관적인 경험뿐만 아니라 실험적으로 증명할 수 있는 의학과 물리학이 필요하다는 것이다.

실습: 가상의 시간 경험

우주의 실제적이며 가상적 양자 실재에 대해 아는 것이 어떻게 여기서 그리고 지금 '땅에 발을 딛고 있는' 방식으로 내 신체 문제를 도와줄 것인가? 『양자심리치료』에서는 이 문제에 대해서 이론과 그 이론을 개인적으로 경험하는 방법에 대한 제안을 통해 대답해 주고 있다.

먼저 경험을 고려해 보자. 우리가 하려는 신체 실험은 당신으로 하여금 어떻게 침묵의 힘이 당신의 신체를 움직이는지 느낄 수 있도록 격려해 준다. 그다음에, 우리는 어떻게 이 힘이 가상의 시간의 영역에서, 우주의 기원에서 나타났는지에 관한 이론에 대해서 논의할 것이다.

먼저, 물리학의 모든 양자 영역의 개념과 같이, 침묵의 힘이 아직 직접적으로 측정 가능하지 않기 때문에(단지 그 효과만이 실제에서 측정될 수 있으므로), 당신은 다른 사람에 의해 '동의' 되지 않은 것들을 느낄 수 있는 당신의 주관적인 경험과 능력을 사용해야만 하고 의존해야만 한다는 점을 강조하고자 한다. 그다음에 일어난 것에서, 당신은 당신이 실제로 그 방향으로 움직이기 전에 이미 특정한 방향으로 움직이고 생각하고 상상하는 경향성을 발견할 수 있을 것이다.

당신의 신체 알아차림으로 시작해 보자. 우선 당신의 신체가 움직일 수 있도록 여유로운 자세로 앉거나 서거나 누워라. 당신이 앉아 있다면, 의자 끝 부분에 앉아라. 당신이 누워 있다면 윗몸을 약간 세워라.

이제 그 자세에서 잠시 휴식을 취하라. 약간의 심호흡을 해 보라. 서두르지 마라. 당신이 편안함과 고요함을 조금 더 느끼면, 당신은 계속할 준비가 된 것이다.

편안하고 자연스럽게 호흡하면서, 당신의 신체를 상대적으로 고정시켜라. 가능하다면 당신의 신체가 움직이려는 방향과 동작의 종류를 알아차리도록 당신의 알아차림을 사용하라. 그러나 아직 그 방향으로 움직이지는 말고 단지 주어진 길 혹은 방향으로 움직이려는 경향성을 탐구하라. 스스로에게 시간을 주어라. 그 경향성은 결국 스스로 나타날 것이다. 이제, 이 경향성이 당신에게 생소하게 보이더라도 그 경향성과 그것의 방향을 알아차려라.

당신이 그것을 알아차렸다면, 그 경향성이 당신의 신체를 그 방향으로 천천히 움직이도록 허용하라. 발생할 수도 있는 이미지들을 기록하라. 서두르지 마라. 당신이 움직일 때 어떠한 환상과 이미지가 떠오르는가?

여전히 천천히 움직이면서, 당신의 내적 이미지가 그 움직임의 의미에 대한 느낌을 줄 때까지 그 움직임에 관한 당신의 상상을 따르라. 당신의 경향성, 환상 그리고 움직임은 과연 당신에게 어떤 의미가 될 수 있는가? 그것들이 당신에게 어떠한 의미를 주는 것처럼 보이는가? 의미에 대한 당신의 직관을 믿어라. 그러한 가능한 의미에 대한 당신의 알아차림에 초점을 맞추고 그것을 기록하라.

　　마지막으로, 이 의미를 기록한 후 당신이 방금 만든 움직임으로 돌아가서, 당신의 신체에게 신체가 만들 수도 있는 어떠한 신체 경험, 증상, 증상에 대한 두려움이 당신으로 하여금 이러한 경향성을 당신이 더 알아차리도록 해 주는 지 물어보라. 어떠한 증상 또는 증상에 대한 두려움의 종류가 그 경향성을 더욱 극적으로 표현함으로써 당신이 그것을 보아야만 했는가? 아니면 당신은 이미 그러한 증상들의 초기 단계를 가지고 있는지 혹은 그러한 신체 상태를 두려워 하는지를 알아보라.

　죽음에 대한 두려움으로 고통을 겪어 왔던 한 내담자는 이 실험을 집에서 혼자 하였다. 그는 나에게 자신의 알아차림을 통하여 "나의 신체는 편안해지려고 하고 턱은 아래로 늘어져 휴식을 취하려고 한다."는 것을 깨달았다고 말했다. 이러 한 알아차림을 통하여 턱을 늘어뜨리자, 그는 갑작스러운 환상을 경험할 수 있었 다. 신체가 자유롭게 숨 쉬고 쉽게 바람이 들어올 수 있도록 바람에 완전하게 열 려 있는 이미지를 남기며 그의 머리가 그의 신체로부터 떨어져 나간 것이다. 그 는 "의미는 명백하다. 나의 머리, 그리고 나의 내적 프로그램을 버리고, (마음을) 열어라."라고 말했다. 그는 자신도 놀랍게도 '머리' 혹은 그의 이성적인 마음이 죽으려고 한다는 것을 깨달았을 때 죽음에 대한 두려움이 사라졌다고 보고했다.

　이 실험은 움직임이 일어나기 전에 존재하고 있던 일종의 신체 경향성에 대한 느낌을 당신에게 전달했는지도 모른다. 당신의 이러한 경향성에 대한 느낌은 내 가 침묵의 힘―당신의 신체를 움직이게 하는 미묘한 힘―이라고 부르는 것이다. 보통 이러한 미묘한 힘은 그것이 두려운 환상이나 신체의 감각과 같은 과장된 형 태로 나타날 때만 당신이 그 힘을 알아차리도록 해 준다.

　침묵의 힘은 미묘하게 당신을 주어진 과정으로 들어가게 하며, 삶에 특별한 의 미를 주는, 미묘한 신체 감각이면서 특별한 방법으로 삶을 바꾸게 해 주는 당신 꿈 이면의 추진력이다. 이러한 의미는 당신의 삶을 돌아보고 난 후 혹은 어느 주 어진 순간에 그 힘과 접촉할 때 뚜렷해진다.

마지막으로, 침묵의 힘을 따르지 않는 것은 당신을 불편하게, '평안하지 않게' 만들 것이다. 당신의 신체는 당신이 침묵의 미묘한 힘의 방향에서 그것과 함께 움직일 때 더 편안함을 느낀다.

침묵의 힘의 양상들

다음 장에서, 나는 이 힘이 당신의 미묘한 움직임의 경향성뿐만 아니라 다음에 언급하는 것들에서도 어떻게 나타나는지 보여 줄 것이다.

- 당신의 만성적인 증상들
- 당신의 장기적 행동 패턴, 문제 그리고 재능
- 당신을 가장 힘들게 하는 기분과 사람들
- 당신의 관계 혹은 공동체 문제

경향성에서 발현하는 침묵의 힘은 우리가 살고 있는 일종의 분위기, 기분 혹은 장(場, field)의 감각에 대한 우리의 알아차림과 일치하는 끌어당김과 밀어내기와 같은 것이다. 비록 우리가 보통 그 분위기나 그것의 미묘하며 쉽게 무시되는 침묵의 힘 이면의 어떠한 목적도 알아차리지 못하더라도 이러한 분위기와 그것의 경향성을 '의도적인 장(場)'이라고 부를 것이다.[3]

이러한 미묘한 경향성들이 우리 자신뿐만 아니라 온 세계, 그뿐 아니라 우주 전체와 연관이 있을 수 있으므로, 그러한 미묘한 경험에 초점을 맞추는 것이 어떻게 일종의 비국소적 의학이 되는지 보여 줄 것이다.

물리학, 선(禪) 그리고 침묵의 힘

나는 어떻게 이러한 경험들이 우리의 우주와 연관될 수 있는지에 대한 이론을 제안하는 것으로 시작할 것이다. 우선, 모든 물체의 아원자적인 영역에서 발견되는 기본적인 패턴(양자 파동 함수)은 우리의 전체 우주에 대한 가장 기본적인 패턴 중에 하나라는 물리학 가정을 가지고 시작해 보자.

양자이론의 창시자 중 한 사람인 에르빈 슈뢰딩거(Erwin Schrödinger)가 1920년대에 이 파동 패턴을 처음으로 발견하였을 때, 그는 이것이 '물질(material)' 이라고 확신하였다. 그는 이 패턴의 수학적 파동을 '물질 파동(matter wave)' 이라고 불렀다. 오늘날 우리는 이러한 파동들이 측정 가능한 파도의 의미에서 물질이 아니라는 것을 알고 있다. 그러나 그것들은 거대한 규모의 물체나 신체의 명백한 물질성보다도 더 근본적이었다. 이 기본적인 패턴은 수학적으로 정확하며, 사건들이 일상적인 실재에서 일어나는 확률을 예측할 수 있다.

이 파동 함수는 일상적인 삶에서의 사건에 대한 뉴턴적 물리학과는 매우 다른 매우 특정적인 양자물리학적 개념이다(파동 함수에 대해서는 다음의 설명상자를 보아라).

고전물리학과 양자물리학

고전물리학과 의학은 17세기 후반부터 오늘날까지 이어지고 있는 아이작 뉴턴(Isaac Newton)의 '원인과 결과' 사고(思考)와 밀접하게 연관되어 있다. 고전물리학에서 공 혹은 어떠한 종류의 물체, 신체로 보이는 것이 양자물리학에서는 원자와 아원자입자들로 간주된다. 그러나 실제로, 양자물리학의 수학은 점과 입자의 정확한 의미는 말할 것도 없고 원인과 결과가 더 이상 확실하지 않은 세계를 기술한다.

양자물리학은 일상적인 실재에서 관찰자에 의해 보일 수 있는 것을 추정하는 수학적 패턴에 의해 기술된다. 하지만 양자물리학의 수학을 이해할 수 있는 단순한 방법은 없다.

『사이언티픽 아메리칸(Scientific American)』 2001년 2월호 중 '양자 신비의 100년 (100 Years of Quantum Mysteries)'이라는 논문에서 저명한 블랙홀 물리학자 존 휠러(John Wheeler)와 펜실베이니아 대학 물리학 교수 맥스 테그마크(Max Tegmark)는 그들이 '양자물리학의 신비한 측면'이라고 부르는 것을 다음과 같이 기술하였다. "양자 개념의 초기 성공에도 불구하고, 물리학자들은 여전히 무엇이 양자 개념의 독특하고 명백한 특별 규칙을 만드는지 알지 못했다. 거기에는 안내하는 어떤 특정한 원칙이 없는 것처럼 보였다. 이 '파동 함수'는 무엇인가? ……양자역학의 이 중요한 신비는 오늘날까지 강력한 논쟁적인 문제로 남아 있다."

노벨상 수상자 리처드 파인만(Richard Feynman)은 대담함으로 유명하게 된 그의 연설에서, 그는 만약 당신이 양자물리학을 이해한다고 생각한다면, 스스로를 속이는 것이라고 말하였다. 아마도 아인슈타인 이래 가장 위대한 물리학자인 파인만은 자신의 책 『물리학 법칙의 특성(the Character of Physical Law)』에서 "나는 어느 누구도 양자 역학을 이해할 수 없다고 확실하게 말할 수 있다고 생각한다."라고 하였다.

어쨌든, 양자물리학에서 입자는 우리의 입자에 대한 일반적인 개념에 더 이상 맞지 않다. 더욱이 방정식을 측정하는 확실한 방법이 없기 때문에, 입자의 행동을 기술하는 수학적 패턴인 입자에 대한 파동 함수의 해석이 있을 수 없다. 대부분의 물리학자는, 불확정성 원리를 발견한 베르너 하이젠베르크(Werner Heisenberg)가 한 것처럼, 만일 당신이 양자 세계를 측정할 수 없다면 당신은 그 세계에 관하여 어떠한 확고한 설명도 해서는 안 된다고 믿는다.

양자물리학의 패턴과 그 수학이 과학자에게 수용 가능한 것은 소위 슈뢰딩거 파동 방정식이라는 기본 방정식이 측정되고 검증될 수 있기 때문이 아니라, 그것이 통계적으로 측정할 수 있는 결과를 예측하기 때문이다. 마찬가지로 심리학에서 꿈은 수학적 패턴같이 정확하게 측정될 수 없고, 어느 누구도 정말 그것들이 무엇인지 정확하게 알지 못한다. 그럼에도 불구하고, 꿈 역시 꿈을 꾸는 사람에게 일어날 수도 있는 일상적 행동을 예측한다. 비록 주어진 해석이 논쟁의 대상이 될지라도, 전 세계의 심리상담사와 임상심리치료사 대부분은 꿈작업(dreamwork)의 개념을 받아들인다.

양자이론은 그림을 그리기 전에 예술가가 갖는 꿈이나 환상과 같은 것이다. 그 예술가는 환상 속에서 그려질 그림의 완벽한 형상을 가지고 있을 수도 있지만, 화폭에 그림이 그려지는 순간 예상하지 못한 사건들이 일어난다. 따라서 얻어지는 그림은 예측 불가능하다. 마찬가지로 양자이론도 어떻게 우주가 작동하는가에 대한 일종의 환상과 같다. 그것은 일반적인 개요를 줄 수 있으나 마지막 세부사항까지는 아니다. 이 책에서, 양자이론이 어떻게 물리적 사건의 비전(vision)뿐만 아니라 또한 심리적 경험의 비전인지를 보여 줄 것이다.

우주의 기원에 대해서 고찰할 때, 우주철학자 스티븐 호킹(Stephen Hawking)은 창조의 순간을 이해하는 데 양자 파동 패턴을 사용하였다. 그는 시간의 시작—시간이 0일 때—에서 '가상의 시간(imaginary time)' 이 존재했다고 주장한다. 호킹은 이 '꿈' 이나 환상을 사용하였는데, 왜냐하면 양자이론이 없는 물리학은 우주가 시작한 후 첫 10^{-43}초 이후부터 잘 적용되기 때문이다. 그 전에는 비(非)양자 물리학은 적용될 수 없었다. 호킹은 창조 첫 순간에 대한 이론 혹은 '비전' 으로 양자 파동을 사용하였다.

우주의 기원에서는 어떤 일이 일어났을까? 호킹은 '실제' 공간과 시간 그리고 물질들이 있기 전에 헤아릴 수 없는 '가상의 시간' 이 우리 우주의 초기를 지배했다고 주장한다.[4] 그의 생각은 그리 황당한 것처럼 보이지는 않는다. 무엇보다도, 당신은 미묘한 경향성과 패턴이 당신의 상상 속에 존재하고 더구나 그들이 현실적이며 측정 가능한 움직임을 만들어 내기 바로 전에 존재하고 있다는 것을 경험하였다. 우리가 아는 것처럼 물리적인 실제가 있기 전 우주의 기원에서, 미묘하고 작고 꿈 같은 경험 혹은 경향성이 일종의 꿈처럼 혹은 가상의 시간 속에 있었을 수도 있다.

내가 이미 주장하였듯이, 나에게 양자물리학은 물질적 우주뿐만 아니라 심리적 우주까지도 설명해 준다. 나는 수많은 사람들과의 작업을 통하여 모든 신체의 움직임과 증상들이 그들의 '실재' 일상적인 모습에 앞서는 가장 작고 가장 미묘한 '상상'의 경험들로 거슬러 올라갈 수 있다는 것을 발견했다. 어떤 면에서는,

증상(그리고 생명이 있는 모든 것들)은 미묘한 신체 신호, 즉 침묵의 힘과 같이 느껴질 수 있는 가상의 시간에서 시작한다.

양자이론의 또 다른 창시자는 물리적 실제 이면의 양자 파동 함수가 실재를 향한 상상 혹은 측정 불가능한 '경향성'을 나타낸다고 처음 말했던 베르너 하이젠베르크다. 다시 말해서, 양자이론과 몇몇 우주철학자들의 관점에 따르면, 실제 사건들은 측정 불가능한 경향성으로부터 발생하고 설명된다고 한다. 이를 조금 더 쉽게 설명하면, 세계가 '꿈 시대(dreamtime)'에서 시작되었다고 말하는 토착민과 같이 말하는 것이다. 나는 이러한 꿈 시대의 명백한 효과를 '침묵의 힘'이라고 부른다.

꿈 시대의 침묵의 힘은 모든 것 이면에 존재한다. 이것은 이 세계를 이해할 수 있는 열쇠 중 하나다. 침묵의 힘은 사건들의 초기 근원의 경험이자 개념이다. 이 힘을 사용하기—힘과 함께 움직이고 증상과 작업하는 것을 배우기—위해서, 당신은 오직 고요 속에서 당신의 알아차림에 집중하는 방법만 배우면 된다. 알아차림은 신체 건강의 감각에서 주요 요소다. 알아차림은 많은 문제에 대한 대답을 찾는 데 열쇠가 될 수도 있다.

선(禪)과 꿈꾸기

의식이 변형된 상태에서의 알아차림은 나의 한 친구가 삶에서 가장 어려운 질문에 대해서 어떻게 대답을 찾았는지 생각나게 해 주었다. 교토의 케이도 후쿠시마(Keido Fukushima)는 나에게 그가 선(禪) 승려(그리고 선 불교의 임제종 책임자)가 되기 위해 수련할 때의 이야기 하나를 해 주었다. 그가 선을 공부하고 있을 때, 그의 스승으로부터 공안을 받았다. 케이도가 공안을 받았을 때, 처음에 그는 스스로에게 깊이 빠져들었다. 그가 미지의 세계를 따라가자, 그의 신체는 공안에 반응하여 춤을 추기 시작했다!

그의 스승은 이 '대답'에 기뻐했고, 그 춤이 어디서 왔는지 물었으며, 나의 친구에게 그들이 살던 도시를 떠나서 그 방법대로 춤을 추던 일본의 토착민과 함께 살라고 말씀하셨다. 그는 이후 그 토착민과 몇 년을 함께 살다가, 선(禪) 승려가되었다. 케이도는 스승이 돌아가시자, 스승의 무덤에서 스승을 위해 그 춤을 추었다고 말했다.

이와 비슷하게, 삶은 당신에게 수많은 대답할 수 없는 질문을 하고 있다. 당신의 신체는 또한 항상 춤으로 대답하려고 한다. 당신은 자신의 알아차림에 초점을 맞추는 것을 배움으로써, 당신의 신체 증상을 포함하여 신비하게 보이는 많은 것들을 해결하기 위해 당신 안에서 일어나는 예상할 수 없는 움직임을 사용할 수 있을 것이다.

이렇게, 증상은 당신의 신체가 알아차림을 사용하고 당신의 가장 깊은 측면을 재경험하도록 '춤추는 것을' 요청하는 공안인 것이다. 만약 당신의 양자 파동이 우주와 연관되어 있다면, 당신 신체의 미묘한 움직임 또한 마찬가지로 우주의 리듬에 맞춰 춤출 것이다.

이 책에 대해서

이러한 개념들을 더 완벽하게 설명하고 내면 작업 실험들에 대한 더 좋은 제안들을 하기 위해서, 이 책을 개인적 증상에 집중하는 부분과 삶의 방식에서 관계성, 노화 그리고 자유와의 연관성 부분으로 나누었다.

제1부 '증상에서의 침묵의 힘'에서, 의학의 중요한 의무가 삶의 미묘한 힘의 알아차림을 지원하는 것임을 보여 줄 것이다. 양자 물리학과 심리학, 그리고 신체에 대한 의학적·정신적 접근에 대한 논의를 하고 나서, 생체의학과 대체의학 전통 그리고 물리학이 혼합된 '무지개 의학(Rainbow Medicine)'에 대해서 이야기할 것이다. 무지개 의학은 삶이 어떻게 우리에게 건강의 감각을 제공하면서 자

발적으로 발생하는지의 경험을 통해서 나타난다. 무지개 의학은 많은 '색깔'을 갖고 있다. 많은 대중요법 의학과 대체의학들은 매우 단조롭다. 즉, 그것들은 적은 수준으로 구성되어 있으며, 무지개보다 한 색에 가깝다. '단색(one-color)' 의학은 개인 문제에 대해 아스피린, 비타민, 완화 요법과 치료 요법을 포함하고 있다. '단색 의학' 또한 꿈꾸기를 포함하는 거대한 그림의 결정적인 부분이다.

제2부 '비국소성 의학: 증상의 세계'는 어떻게 당신의 신체가 비국소적—당신이 어디에 있든 또는 누군가 다른 사람이 당신일 수도 있다고 생각하는 것—인지 설명하기 위해 양자물리학과 내면작업을 사용한다. 증상은 당신의 신체의 특정 부분을 지향하는 국소적 의학 방법에 의해 항상 치료가 되는 것은 아니다. 왜냐하면 당신이 고통받고 있는 신체 문제는 어쩌면 당신 혼자만의 문제가 아니라 그것들은 과거 그리고 심지어 미래에서의 관계와 공동체 문제에서도 발견되기 때문이다.

제3부 '노화: 화학, 불교 그리고 엔트로피'는 침묵의 힘이 어떻게 노화, 유전학 그리고 선조와의 유대에 대한 새로운 접근을 이끄는지 보여 줄 것이다. 나는 임사체험 혹은 죽음에 대한 두려움 경험이 어떻게 삶에 창조성을 가져다주는지 이야기할 것이다. 동시적 상태로서 삶과 죽음에 대한 새로운 관점은 물리학뿐만 아니라 심리학에서도 지금은 다루어지고 있다.

제4부 '양자 도깨비 삶의 방식: 초시간적 육체'는 관계성과 초자연치료적 태도에서 다양한 역할을 포함하는 증상과 작업하는 새로운 방법들을 소개한다. 이 책은 비국소성을 재고찰하고 다양한 수준의 알아차림을 통합하는 비독성적 삶의 방식들을 제안하면서 결론짓는다. 여기에서 이 책 『양자심리치료』를 요약하는 개념들을 볼 수 있을 것이다.

부록에서는 과학적 지식을 가진 독자를 위해 파동, 양자물리학, 평행한 세계 그리고 양자마음에 대한 기본적 개념을 정리하였다.

제2장
무지개 의학

이 장에서, 나는 통합된 의학적 패러다임인 '무지개 의학(Rainbow Medicine)'
을 제안하며, 그 개념이 고전 의학과 대체의학에서뿐만 아니라 물리학, 영적 경
험, 의식의 변형된 상태의 연구에서도 어떻게 발견되는지 보여 줄 것이다. 무지
개 의학은 의학에서 다차원적 접근에 대한 또 다른 이름이다.

왜 우리 대부분은 아플 때 우리 자신이나 다른 사람에 대해 기분 나쁘게 느껴
지는가? 여기에는 많은 이유가 있을 수 있다. 가장 큰 문제의 하나는 일상적 실제
(consensus reality) CR에 연결된 우리의 부분이 질병을 단지 '실제' 또는 물질적
인 것으로 (즉, 이것을 꿈의 세계와는 전혀 다른 것으로) 인정하기 때문이다. 물론,
질병은 실제이며, 이것은 당신의 삶을 방해한다. 중대한 질병은 당신이 일을 할
수 없게 만들어 돈을 잃게 만들고, 고통을 느끼게 하여 상당한 두려움을 느끼게

하고, 당신 삶에서 사람들과 즐기지 못하게 하는 것 등을 의미한다. 간단히 말하면, 침묵의 힘과 존재의 꿈꾸는 층(dreaming layer) 없는 일상적 실재 CR은 매우 편협하고 침울한 것이 될 수 있다.

아픈 사람에 대해 기분이 나쁘게 느끼는 것은 아픈 사람을 단지 이러한 일상적 실재 CR로 보기 때문이다. 누군가에 대해 기분이 나쁘게 느끼는 것은 당신이 그들의 증상에 숨겨진 꿈꾸기의 무한한 능력을 부정하고 그리고 그들이 근본적으로 무능력하고 의학체계와 운명에 의존적이라고 가정할 때 정당화할 수 있기 때문이다.

거의 모든 사람이 심각한 질병에 걸리거나 죽음에 당면했을 때 당황한다. 그럼에도 불구하고, 꿈의 세계에서 증상은 무한(infinity)으로부터 오는 가장 놀라운 메시지를 알려 줄 수 있다. 만일 일반 의학에서의 의사뿐만 아니라 당신과 내가 증상의 현실적인 메시지 그리고 꿈 영역 메시지 모두를 인식한다면 비록 부정적인 진단과 태도를 두려워하는 사람도 용기를 가지게 되고 더 감사하면서 필요한 도움도 더 잘 찾아낼 수 있을 것이다.

오늘날의 의학계 분위기는 많은 사람들이 필요한 치료를 받는 것을(만일 당신이 의료보험이 없다면 의료비는 말할 것도 없이) 꺼리는 것에 대해 부분적으로 책임이 있다. 다시 말하면, 당신이 아프다면 당신은 단지 생의학적 관점에서만 아픈 것이다. 다른 관점으로 보면, 당신은 당신 신체에 커다란 꿈을 가지고 있는 것이고, 어쩌면 침묵의 힘으로부터 운 좋게 극적인 메시지를 받는 것이다.

무지개 의학은 다중 수준이다

무지개가 여러 가지 색을 가지고 있는 것처럼, 모든 물질적 물체와 마찬가지로 신체도 그 안에 실재의 다양한 '색'을 가지고 있다. 각각의 '색'은 우리 모두가 익숙해져 있는 생의학적 실재의 실체적이고 물리적 측면인 '일상적 실재 CR'의 색이다. 이러한 실재에서 '정상적 신체'는 머리, 두 팔, 두 다리, 심장 등을 가지고 있으며, 그것은 시간과 공간에서 존재하는 물체로서 보인다. 그러나 모든 물질적 물체와 같이 신체는 다른 '색', 다른 '진동수'도 가지고 있다.

신체는 시간과 공간에서 쉽게 측정될 수 없고 찾을 수 없는 꿈 같은 차원을 가지고 있다. 우리는 신체의 키, 무게 그리고 체온을 측정할 수 있지만, 신체의 양자파동 패턴 혹은 어느 주어진 신체가 가지고 있을 수도 있는 미묘한 감정을 직접적으로 측정하거나 찾을 수 없다. 그럼에도 불구하고, 대부분의 사람들은 미묘한 경향성들이 (제1장에서 여러분이 경험했을 수도 있는) 인식할 수 있는 패턴으로 발현하기 훨씬 전에 그것들을 느낄 수 있다.

무지개 의학은 신체의 심리학적 실재의 꿈 같은 수준뿐만 아니라 물리적 실재의 실제 시간과 실제 공간을 포함한다. 무지개 의학은 주관적인 경험, 꿈 패턴 그리고 자의식의 모든 수준을 포함하는 대체의학적 과정뿐만 아니라 해부학, 진단, 투약, 외과 수술, 생물리학(biophysics) 등과 같은 고전 의학의 요소를 포함한다.

무지개 의학은 적어도 다음과 같은 실재의 3수준을 다루며, 각 수준은 알아차림의 특정한 형태와 연결된다.

1. **일상적 실재**(consensus reality: CR): 시간, 공간, 무게와 반복 가능한 측정의 관찰
2. **꿈 영역**(dreamland: DL): 환상, 주관적 느낌, 꿈 그리고 꿈 같은 형상의 경험
3. **본질**(essence): 미묘한 경향성과 꿈이 발생하는 침묵의 힘에 대한 명료한 느낌의 인식

이 수준들 중 단지 하나만을 다루는 어떠한 의학을, 나는 '단색(單色) 의학'이라고 부르며, 무지개 의학은 알아차림의 모든 수준을 포함한다.

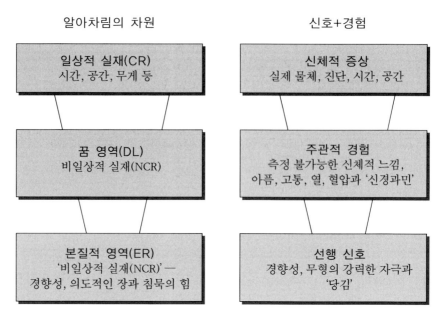

알아차림의 차원   신호+경험

일상적 실재(CR) 시간, 공간, 무게 등	**신체적 증상** 실제 물체, 진단, 시간, 공간
꿈 영역(DL) 비일상적 실재(NCR)	**주관적 경험** 측정 불가능한 신체적 느낌, 아픔, 고통, 열, 혈압과 '신경과민'
본질적 영역(ER) '비일상적 실재(NCR)' ― 경향성, 의도적인 장과 침묵의 힘	**선행 신호** 경향성, 무형의 강력한 자극과 '당김'

[그림 2-1] 무지개 의학과 알아차림의 3수준

무지개 의학과 단색 의학

단색 의학은 주로 일차원 또는 이차원에 초점을 둔다. 표준 대증요법 의학을 포함해서 모든 인식적 치료법 접근은 주로 [그림 2-1]의 윗부분인 일상적 실재 CR을 다룬다. 모든 의학이 다 필요하며, 대체의학과 일반 의학은 무지개 의학의 부분들이다. 모든 다양한 영역이 필요하고, 어느 한 의학이 다른 의학보다 '더 나을' 수 없으며 그것들 모두가 더 완벽한 체제의 부분에 속해 있다.

무지개 의학에서, 신체에 대한 서로 다른 접근법들은 특별한 삶의 방식에 연결되고(제21장에서 이것에 대해 좀 더 구체적으로 다룰 것이다), 우주를 관찰하고 경험하는 방법과 연결된다. 앞서 언급한 것처럼, 무지개와 같이, 무지개 의학은 다중 수준으로 되어 있다. 무지개 의학적 사고(思考)를 설명하기 위해, 몇 가지 질문을 해 보자. 당신은 계절의 변화가 왜 생기는지 어떻게 설명하는가? 그것은 저절로 발생하는 것인가? 여러분은 지구의 기울어진 축이 여름에는 햇빛을 더 가깝게 해 주고 겨울에는 더 멀게 한다는 답변에 만족하는가? 또는 계절이 왜 변화하는지에 대한 시(詩)적인 묘사에 더 만족하는가? 예를 들면, 가수 사이먼 앤 가펑클(Simon & Garfunkel)의 노래 〈4월이 오면(April, Come She Will)〉을 회상해 보자.

지구의 축의 기울어진 각도와 꿈 같은 느낌(예: '한때 새로운 사랑도 이제 점점 시들어 가네'와 같은 시 구절) 모두가 계절의 변화를 충분히 묘사하고 설명하는 데 필요하다. 일상적 실재 CR 단계와 꿈 영역 DL 단계 모두가 계절의 시간에 대한 서로 다른 차원, 다른 느낌을 말한다.

마찬가지로, 우리는 삶을 이해하기 위해 꿈뿐만 아니라 박테리아에 대해서도 알아야 할 필요가 있다. 유전자와 박테리아는 우리에게 일어나는 많은 것들에 대해 설명한다. 하지만 꿈은 마음에 그리는 상(像), 즉 심상(心像)과 의미의 개념으로 삶의 과정에 대한 설명을 돕는다. 오늘날의 의학은 주로 일상적 실재 CR을 다루며 주관적 경험을 대부분 무시하는, 기본적으로 뉴턴적(的)이다. 양자역학은 그것의 가장 상상적인 측면이 대부분의 과학자들에게 '미심쩍은 것으로' 남아 있음에도 불구하고 매우 다르다. 양자역학은 물체의 개념 이면에 있는 보이지 않는 차원을 다룬다. 뉴턴적 생물학과 양자물리학의 실제적이며 보이지 않는 차원은 모두 무지개 의학의 일부다.

비상대론적인 뉴턴의 물리학, 즉 고전 물리학에서, 물체는 부분들과 입자들의 다발처럼 공간에서 구별할 수 있는 존재로 보인다. 양자역학과 새로운 물리학에서 물체는 좀 더 무형적인 것으로 보이는데, 그것은 과학자들이 에테르(ether) 혹은 정기(精氣)라고 부르는, 즉 우주의 빈 공간을 채우고 있는 것으로 여겨지는 물질과 같다. 오늘날 우리는 아인슈타인의 상대성이론으로, 에테르가 더 이상 존재하지 않는다는 것을 알고 있다. 대신, 우리는 양자 진공 공간과 같은 현상을 가지고 있다. 물체 자체는 더 이상 단지 어떤 것의 한 덩어리가 아니며, 그것은 보이지 않는 공간에서 무형적인 파동이다. 제1장에서, 얼마나 이런 파동이 추상적인 이론(혹은 수학에서의 허수)일 뿐만 아니라 또한 '경향성'(하이젠베르크가 이를 붙임) 혹은 더 일반적으로, 느껴질 수 있는 '의도적 장(場)' 인지에 대해 이미 언급하였다.

양자물리학의 수학에서 묘사되는 경향성은 일상적 실재와 꿈꾸기의 세계에 걸쳐 있는 상징이다.[3] 이런 수학은 삶에서 특정한 방향으로 우리가 가도록 자극하는 꿈꾸기의 힘뿐만 아니라 추상적인 특성의 은유다.

서양 과학이 발전하기 오래전부터, 어디에서나 초자연치료적인 전통을 가진 토착 치료사들은 위대한 영혼(great spirit)의 안내와 같은 지시를 경험하였다. 나는 개인적으로 아프리카, 호주, 미주(美洲) 그리고 인도에서 앞서 언급한 3영역 —일상적 실재 CR, 꿈 영역 DL, 본질적 영역 ER—에서 자신들의 알아차림을 적극적으로 사용하는 치료사들을 만났었다. 어쩌면 우리의 조상은 신체의 양자 차원을 그렇게 부르지 않으면서도 항상 알아 왔으며 느껴 왔던 것이다.

현재까지, 서양 과학은 그 자체로 마음 혹은 의식에 관해 우리에게 가르칠 것이 거의 없다. 어쩌면 마음에 관한 서양 심리학의 통찰은 '잠재의식' 에 대한 프로이트의 개념화로 시작한 것이다. 오늘날의 신경과학은 어떻게 의식을 두뇌로 접근시킬 수 있는지를 탐구하고 있다. 나에게 미래는 명확하다. 대중 의학의 다음 단계는 물리학, 심리학 그리고 생물학을 인류의 가장 초기 종교로부터의 지혜와 통합하는 무지개 의학을 만드는 것이다.

무지개 의학 '의사'

의학을 재정의함으로써, '의사' 는 알아차림의 전문가가 될 것이다. 일상적 실재 CR의 신체와 꿈꾸는 신체를 함께 작업할 수 있는 미래의 '무지개 의사' 를 상상해 보라. 무지개 의사는 여러분의 건강 문제와 꿈꾸기에 대해 당신을 돕기 위해 당신이 찾는 사람이다.

당신 자신에 대한 스스로의 믿음을 강화시키며, 무지개 의사는 "친애하는 친구여, 당신의 가장 심각한 증상은 놀라운 지경이다. 당신은 당신 신체에 통증과 곤경을 가지고 있으며, 항상 피곤하다고 말한다. 자, 우리는 이런 문제들을 탐구할 것이고 당신의 신체에 귀를 기울일 것이다. 아마도 이런 증상들은 당신에게 의문, 즉 공안(선문답)과 같은 문제를 제기하고 있는 것이다. 선 승려와 마찬가지로 당신의 신체는 증상의 형태로 삶에 관한 문제를 당신에게 제기하고 있는 것이다."

"어떻게 우리는 이런 공안에 대한 답을 찾을 수 있는가? 현재, 이런 증상의 본질은 우리의 표준적 의학에 의해 완벽하게 이해되지 않는다. 우리는 대중요법적 전통에서 그것을 조사할 것이지만, 우리는 우리 마음에 대해 알고 있는 것을 넘어야 할 필요가 있다. 지금이 당신이 은밀하게 기다려 왔던 순간일 수도 있다. 당신의 가장 깊은 곳에 있는 본성을 만나기 위한 도전, 어쩌면 당신의 증상은 어떤 깨달음의 형태에 이르게 할지도 모른다."

만약 이것이 당신이 처음으로 무지개 의사를 만난 것이라면, 이 시점에서 당신은 너무 놀라워서 무지개 의사의 진료실을 떠날지도 모른다. 그러나 동시에, 시대와 문화가 변하고 무지개 의학 진료가 더 일반화된다면, 당신은 안심할 것이다. 당신은 더 이상 과학과 신비적 전통 사이에서, 대중요법적 의학과 대체의학 사이에서 선택할 필요가 없다. 왜냐하면 모든 패러다임의 측면이 당신 의사의—알아차림 전문가의—진료실에서 고려될 것이기 때문이다. 건강의 개념과 병의 병리학은 여전히 이 진료실에 있겠지만 그것은 단색 의학 개념이며, 원숙한 노령까지 살기를 원하는 일상적 실재 CR에서의 일상적 당신과 연관된다. 무지개 의학에서, 당신은 아픈 것도 건강한 것도 아니고, 젊은 것도 늙은 것도 아니며, 단지 당신이 아직 인식하지 못한 의도를 가진 경로에 있는 것이다.

아마도 당신의 의사는 다음에 "당신의 피로 증상과 끊임없는 통증 및 심장 압박 증상은 춤의 시작이다. 당신의 신체가 춤을 추도록 하고 무엇이든 당신의 심장을 압박하는 것을 표현하도록 하라."라고 말할 것이다.

당신은 춤을 잘 못 춘다고, 특히 사람들 앞에서는 더욱 그렇다고 주장할 것이다. 하지만 무지개 의사는 당신이 긴장을 풀고 당신의 손이 줄에 매달린 인형처럼 무엇인가를 표현하도록 해서 의미하고자 하는 것을 보여 주라고 말한다. 무지개 의사는 당신 신체에서의 가장 작은 자극에 따르라고 제안한다. 당신이 그 자극을 알기 전에, 신체는 당신을 일으켜 세우고 당신은 춤을 추기 시작한다. 당신은 자신을 가두고 있는 공간에서 벗어나기 위해 벽을 두드리고 있는 위대한 거인처럼 느끼게 된다. "나를 내보내 줘요. 나를 내보내 줘요!" 당신 의사는 "왜요?"라고 묻지만, 당신은 이유를 모른 채, "나를 내보내 줘요! 나는 이 가슴에 가두어지기에는 너무 커요! 난 피곤하지 않아요. 난 에너지가 넘치고, 그리고 해야 할 많은 일이 있어요!"라고 대답한다.

놀랍지 않은가. 춤추기 전, 당신은 당신이 피곤하다고 생각하였다. 이제 당신은 에너지가 넘친다고 느낀다. 잠시 후 당신은 당신의 일이 무엇인지 발견한다. 그것은 당신이 당신이나 당신 주위의 다른 사람에게 무엇인가 특별한 것을 변화시키거나, 아마 그 '거인'이 도시를 변화시키는 것과 같은 망상적이라고 생각했던 무엇인가를 하기를 원하는 것이다.

어쨌든, 당신은 기분이 좋아져서 집에 가고 도전을 받아들이게 된다. 당신은 그 거인을 돕거나 저지하기 위해 더 이상 약물을 필요로 하지 않는다. 더 좋은 것은, 그러한 증상이 당신에게 가져다준 알아차림에 의해 당신은 더욱 풍요롭게 느끼며, 비록 증상이 다시 나타나더라도 대증요법적 의학이 있든 없든 당신은 더 기분이 나아진다.

나의 요점은, 무지개 의학은 증상에서 초자연치료적 개념, 즉 정신, 수세기에 걸쳐 치료사들이 신체 경험을 묘사하는 데 사용해 왔던 '생명의 흐름' '기(氣)' '생명의 원리(prana)' '생명의 힘' 그리고 다른 모든 개념들과 같은 '미묘한 에너지'와 함께, 질병과 병에 대한 대증요법적 개념, 피로와 혈압, 건강과 물질적 인과관계를 포함한다는 것이다. 무지개 의학은 현대 과학을 지지하고, 또한 동종요법, 인지학(人知學)적 의학과 개인적 경험의 다차원성을 인식하는 접골요법 및 척추 지압 요법의 전통 사이의 관계를 발전시킨다. 이것은 '저것 아닌 이것'의 문제가 아니라 '이것과 저것'의 원리인 것이다.

고전적 의학과 무지개 의학

오늘날의 의학은 질병을 전염병과 비전염병으로 분류한다. 박테리아와 바이러스와 같은 미생물은 신체를 병나게 하고 전염성 질병을 유발하는 것으로 보인다. 비전염성 질병은 하나 또는 여러 가지 이유로 그렇게 분류된다. 만일 원인이 알려지지 않았다면—예를 들어, 암과 비만 같은 경우—원인은 발견될 것이라고 믿긴다. 나이, 유전학, 문화, 경제, 지리 그리고 기후 등이 모두 질병에서 중요한 역할을 한다고 인식되어 있다.

약 백여 년 전에, 죽음의 주요 원인은 천연두, 결핵 그리고 콜레라였다. 오늘날 산업적으로 발전된 나라에서는 심장 문제와 종양성 장애와 같은 퇴행성 질병이 사망 통계의 많은 부분을 차지한다. 질병을 만드는 원인적 요소들이 계속해서 발견되고 있고 뿌리 뽑히고 있지만, 우리가 노화와 질병과 관련 있는 심리학적이고 정신적인 요소와 같은 새로운 문제에 직면하도록 한다.

한의학, 동종(同種)요법, 척추 교정 지압 요법 등과 같은 대체의학적 과정은 수세기 동안 질병과 연관된 비인과적이며 심리학적 혹은 정신적인 요소들과 작업해 왔다. '에너지' 이론은 이제 신체의 구성 성분이 실제 신체를 선명한 물체로보다는 흐릿하게 만드는 일종의 연속체를 따라 서로 의사소통을 하고 있는지를 설명하는 패러다임으로서의 '정보' 이론과 경쟁하고 있다.

고전 의학은 (우리의 육체적 느낌의 도달 범위 안에 있는) 사건 이면의 선형이며 국소적인 원인들을 이해하려 하는 뉴턴적 물리학으로부터 많이 발전하였다. 그것에는 일상의 세계에 영향을 주고 있는 원인들이 있다. 당신이 편평한 표면에서 공을 밀면, 그 공은 굴러간다. 마찬가지로, 당신의 신체가 어떤 사람이나 어떤 물질적 혹은 화학적 방법에 의해 물리적으로 밀린다면, 당신의 신체는 변화한다. 의학과 고전 물리학의 대부분을 특징짓는 원인과 결과라는 패러다임은 선진국에서 인간 수명을 약 120년 전보다 2배로 만들어 주었다.

무지개 의학적 접근법에서, 질병의 근원은 박테리아와 같은 단순하거나 다중적인 일상적 실재 원인뿐만 아니라 침묵의 힘에도 있을 수 있다. 이렇듯이 무지개 의학 접근법은 인과적 패러다임이 설명할 수 없는 것을 설명할 수 있다. 왜 어떤 질병은 사라지고, 다른 질병은 치명적인 과정을 계속 유지하는가? 왜 우리 신체는 가끔 자연적으로 회복하고 다른 때에는 회복하지 않는가? 왜 약물이 어느 한 마음의 상태에서는 잘 듣는데 다른 상태에서는 듣지 않는가?

무지개 의학과 영적(靈的) 경험

내가 처음 양자 경향성의 치유 잠재성에 관심을 갖게 되었을 때, 나는 '만일 이런 경향성들이 신체를 좋게 하기 위해 필수적인 것이라면, 그 경향성들은 현대 과학의 근본적 개념에서뿐만 아니라 종교적·정신적 전통에서도 또한 발견되어야만 한다.' 라고 생각하였다.

예를 들어, 당신은 도(道)에서 삶에 대한 무지개 의학의 특징적인 다중 수준 개념을 발견할 수 있다. 침묵의 힘은 노자(老子)의 고대 『도덕경(道德經)』에서의 도 개념, 즉 신비스러운 '말로 표현할 수 없는 도' 의 개념과 매우 비슷하다. 중국학자 해롤드 로스(Harold Roth)에 따르면, 도덕경보다 앞서는 도에 대한 초기 중국 개념은 도를 '생명의 본질' 뿐만 아니라 '길' '의미' 로 정의한다.[4] 로스에 따르면, 도에 대한 이러한 개념은 '건강, 생명력 그리고 심리적 안녕의 근본' 이다. 도는 만물의 세계로 펼쳐지는 '하나' '자르지 않은' '단순한' '우리의 전반적 삶을 안내하는 힘' 이다.

'생명의 본질' '건강의 근본' 그리고 '삶에 대해 안내하는 힘' 이 정말로 무지개 의학 개념이다. 로스는 양자 파동이 기본적 입자와 전체 우주를 묘사하는 방법뿐만 아니라 기본적 입자와 전체 우주를 삶으로 가져오는 방법에 대한 묘사와 비슷한 도의 초기 설명을 다음과 같이 인용하였다.

> 모든 것의 생명의 본질,
>
> 그것은 그들에게 삶을 가져다 준다.
>
> 그것은 땅 아래에서 다섯 종류의 곡물을 생성하고
>
> 그리고 하늘에서 총총한 별들이 된다.
>
> 하늘과 땅에서 흐를 때
>
> 그들은 그것을 초자연적인 것이라고 한다.
>
> 인간의 가슴에 채워졌을 때
>
> 그들은 그것을 현명한 사람이라 한다.[5]

사람의 마음에 있는 도(道), '현명한 사람'은 내가 침묵의 힘이라고 부르는 것이다. 앞의 예에서, 도는 깨닫기 위해 기다리고 있는 춤이었다. 앞의 인용에서, 우리 신체에 있는 이러한 내부의 지혜는 별 속에 있는 내부의 지혜와 똑같다.

변형된 상태와 무지개 의학

후에, 장자(莊子)는 '말로 표현할 수 없는 도'를 '근본적 힘'으로 해석하였다. 이 힘은 흐름의 감각과 쉬운 움직임 혹은 건강함을 생성하는 움직임 경향성의 명백한 경험이다. 이런 경향성에 접근할 수 있다는 것은 일상적 의식의 변형 상태를 생성한다. 명료한 알아차림을 동반하는 완화되고 열린 마음의 상태에서, 당신은 많은 정신적 전통에서 발견되는 많은 중요한 경험, 당신이 그것을 '하지' 않고도 일들이 만들어지는 하나됨(oneness)의 경험을 추정한다.

비어서 열려 있음(empty openness)은 선불교에서 무심(無心)으로, 티베트 불교에서는 릭빠(*rigpa*; 역자 주-티베트어로 알아차림, 지성의 의미)라고 불린다. 티베트 불교의 라마 소걀 린포체(Sogyal Rinpoche)는 꿈꾸기-이전(pre-dreaming) 또는 릭빠 상태를 "본질적이며, 변형되지 않는 마음, 모든 사물 이면에 있으며,

당신이 마음을 완화하고 풀어 주며 그것을 원래대로 가져옴으로써 경험할 수 있는 일종의 지성"이라고 말하였다. 릭빠 상태에서, "변화나 죽음으로 인해 절대적으로 그리고 항상 손상되지 않는 마음의 가장 깊숙한 근본은…… 지식 자체의 지식일 것이라고 언급될 수 있다."[6]

릭빠는 만물이 발생하고 창조되는 '본질'의 경험에 대한 알아차림이다. 릭빠 상태에서, 사건의 자의식적 본질—우주의 지성—이 감지한다. 사람은 소위 '일상적' 사건의 비국소적이며 존재하는 모든 측면을 느낀다. 이런 상태에서 꽃은 단지 꽃이 아니다. 대신, 호주 토착민이 말하는 것처럼, 당신은 시간을 초월한 힘인 '꽃 꿈꾸기'를 발견한 것이다.

양자물리학에 따르면, 작은 입자가 관찰되기 전에는 언제 어디라도 있을 수 있는 것과 같이, 선 불교와 티베트 불교에 따르면, 무심 또는 릭빠 상태에서 당신은 모든 실제 사건에 대해 미묘한 비국소적인 '모습-이전(pre-face)'을 느낄 수 있다. 당신은 사건이 일상적 실재에서 발현되기 전에 당신의 꿈꾸기에서나 당신의 마음에서 그 사건에 연결된다.

창조성으로서의 무지개 의학과 선(禪)

케이도 후쿠시마(Keido Fukushima)는 언젠가 내 수업에서 서예를 하기 전 잠시 명상을 할 때의 의식 상태를 학생들에게 보여 주었다. 그는 붓과 종이를 앞에 놓고 방 가운데 앉아, 명상을 한다. 그리고 그가 '완벽한' 상태에 들었을 때, 그는 붓을 들고, 순식간에 서예를 완성한다. 이러한 상태에서, 그는 어떻게 이런 미묘한 경향성이 자신의 붓을 이끌어 서예를 완성하는지를 보여 주었다.

이러한 무지개 의학 상태에 대해서 의미가 조금씩 다른 많은 이름이 있다. 몇 가지를 언급한다면, 힌두교의 브라만, 미주 토착민 신앙의 위대한 영혼(Great Spirit), 기독교와 이슬람교 전통에서의 유대 신 등으로 경험되는 하나됨 상태가 있다.

후쿠시마 로시(Fukushima Roshi)는 무심 상태를 '창조적 마음', 조금 더 일반적인 영어 번역으로는 '무심(無心)' '공허' 또는 '무(無)'로 설명한다. '창조적인 마음'은 나에게 많은 심리학적 감각을 제공한다. 왜냐하면 당신의 마음이 침묵의 힘에 맞춰질 때, 당신이 경향성을 느낄 때, 당신은 즉시 비워지게 되고 고도의 집중적이며 창조적 상태에 들어가기 때문이다.

이러한 상태에서, 당신의 일상적 사고(思考), 인지와 느낌은 더 이상 당신의 알아차림을 지배하지 않고, 당신은 (당신의 신체와 모든 자연적 세계에서) 미묘하고 예측하기 어려운 동요에 들어가게 된다. 변형된 '영적' 상태는 사람을 예측할 수 없는 환상과 움직임이 나타날 수 있는 일종의 근본적 창의성에 개방한다.

물리학에서 무지개 의학

저명한 물리학자 데이비드 봄(David Bohm)은 그가 양자 파동을 어떤 방법으로든 정보가 주어지거나 안내되고 있는 물질적 물체라고 상상했던 '안내 파동'이라는 개념으로 재고안(再考案)하였을 때, 양자역학에 영적 혹은 심리적 차원을 추가하였다. 그는 파동 함수(혹은 내가 침묵의 힘이라고 하는 것)가 바다에서 배를 인도하는 레이더 파(波)와 같이 입자에게 어디로 가야 하는지를 알려 주는 일종의 인도(引導)하는 힘이라고 말하였다. 비록 다른 물리학자(특히 베르너 하이젠베르크)들은 과학자들에게 파동 함수가 측정 불가능하므로 파동 함수의 정확한 개념화를 삼가야 한다고 경고하였지만,[7] 봄(그리고 많은 다른 물리학자들)은 대담하게 일상적 실재 CR의 측정을 넘어서 생각하였다.

무지개 의학은 정신적 경험과 대체의학적 개념뿐만 아니라 물리학 이론에서도 발견된다. 무지개 의학은 복합적 차원이다. 그것은 실재하는 뉴턴적 물리학과 신체 화학의 인식뿐만 아니라 미묘한 안내 파동, 도의 알아차림, 무심, 릭빠 그리고 그와 유사한 측정할 수 없는 상태를 포함한다.

침묵의 힘은 의식의 특별한 상태에서 발견될 수 있는, 그리고 우리의 창조적 경계를 발견하는 데 사용될 수 있는 안내하는 창조적 지성이다. 침묵의 이러한 상태로부터 경향성은 먼저 잠재의식적으로 나타나고 사전 신호로서 나타나며, 마지막으로 당신의 주의를 끄는 작은 '신호교환' 으로 나타난다. 보통의 일상적인 알아차림에서 우리는 이런 잠깐 나타나는 사전-느낌과 작은 신체 감각을 미묘하고 비합리적이거나 수명이 짧기 때문에 무시하려는 경향이 있다. 하지만 우리가 명료한 주의집중이 열린 상태에 있을 때, 이런 자극들은 쉽게 인지된다.

실습: 무지개 의학으로서의 신호교환

다음 실험을 따라해 보자. 연필과 종이를 준비하라.

마음을 열어라. 잠시 동안 눈을 감고, 긴장을 풀고, 당신이 어떻게 숨을 쉬고 있는지 집중하라. 급하게 하려고 하지 말고, 당신이 고요의 '영(零)의 상태' 에 도달할 때까지 천천히 하라.

신호교환을 경험하라. 이제 아직도 명료하고 열린 마음으로, 천천히 눈을 떠라. 차라리 당신의 눈꺼풀이 스스로 매우 천천히 열리도록 하라. 당신이 있는 공간을 응시하라. 당신의 무의식적인 마음이 당신이 응시하고 있는 주의집중에서 반짝 나타나는 물체나 경험을 선택하도록 하고, 그 특정한 반짝 나타남과 신호교환을 잡아라. 그것은 미묘할 수도 있고 희미할 수도 있다. 당신은 처음에 그것을 무시할 수도 있다. 당신의 알아차림을 사용하고 당신의 마음의 눈에서 그 신호교환을 잡아라.

당신의 주의를 끈 그것에 초점을 맞춰라. 잠시 동안 물체나 사건을 반영하라. 그것은 무엇인가? 당신에게 무엇을 떠오르게 하는가? 그것의 느낌은 어떠하고 어떻게 보이는가?

당신의 꿈꾸기의 힘이 펼쳐지도록 하라. 그 물체 혹은 사건에 초점을 맞추고서 당신이 왜 이러한 신호교환에 대해 '꿈꾸기'를 하는지 거의 알게 될 때까지 물체 혹은 사건에서 (혹은 그 안에서) 일어나고 있는 것을 알아차려라.

연필을 들고 당신의 손이 무엇인가를 빠르게 그리도록 하여라. 당신의 꿈꾸기를 이해하는 것을 돕기 위해, 종이 위에 꿈꾸기의 에너지를 표현하도록 당신의 손 또는 연필로 움직이는 대로 움직임을 만들어라.

당신의 꿈꾸기의 가능한 의미를 추측하라. 그 이미지와 경험 이면에는 무엇이 있는가? 이 순간 그 꿈꾸기에서 당신에게 중요한 것은 무엇인가? 그것을 종이에 적어라.

침묵의 힘을 느껴라. 준비가 되면, 그 신호교환에서 나타났던 같은 패턴이 당신의 최근 내부적 혹은 외부적 삶의 경험 어디에서 나타났었는지 스스로에게 물어라. 그 신호교환에서 당신에게 나타나는 경향성, 조종 파동, 침묵의 힘을 느끼고, 그리고 이 창조성이 연결되거나 해결할 수 있는 신체 증상을 상상하라. 그 힘이 당신을 어디로든 움직이게 하라.

알아차림의 특별한 상태에서, 침묵의 힘은 증상과 연관될 수도 있는 창조적인 충동으로서 나타난다. 침묵의 힘에 연결하는 것은 당신에게 일종의 의학이다. 주의하지 않는다면, 당신은 미묘한 자극을 쉽게 무시할 수도 있다. 왜냐하면 그것은 당신에게 처음에 매우 잠깐 반짝이며, 매우 희미하거나 무의미하기 때문이다. 그럼에도 불구하고 스스로를 돌보는 다른 방법들과 함께 이런 상태와 장(場)에 집중하는 것을 배우는 것이 무지개 의학인 것이다.

제3장
제3장
나노 신호교환과 신체 지혜

1959년 12월 미국 물리학회의 연례회의 중 나노과학의 시대를 예고하는 유명한 강연에서 리처드 파인만(Richard Feynman)은 다음과 같이 말하였다.[1] "물리학의 원리에서…… 물체가 원자 단위에서 조정되는 것에 대한 가능성에 반대하지 않는다. ……실제로는, 우리가 너무 크기 때문에 그렇게 되지 못한다. ……그러나 나는 아주 먼 미래에 궁극적으로 우리가 원하는 대로 원자를 배열할 수 있는지에 대한 결정적인 질문에 대하여 생각해야만 한다."

앞 장에서, 순간적으로 반짝 떠오르는 생각, 작은 인지, 감각 혹은 신호교환은 많은 지성을 지니고 있는 것이라고 밝혔다. 이런 작은 신호교환과 같은 인지는 일종의 '나노-알아차림(nano-awareness)', 즉 가장 작고 가장 미묘한 경험의 알아차림이다.

내 친척의 신호교환

다음은 갑자기 떠오른 신호교환에 관한 이야기다. 어느 날 가족 모임에서 한 친척과 이야기하는 것이 지루해졌을 때, 나는 내가 하는 작업의 성격에 관해 이야기하였고, 나의 책에 실려 있는 실습을 시도해 보자고 요청하였다. 우리가 소파에 앉아 있는 동안, 그에게 긴장을 풀고 호흡에 집중하라고 제안하였다. 잠시 후, 그에게 신체를 탐지하고, 그의 주의를 끄는 매우 작은 어느 것이라도 이야기해 보라고 제안하였다. 그는 잠시 가만히 있더니, 왜 그런지 이해를 못하겠지만, 자기 목 안에 무엇인가 '건조함' 같은 것이 있다고 말하였다. "이것은 사소한 것 이라서 별일은 아닌 것 같지만, 아마도 이것이 바로 당신이 요청한 것 같군요." 라고 나에게 자신 있게 말했다.

건조함이 그와 신호교환을 했으므로 나는 그에게 그 건조함에 초점을 맞춰 보 라고 제안하였다. 나는 그에게 그가 이러한 실없는 환상에 많은 집중을 하는 그 런 종류의 사람이 아니라는 것을 이해하지만, 지금은 그렇게 해야만 한다고 말하 였다. "당신이 신체에 집중할 때 나타나는 아주 작은 감각에 집중해 보십시오. 그것을 다시 경험해 보십시오. 필요하면 당신이 쉽게 그것을 상상할 수 있을 때 까지 그것을 증폭시켜 보십시오." 라고 말하였다.

그는 눈을 감고, 무언가 심각하게 생각하는 것처럼, 이마를 찌푸렸다. 그리고 웃음을 지었고 눈을 떴다. 그는 매우 흥분하여, 건조함에 집중하였을 때 자신이 광활한 사막 지역에 있는 것을 보았다고 나에게 말했다. "그곳은 사막이었 고…… 아니, 그것은 거대한 사막의 뜨거운 지면에 앉아 있는 인디언이었습니다. 참 이상한 환상이지요?"

나는 흥분을 간신히 감추고, 사막에 있는 그 형상이 무엇을 하고 있는지 물었 다. 나의 친척은 "그는 …… 글쎄…… 자신에게 모든 관계성 문제를 떨쳐 버리고 모든 사람에 대한 책임을 느끼지 말라고 말하고 있는 조상의 음성이라고 생각 되는 것을 듣는 것 같습니다!" 라고 말하였다. 이 순간에 그는 매우 흥분하였다. 그는 충격을 받아 웃었고, 그는 항상 자신의 주위에 있는 모든 사람에 대해 지나 치게 책임감을 느꼈다고 나에게 말하였다. 그는 "그 사막에 있는 인디언 조상들 의 음성은 나에게 말을 하고 있었던 것이 분명합니다!" 라고 말했다.

나는 "책임감을 느끼는 것이 잘못된 것입니까?" 라고 물었다. 그는 "그러는 것 이 무엇인가 잘못되었음에 틀림없습니다. 나는 누군가를 돌볼 때마다 언제나 발 작적인 기침을 하거든요. 어떻게 이것이 건조한 감각과 연결이 될 수 있지요?" 라고 대답하였다. 나는 그가 스스로 이 질문에 대한 답을 알 것이라고 제안하였다. 잠시 후, 그는 "아하! 나는 책임감을 느끼지 말고 도리어 '조상들'에게 더 책임적이어야 했습니다."라고 말하였다.

이 이야기는 몇 가지 요점을 설명한다.

- 작은 감각이나 신호교환은 창조력과 환상, 이야기와 꿈의 시작이다(목 안의 건조함은 '광대한 사막에 앉아 있는 인디언'의 이미지를 이끌어 냈다).
- 신호교환은 증상의 근본이다(건조함은 기침 발작과 연결되었다).
- 신호교환은 증상의 중심 혹은 본질이고, 동시에 그것들의 의학이다(건조한 목의 감각은 기침의 완화를 위한 처방을 제공한다. 돌보는 사람이 되는 대신 '조상들'과 함께 되는 것이다).
- 증상은 그 자신들의 의학이다.

나노-알아차림과 의학

물리학과 심리학은 오늘날까지 이러한 매우 작은, 나노 규모의 사건에 대해 충분히 이해하지 못하고 있다. 한편으로는, 심리학에서 대단히 작은 신호교환은 물리학에서 전자와 원자의 움직임이 의미하는 것과 같은 것이다.

나노 과학의 창시자 리처드 파인만은 우리가 그런 것들을 하려고 하지 않는 이유는 우리가 '너무 크기' 때문이라고 하였다. 마찬가지로, 심리학도 사람의 언어적 경험과 이야기에 초점을 두기에, 주로 밤 시간의 꿈과 일상적 실재 CR에서의 사건에 관심을 두었으며, 미묘한 신호가 커져서 비로소 '그것에 관해 이야기'를 할 수 있을 때까지 개인적이며 외관상 무의미하고 미묘한 신호를 무시해 왔다.

여기서 나는 '신호교환의 심리학'은 나노-신체 사건의 주관적인 경험이라는 것을 제안(그리고 제9장에서 양자 상태 교차 개념을 가지고 더 구체적으로 토의)하고자 한다. 과학과 심리학은 지금까지 이런 영역을 무시하였다. 왜냐하면 주류(主流)의 사고와 삶은 일상적 실재 CR을 지향하고 있기 때문이다. 이러한 일상적 실재 CR은 본질적으로 나노-사건에 대한 횡포다. 오직 반복될 수 있는 일상적 종류의 사건에만 초점을 둠으로써, 우리의 마음은 주의 깊지 못하게 되며, 꿈 영역과 일상의 실재에 앞서는 가장 작은 미묘하고 신호교환과 같은 경험을 쉽게 놓치게 된다.

나노과학

나노라는 용어는 과학에서 한 단위의 10억 분의 1, 10^{-9} 또는 0.000000001을 의미하는 접두사로서 사용되고 있다. 예를 들면, 1나노미터(10억 분의 1미터)는 10^{-9} 미터, 또는 0.000000001미터다. 이것은 대략 원자의 크기다. 나노-초(秒)(10억 분의 1초)는 10^{-9} 초다.

나노과학과 나노공학은 원자력 현미경 스캐너(atomic force microscope and scanner; 역자 주-주사현미경의 일종으로 뾰족한 탐침자가 일정한 거리를 유지하면 시료 표면과의 원자간 힘을 이용해 상(像)을 만드는 현미경)를 이용하여 물질의 표면에 있는 전자의 움직임을 조사하고 또는 개별 원자를 움직일 수 있다. 오늘날, 이러한 새로운 영역은 예를 들어 뼈와 같은 구조물 안에서 개별적인 원자를 조사하는 대신 분자 내의 치환기를 바꾸는 것에 기초를 둔 화학과 의학의 형태를 재구성하고 있다.[2] 양자물리학은 나노과학을 발생시켰고, 세포 조직과 물질의 부분들을 몇 개 원자의 크기로 탐구하기 위해 현미경과 스캐너를 사용하였다.

의학적 과학은 주로 분자와 세포를 다룬다. 하지만 나노의학은 원자의 위치를 변화시킬 것이다. 나노의학이 성장함으로써, 주로 분자와 세포를 재구성하는 많은 의약과 의학은 더 이상 필요가 없어질 것이다. 나는 로버트 프레이타스(Robert Freitas)가 나노의학에 관한 자신의 책 서문에서 "분자의 수준에서 목표된 의학적 과정을 수행할 수 있는 앞으로의 가능성은 의학 시술에 전례 없는 힘을 제공할 것이다. 수십 년 이내에, 우리는 어떻게 인간의 신체가 치유될 것인지에 대해 놀라운 변혁을 기대할 수 있다."라고 말한 것에 동의한다.[3]

실습: 나노-알아차림과 신체 지혜의 탐구

가장 작은 인지를 존중함으로써 거대한 변화가 발생할 수 있다. 우리는 이미 침묵의 힘이 가장 작은 움직임의 경향성에서 나타난다는 것을 제1장에서의 '가상의 시간' 실습을 통해 알고 있다. 제2장의 끝부분에서 다룬 '무지개 의학으로서의 신호교환'은 어떻게 침묵의 힘이 시각적 신호교환을 구성하는지에 초점을 두었다. 다음의 실습에서는 당신에게 어느 정도 의식의 보통 상태로 나타나는 순간적으로 반짝이는 나노 규모의 자기 수용적 신체 감각을 탐구할 것이다.

잠시 동안, 당신의 신체를 느끼고 당신의 호흡에 집중하라. 이제 어떠한 아주 작은 것이라도 인식되기를 '요청'하는 모든 신체의 감각을 인식하라. '반짝하고 떠오르는' 신호교환 같은 혹은 갑작스럽게 나타나는 신체 감각을 인식하라.

이제 당신의 모든 알아차림을 그 작은 것에 초점을 맞춰라. 감각을 추적하고, 그것들이 나타나는 대로 펼쳐지도록 하라. 그것들을 느끼고, 보거나, 들어라. 그것들이 펼쳐지는 것을 당신의 의식적인 의구심 혹은 설명으로 멈추지 마라.

당신의 나노-알아차림으로 실험하라. 그러한 감각이 당신에게 어떤 의미가 있을 때까지 상상적인 방법으로 펼쳐지도록 하라.

당신이 어떠하든 경험한 것이 다소 당신이 현재 가지고 있는(혹은 이전에 가지고 있었던) 신체 증상과 연결되었는가? 당신이 인식한 그 신호교환이 어떻게 그 증상의 핵심적인 경험이 될 수 있는가? 어떤 방식으로 이러한 핵심적인 경험이나 본질이 당신의 삶을 풍요롭게 할 수 있었는가?

당신의 나노-신체 경험들은 의식의 새로운 공간과 상태로 가는 입구가 될 수 있다. 증상들은 당신의 심리와 연결되어 있고, 당신의 가장 특별한 '힘'과 연결되어 있다. 증상의 신호교환은 전체적으로 생명을 위한 '의학'—의학이라는 용어의 가장 위대한 의미에서—이 될 수 있다.

양자 파동과 의식

프로세스워크 연구자로서 상담을 수행했던 오랜 기간 동안 의식의 모든 상태에 있는 많은 사람들에 대해 상담하면서 나는 나노 규모의 경험을 인식하고 반영하는 것이 확장된 의식을 창조한다는 것을 알았다. 신체 감각과 신체 증상에는 위대한 지혜가 숨겨져 있다. 하지만 물리학과 의학은 여전히 알아차림이 의미하는 것과 의식이 무엇인지에 관해 확실히 알지 못하고 있다.

나는 알아차림을 가장 자율적이며 기본적 감각의 가장 무의식적인 인지라고 생각한다. 만일 우리가 알아차림을 발전시키면, 우리는 꿈꾸기의 세계에서 거의 의식적으로 될 수 있다. 그 순간 우리는 명료한 꿈꾸기에서와 같이 '명료하게' 된다. '의식'이라는 개념을 경험에 관해 말할 수 있는 능력과 같은 조금 더 일상의 자발적인 활동을 위해 남겨 두려고 한다. 의식은 알아차림의 근본이다.

물리학에서의 의식

존 폰 노이만(John von Neumann)은 아마도 오늘날의 컴퓨터의 기본이 되는 EDVAC 컴퓨터의 개발로 가장 잘 알려졌을 것이다. 하지만 그는 또한 양자물리학에 관한 초기의 위대한 수학자 중 한 사람이었다. 그는 1930년대에 그 위치가 어디인지 정확하게 알지는 못하지만 의식이 물리학의 방정식에 들어 있다고 발표하였다. 노벨상 수상자인 물리학자 유진 위그너(Eugene Wigner)와 같은 다른 사람들은 의식은 어쩌하든 실재를 창조했다고 말했으며, 오늘날 다른 물리학자들도 이에 동의한다.

  미국 아리조나 대학교에서 개최되었던 '의식 과학(Science of Conciousness)' 학술회의는, 영국 임프린트 아카데믹(Imprint Academic) 출판사에서 발간한 『의식 연구 학회지(Journal of Consciousness Studies)』, 미국 필라델피아 템플(Temple) 대학교에서 발간한 『선구적 과학 학회지(Journal of Frontier Sciences)』, 그리고 많은 다른 개인 및 연구소들처럼, 과학계에서의 새로운 경향성의 대표다.

  『마음의 그림자(Shadows of the Mind)』(1994)에서, 선구적 우주철학자 로저 펜로즈(Roger Penrose)는 다음과 같이 설명하였다. "의식적 마음의 문제에 대해 완전한 개념에 도달하지 못한 과학적 세계관은 완성도에 대해 진정한 권리를 가지지 못한다. 의식은 우주의 한 부분이며, 따라서 그것을 위한 적절한 위치를 만들지 못하는 어떠한 물리적 이론도 세계의 진실된 묘사를 제공하는 데 기본적으로 부족하다." 나는 아직까지 의식을 설명하는 것에 매우 근접한 어떠한 물리적, 생물학적 혹은 컴퓨터 이론도 없다고 주장할 것이다.

  만일 당신이 물리학에서 의식 연구를 계속하는 데 관심이 있다면, 닐스 보어(Neils Bohr)의 『원자 물리학과 인간의 지식(Atomic Physics and Human Knowledge)』(1958)을 읽어 보라. 가장 기본적 사고(思考)는 베르너 하이젠베르크의 『자연에 대한 물리학자의 개념(The Physicist's Conception of Nature)』(1958)에서 찾을 수 있다. 그 다음에는, 스튜어트 해머로프(Stuart Hameroff)와 로저 펜로즈의 1996년 논문 「뇌의 미세소관에서 양자 일관성의 조정된 변형: 의식의 모형(Orchestrated Reduction of Quantum Coherence in Brain Microtubules: A model for Consciousness)」을 보라. 훌륭한 개관(槪觀)이 로저 펜로즈의 『황제의 새로운 마음(The Emperor's New Mind)』(1989)과 『마음의 그림자』(1989)에 실려 있다.

의식의 참여자

　스스로를 쳐다보는 체제, 혹은 더 좋은 것은 당신 자신을 쳐다보는 당신, 혹은 가장 좋은 것은 당신과 당신의 찻잔처럼 서로 '쳐다보는' 두 물체의 체제를 상상하라. [그림 3-1]에서 직선 화살표는 관찰을 의미한다. 당신과 컵 아래에 있는 점선 화살표는 당신과 찻잔 등의 두 물체가 서로를 관찰하고 있다는 것을 깨닫기 전에 두 물체 사이에서 발생하는 신호교환을 나타낸다.

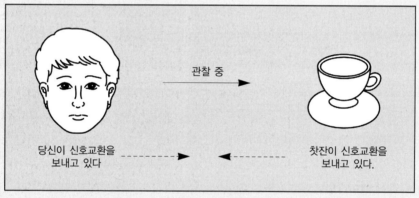

[그림 3-1] 관찰

　직선 화살표로 나타나는 과정은 당신과 찻잔 사이의 신호교환으로서 비디오카메라로 추적될 수 있지만, 신호교환은 추적할 수 없다. 당신은 신호교환이 '당신의 어깨를 두드리는 것'을 느낄 수 있을 뿐이며, 당신이 재빨리 그 찻잔을 쳐다보게 만든다. 점선 화살표는 일단 관찰이 의식적으로 생성되면 일상의 생활에서 물체들 사이의 신호교환—미묘하고 비일상적 상호작용—을 나타내며, 그 결과 당신이 "나는 내 찻잔을 보고 있다."라고 말할 수 있게 된다.

　신호교환 현상은 물리학의 수학에서도 나타난다. 미국 시애틀 워싱턴 대학교의 물리학자 존 크레이머(John Cramer)에 따르면, 그림의 두 개의 점선 화살표는 상상 영역에서의 파동으로 이해할 수 있을 것이다. 그는 관찰자와 관찰 대상 사이 혹은 관찰자와 관찰자 자신 사이를 통과하는 '주문 파동과 메아리 파동을 반영하는' 개념에서 관찰 과정 동안 일어나는 것을 이해하기를 제안하였다.[4] 당신은 일상의 실재에서 이런 상상의 파동을 측정할 수 없다는 것을 기억하라. 그것들은 상상의 숫자 영역에서 '파동과 같은 것'이기 때문에 우리가 파동으로서 언급하는 수학적인 개념이다. 이런 파동은 시간에서 앞으로도 가고 뒤로도 가는 것으로 이해할 수 있을 것이다.

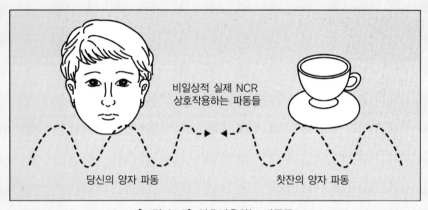

[그림 3-2] 상호작용하는 파동들

공상 과학 소설 같이 들리는가? 그렇다. 오늘날 심리학에서, '공상' 과학의 개념은 더 이상 존재하지 않는다. 새로운 물리학에서처럼, 아마 실제가 될 수 있는 어떠한 것—즉, 상상할 수 모든 것—은, 다른 차원에서는 **실제다.** 신호교환은 비일상적 실재 NCR에 존재하는데, 이는 21세기의 대도시에서 살고 있는 사람들 사이에서 그들의 존재에 대해 합의가 이루어지지 않을 것이라는 의미한다. 당신은 비디오카메라를 이용하여 신호교환을 잡을 수 없다.

어쨌든, 우리는 크레이머를 따라(비일상적 실재 NCR에서) 두 개의 양자 파동으로서 신호교환을 그려 볼 수 있다.

물리학의 수학에서, 이런 파동은 똑같은 크기와 진동 수를 가지지만 진행 방향은 반대다. 크레이머에 따르면, 그들의 상호작용은 양방향 통신이 진행하기 전 선행되어야만 하는 일종의 '악수(데이터 전송 제어 신호)'와 같은 원격 통신 기기 사이의 상호작용과 같다. 그리고 이 두 파동은 통신이 연결되고 나면 당신이 팩스와 이메일을 보내기 이전에 나타나는 삐 신호음을 잊는 것처럼 잊혀진다.

물리학에서의 관찰 과정 이면의 수학에서 이 두 파동은 확률이 증가하는데, 입자가 특정한 시간에 특정한 장소에 존재하는 것처럼 우리가 보통 기대하는 곳에 어떤 것이 있을 가능성을 창조한다. 관찰 전에, 이 측정할 수 없는 양자 파동은 장소가 없고, 온 우주에 흩어진다. 그러나 관찰 후 두 파동은 아마도 시간과 공간에 존재하는 실재의 것으로 기술된다.

비록 오늘날의 물리학자들은 왜 이러한 파동들이 실재에서 국소성의 확률을 생성하기 위해 수학적으로 반영되어야 하는지 아직 알지 못하고 설명을 하지 못하지만, 한 가지 이유를 제안하고자 한다.

양자 파동을 반영하는 것은 작은 신호교환이 우리의 주의를 끌었을 때 우리가 어떻게 반영하는지를 반사한다. 신호교환이 우리에 의해 반영된 이후에만, 즉 우리의 주의를 끌었을 때만, 우리는 신호교환을 '생성하는' 그 물체를 관찰하고 있다고 생각한다. 이러한 반영의 결과가 우리가 일상생활에서의 관찰이라고 부르는 것이다. 그러나 무엇인가가 관찰되고 나면, 우리는 관찰 이면의 미묘한 신호교환을 잊어버린다. 신호교환 같은 경험에 초점을 맞추는 것을 배우고, 존중하고, 그들에게 반영하는 것은 그들 속에 고유한 지혜가 나타나도록 허용하는 것이다. 이것이 바로 어떻게 나노-알아차림, 신체 지혜 그리고 의식이 모두 연결되는지에 대한 중심적 이론이다.

요약하면, 양자물리학은 우주에서 자기-반영 경향성에 근본을 두고 있다. 우주는 스스로에게 반영한다. 양자 파동, 경향성 혹은 침묵의 힘은 일상의 세계를 창조하며 스스로에게 반영한다. 당신은 이 발생을 당신의 심리 속에서 알아차릴 수 있다. 당신이 물체를 알아차리기로 마음먹으면, 보통 당신은 이를 느낄 수 있다. 하지만 자기 성찰 또는 명상 훈련을 통해, 당신은 물체가 먼저 '당신의 어깨를 두드린다'는 것을 더 잘 발견할 수 있다. 그 물체들은 당신이 돌아서서 그들을 보기 전에 당신에게 신호교환을 보낸다. 토착민들은 우리가 그 물체를 보도록 만드는 '물활론(物活論)적 힘'을 가지고 있는 물체의 개념으로 자연의 자기-반영에 관해 이야기한다. [그림 3-1]과 [그림 3-2]은 우리가 물체를 보는 바로 그때 혹은 보기 전에 어떻게 물체가 '우리의 어깨를 두드리는지'를 설명하고 있다.[5]

많은 물리학자들은 지성, 상상 그리고 위대한 힘이 우주 어디에서인가 존재하고 있다고 생각해 왔다. 아인슈타인은 "나는 신의 의도를 알고 싶다. ……나머지는 지엽적인 것이다."라고 말했다. 봄(Bohm)은 1959년 "물체의 하부 구조는 매우 확실히 화학에너지보다 핵에너지가 훨씬 뛰어난 것처럼 핵에너지보다 훨씬 뛰어난 에너지를 포함하고 있을 것이다. ……영점(零點) 에너지는 오늘날의 조건에서 우리의 수준으로는 이용할 수 없는 일정한 배경을 제공한다. 하지만 우리 우주의 조건이 변화함에 따라, 영점 에너지의 일부분은 우리 수준에서 사용할 수 있도록 만들어질 수 있을 것이다."[6]라고 말함으로써 위대한 힘에 대한 자신의 믿음을 형성하였다.

이러한 영점 에너지의 능력과 연관된 양자 동요에 대한 사고(思考)는 우리의 친척인 토착민에 의해 항상 알려져 왔던 다음과 같이 들린다. "백인들이여 들어라. 무엇인가 거기에 있다. 우리는 무엇인지 모른다. 무엇인가 엔진 같은 것, 힘 같은 것, 많은 힘 같은 것, 그것은 힘든 일을 하며, 끌어내기도 한다."[7]

파동, 뱀 그리고 의학

우주의 힘은 물리학의 양자 파동들에서 뿐만 아니라 또한 신화학(神話學)의 뱀 모양의 파동에서도 발견된다. 두 개의 상호 연결되어 있는 파동들의 근본적인 힘은 수세기 동안 의학의 상징이 되어 왔다.

[그림 3-3]에는 지팡이에 서로 반대 방향으로 감겨 있는 두 마리의 뱀이 있다.

[그림 3-3] 치유를 나타내는 카두세우스

'카두세우스'(역자 주-제우스의 사자(使者) 헤르메스의 지팡이로 평화, 상업, 의술의 상징)라고 불리는 이 상징은 두 마리의 뱀이 감겨 있고 두 개의 날개가 뱀 위에 있는 지팡이다. 이러한 지팡이는 의술(醫術) 및 미국 육군과 해군의 의학 병과의 상징이다.

그리스 신화에서 신들의 사자인 헤르메스는 이 지팡이를 가지고 있으며, 그것으로 사자(死者)의 영혼을 지하세계로 인도하고, 인간의 잠과 꿈을 지배하는 마술적 힘을 실행하였다. 다시 말하면, 카두세우스는 삶과 죽음, 깨어 있음과 꿈, 일상적 실재 CR과 꿈 영역 사이를 왕래하는 힘의 상징이었다. 오늘날 카두세우스는 상업, 우편 업무 그리고 대사(大使) 지위의 상징으로서 사용된다.

두 뱀이 서로 마주보고 있는 카두세우스 상(像)의 이러한 의학적(그리고 통신 업무 또는 우편 업무) 상징은 물리학에서 켤레화된[8] 양자 파동(통신과 인지에 대한 기본 원리), 그리고 무지개 의학에서 치유의 기본적 '물질'인 신호교환을 생각나게 한다. 양자 수준에서 시간에는 대칭이 있는데, 사건이 시간에서 앞으로 또는 뒤

의학적 상징의 지팡이 문장

『테이버 의학 백과 사전(Taber's Cyclopedic Medical Dictionary)』에 따르면, 두 마리의 엉켜 있는 뱀 상징은 기원 전 약 4,000년에 초기 바빌로니아에서 나타났으며, 다산(多産), 지혜 그리고 치유를 표현한 것이었다. 마리 루이스 폰 프란츠(Marie Louise von Franz)의 저서 『시간: 리듬과 휴지(休止)(Time: Rhythm and Repose)』에 따르면, 뱀은 지구의 표면 아래서 시간을 보내며 표피를 벗어 내면 도로 젊어질 수 있기 때문에 그리스에서 인간 영혼의 정수(精髓)와 연관이 있으며, 죽음 이후의 영혼을 표현하는 데 사용되었다.

뱀이 생명의 근원이라는 생각은 이집트 신화에서도 발견되는데, 뱀은 생명의 본질로서 종종 삶의 나무 둘레에 감겨 있는 것으로 묘사되었다. 후에, 그리스 선지자들과 대사(大使)들은 이러한 상징에 대한 가상의 불가침성 때문에 그 상징의 지팡이를 휴대하였으며, 그것을 가지고 있는 사람은 공격으로부터 보호되었다. 후에 카두세우스는 휴전, 중립 그리고 비(非)전투적 상태를 나타내는 로마의 상징이 되었다.

로 갈 수도 있다는 것을 의미하는 것이다. 이것은 관계성 신호의 미묘한 본질에 관한 혼란과 일치하며, 우리는 종종 누가 무엇을 처음으로 하였는지를 정확하게 말할 수 없다!

어쨌든, 뱀의 이중 성질 또는 시간의 대칭 성질은 하나는 삶, 다른 하나는 죽음의 의미인 두 개의 머리를 가진 한 뱀에 의해 상징되는 새로운 세계에서 나타난다. [그림 3-4]는 13~14세기 멕시코에서 두 머리의 뱀에 대한 예술가의 표현이다(자세한 것은 폰 프란츠의 『시간: 리듬과 휴지(休止)』[그림 9] 참조).

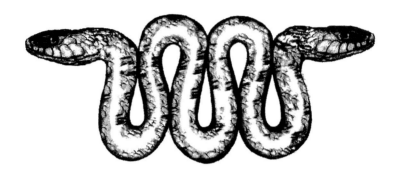

[그림 3-4] 시간의 앞으로 그리고 뒤로 가는 성질

신호교환과 쿤달리니

신호교환 현상은 오래전에 우리 선조에 의해 직관으로 알려져 왔던 것처럼 보인다. 중국에서는, 그러한 파동은 도(道)의 용선(龍線) 및 미묘한 기(氣) 에너지들과 연관되어 있었다.

인도에서는, 이 에너지는 사트-치-아난다(*sat-chi-ananda*; 역자 주-존재-의식-환희) 또는 쿤달리니(*kundalini*; 역자 주-몸에 6개의 차크라가 있으며 여기에 여신이 뱀 모양으로 잠들고 있는 모습) 뱀 에너지다. [그림 3-5]는 다양한 신체 중심 혹은 차크라(*chakra*; 역자 주-인간 신체의 여러 곳에 있는 정신적 힘의 중심고리)에서 발생하여 마침내 머리를 떠나 무한 존재인 아트만(*Atman*)과 함께 개인과 통합됨으로써 수행자에게서 깨어나는 쿤달리니 에너지를 나타낸다.

탄트라 요가의 수행에서, 명상은 이러한 뱀 에너지와 함께하거나 혹은 깨우고, 그리고 나서 어디에서나 어떠한 것이 되는 경험인 비국소적 개체성과 연결하는 방법으로서 사용된다.

내게는 척추를 따라 올라가는 쿤달리니 에너지의 경험이 파동 함수와 동요하

[그림 3-5] 쿤달리니 뱀 에너지

는 혹은 신호교환 같은 에너지와 경향성에 대한 물리학자의 이미지의 개별적(비일상적) 판(版)인 것처럼 보인다. 1960년대 나의 심리학 스승인 융학파 분석가 폰 프란츠(M. L. von Franz)와 스위스의 중앙 유럽 연구소(Central European Research Agency)의 저명한 물리학자 칼 폰 바이체커(Carl F. von Weizsaecker)와의 사적인 모임에서, 나는 바이체커가 심리학과 물리학 영역 사이의 연관성에 매료되었다는 것을 보고 매우 놀랐었다. 나는 바이체커의 인도(혹은 힌두) 프라나[9]의 쿤달리니 에너지를 미묘한 '움직이는 잠재력'이라고 말하고 그것을 파동 함수와 비교하는 것에 대한 인용을 최근에 발견하고는 놀라지 않았다.[10] 나는 이러한 유추가 바이체커뿐만 아니라 또한 다른 많은 물리학자들에게도 떠올랐음에 틀림없다고 확신한다. 슈뢰딩거(Erwin Schrödinger; 파동방정식의 발견자)의 책 『인생이란 무엇인가(What is Life)』로부터, 그에게 인도 철학과 베단타(vedanta) 철학이 얼마나 중요했는지 알았다.

수세기 동안, 전 세계의 우리의 선조는 어떤 꾸불꾸불한 형태 혹은 뱀 에너지를 우리의 미묘한 생리학의 근본으로서 감지해 왔었다. 오늘날, 측정 불가능한 경험에 초점을 맞추라는 격려와 함께, 우리는(뱀이 땅 위 혹은 아래에 있을 수 있는 것과 같이) 우리에게 신체에서 의식의 표면 아래에 존재하는 것처럼 보이는 미묘한 감각, 충동, 맥박 또는 맥놀이 진동—"무엇인가 엔진 혹은 힘 같은 것"(토착민 언어에서)—을 느낄 수 있다.

우리의 일부에게는, 이러한 진동들은 단지 거의 인지할 수 없는 작은 흔들림,

싯다 요가

나의 스승 한사람으로 존경하는 싯다 요가 수행자 스와미 무크타난다는 쿤달리니가 샤크티에 속한다고 하였고, 따라서 쿤달리니 에너지를 힌두 신화(神話)학에서 여성 생식력 원리와 같다고 하였다. 그의 『의식의 연극(Play of Consciousness)』에서 무크타난다의 말은 다음과 같다. "샤크티는 우주에서 발현하는 절대자의 소리, 진동이다. 샤크티는 언어를 존재로 만들고, 이 우주를 창조하는 능력을 가졌으며, 그녀는 신의 의지력이고, 그녀는 항상 움직이는 쿤달리니이며, 그녀는 자신을 비추고 자신을 알려지게 만든다."

쿤달리니-샤크티는 신호교환의 여신 상(像)이다. 그녀는 실제 세계를 창조하는 스스로 비추는 에너지-소리, 힘, 엔진이다. 그녀는 '뱀의 힘'의 상(像)이며, 상상의 시간에서 창조, 스티븐 호킹과 같은 우주철학자가 우주의 기원에서 존재하는 양자 파동의 상상적인 시간 차원으로 언급하는 것에 대한 신비로운 상대방이다.

무크타난다에 따르면, "씨앗이 잠재적 형태로서 전체 나무를 포함하고 있는 것처럼, 쿤달리니는 요가의 모든 다른 형태를 포함하고 있으며, 쿤달리니가 힌두교 스승의 은혜를 통해서 깨어날 때 그녀는 모든 요가가 당신 안에서 자발적으로 발생하게 만든다. 이것은 깨달음이다."

경련, 고동(鼓動) 혹은 전기(電氣)적 난조(전압의 요동에 의한 순간적 파동의 난조)로 보일 수도 있다. 그러나 다른 사람들에게는 이러한 미묘한 감각들은 신비로운 의미를 가지고 있다. 예를 들어, 스와미 무크타난다(Swami Muktananda)와 같은 싯다(Siddha) 요가 명상 수행자들은 여신 샤크티(Shakti)의 미묘한 능력의 개념으로 이러한 감각들을 경험하였다.

무크타난다는 내가 침묵의 힘이라고 부르는 것을 자발적인 움직임과 의식의 기원인 샤크티로 경험하였다. 제1장에서, 이 에너지를 움직임이 일어나기 전에 우리의 신체에서 우리가 느끼는 경향성과 의도적인 장(場)의 개념으로 이야기하였다.

신화(神話)학과 물리학 사이의 유사성은 매우 놀랍다. 우리는 마치 파동 함수가 실재를 창조하는 두 개의 동등하며 반대의 파동으로 보이는 것처럼 그 쿤달리니-샤크티가 치유와 의식을 창조하는 두 개의 동등하며 반대의 파동으로 보인다는 것을 알아차려야 한다. 더군다나, 우주철학자들이 파동 함수를 우주의 기원이라고 생각하는 것처럼, 샤크티는 세계의 씨앗 또는 본질이다.

당신의 순간적으로 반짝이는 미묘한 신체 감각 신호교환들 사이에서 평행하게, 실재의 꿈 영역 기원, 양자 파동 그리고 쿤달리니-샤크티 에너지는 다음과 같은 거의 무한적인 감각들의 몇몇 측면을 지적한다.

1. 당신의 순간적으로 반짝이는 신체 감각들은 의식적 경험의 첫 단계다.
2. 이러한 초기 단계들은 뱀 같은 상징과 파동의 수학에 의하여 상징화된다.
3. 뱀 혹은 파동의 본질은 자기 반영을 한다.
4. 자기 반영을 통하여, 뱀 혹은 파동은 미립자적, 잠재의식적 신체지혜에 근거하는 일상적 실재 CR을 창조한다.

쿤달리니, 기(氣), 카두세우스 상징, 뱀의 힘, 경향성, 의도적 장, 양자 파동 등이 모두는 모든 사람의 거의 상상할 수 없는 자발성과 창조성의 개념과 상(像)이다. 당신이 미묘한 침묵의 힘에 연결되는 바로 그 순간에, 당신이 가지고 있던 건강에 관한 두려움은 나노 신호이고, 새로운 종류의 지혜의 통로라는 것을 느낄 수 있을 것이다.

제4장
증상의 초(超)공간

……우리는 서로 공존하고 있는 가능한 모든 우주의 무한한 수를 가지고 우리의 분석을 시작해야 한다.

– 미치오 카쿠(Michio Kaku), 물리학자[1]

2세기 전, 많은 사람들은 무지개 의학을 마법 또는 근대 과학의 신성 모독적 본질과 연관시켰었다. 오늘날 무지개 의학은 단순히 다차원적 의학이다. 반면에 단색 의학은 주로 알아차림의 일차원 또는 이차원에 초점을 맞추고 있다. 무지개 의학은 모든 알아차림의 수준들을 포함한다.

비록 시대가 더 발전한 의학의 방향으로 빠르게 변화하고 있지만, 오늘날 주류 의학적 태도는 주로 '질병'으로 특성지어지는 것의 육체적·공간적·시간적 측면에 초점을 맞춘다. 심리학적인 접근은 대체로 육체적 신체를 피하고 행동적 혹은 꿈 같은(초개인적이며 영적인) 경험에 초점을 맞춘다. 단색 의학과 단색 심리학은 알아차림 '공간들'의 일차원 또는 기껏해야 이차원에 초점을 맞추고 있다.

이 장에서, 나는 다차원적 알아차림이 어떻게 '초(超)공간(hyperspace)'에서의 경험으로 연결되는지 논의하고, 이러한 초공간이 어떻게 다양한 과학과 의술을 엮어 무지개 의학 패러다임으로 만들어 내는지 보여 주고자 한다.

'내적' 시기와 '외적' 시기

대부분의 사람들은 일상적 실재 CR― 즉, 인간 접촉, 선형 시간, 공간과 물체의 세계― 이 경향성의 꿈과 경험보다 더 중요하다고 생각한다. 아마도 당신은 비록 '상상'의 꿈꾸는 시간과 공간이 매우 두려웠거나 무아지경으로 '현실적'이었다고 해도, 당신이 꾸었던 꿈에 대해 마치 그것이 상상인 것처럼 이야기했던 것을 기억할 수 있을 것이다. 다양한 세계와 차원 사이의 변환은 때때로 혼란스럽다. 예를 들어, 혼수상태에서 깨어난 어떤 사람은 마치 꿈속에 있었던 것처럼 말한다. 의학 종사자들은 진행 중인 꿈 같은 의사소통을 병리학적 사건으로 생각할 것이다.

대부분의 내부 경험처럼 신체의 주관적인 경험들은 시계가 움직이는 일상적인 속도와는 다른 시기(時期)를 가지고 있다. 당신은 그 차이를 느낄 수 있다. 당신의 일상의 마음이 당신의 꿈꾸는 신체를 원하지 않는 방향으로 강요할 때, 신체는 일상의 시간에 대항하는 내부적 반항인 일종의 스트레스 반응을 만든다.

만약 다음의 연대적인 시간이 당신을 신체시기(bodytiming)나 자기 수용적 시간에서 너무 멀어지게 하면, 당신 신체의 반항의 형태는 '감기' 혹은 '플루(flu)'가 될 수도 있다. 마음의 보통의 상태와는 반대로, 마음의 도(道) 상태에서, 실재의 행동과 꿈꾸는 신체의 경험은 조화로운 방법으로 함께 나타난다. 도(道)는 나에게 카이로스(kairos)라는 고대 그리스 개념을 생각나게 한다.

(세계의 다른 곳에서도 마찬가지이지만) 고대 그리스에서는, 어부들이 매일 아침에 부두에 모여 커피를 마시며 카이로스, 즉 적절한 순간이 고기를 잡으러 나갈

때 나타날 것인지 생각한다. 카이로스를 인식한다는 것은 길조(吉兆)의 유무를 결정하는 안내자의 근원으로서 날씨와 불규칙한 경험들을 인식하는 것이다. 만약 카이로스가 존재한다면 어부들은 고기를 잡으러 나갈 것이다. 그 당시에 그리고 그 나라에서 카이로스―본질적으로, 다차원적 인지― 는 일상적 실재의 한 부분이었다. 오늘날, 일상적 실재 CR은 선형 시간의 신을 따르는 것을 의미한다. "너의 신체가 동의하든 하지 않든 연대순의 날짜를 만들고 그것을 지켜라!"

우리가 일상적 실재 CR 및 비일상적 실재 NCR, 크로노스(*kronos*; 역자 주-가만히 있어도 흘러가는 자연적인 시간. 즉, 달력의 시간, 객관적인 시간, 낮과 밤, 봄, 여름, 가을, 겨울을 알려 주는 시간)와 카이로스(*kairos*; 역자 주-목적을 가진 사람에게 포착되는 의식적이며 주관적인 시간)와 연관시키는 시간의 이 두 가지 형태는 나란히 존재한다. 카이로스 시간은 자의식적 경험 또는 신체 시간과 같다. 그것은 연대적 시간보다 나쁜 것도 아니고 좋은 것도 아니다. 그것은 단순히 '초공간', 즉 일상적 삶의 친숙한 삼차원 또는 사차원 너머의 또 다른 공간인 것이다.

내가 무지개 의학 삶의 방식으로 언급한다는 것은 다른 현실, 공간 그리고 시대에 대한 알아차림을 지지한다는 것이다. 당신의 알아차림이 꿈 같은 상태로 들어가도록 훈련하고 조금 더 '명료'하게 되는 것은 당신으로 하여금 일상의 세계를 인식하는 동안 당신의 가장 미묘한 신체 상태를 알아차리고, 경험하고, 따르게 해 준다. 당신이 경험한 것을 확신하도록 훈련함으로써, 삶은 복수(複數)의 실재로 가득차게 된다. 명료함과 일상의 의식은 다른 차원(아마도 꿈 상태의 '괴물' 과 '유령' 혹은 특별한 능력과 미묘한 느낌)을 동시에 경험하면서 당신이 증상(당신의 체온의 변화, 혈압)의 일상적 실재 CR 차원을 이해하도록 해 준다. 이런 방법으로, 예를 들면 당신은 지끈거리는 두통을 가지면서 동시에 '둥둥 두드리는 소리'를 만드는 춤추며 북치는 사람을 시각화할 수도 있어서 당신을 편안하게 하고 트랜스(trance) 상태로 들어가게 한다. 트랜스 상태는 두통을 해결해 줄 수 있는 초공간이다. 이런 방법으로, 증상은 스스로의 의학이 될 수도 있다. 다르게 말하면, 초공간은 보통의 시간과 공간에서의 문제를 해결한다.

오늘날 일상적 실재 CR의 관점은 삼차원 혹은 사차원(길이, 높이, 폭, 시간)이다. 종이와 같은 이차원 평면 위에 사차원을 표시하기는 어렵다. 잠시, 삼차원적 일상적 실재 CR을 길이와 폭의 이차원으로 단순화해 보자. 우리는 일상적 실재 CR적 설명을 위해 축소하는 것이다. 이제 일상적 실재 CR은 종이와 같다. 이러한 '평면 나라'에서 일상적 실재 CR은 이차원적이기 때문에 높이가 없다.

우리의 이차원적 평면 나라 실재에는 위나 아래가 없다. 당신이 이러한 나라에 살고 있고 왼쪽에서 오른쪽으로 자동차(매우 납작한 차)를 운전하고 있으며, 직선인 장벽에 부딪힌다고 상상해 보자. 만일 그 장벽이 너무 길지 않다면 당신은 장벽의 반대편에 도달하기 위하여 장벽을 우회해서 운전할 수 있을 것이다.

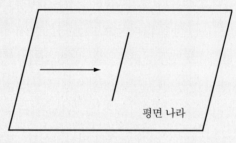

평면 나라

[그림 4-1]

그러나 만일 장벽이 매우 길다면 당신이 장벽에 부딪혔을 때 우회할 수 없을 것이다. 당신은 갇힌 것이다. 다른 말로, 평면 나라에 사는 것은 제한적이다. 당신이 갇힌

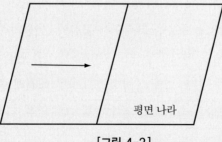

평면 나라

[그림 4-2]

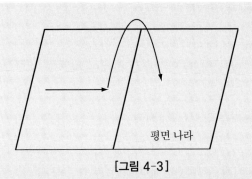

평면 나라

[그림 4-3]

것이라면 그냥 갇힌 것이다.

　이제 행운이 다가와, 다른 우주로부터의 존재가 평면 나라에 도착하여 당신에게 높이라는 새로운 차원을 알려 주었다고 상상해 보자. 이러한 새로운 차원의 추가는 새로운 가능성을 허용한다. 이제 당신은 올라가는 것과 내려가는 것을 경험할 수 있으며, 곧 당신은 장벽 위로 올라감으로써 이차원적 장벽을 극복할 수 있다는 것을 발견한다. 당신에게 필요했던 것은 문제를 해결하기 위한 추가적인 차원이었다.

　만일 당신이 평면 나라에 살고 있다면 높이는 초공간이 될 것이다. 같은 방식으로, 우리는 보통 마치 우리가 평면 나라에 있는 것처럼 살고 있다. 물론 지구 위에서의 삶은 이차원 이상으로 삼차원이거나 시간을 포함한다면 사차원이다. 나는 단지 평면 나라를 당신에게 다음과 같은 개념을 주기 위한 쉽게 상상할 수 있는 비유로서 사용하였다.

　당신의 일반적 세계, 당신의 일상의 삼차원적인 공간과 네 번째 차원인 시간에 또 다른 차원을 추가하는 것은 초공간에 들어가는 것이다. **초공간은 차원의 수가 적은 공간으로 구성된 '실재들'에서 불가능한 문제들을 해결한다.** 예를 들어, 지끈거리는 두통이 당신을 치유자의 드럼의 둥둥거리는 두드림의 경험으로 들어가게 하는 것은 사차원을 초과하는 초공간으로 들어가는 것이다. 치유자의 드럼은 초공간에서 일어나고 있는 반면, 지끈거리는 두통은 일상의 실재에서의 증상 혹은 사건이다.

　수학자와 물리학자는 삼차원 혹은 사차원 이상의 어떠한 공간도 초공간으로 생각한다. 일상적 실재 CR에 차원을 추가하는 것은 우리가 가능할 것이라고 생각할 수 없는 해결 방법을 창조한다. 추가된 차원은 과학자로 하여금 더 높은 차원의 우주를 창조하는 것을 돕는다.[2] 마찬가지로 무지개 의학은 '실제'(CR) 증상에 꿈꾸는 차원을 도입하는 것을 돕는다.

고차원(초공간)은 심리학과 의학에서 중요하다. 우리는 우리 스스로를 보통 삼차원적 존재로서만 생각하고 동일시한다. 우리는 심지어 우리의 사차원적 그림도 가지고 있지 않으며, 만약 우리가 가지고 있다면 우리는 우리 자신을 시간과 공간에서 확장되고 있는 움직이는 과정으로 보게 될 것이다. 우리가 어떻게 보이는지 보기 위해 거울을 보는 대신에 우리는 그 거울이 이상하다고 말할 것이다. 거울은 단지 나 자신의 삼차원적 모습만을 보여 준다. 나는 사차원적이다! 나는 내가 어느 시간에 어느 한 장소에서 내가 본 모습이 아니다.

만약 우리가 사차원 거울을 찾을 수 있었으면, 우리는 아마도 우주 먼지로부터, 전생(前生), 태어나서 첫 번째 아기 사진, 우리의 죽음의 순간 등으로의 우리 존재를 포함하는 길고 희미한 이미지를 볼 수 있을 것이다. 이차원 거울에서, 우리는 대신 순간적인 얼굴의 여드름과 주름을 보며, 우리 자신의 시간과 꿈 영역 측면을 무시한다.

이차원적 혹은 삼차원적 전망은 삶에서의 대부분의 목적에 대해서는 대체로 충분하나, 많은 문제를 해결하기 위해서는 더 많은 차원을 필요로 한다. 당신의 초공간 관점에서, 당신은 죽은 것도 아니고 살아 있는 것도 아니며, 건강한 것도 아니고 아픈 것도 아니며, 그러나 이러한 모든 상태와 또한 다른 상태 사이를 이동하는 과정인 것이다. 어떤 주어진 장소에서, 우리는 죽었을 수도 있고 살아있을 수도 있다!

그것들을 초공간이라고 부르지 않지만, 언제나 심층 심리학자들은 초공간을 사용한다. 그것이 내담자가 난관에 직면했을 때 우리가 꿈에 대해 묻는 이유다. 꿈은, 초공간이 일상적 실재 CR에 더해 졌을 때 평면적이며 오래된 일상적 실재 CR에서는 불가능한 것처럼 보이는 문제를 해결하는 방법을 제공하는 새로운 공상 차원을 주는 초공간의 한 형태다(그러나 일상적 실재 CR의 행동적 · 인식적 문제에도 초점을 맞추지 않는다면, 심층 심리학자도 제한적이다).

단색 의학은 다차원적인 문제에 평면 나라 해결 방법을 제공한다. 두통이 있으면 아스피린을 먹어라. 기분이 좋아지면 두통에 대해 더 이상 생각하지 마라. 그

러나 두통이 다시 나타나면, 꿈 영역(DL)과 본질적 수준을 더하는 것이 필요하게
된다.

자크 뤼세랑과 초공간

우리가 초공간을 무시하는 하나의 가능한 이유는 그것이 너무 작아서 보이지
않을 수도 있기 때문이다. 우리의 눈은 작은 물체를 보지 못한다. 예를 들어, 바
닥에 떨어진 한 가닥의 스파게티는 얼핏 보면 우리에게 직선처럼 보인다. 그러나
자그마한 벼룩은 그 스파게티를 어떻게 볼 것인지 상상해 보자. 그것은 마치 어
떠한 둥근 세계의 위를 기어가고 있는 것처럼 느껴질 수도 있다. 마찬가지로, 아
주 작은 신호교환은 일상의 삶에서 작아 보인다. 우리의 보통의 인식은 나노 수
준의 실재에서의 반짝임을 인식하는 훈련이 되어 있지 않기 때문이다. 그러나 꿈
에서는, 그러한 신호교환이 전체 세계가 될 수 있는 것이다.

달리 말하면, 초공간들은 바로 여기, 평범한 공간 옆에 혹은 평범한 공간과 나
란하게 있다. 꿈 영역(DL)과 같은 초공간의 편재(遍在, 두루 존재함) 개념은 맹인
이며 자유의 투사였던 자크 뤼세랑(Jacques Lusseyran)의 훌륭한 자서전에서 강
하게 제안되었다. 그는 자신의 책 『그리고 빛이 있었다(And There Was Light)』에
서 8세 때 시력을 잃은 자신이 이미지와 신호교환 같은 인지가 가능한 꿈 영역
우주에서 자신의 알아차림을 어떻게 발전시켰는지 말하였다.[3] 어린 시절에 시력
을 잃게 했던 사고 후에, 그는 새로운 종류의 '보는 것'을 개발하였다. "이제 나
의 귀는 소리가 귀에 도달하기 전에 그 소리를 듣는다. ……종종 나는 사람들이
이야기를 시작하기도 전에 그 말을 들을 수 있는 것 같다."

그는 계속해서 우리가 어떤 것을 만지기 전에 그것이 먼저 우리에게 접촉한다
고 말하였다. 그는 "만지려고 하는 당신의 의도가 발생할 때, 당신은 그것이 실
제로 당신을 접촉하고 있는 것이라는 것을 깨닫는다."[4]라고 썼다.

당신과 당신이 연관되어 있는 물체와는 친밀하며, 비(非)이중적 세계에서 연결되어 있다. 양자 심리학의 조금 더 자의식적 세계로부터 "나는 저 꽃병을 들어 올릴 것이다."라고 당신은 보통 생각하는 반면, 실제로 그 꽃병을 옮기는 것은 당신이 아니며, '함께 일어나는 것'이 일어나고 있는 것이다. 더 나은 것은, 명료한 상태에서, 당신은 당신이 당신 자신과 당신이 움직이려는 물체 모두인 것으로 느낀다.

도(道)에서, '말로 표현할 수 없는 도'는 존재(비록 그것이 신(神)이라 하더라도)보다 선행한다고 말한다. 예를 들어, 『도덕경』 25장에는 다음과 같은 내용이 있다.

> 어떤 모호한 존재가 있었다.
> 그것은 하늘과 땅보다 먼저 태어났다.
> 조용하고, 비어 있으며,
> 고립되어 있고, 변화하지 않으며,
> 고갈됨이 없이 순환하며 움직이고
> 하늘 아래 모든 것의 어머니라고 불릴 수 있다.[5]

도의 영역은 느껴질 수 있지만 측정되거나 말로서 표현될 수 없는 세계인 초공간이다.

실습: 형태-변형

당신 신체를 초공간에 투입하는 것이 어떻게 당신이 소위 증상이라는 것을 해결하는 데 도움이 되는지 실험해 보자. 다음 실습에서, 당신에게 초자연치료사들이 과거에 해 왔던 것처럼 다른 형태와 다른 차원으로 형태-변형하는 데 당신의 알아차림을 사용해 볼 것을 요청한다. 아마도 아이들은 형태-변형에 대하여 가장 잘 알고 있을 것이다. 그들은 단지 역할놀이를 하는 것만은 아니며, 그들은 가면을 쓰고 실제로 그 역할이 되어 짧은 시간 동안 그 세계에 살고 있는 것이다.

편안하게 앉거나 누워라. 가능하다면 당신의 일상의 마음을 편안하게 하라. 천천히 호흡을 하고, 당신 신체를 느껴라.

준비가 되었을 때, 당신의 주의집중이 당신의 신체를 부드럽게 탐색하도록 하라. 당신의 머리, 어깨, 가슴, 복부, 골반, 다리, 발 등을 세밀히 살펴보라.

당신의 신체를 보고, 느끼고, 들어 보라. 이전에 당신이 알아차리지 못했던 당신의 주의를 끄는 어떠한 미묘한 느낌을 적어라.

어떠한 번쩍이는 압력, 무거움, 떨림, 고통, 불에 타는 느낌 등을 알아차려라. 당신의 신체 안에 가벼운 압력, 감각, 소리와 같은 미묘한 신호들을 알아차려라.

당신의 완전한 알아차림과 주의집중이 그러한 감각에 가도록 하라. 이러한 감각이 신체 증상 또는 당신이 두려워하는 것과 연관될 수 있겠는가?

이제, 명료하게 되어서 그 감각들을 잡아라. 비록 그것이 빠져 나가려고 하는 미끄러운 물고기 같더라도 그것을 당신 마음의 눈에 두어라.

그것에 초점을 맞추거나 혹은 그것에 대한 당신의 기억에 초점을 맞추어라. 그것이 어떻게 보이고, 느껴지고, 들리는지 알아차려라. 그것의 나타남, 느껴짐 또는 소리를 증폭시켜라. 그 경험을 조금 더 확장시키고 느껴라. 당신의 호흡이 그 감각에 '초점을 맞추는' 방법으로 호흡한다면, 때로는 당신이 알아차리는 것에 초점을 맞출 때 호흡을 사용하는 것도 도움이 된다. 그 방법의 좋은 느낌을 느껴 보라.

이제 어떻게 해서든지 당신이 경험하고 있는 것을 표현하고 있는 동작들을 만들기 위해 당신의 손을 사용해 보라. 당신이 가지고 있는 내부 경험을 표현할 수 있을 때, 당신은 자신에게 '나의 손은 무엇을 표현하고 있는가'를 물어

보라. 여기에서 당신은 비록 비합리적이라 하더라도 당신의 내부 경험을 신뢰해야만 한다.

이제 당신이 이러한 손동작을 만들고 있는 동안, 이 동작 이면의 근원적인 **충동**을 찾아라. 이 경험의 '씨'를 찾기 위해서는, 같은 손동작들을 반복하는 것이 도움이 될 수도 있으나, 그러나 같은 강도를 느끼는 동안 그 동작들을 점점 더 약하게 하거나 점점 더 강하게 해서 그들의 본질에 대한 감각을 찾을 수 있도록 하라.

손동작, 나타남, 느낌 또는 소리 이면의 바로 그 첫 번째 경향성과 접촉하라. 당신은 그것이 비이성적인 것처럼 보인다고 발견할 수도 있다. 그것이 무엇이든지, 그것을 믿도록 하라. 그 본질, 그 근원적 경향성, 당신의 신체 경험을 발생하는 씨에 초점을 맞춰라. 당신이 집중하고 있는 감각 이면의 기본적인 경향성, 의도, 동기 혹은 에너지를 상상하거나 경험하라.

당신의 마음이 본질을 소리 또는 이미지로 표현하라. 만약 당신이 소리와 이미지를 모두 얻으면, 당신이 느꼈던 에너지의 본질에 대한 소리와 이미지를 동시에 소리내고 이미지도 보도록 하라.

어떠한 방법으로 이 소리, 이 이미지, 이 본질의 세계가 당신에게 알려졌는가? 그리고 동시에 당신의 보통의 세계와는 어떻게 다른가?

이 소리/이미지 세계의 시간과 공간은 어떨 것 같은가? 초자연치료사가 되어서 그 세계에서의 그 이미지로 형태 변형을 하라. 잠시 이 초공간에서 살도록 하라.

만일 당신이 당신의 일상 삶에서 이 세계를 무시한다면 당신 스스로에게 왜 그런지 물어라. 그것이 너무 미묘하고, 새롭고, 미지라서 그런가? 당신은 어떻게 이 세계를 사용할 수 있었거나 혹은 당신에게 더 친숙한 것으로 넣을 수 있었는가?

당신 스스로 이 새로운 초공간을 포함하는 것을 상상하라. 당신은 어떠할 것 같은가?

당신이 경험한 본질을 기록하라. 이제 이 초공간에서 살고 있는 것을 상상하려고 시도하라. 그 세계에서, 본질의 시간과 공간의 세계에서 살아라.

이 세계에서 사는 것이 어떻게 당신 신체 경험을 바꾸는지 느껴라. 만일 이러한 새로운 초공간이 신체 감각에 대한 당신의 경험과 근원적으로 연관되었다면, 그러한 감각들의 증상들과 연결되는 것이 가능한가? 본질 세계에서 살고 있다면, 그 감각 이면의 초공간은 그러한 증상을 다루는 것에 매우 도움이 될 것이다.

이러한 초공간을 당신의 일상 세계에 포함시키기 위해서 당신은 무엇을 느끼거나 해야 할 필요가 있는가?

예를 들어, 심장 질환이 있었던 한 여성은 처음으로 자신의 신체를 세밀하게 조사했을 때 가슴에서 불타는 듯하고 쿵쿵 뛰고 있는 감각을 느꼈다. 이러한 불타는 듯한 감각의 본질은 그녀에게 일종의 '불꽃', 아주 작고 예민한 '삶의 충동'이었다. 그녀는 나에게 그 공간에 산다는 것은 그녀에게 그녀의 '강하고 의지적인 본성은 잘 인정하지 않는' 작은 감각을 더 잘 알아차리게 되는 것이라고 말했다.

당신 증상의 공간들

이 실습에서, 당신은 여러 신체 차원, 세계 혹은 초공간을 알아차렸을 수 있다. 미묘한 본질적 경험이 일어나는 동안, 그것은 당신의 주의와 신호교환을 한다. 그것은 본질적 차원에서 작은 감각, 흔들림, 생각 혹은 맥박 같은 형태로 나타난다. 만약 그것이 무시되면, 이러한 침묵의 힘의 본질적 경험이 어떻게 꿈 영역에서 인식, 느낌 혹은 꿈 이미지가 될 수 있는지를 당신은 상상할 수 있다. 궁극적으로, 만약 이것이 무시되면, 그것은 결국 가시적인 신호 혹은 알아차릴 수 있는 증상으로 나타날 수도 있다.

신체의 초공간들은 창조적인 욕구나 증상 같은 사건들이 시작하는 곳이다. 만약 당신이 명료하다면, 당신은 미묘한 경험과 그것들이 여는 세계를 무시하지 않을 것이며, 그리고 증상들은 당신의 주의집중을 끌려고 할 필요가 없으며, 당신이 무시해 온 것들을 생각나게 할 필요가 없다. 이러한 공간을 알아차림으로써, 당신의 신체 증상은 완화될 것이며, 무엇보다도 당신의 삶의 방식은 더 창조적이 될 수 있으며 즐겁기조차 할 것이다.

제5장

초자연치료와 증상의 본질

나는 아무도 양자역학을 이해하지 못한다고 장담할 수 있다. 그러니까 당신이
정말로 양자역학을 어떠한 모형의 개념으로 이해를 해야만 한다고 느끼면서 이
강의를 너무 심각하게 받아들이지 않기를 바란다. ……그저 긴장을 풀고 즐겨
라. 나는 자연이 어떻게 행동하는지 이야기할 것이다. 만일 당신이 자연은 이렇
게 행동할 수도 있다는 것을 단순하게 받아들인다면, 당신은 자연이 매우 유쾌
하고 매혹적인 것이라는 점을 발견할 것이다.
                                                    – 리처드 파인만(Richard Feynman)[1]

　이 인용에서, 만일 파인만의 용어 '양자역학' 을 '침묵의 힘' 으로 바꾼다면,
우리는 물리학에서 무지개 의학으로 이동한 것이다. 그렇다면 나는 그의 인용을
다음과 같이 다시 쓸 수 있다.

　우리는 아무도 침묵의 힘을 이해하지 못한다고 장담할 수 있으며, 또한 당신은
그것을 이해해야만 한다고 느낄 필요가 없다. 단지, 긴장을 풀고 즐겨라. 당신은
본성이 어떻게 행동하는지 당신 스스로 발견할 것이다. 만일 당신이 본성을 경험
하는 방법대로 본성을 단순하게 받아들인다면, 당신은 본성이 유쾌하고 매혹적인
초공간이라는 것을 발견할 것이다.

　지금까지 논의한 것처럼, 알아차림의 초기 단계들—양자 세계의 경향성—은
본질적으로 침묵의 힘이다. 처음에 당신은 오직 작은 감각만을 알아차린다. 이

수준에서는, 환상, 창조성, 물질, 정신, 내면 혹은 외면 사이에 아무런 차이도 없다. 당신은 단지 신호와 증상의 발생과 삶의 나머지만을 알아차릴 뿐이다. 이러한 알아차림을 무시하는 것은 당신으로 하여금 삼차원에서의 신체로서, 그리고 질병 혹은 증상을 가지고 있는 것으로 당신 스스로를 생각하게 만든다. 당신이 당신의 명료한 알아차림을 사용할 때, 당신의 삶은 더 창조적이 되며, 파인만의 말을 이용하면, 매혹적인 초공간이 된다.

알아차림을 훈련하는 것은 어떠한 다른 능력을 훈련하는 것과 같다. 당신이 어떤 기술을 발전시키기 위해서는 보통 약간의 교육과 약간의 연습이 필요하다. 그러나 다른 종류의 훈련과는 다르게, 당신은 알아차림을 사용하기 위해서 동시에 많은 세계에 당신을 열어 주는 방법으로 당신 스스로를 훈련해야 한다. 나의 책 『초자연치료사의 육체(Shaman's Body)』에서, 이러한 작업을 위해 필요한 형태의 알아차림에 대하여 저술하였다. 이 책은 인류학자 카를로스 카스타네다(Carlos Castaneda)가 그의 스승이자 놀라운 초자연치료사 돈 후앙 마투스(don Juan Matus)에 대해 경의롭게 보고한 내용에 대한 나의 해석이다.

『초자연치료사의 육체』의 제1장에서, 나는 꿈꾸기의 과정을 도와주는 용기에 대해 이야기했다. 한편으로는 그것은 끝이 없는 작업이다. 단지 당신 자신의 신체 경험과 꿈만이 이 작업에서 당신의 성공을 측정할 수 있다. 아마도 그것은 세계의 초자연치료사들이 제자들의 꿈, 그들이 가지고 있는 어떠한 질병, 그들의 황홀한 경험을 탐구함으로써 그 제자들을 시험해 보는 이유일 것이다.[2) 이러한 경험들은 그들이 가고 있는 경로에서, 그리고 그 다음에 무엇이 필요한지를 이야기할 때 유효할 수 있다.

나에게, 증상의 존재는 우리가 새로운 종류의 훈련을 하기 위해 '소집' 되고 있는 것을 나타내는 큰 꿈과 같다. 당신이 이 훈련을 위하여 필요할 수도 있는 기술은 당신 자신 속에서 만나는 각각의 상황이 바로 이전보다 다르거나 심지어 더 불가능할 정도로 불확실한 것처럼 보이기 때문에 노력만으로는 배울 수 없다. 영원한 철학은 이 관점에서 지혜의 탐구자에게 가장 좋은 선택은 겸손이라고 충고

한다. 완성으로 가는 어떠한 수준에서도, 당신은 항상 초보자이기 때문이다.

필요한 기술은 초자연치료와 무지개 의학에서 배울 수 있지만, 그것이 당신의 일부가 되기 위해서 수년간의 훈련을 요구한다. 자가 훈련 동안, 당신은 아마도 반복해서 자신의 능력을 의심할 것이다. 이렇게 되풀이되며 발생하는 불신에 대한 한 가지 이유는 운명이 항상 당신에게 제공되는 것을 변화시키고 있기 때문이다. 당신의 노력에도 불구하고, 증상은 자체의 본성을 유지하거나 바꾼다. 작업은 복잡하고 설명할 수 없는 힘으로 가득 찬 것처럼 보인다. 우리의 일상의 마음으로 우리의 삶을 조종하려는 생각은 동반자로서 따라오는 본성의 감정을 재구성하고 융화할 필요가 있다. 당신이 작업하는 어느 순간에라도 당신에게 가장 불안정하게 느껴지는 그 무엇인가는 바로 침묵의 힘과의 부적절한 접촉이라는 것을 명심하라.

초자연치료사는 일상적 실재 CR에서 운명의 도전적인 행동—예를 들면 증상—인 것처럼 보이는 것이 극복해야 할 적이 아니라 잠재적 동맹자라는 것을 이해한다. 설명할 수 없는 힘이 괴물, 천사, 신체 문제, 세계 혹은 관계 문제로 나타나든 아니든, 그것은 당신이 당신의 정체성을 확장하고 초공간으로 이동하는 것을 배우도록 도전한다. 이러한 힘의 한 측면은 그것들을 찾아낼 수 있도록 우리의 마음을 끄는 반면, 그 힘의 다른 측면은 일상의 묘사를 회피하기도 한다.

증상의 초공간에서의 훈련

물리학과 초자연치료는 모두 내가 다차원적인 방법으로 증상을 이해하고 접근하는 것을 도와주었다. 우리가 다음에서 증상에 관해 작업을 시작하기 전에, 증상에 의해 고통받고 아마도 그것들에 대해 작업하기를 부끄러워하거나 두려워하는 일상의 당신에게 감정 이입을 해 보자. 물론, 증상에 대한 지나친 감정 이입은 그것에 대한 힘을 축소할 수도 있고 문제에 숨겨진 잠재적 능력을 유효하지 않게 할 수도 있다.

만약 당신이 당신의 내면 경험을 충분히 공부해 왔고, 명상해 왔거나 혹은 당신 자신에 대해 작업해 왔다면, 특히 만일 그 증상이 만성적이고 고통스럽고 두렵다면, 초점을 맞추는 것이 내키지 않을 수도 있다. 당신은 이미 그것에 너무 많이 초점을 맞추었고, 그것에 지루하거나 실망했다고 느낄 수도 있다. 그러나 다음의 내면 작업 방법은 어쩌면 미지의 초공간에 들어가는 특별한 경험으로 문제의 한계를 넘어간다. 초자연치료사의 제자의 마음가짐을 가져라. 다른 영역과, 다른 세계를 탐구하면서 경험의 다른 수준에서 당신의 알아차림을 사용하는 방법을 배우기를 기대하라. 용기를 가져라. 하지만 더 중요한 것은, 작업을 알아차림의 훈련으로 생각하라.

당신 자신에게 초점을 맞출 시간을 주고, 당신의 주의를 당신의 경험으로 돌려라. 당신은 다음의 실습을 혼자 또는 다른 사람과 함께할 수 있다. 당신은 괄호 안에서 다른 사람의 경험에 대한 예와 설명을 볼 수 있을 것이다. 만일 이것이 당신이 시작하는 것에 도움이 된다면 읽고, 만일 당신이 '모험적인 항해'를 더 선호한다면 설명들을 무시해도 좋다.

실습: 기본적 증상 작업

먼저 어려운 증상에 초점을 맞춰라. 어쩌면 당신이 이미 생각했었지만 그러나 가능하면 당신이 지금 느낄 수 있는 증상, 혹은 과거에 느꼈었지만 결코 이해하지 못했던 증상을 떠올려라. 내가 '어렵다'고 하는 것은, 당신을 괴롭히거나 두렵게 만드는 증상을 선택하라는 의미다(예를 들어, 내담자 한 사람은 방광의 지속적 압박감에 대해 작업하기를 선택하였다).

파트너의 도움이 있든 없든 그 증상의 감각에 초점을 맞춰라. 그것에 당신의 주의를 집중하고 정확하게 증상의 감각을 느끼도록 시도해서 당신이 누군가의 신체 혹은 진흙으로 만들어진 신체 등, 어느 것이든 당신이 상상하기에 더 편안한 것에서 재창조할 수 있도록 하라. 당신의 증상에 대한 설명을 상당히 현실적으로 만들어서 어느 누구라도 그것을 경험할 수 있도록 하라(내담자는 무엇인가가 방광 벽을 통해 누르는 것처럼 방광 압박을 느꼈다).

증상이 당신에게 미치고 있는 효과에만 초점을 집중하지 마라. 또한 당신의 경험과 그 증상을 만드는 에너지에 대한 당신의 상상에도 집중하라. 실습의 이러한 측면은 매우 불합리한 것으로 보일 수도 있다. 그럼에도 불구하고, 당신의 알아차림을 사용하고 이러한 꿈 같은 경험을 붙잡아서 그것을 기억하라(예를 들어, 당신에게 당신을 피곤하게 만드는 날카로운 고통과 같은 두통이 있다고 하자. 이때 그 효과인 피곤해진 부분에 대해 초점을 맞추지 마라. 대신에 초기 에너지 혹은 두통의 날카로움에 대해 초점을 집중하라).

이제는 한 손으로 그 행동을 흉내 내며 표현함으로써 증상 이면에 있는 에너지를 펼쳐. 이러한 움직임은 신체적 증상을 일으키는 꿈 영역 선행자, 즉 내가 '증상 창조자'로 부르는 것으로 당신을 이끌 수도 있다. 형태 변형을 꿈꾸기 영역으로 탐구하고, 이미지가 움직임 경험으로 나타날 때까지 그 증상의 창조자처럼 느끼고 움직여라. 그 움직임과 함께 어울리는 소리를 만들어라.

계속적으로 증상 창조자의 이미지로 형태 변형을 하고, 용기를 내서 당신의 소리와 움직임이 나타내는 것이 무엇인가를 알아내라. 그것들의 메시지가 무엇인가? 증상 창조자의 마음 안에는 무엇이 있는가? 당신의 경험에 대해 알아차리도록 하라.

우리는 비일상적 실재 NCR의 초공간, 꿈 영역에서 작업하고 있다. 당신은 당신의 경험들을 스스로 붙잡아야만 하고 믿어야만 할 것이다. 당신이 경험하고 있는 것에 대해 합의는 없을 것이다. 당신 자신의 경험은 당신의 내면 실재다.

(방광 압박감을 겪는 내담자는 "이 압박감은 탈출하려는 작은 도깨비와 같이 느껴진다. 거기에는 작은 도깨비를 가두는 벽과 감옥이 있으며, 어떤 요정이 자유롭게 되기를 원하고 있다."라고 말했다.)

이제 증상의 본질을 발견하라. 그러기 위해서, 증상 창조자의 행동이나 에너지로 형태 변형을 하라. 그리고 같은 에너지를 느끼는 내내, 더 적게 움직이기 시작하라. 그런 다음 당신 스스로에게 증상 창조자의 본질을 명명하도록 요청하라. (내담자는 벽에다 손을 대고 압력을 가했다고 말했다. 그러나 바로 누르기 전에, 즉 동요되기 전에, 그 '도깨비'는 단순히 갇혀 있는 것에 대한 민감성이었고, 자유롭기 위한 투쟁이었다.)

당신이 본질을 발견하였다면, 그것으로부터 이미지를 만들어 내라. 이 이미지는 당신이 가지고 있었던 다른 것들과는 매우 다를 것이다. 우리는 지금 꿈 영역으로부터 본질 세계로 이동하고 있으므로 그러한 차이는 있을 수 있다. 당신이 본질을 볼 수 있을 때 그것의 세계로 들어갈 수 있다. (내담자는 그 세계가 예민한 꽃 중의 하나였다고 말했다.)

그 본질의 세계에서 시간과 공간은 무엇과 같은가? 그 세계에 있다는 것이 어떻게 느껴질 것 같은가? 지금 그곳에서 살아라(내담자는 꽃의 세계가 공간 감각은 없으나 자유 감각은 있으며, 그리고 시간은 낮에서 밤으로 혹은 계절에서 계절로의 자연적 변화의 감각이라고 말했다).

형태 변형하고 본질의 세계를 탐구하라. 당신의 경험이 스스로를 소리, 손동작—아마도 춤 같은 움직임, 빠른 스케치 혹은 이 모든 방법들의 개념으로 표현하도록 하라. 당신 자신을 살아 있는 예술, 침묵의 힘이 만들고 있는 움직이는 조각으로 생각하라. 당신의 초점을 강하게 유지하고, 그리고 그것이 당신에게 스스로를 설명할 때까지 당신의 상상을 펼쳐라. (내담자는 이 세계가 그로 하여금 글을 쓰도록 만들었고, 꽃, 태양 그리고 부드러운 바람이 그의 뺨을 부드럽게 스쳐 지나갔다고 말하였다. 꽃은 "서두르지 마라, 당신은 더 빠르게 자랄 것이다."라고 말했다. 빠른 심장 박동과 불안으로 고생했던 사람은, 불안하게 하는 빠른 심장 반응은, 먼저 어느 주어진 순간에 진실을 말하는 지혜로운 스승으로 나타나는 민감성이 있었다는 것을 발견하였다.)

이 모든 것을 위해 서두르지 마라. 당신이 준비가 되었으면 스스로에게 다음과 같이 물어라. "어떻게 이 경험이 나의 일상적 삶, 나의 신체 느낌, 나의 자세, 나의 섭식, 나의 신체 사용 방법에 영향을 줄 것인가?" 집에서, 직장에서 그리고 다른 사람과의 관계에서 이러한 증상의 본질을 경험하는 것을 상상하라.(예를 들면, 이러한 경험은 당신을 당신의 신체에 대해 더 민감하게 만들 수 있고, 서 있거나 앉아 있을 때 당신이 사용하는 자세에 대하여 더 알아차리게 할 수 있다. 당신의 섭식 방법이 변할 수도 있다. 만약 당신이 증상의 초공간에 머물고 있다면, 집과 직장에서 당신의 삶은 변화할 것이고, 당신의 관계 문제는 더 다루기 쉬워질 것이다.)

이러한 경험은 그동안 당신의 삶에 나타나기 위해 어떻게 시도되었는가? 이 경험을 당신은 누구에게 혹은 무엇에 투사하였는가? (방광 압박감을 가진 내담자는 꽃—그는 꽃을 사는 것을 좋아했다—에게, 그리고 '꽃과 같은' 다른 사람에게도 민감성을 투사하였다고 말했다.)

이러한 경험의 세계로부터, 당신의 신체를 돌보기 위해 무엇이 필요한지 느껴라. 본질의 '의학'은 무엇인가? 이 질문에 대한 대답은 오직 이 공간으로부터 당신이 느낄 수 있는 그 무엇이다. 당신이 당신 신체 지혜로부터 대답을 알아차릴 때까지 당신의 주의를 집중하라(내담자는 선명하게 알았다. 그는 꽃의 세계에서 더 많은 시간을 보낼 필요가 있었고, 꽃에 대하여 더 명상하기로 결심했다. 또한 그는 과체중이었기에 체중을 줄여서 자유로울 필요를 느꼈다).

증상이 '의학' 자체뿐만 아니라 전체로서 당신의 삶을 위해 어떻게 포함하는지 느껴라.

알아차림 실습

당신이 증상에 대해 작업할 때, 그것을 단지 치유하려고 하지 마라. 여러 가지 방법으로 당신의 알아차림을 사용하는 것을 실험하면서 그것의 미지의 내면 영역에 대해 배우려는 것과 알아차림의 실습에 초점을 맞추어라.

특정한 결론이나 통찰에 도달하는 것이 유용하고 흥미롭겠지만, 보통 증상에 가장 크게 영향을 주는 것은 당신 자신의 초공간, 당신의 실재에 대해 확장된 감각에 대한 접근인 알아차림 실습 그 자체다. 시시각각으로 알아차림을 발전시키는 것은 당신을 더욱더 조화로운 삶의 방식으로 인도한다. 즉, 당신은 더 당신다운 존재가 된다.

실습은 당신의 일상적 세계를 새로운 종류의 공간과 시간으로 변화시킨다. 당신이 증상의 본질에 가까이 갈수록, 당신은 눈에 보이지 않는 삶의 양자 수준의 차원과 접촉할 수 있다.

자기 자신 그리고 다른 사람과 작업하기

무지개 의학 방법을 사용하여 다른 사람이나 당신 자신에 대해 작업할 때, 주어진 증상에 관한 일상적 실재 CR의 관점을 인식하고, 그리고 당신 자신은 단지 당신 신체 안에만 존재하고 있는 것이 아니라는 양자물리학적 가능성을 고려하라. 초자연치료사는 일어나고 있는 것이 시간과 공간에서 주어진 국소성에 국한되지 않는다는 것을 알아차린다. 만일 당신이 다른 사람에 대해 작업한다면, 당신의 감정과 기분도 또한 전체적인 장면의 부분이다. 무지개 의학에서는 정확하게 정의된 의사나 상담사가 없으며, 또한 쉽게 인정되는 환자나 내담자도 없다. 만일 당신이 돕고 있는 누군가가 차단되어 있다면, 당신 자신의 차단된 경험을 사용하라. 당신의 파트너가 그런 경험을 가지고 당신과 합류하거나 그런 자신의 경험에 의해서 그것을 바꾸려고 할 때, 그녀의 피드백을 알아차려라.

만일 당신이 경험의 본질적 수준에 가까이 있다면, 당신은 다른 사람이 무엇인가 하기 전에 그들이 무엇을 하려고 하는지 느낄 수 있을 수도 있다. 다른 사람과 작업을 하는 데 가장 도움이 되는 감정은 당신이 그와 경험을 공유하는 것이다. 사실, 비록 당신이 상대를 잘 모를지라도 때때로 그 사람의 전체 삶의 상황을 아는 것처럼 보일 수도 있다.

특별한 형태 변형 사건에 대해 기억나는 사례가 있는데, 그는 요통으로 고통받고 있었다. 그는 증상 창조자를 자신의 등 근육을 경련하게 만드는 '자극제' 라고 묘사했다. 이 자극제는 내담자의 의식적 마음을 너무 교란시키고 있어 그는 요통을 느끼는 것을 거부하게 되었다. 따라서 내가 그 과정에 초점을 맞추기 위해 그에게 그의 알아차림을 사용하도록 요청하는 대신, 그의 자극제로 들어갔다. 나는 자극제가 되어 허공에서 긁는 동작을 하였다. 나는 자극제로서 매우 흥분하여 내담자에게 내가 소리를 지를지도 모른다고 경고하였다.

갑자기 내담자는 자신도 여러 가지에 대해 화가 치밀어 오르고 있다고 인정하였다. 나는 내담자가 더 말하기 전에, 내가 무엇을 의미하는지 잘 알지 못한 채 분노의 본질로 들어가서 "싫어요."라고 간단히 말했다. 나는 "싫어요, 화를 내는 대신 내가 먼저 말할게요. 싫어요, 나는 하지 않을 거예요. 나는 원하지 않아요." 라고 여전히 내가 무엇을 의미하는지 정확히 알지 못한 채 말했다. 내담자는 웃음을 터뜨리며 "싫어요."라는 말이 그에게는 금지된 말이었다는 것을 인정했다. "싫어요."는 그가 가끔 하고 싶었지만, 절대 말하지 못했던 것이다.

"싫어요."라는 단어에 대해 이야기한 것만으로도 내담자의 등 근육이 편안해진 것처럼 보였다. 그는 매우 고마워했고, 나를 매우 좋아하며 나와 개인적인 시간을 더 보낼 수 있는지 부끄러워하며 물었다. 나는 순간적으로 내부적 혼란을 느낀 후에, 크게 "싫어요!"라고 말하였고, 우리 둘은 눈물이 날 때까지 웃었다.

제6장
생명이란 무엇인가

……만일 진공, 즉 빈 공간이 압축되면 입자는 이전에 아무것도 없던 곳에서 어쨌든 명백하게 존재하는 물질로 나타난다는 것이 밝혀졌다. 이러한 발견은 과학과 불교의 '중관파(中觀派, Madhyamika),' 즉 '공(空) 이론' 사이에서 공통 영역을 제공하는 것으로 보일 것이다.

– 14대 달라이 라마[1]

생명은 무(無)에서부터 나오는 것처럼 보인다. 사건은 갑자기 일어난다. 양자 물리학과 영적 전통은 대체로 이에 동의한다. 초자연치료사는 나노 수준의 신체 감각과 초공간으로부터 무지개 의학을 찾음으로써 침묵의 생명력을 활용한다. 이 장에서는 생물학과 생물리학(biophysics)에서 묘사되는 생명에 대한 개념들을 탐구할 것이다. 다음 장에서는 영적 전통, 초자연치료주의, 양자물리학의 개념을 생물학의 개념과 결합시킬 것이다. 인류에 대한 새로운 그림이 이러한 결합으로 출현할 것이다.

물리학과 의학에서, 우리 자신에 대한 일상적 실재 CR의 정의는 꿈 영역과 본질 세계의 무시에 근거하고 있다. 새로운 패러다임에서, 초자연치료사 돈 후앙이 말한 것처럼 '집합점'에서 변화가 일어날 수 있다. 당신의 '집합점'은 당신이 자신을 '집합' 시키거나 동일시하는 방법이다. 만일 당신이 신을 실제 점(點)으로 본다면, 당신의 집합점은 일상적 실재 CR에 있을 것이다. 그러나 만일 당신이 자신을 알아차림의 초점을 맞추는 사람과 동일시한다면, 당신의 집합점은 꿈꾸기와 실재의 다양한 수준에 걸쳐 있을 것이다. 현재 작업의 관점에서, 이것은 우리의 정체성이 더 이상 일상적 실재 CR과 일치하지 않고 다른 모든 세계에게 일어나는 침묵의 힘의 경험을 포함한다는 것을 의미한다.

무지개 의학 패러다임에서, 인간은 실제(물리적 육체)이며 또한 양자 파동(경향성 또는 의도적 파동 경험)이다. 첫째로 우리는 꿈 영역의 형태로 펼쳐지는 본질이고 의도이며, 그 꿈 영역은 우리에게 일상적 실재 CR에서 가능한 정체성을 알려준다. 우리는 이것들 중 하나를 선택해서 그것을 인간 형태라고 부를 것이다. 새로운 패러다임에서, 모든 사건은 다차원적이다. 일상적 실재 CR에서 비의도적으로 보여지는 모든 것, 예를 들어 문제나 질병들은 무지개 의학에서는 전체에 대한 신호가 된다.

새로운 패러다임에서 '편하지 않음(dis-ease)-질병(disease)'은 생명의 신비한 신호이며, 생명의 새롭고 확인되지 않은 형태가 나타날 수 있는 수단이다. 만일 당신이 당신의 집합점을 이동하고 경향성의 초공간을 경험한다면, 당신은 일상적 실재 CR에서 당신의 신체적 형태를 포함한 많은 방식으로 나타나는 의도, 당신의 비국소적 형태를 알게 될 것이다.

생명의 기원에 대한 이론적 관점

우리 우주의 모든 물리적인 물체는 그 주위의 모든 것과 '얽혀 있는' 다차원적이다. 그러나 오늘날의 생물학은 종종 생명을 단지 일상적 실재 CR 차원으로만 이야기한다. 비국소적 양자역학의 세계를 포함하는 초공간적 사고(思考) 없이 생명에 대한 분명하고 국소적이며 신체 지향적 정의는 창조하기 어렵다.

천문학자와 생물학자들은 지구의 생명체가 약 30억 년 전에 시작되었다고 믿는다. 몇몇 과학적 이론과 증거에 따르면, 우주의 기원은 약 180억 년 전 빅뱅과 함께 시작되었다. 만일 우주철학자들이 옳다면, 우리의 지구와 태양계는 약 50억 년 전에 형성되었다. 연구에 따르면, 생명의 합의적 형태는 지구에 약 30억 년 전에 처음 나타났다. 어느 누구도 어떻게 '생명'이라고 불리는 복합체가 발생되었는지 확실히 모른다. 무엇이 여러 가지 화학 물질들을 혼합하여 살아 있는 생명체의 형태로 만들었는가?

양자이론에 따르면 물질 입자가 무(無)로부터, 즉 진공으로부터, 소위 영점(零點) 에너지 상태에서 '갑자기 나타났다'는 것을 알고 있지만, 양자역학은 분명한 해답을 가지고 있지 않다. 불교신자도 비슷하게 생각하지만, 그러나 그 상태를 '공(空)'이라고 부른다. 이 장 앞부분에서 인용한 달라이 라마에 따르면, 그는 물질과 그리고 생명 그 자체도 비국소적, 비이중적인 세계의 본질에서 '고유한 것'이라고 설명하였다.

'밤(夜)과 통합'하여 어둠을 통해 움직일 수 있는 초자연치료사의 '힘'을 사용하기 위해, 돈 후앙은 그의 제자들에게 주변 환경을 느끼라고 말한다. 이런 느낌은 자크 뤼세랑이 8세 때 실명한 후 설명했던 관찰자와 관찰 대상을 연결하는 비국소적 상호 연관성 혹은 생명의 경험과 비슷하다. 그는 탁자의 윗면을 어떻게 느꼈는지 다음과 같이 설명했다.

> 탁자의 느낌을 찾아내기 위해 내 손가락들을 눌러야 했으며, 그리고 놀라운 것은 그런 누름이 즉시 탁자에 의해 응답되었다는 것이다. 시력을 잃으면 내가 사물을 만나기 위해 나가야 한다고 생각했지만, 나는 대신 사물이 나에게 온다는 것을 발견하였다. ……나는 내가 사과를 만지고 있는 것인지 '사과'가 나를 만지고 있는 것이지 알 수 없었다. 내가 사과의 일부가 되자, 사과는 나의 일부가 되었다. ……모든 것은 누름의 교환이었다. ……나는 오랜 시간동안 사물에 기대어 있었고, 또한 그것들이 내가 기대고 있을 수 있도록 해 주었다.[2]

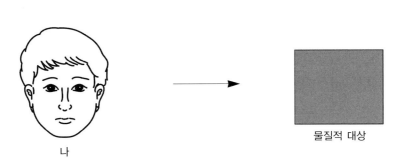

세계 I, 일상적 실재 CR에서, 나는 그 물질적 대상을 본다. 그것의 신호가 내게
온다.

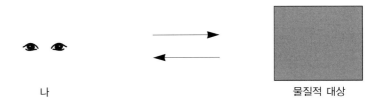

세계 II, 꿈 영역에서, 그 '대상'은 '나'를 먼저 보는 것 같다. 어떤 신호는 사전
신호 같아 보여서 그 순서는 측정하기 어렵다.

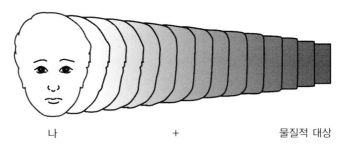

세계 III, 미묘한 경향성의 본질적 수준에서, 얽혀 있는 체계로서 나와 대상 사이
에 상호 연관성의 명확하지 않은 느낌이 있다.

[그림 6-1] 물질의 다차원적 경험

눈으로 볼 수 있는 정상적인 능력이 없다면, 우리는 일상생활에서 보통 무시했던 초공간을 찾기 위해 '초감각'을 사용해야만 한다. '단순히 바라보는 것'이 아니라 '인식하며 쳐다볼 때', 우리는 우리 주위의 모든 것과 얽혀 있는 삶을 느낄 수 있다. 뤼세랑이 말한 것처럼, "나는 내가 사과를 만진 것인지 사과가 나를 만진 것인지 알 수 없었다."[3] 이것은 내게 '반영된 파동' 혹은 내가 동시 반영적 충동이라고 부르는 것으로 특성지어진 양자 세계의 존 크레이머(John Clamor)의 설명을 상기시킨다.[4] 가장 깊은 수준에서, 우리는 우리가 신호와 경험의 발신자인지 혹은 수신자인지 말하기 어렵다.

지각과 알아차림은 우리 안에만 존재하는 것이 아닐 것이다.[5] 나는 생명 자체의 근원이 어떠한 특정 신체 안에 존재하는 것이 아니라, 그것은 우리, 환경 그리고 우주의 어떠한 것 그리고 모든 것을 포함하는 공유되고 얽혀 있는 경험이라고 제안한다.

일상적 실재 CR에서, 당신은 '당신의' 생명이 중요한 것일 수도 있다. 그러나 더 확장된 알아차림으로 보면, 생명은 공유된 과정, 여러 곳의 위치로부터 끊임없이 펼치는 신호교환인 것이다.

마음과 물질을 연구한 물리학자들

[그림 6-1]에서 세계 Ⅲ, 본질의 수준 세계—달라이 라마가 '공(쏜)'이라고 언급한 것—는 내게 몇 물리학자와 잭 사파티(Jack Sarfatti)와 데이비드 봄(David Bohm)이 양자 파동 함수라고 언급한 것처럼 보인다. 세계 Ⅲ의 경험은 마치 그것들이 명확하지 않고 획일적인 내용을 가지고 있는 것처럼 보인다. 사파티는 봄이 양자 파동을 '생각 같은' 경험으로 설명하고 있다고 인용하였다. 또한 물리학자 프리초프 카프라(Fritjof Capra)[6]와 프레드 알랜 울프(Fred Alan Wolf)[7]는 마음의 양자 영역의 특징을 언급하고 물리학과 불교 그리고 다른 영적 가르침을 연결하였다.

경험적이고 이론적인 관점으로부터, 불교와 물리학으로부터 생명은 일상적 실재 CR 그리고 측정 불가능한 꿈 영역 경험으로 여겨졌다. **생명**이라는 용어의 본래의 의미로부터 판단해 보면, 우리의 조상은 생명과 '경향성들'이 연관되어 있다는 것을 분명히 알고 있었다. 메리엄-웹스터(Merriam-Webster) 사전에서, 생명은 '에너지' '활기' '생기' 그리고 '반응하는 경향성'과 연관되어 있다.

생물학에서의 생명

생물학은 생명을 정의하는 데 있어서 일상적 실재 CR의 요인에 주로 초점을 맞춘다. 『브리태니커 백과사전(Encyclopedia britanica)』(2002)에 수록되어 있는 '생명의 정의'에서 우리는 다양한 예를 볼 수 있다. 그중 하나는 다음과 같다. "생명 체계는 음식을 섭취하고, 환경에 적응하고, 성장하고, 자손을 번식시키는 능력을 가지고 있다." 생리학적 체계 이론에서 생명의 생물학적 정의는 다음과 같다. "어느 체계가 물질대사를 한다면 살아 있는 것이다." 생명의 물질대사적 정의는 정체성을 포함한다. 어느 체계가 만일 '명확한 경계를 가지고 있으며 외부와 물질을 교환하지만 시간이 지나도 그 자체로 남아 있을 수 있으면' 살아 있는 것이다.

이러한 일상적 실재 CR의 정의는 문제가 있다. 차(車)도 경계를 가지고 있으며, 휘발유라는 음식을 '물질대사'하는 것으로 생각할 수도 있지만. 대부분의 사람은 차가 '살아 있다'는 것을 부정할 것이다. 생화학에서는, 한 체계가 만일 그것이 "자손을 번식하고, 핵산 분자에 숨겨진 유전 정보를 운반하고, 효소를 사용하여 물질대사를 한다면"[8] 살아 있는 것이다.

진화 이론에 근거하는 의학적 혹은 생물학적 이론은 맞지 않거나 적절하지 않은 것으로 간주되는 경험을 버리도록 하는 우리의 일상적 실재 CR 심리학을 반영한다.[9] 이런 종류의 생각은 문화적 무의식과 외국인 혐오증을 일으킨다. 우리

진화와 유전학

『종의 기원(Origin of the Species)』(1859)이라는 유명한 책에서, 다윈(Darwin)은 '적자생존'이라고 부르는 치열한 경쟁에 대해 말했다. 그것은 우리가 동료보다 환경에 적응을 더 잘한다면, 우리가 그들보다 더 살아남을 가능성이 크다는 것을 의미한다. 진화의 기본적 유전 이론에 따르면, 우리는 우리의 DNA 속에 암호화되어 있는 유전자가 세포를 분열시키고 새롭게 형성하기 때문에 번식한다. 만일 당신이 반대 성(性)의 누군가와 부부가 된다면, 당신들의 유전자는 혼합되어 새로운 사람을 창조한다. 만일 이 새로운 사람이 또 다른 사람과 부부가 된다면, 다시 유전자는 혼합된다. 때때로 돌연변이가 생겨나는데, 그것은 유전자가 '깨어지거나' 혹은 다른 방법으로 변화되었기 때문이다.

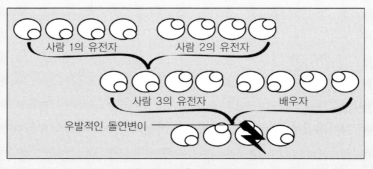

[그림 6-2] 돌연변이

[그림 6-2]에서 사람 1과 2의 유전자는 합쳐져 새로운 사람을 만든다. 새로운 사람은 또 다른 사람을 만나서 번식하지만, 그림의 아래에서와 같이 우리는 유전자 중 하나가 돌연변이에 의해 예측할 수 없이 변하는 것을 볼 수 있다.

다윈의 이론에 따르면, 만일 돌연변이가 된 사람이 '적응하면' 그는 살아남으며, 적응하지 못하면 죽는다. 이러한 숙명적인 게임에서 대부분의 돌연변이들은 실패자이며, '적응하지 못하는' 생명체의 형태를 만드는 것으로 판명되었다.

자신의 일부분을 배제하는 것은 다양성의 문제를 일으키는데, 이는 그들이 우리 자신의 일부분임에도 우리의 '정상적 기준'에 '잘 맞지' 못할 때 무시하기 때문이다. 우리는 자신도 모르는 사이에, 그리고 다른 이들을 더 배제할수록, 우리 자신을 도리어 두려워하게 된다. 모든 종류의 불안은 우리 자신의 부분을 무시하는 것과 연관되어 있거나 또는 외부 세계를 무시하는 것과 연관되어 있다. 다시 말하면, 진화론은 단지 문제투성이의 일상적 심리학을 반영하는 것뿐이다.

생명의 열역학적 정의

이제 생명에 대한 열역학적 견해를 고려해 보자. 생명에 대한 국소적인 생물학적 정의는 에너지 전이의 물리학에 의해 확장되는데, 그것은 생명을 공유된 우주론적 에너지의 개념으로 설명한다. 열역학에 따르면, 우리의 생명은 우리 주위의 모든 다른 에너지 근원뿐만 아니라 태양의 삶과 궁극적인 죽음에 의존하는 정렬된 질서의 형태다. 생명은 태양과 같은 에너지 근원의 음(陰)엔트로피(neg-entropy)에서부터 온다. 어떻게 보면, 우리가 살 수 있기 위해 별들이 죽는다. 우리가 살아가면서, 결국 우리 신체의 질서는 무질서해지고, '죽음'으로서 먼지가 되고, 그 먼지는 또 다른 생명체의 영양분이 된다. 엔트로피와 에너지의 개념을 사용하는 것은 상호 의존적인 현상으로 생명의 개념을 지지한다. 지구 위의 모든 생명은 별들의 에너지와 우주론적으로 연결되어 있다.

생명에 대한 무지개 관점

생명에 대한 무지개 의학에서, 우주의 모든 것은 꿈 영역과 생명 과정의 부분에서 살아 있다. 상호 의존적인 순간적인 알아차림과 신호교환에 대한 당신의 경

열역학

에너지와 물질의 전이에 관한 이론인 열역학은 거시(巨視) 세계에서의 과정을 결정한다.

생명에 대한 일상적 실재 CR 개념을 포함하는 것과 같은 모든 사용할 수 있는 에너지는 물리학자가 '음엔트로피'라고 부르는 것의 형태다. 엔트로피는 무질서도의 형태다. 간단히 말해서, 생명은 질서의 형태이거나 음엔트로피의 형태다. 한 체계가 그질서나 음엔트로피를 상실했을 때, 그것들은 해체되거나 죽는다. 지구에서, 음엔트로피의 주된 원천은 태양이다. 그러므로 지구에서 생명의 근원은 태양에서 오는 사용 가능한 에너지와 음엔트로피의 근원과 연결되어 있다. [그림 6-3]에서, 태양은 우리 지구에 에너지를 공급한다. 지구 위의 우리의 신체는 어느 정도 태양으로부터 생명을 얻는다.

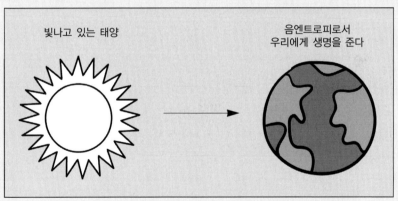

[그림 6-3] 빛나고 있는 태양은 우리에게 음엔트로피로서 생명을 준다

태양은 우리에게 음엔트로피를 비춘다. 그러나 전체적 균형을 맞추기 위해, 우리가 태양으로부터 태양빛을 받을 때 태양은 그에 해당하는 에너지와 '생명'을 잃는다.

험은 삶이 전체 우주와 적절하게 공유되고 있다는 것을 나타내고 있다. 꿈 영역과 초공간에서, 물체와 사람은 그것들이 일상적 실재 CR에서 살아 있든지 혹은 '죽은 것처럼' 보이든지 간에 모두 활기가 있다.[10]

생명의 현상은 일상적이고 초공간적인 고려를 모두 요구하는 다차원적인 실재다. 생명과 건강은 양자 영역의 경험뿐만 아니라 일상적 실재 CR 진실과 에너지, 우리의 유전자와 햇빛, 음식과 물에 달려 있다. 생명에 대한 우리의 느낌은 초공간과 강하게 연결되어 있다. 만일 당신이 침묵의 힘과 당신의 접촉에 대해 명료하다면, 당신은 살아 있다고 느끼고 좋게 느낄 것이다. 만일 그렇지 않다면, 당신은 만성적이고 약간씩 우울하고 비창조적이 될 것이다. 그러면 새로운 신호교환과 활기가 떠오르는 대신, 당신의 주의 집중은 증상으로 끌어 당겨질 것이고 신체 건강의 정도나 질병을 확인하게 될 것이다.

나는 때때로 마치 삶이 좋은 요정에서 "나를 무시하지 마라! 나에게 모든 창조적 순간을 주고, 작은 반짝임을 알아차려라. 그렇지 않으면 내가 당신이 나의 (그리고 당신의) 창조성을 인정하도록 강요하는 무엇인가를 만들 것이다!"라고 말하는 질투심 많은 괴물로 변형하는 일종의 동화 속의 인물처럼 느껴진다.

만일 단색 의학의 작업이 생명을 보존하는 것이라면, 무지개 의학의 작업은 우리의 관심을 끄는 증상과 모든 것의 의도를 발췌하는 알아차림을 일으키는 것이다. 삶은 순간의 창조성이다. 단색 의학처럼, 무지개 의학도 증상을 치료하는 데 목적이 있다. 그렇지만 단색 의학과는 다르게, 새로운 패러다임은 질병(disease)과 노화를 새로운 형태의 창조성으로 보면서 편하지 않음(dis-ease)을 환영하고 여러 가지 수준에서 질병을 다룬다.

제7장
원자의 도깨비

토착민들의 창조 신화는 꿈 시대(dreamtime) 중에 그들의 경로에서 우연히 만난 모든 것(새, 동물, 식물, 바위, 물웅덩이)의 이름을 노래 부르며 또한 세계가 존재하도록 노래를 부르면서 모든 대륙을 돌아다니던 전설적인 토템 같은 존재에 대해 이야기하고 있다.
— 브루스 채트윈(Bruce Chatwin),[1] 『노래 선율(The Songlines)』

브루스 채트윈은 『노래 선율(The Songlines)』(1987)에서 토착민이 평생을 통해 여행을 했던 지역의 신성한 노래를 어떻게 알아야만 하는지를 이야기했다. 사람들은 의식의 변형된 상태에서 노래를 부르는 것은 세상을 변화시킨다고 항상 믿어 왔다. 우리의 토착민 조상에 따르면, 내가 침묵의 힘이라고 부르는 것을, 그들은 지구를 형성하고 지질학을 신성한 영역으로 변형시키는 위대한 영혼(Great Spirit)이라고 부른다.

노래, 음악의 느낌 그리고 파동은 생명을 존재로 유도한다. 만일 우리가 데이비드 봄(David Bohm) 같은 유명하고 논쟁적인 과학자들의 연구에 의해서 판단한다면, 물리학은 이런 고대(古代)의 생각들을 잡으려고 했을 것이다. 제2장에서, 나는 양자 파동이 마치 내면의 지혜를 가지고 있는 것처럼 물체를 이끄는

'안내 파동' 이라는 비일상적 정보이거나 이를 포함하고 있다는 봄의 생각에 대해 이야기했다. 토착적인 꿈꾸기와 봄의 '안내 파동' 은 우리 신체를 움직이는 '원자의 도깨비' 라고 우리가 부르는 것일 수도 있다.

엔텔레키―인도하는 힘에 대한 생각

인도(引導)하는 힘이 살아 있는 것과 소위 생명이 없는 물질 모두에서 나타난다는 생각은 많은 사람들에 의해 제안되어 왔다. 그리스 철학자 아리스토텔레스는 생명은 유기체에게 그 특성을 주는 힘이라고 생각했다.[2] 또한 그는 전체 우주를 부분으로 나눌 수 없는 하나의 유기체로 보았다. 현대 물리학자 폴 데이비스(Paul Davies)는 그의 책 『다섯 번째 기적(The fifth miracle)』에서 과학은 생명이 인도하는 원천적인 힘이라는 오래된 개념을 대부분 의심해 왔다고 지적하였다.[3] 이것은 물질에서 파악하기 어렵고 측정 불가능한 요소로서, 생명을 창조해야 하고 물질적 신체에게 경로를 알려 주며 그것과 함께 움직이는 것이다.

그러나 신비한 힘에 대한 이러한 생각은 결코 억제될 수 없었다. 예를 들어, 19세기에 전기(電氣)가 발견된 후, 메리 셸리(Mary Shelley)는 철학으로서 활력론이 여전히 활성화되어 있었음을 보여 주는 프랑켄슈타인이라는 상상 속의 인물을 창조했다. 그녀의 이야기에서 프랑켄슈타인이라는 상상 속의 인물은 폭풍우 속의 생명력을 지닌 번개에 의해 그 안의 '괴물' 이 살아났다.

인도하는 힘에 대한 개념은 항상 인류 사고(思考)의 한 부분이 되어 왔었다. 뉴턴과 함께 미적분법을 발견한 17세기 독일의 철학자이며 수학자이자 물리학자인 라이프니츠(Gottfried Wilhelm Leibniz)는 물질적 사물의 궁극적 실재를 '모나드(monad; 역자 주-무엇으로도 나눌 수 없는 궁극적인 실체, 단일체)' 혹은 '엔텔레키(entelechy, 생명력)', 즉 알려 주는 영혼이라고 불렀다.

그에 따르면, 모든 사물은 내부적이며 스스로 결정하는 생명의 힘을 가지고 있다고 한다. 20세기 독일 생물학자 한스 드리슈(Hans Driesch)는 모든 살아 있는 유기체에 존재한다고 제안했던 내면의 완전한 법칙을 정의하는 데 엔텔레키 개념을 사용하였다.

이 생물학자는 엔텔레키가 생명을 주는 힘이라고 생각하면서 명백하게 아리스토텔레스와 라이프니츠의 뒤를 따랐다. 그에게 엔텔레키는 모든 살아 있는 것들의 발생에 대한 원인이 되는 일종의 영혼이었다. 오늘날, 인도하는 영혼이나 파동에 대한 개념은 생명의 기원이 지구에서만 특별히 우연한 화학 반응에 의해서 발견될 수 있다는 과학자의 주장으로 대체되었다. 대부분의 과학자들은 몇 가지 화학적 · 열역학적 · 전기적 환경의 특별한 조합이 생명체의 첫 번째 징후를 우연하게 만들었고 그것이 이후의 진화를 이끌었다고 믿는다. 그렇지만 1996년 8월, 일부 과학자들은 지구상의 생명체에 대한 독특성에서의 이러한 신념을 재고하기 시작했다.

화성으로부터 지구로 날아 온 고대의 운석에 대한 연구에서, 화성에서의 생명체에 대한 증거가 발견되었다. 일부 과학자들은 이제 생명체가 우주의 자연적인 질서의 한 부분이며 그 생명체가 화성에서부터 왔다고 믿는다. 반면에 다른 과학자들은 아미노산과 같은 생명의 기본적인 요소가 태양계 우주 공간에서 형성되었으며 그것이 운석을 통해 지구로 왔다는 가설을 세운다.

아리스토텔레스와 라이프니츠, 드라이슈와 비슷하게 물리학자 폴 데이비스는 생명의 비밀이 물질의 눈에 보이지 않으며, 정보를 가진 특성에서 온다고 믿는다. 그의 책 『다섯 번째 기적』에서 설명했던 것처럼, 그는 이런 정보를 가진 특성들이 파동 함수에 들어 있다고 느낀다. 데이비스에 따르면, 생명은 비국소적이고 총체적인 파동 함수 중의 정보가 들어 있는 부분에서 나타난다. 여기서 생명이란 자율성, 복합성 및 재생성이며, 물질대사적 그리고 영양 공급적인 능력의 특성을 지닌 성장과 발달이 가능한 유기체를 일컫는다. 다시 말하면, 꾸불꾸불한 파동 함수는 일종의 현대적인 '인도하는 힘'인 것이다.

파동 함수와 쿤달리니

의식과 중력 사이의 관계에 대해 초점을 맞추는, 옥스퍼드 대학의 우주철학자 로저 펜로즈(Roger Penrose)는 『황제의 새로운 마음(The Emperor's New Mind)』 에서 중력은 양자 과정을 통해 생물학적 분자에 영향을 준다고 제안하였다. 그의 관점에서, 생명의 기원은 중력, 우주의 굴곡된 본성 그리고 우주의 기원과 연관되어 있다.

의식과 생명에 대한 물리학에서의 이러한 많은 새로운 개념은 20세기 중반 봄 (Bohm)이 『나누어지지 않은 우주: 양자 이론의 존재론적인 해석(The undivided Universe: An ontological Interpretation of Quantum Theory)』에서 설명했던 연구 결과에 기초를 두고 있는 것처럼 보인다. 이 책에서 봄은 첫 번째 비국소성 실험 에서 명백해진 우주의 단일성과 비국소성을 설명하기 위하여 물리학의 기초를 탐구하였다.[4] 봄에 따르면, 양자 파동 함수는 주위의 모든 것들과 끊임없이 상호 작용하고 있는 정보 운반자다.

어떠한 한 사건이 일어날 때에는, 모든 것이 관련되어 있다. 그 사건의 다양한 모든 측면은 서로 연관되어 있다. 예를 들어, 당신의 양자 함수는 공동 창조 참여 자로서 다른 사람, 당신의 의자, 당신의 컵 그리고 당신 주변의 모든 것들과 당신 의 관계를 설명한다.

봄은 파동 함수에서 '활동적' 정보를 설명하기 위해 '안내 파동' 이라는 개념 을 사용하였다. 그는 안내 파동이 입자가 움직이는 대로 따르고 인도하는 입자라 고 상상했다. 그 파동은 엔텔레키에 관한 아리스토텔레스, 라이프니츠 그리고 드라이슈의 개념과는 전혀 다르지 않게 물체를 인도하면서 그것들과 함께 움직 였다.

비행에서의 양자 파동

양자 파동에 대한 물리학자들의 개념에 대한 잠재적인 의미를 이해하기 위하여 전자총에서 전자가 방출될 때 무슨 일이 일어나는지 생각해 보자.

'전자의 비행(飛行)'이라는 [그림 7-1]에서 I, II, III의 세 구역을 살펴보자. I 구역에서, 전자(검은 점으로 표시)는 틈새를 통해 발사되기 직전으로 아직 전자총 안에 있다. II 구역에서, 어떠한 측정도 파동 함수를 변형시킬 것이기 때문에 전자의 정확한 비행 경로 혹은 궤도는 물리적으로 측정되거나 추적될 수 없더라도, 전자가 III 구역의 B에 도착해서 '삐'라는 신호음으로 전자가 도착했다는 것을 검출기가 알려 주기 전까지 우리는 양자 파동 방정식을 사용함으로써 파동에 의해서 나타낼 수 있다는 것을 알고 있다.

이러한 관점에서, 전자는 그것의 정확한 성질은 알 수 없지만 방출되기 전에 I 구역의 입자로 생각할 수 있다. II 단계에서, 양자물리학은 그 입자를 수학적 공식

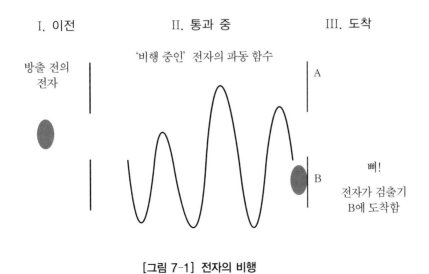

[그림 7-1] 전자의 비행

은 정확하지만 일상적 실재 CR에서는 측정 불가능한 가상의 파동으로 묘사한다.

양자 수준의 파동 개념은 허수(虛數)의 복소수(complex number)다. 그것은 무엇인가 생각하고 느낄 수 있지만 보이거나 측정될 수 없는, 꿈 영역의 맥동 같은 개념이다. 파동 함수의 허수적 특성은 일상적 실재 CR에서 많은 유사성을 발생하게 한다. 그것이 1920년대 양자물리학이 발전되기 시작한 이래, 양자 파동의 창시자 에르빈 슈뢰딩거(Erwin Schrödinger)가 그것들이 실제의 '물질 파동' 이라 부르며 믿었던 이유이다. 그러나 그런 파동들은 일상적 실재 실험에서는 결코 관측되지 않았다.

분명히 봄은 그 이전의 양자 물리학자 루이 드브로이(Louis DeBroglie)가 부분적으로나마 이미 제안했던 파동 함수의 진동 특성에 대한 이러한 초기 개념을 얻었을 것이다. 드브로이는 1923년 (소르본 대학의 대학원생으로서) 입자가 입자의 '어떠한 내부 순환 과정' 을 설명하는 파동과 같은 특성을 보여 주고 있다는 것을 발견했다. 비록 그 이후의 물리학 발전이 '물질 파동' 을 측정할 수 없다는 것을 보여 주었지만, 오늘날의 일부 물리학자들은 아직도 '안내 파동' 에 대한 봄의 생

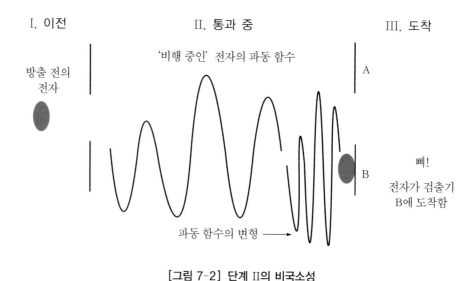

[그림 7-2] 단계 II의 비국소성

각을 인용한다.[5]

봄은 『나누어지지 않은 우주(The Undivided Universe)』에서 II 구역의 파동 설명은 수학 그 자체만큼이나 정확하다고 주장하였다. "허수의 정성적(qualitative) 개념은 그러므로, 결과적으로 (양자 이론의) 이런 전체적인 상황의 특징을 나타내는 것처럼 정확하고 추상적인 수학적 개념과 같다. 이 두 가지는 함께함으로써 각각이 할 수 있는 것보다 더 포괄적인 현상을 제공할 수 있을 뿐만 아니라, 또한 각각은 다른 하나의 더 큰 발전을 위한 단서로서 작용할 수도 있다."

비국소성

파동 방정식은 양자 이론에서 비국소적 현상을 나타낸다. 그것은 측정할 수 없는 상태인 II 구역에서, 입자를 묘사하는 파동은 우주에서 어느 때, 어느 곳에서도 나타날 수 있다는 것이다. '입자'가 관찰될 때만 파동과 같은 성질이 B 지점에서와 같은 장소에 있는 입자와 같은 성질로 변형된다. [그림 7-2]를 보라. 어느 누구도 어떻게 이런 일이 일어나는지에 대한 과학적인 설명을 받아들일 수 없다. 그것은 양자역학의 신비 중의 하나로 남아 있다(그것은 내가 일상적 사건 이면의 미묘한 배경의 과소평가 때문이라고 설명했던 것이다).

II 구역에서, 파동 함수나 안내 파동은 그것이 측정에 의해 '변형'되기 전까지는 비국소적이다. 인도하는 파동으로 '더 큰' 비국소적 상태에서, 그것은 우주 어디에도 있으며, 또한 그것은 모든 것과 연결되어 있다.

봄은 배와 배를 인도하는 레이더 파(波)의 유사성을 고려함으로써 입자의 개념과 파동의 개념을 함께 합쳤다. 비록 측정 가능한 일상적 실재 CR에서는 개별적으로 측정될 수 있는 파동이나 입자는 없지만, 봄은 어떻게 양자 파동이 입자와 연관되어 입자를 인도하는 것으로 시각화될 수 있는지 설명하기 위하여 그의 상상력을 이용하였다. 바다 위 배의 유사성을 이용하여, 그는 입자가 배와 같고, 파

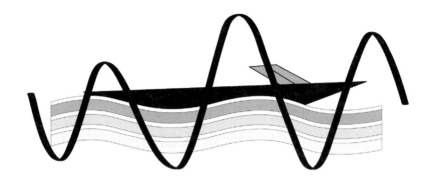

[그림 7-3] **안내 파동**. 봄의 양자 파동은 바다 위의 배를 안내하는 정보의 흐름으로 볼 수 있다.

동 함수는 배가 바다를 통과하도록 안내하는 레이더 파와 같다고 했다. 그의 상상에 대한 [그림 7-3]을 보라.

[그림 7-3]에서처럼, 배는 파동을 '감지하고' 그것에 따라 자신을 이끈다. 선장의 생각, 선원들의 행동, 엔진의 작동 등 이 배에서 일어나는 모든 것은 이 안내 파동의 '정보'와 서로 연관되어 있다. 이러한 그림은 동일한 사물의 일상적 실재 CR과 꿈 영역의 조합이다. 여기에서 배로 상징되고 있는 입자 혹은 물체의 일상적 실재 CR은 가상 혹은 수학적 묘사의 꿈 영역 상상에 의해 확장되었다.

무지개 의학에서의 안내 파동 혹은 양자 파동

일종의 심리학적인 용어로, 우리는 모든 입자와 사람은 일종의 '웅~' 하는 느낌 혹은 생명의 힘을 가지고 있다고 말할 수도 있다. 우리는 우리 주변의 측정 가능한 전자기장(電磁氣場) 그리고 측정 불가능한 장(場)을 잘 알고 있다. 나는 만일 다른 사람과 부부, 집단의 삶뿐만 아니라 나 자신의 삶을 인도하는 안내 파동 같은 것을 이미 경험해 보지 못했다면, 안내 파동에 대한 봄의 소망적 생각을 무시했을 것이다. 내가 전 세계에서의 임상과 세미나에서 상담했던 수천 명의 사람들에 대해 생각해 본 후, 그리고 내 삶이 펼쳐졌던 방식에 대해 생각해 본 후, 나는 삶을 통해 우리를 인도하고 움직이는 일종의 정보를 포함하는 파동 패턴—개인적 신화, 관계의 신화 혹은 집단의 비전—이 있다는 것을 의심하지 않는다. 만일 내가 처음 참여했던 분석심리학 학파의 설립자이며 스위스의 정신의학자 융(Jung)이 만일 오늘날까지 살아 있다면, 나는 그가 "물론, 안내 파동은 내가 인간의 개인적인 신화라고 불렀던 것이다!"라고 말했을 것이라고 확신한다.

내가 처음 물리학에 관해 가졌던 관심에 대해 되돌아보면 다음과 같다. 그러한 관심은 내가 MIT에서 응용물리학 영역에 참여하게 하였고, 또한 아인슈타인에 내한 나의 환상은 1961년 융이 죽은 뒤 1주일 뒤에 나를 취리히로 가게 하였다. 나의 첫 번째 꿈 분석은 융이 나에게 심리학과 물리학을 통합시키라고 말하는 것이었다. 마침내 관계가 변한 후, 나는 물리학에서 융의 주된 협력자이며 노벨상 수상자인 볼프강 파울리(Wolfgang Pauli)가 죽었던 날 태어난 에이미(Amy)와 결혼했다. 이런 모든 일들이 우연일까? 나는 융이 죽었던 그 주(週)에 도착했고, 에이미는 파울리가 죽었던 그날 '도착했다'.

비록 당신이 그것을 뭐라고 부를지 모르더라도, 당신 역시 아마 때때로 일종의 반복되는 패턴이 당신의 삶을 특징짓는다는 것을 느꼈을 것이다. 우리 신체의 측면에서 보면, '선장'은 자신의 배를 운항하고 있다고 생각하고 있는 우리 중의 한 부분이다. 우리 문제의 많은 것은 선장이 '자신의' 생각이라고 부르는 모든 것이 자신의 꿈꾸기의 훨씬 더 넓은 공간으로부터 자신에게 온다는 것을 깨닫지 못한다는 사실에서 온다. 하지만 우리 모두는 우리의 삶이 완전히 우리에 의해서 통제되는 것이 아니라, 일련의 사고와 우발적 사건처럼 보이는 것들에 의해서 통제된다는 것을 알고 있다.

우리의 안내 파동은 우리의 첫 번째 기억과 어린 시절의 꿈에서 볼 수 있다. 그것은 우리의 심리적 경험이 어떠할지를 다소 예상하면서 우리를 안내해 왔다. 사실, 확장된 알아차림과 함께, 우리가 보통 무시하지만 우리가 육체적으로 신체 안에 머무는 동안, 동시에 미묘한 방식으로 우리를 부드럽게 움직이는, 일종의 의도적 장(場), 우리 주변의 '웅~' 잡음이 있다는 것을 우리는 매일 매순간 알아차리게 된다. 내가 앞서 보여 주었듯이, 이런 과소평가는 그것이 현실에서 직접적인 밀림이나 당김과 같이 느껴지고, 모든 사람들이 증상이라고 부르는 것으로 나타날 때까지 그 강도를 더 증가시킨다. 그리고 모든 사람들이 증상이라고 부르는 것으로 나타난다. 증상의 징조와 능력은 꿈에서 용이나 뱀으로 나타날 수도 있다.

이면 작용

봄은 안내 파동이 전체적으로 입자의 경로를 결정한다고 믿지 않았지만, 미립자의 행동이 안내 파동에 역(逆)으로 영향을 준다고 보았다. 그는 이런 영향을 '이면(裏面) 작용'이라고 불렀다. 이면 작용은 신체와 마음 사이의 일종의 피드백이다. 좀 더 정확히 말하면, 그것은 신체와 알아차림 사이의 비일상적 피드백이며 침묵의 힘이다.

이면 작용의 심리학적 유사성은 당신의 일상적인 태도에서의 변화가 어떻게 당신 꿈의 과정에 영향을 주는지를 경험하는 것이다. 이면 작용은 감정과 정신적인 균형에 관한 우리의 느낌에 중요하다.

양자 파동의 경험이나 침묵의 힘과는 거의 접촉이 없는 일상적 마음에 대해, 이런 에너지는 매우 놀라운 것으로 나타난다. 나는 창조적 힘인 쿤달리니(kundalini)나 양(陽)의 힘인 도교의 용(龍)을 생각한다.

한번 일상의 마음이 이런 에너지와 좀 더 조화를 이루면, 사나운 용은 파동을 지닌 불멸의 도인(道人)의 형태로 변화하여 이제 더 행복해 보인다([그림 7-4] 참조).

불멸의 도인은 우리가 파동 패턴을 가진 사람일 때 우리에게 보이는 그림이다. 우리는 하늘의 구름뿐만 아니라 바다의 물고기도 반영시킨다. 우리가 일상의 세상으로부터 경향성의 초공간으로 '우리의 집합점을 이동시킨' 후, 안내 파동과

[그림 7-4] 도교의 용[6]과 불멸의 도인.[7] 안내 파동 경험의 용으로서의 원래의 형태로부터 파동과 함께 춤추는 도인으로의 변형

사진: Jeff Tesdale.

출처: Philip Rawson & Laszlo Legeza. *Tao: The chinese Philosophy of Time and Change*. Thames & Hudson Inc., New York.

우리 자신 사이의 분리는 분리감이 없을 때까지 감소한다. 그 순간에, 당신은 아무것도 하지 않는다. 단지 당신은 된 것으로 그것을 경험한다.

우리 중 일부는 물리학의 수학으로 더 잘 설명을 하고, 다른 사람들은 '공(쏘)'과 '창조적인 정신'을 의미하는 무심(無心)에 대한 도교적 유사성이나 불교의 가르침으로 설명을 한다. 나에게, 의도적인 파동의 안내하는 힘은 무지개 의학의 기본이다. 그것은 물리학에서 여전히 나타나고 있는 생명 철학에 반영되고, 양자 파동 개념으로 투사된 침묵의 힘이다.

이런 비일상적 힘에 대한 추정은 그것이 다음과 같을 것이라고 한다.

• 생명의 원천
• 기(氣) 신체 에너지
• 우리의 세계 혹은 우주가 시작될 때의 우연한 화학작용
• 번식, 정체성 그리고 진화의 정신
• 미생물 분자에 영향을 주는 외계로부터의 운석에 존재하는 것

아마도 어디에나 있으며 불멸인 것은 우리의 일부분일 것이다. 우리는 또한 우리의 공동체이며 우리의 세계다. 이것은 존 L. 존슨(John L. Johnson) 박사가 나에게 이야기했던 아프리카의 속담을 떠오르게 한다, "당신이 있기 때문에 내가 있다. 또한 내가 있기 때문에 당신이 있다." 삶은 당신이나 나에게만 속해 있는 것이 아니다. 우리는 단지 다른 모든 것들 때문에 사는 것이다.

우리가 오늘날 원자라고 부르는 영혼은 원시시대에서부터 알 수 없는 영역으로 그들을 이끄는 무서운 노래를 통해 느껴지고 표현되었다. 유럽 과학에서, 라이프니츠는 모든 살아 있는 것에 존재하는, 이른바 불멸이라고 불리는 그런 유익한 영혼을 어렴풋이 알고 있었다. 그는 그것을 '모나드' 혹은 '엔텔데키'라고 불렀다. 현대 과학에서 봄 그리고 더 최근에 데이비스와 다른 이들은 이런 힘을 파동 기능의 눈에 보이지 않는, 정보를 제공하는 성질에서 찾을 수 있다고 믿는

다. 나에게, 고의적인 파동의 이끄는 힘은 정보와 치료의 획기적인 원천이다. 이
것에 대해 우리가 명료하게 인식하기란 쉽지 않다. 그러나 침묵의 힘에 대한 직
접적인 신체의 경험은 생명 철학과 현대의 물리학에서 반영된다.

제8장
평행한 음악 세계들

만일 우리가 스티븐 호킹의 견해를 심각하게 받아들인다면, 그것은 우리가 우리의 분석을 서로 함께 존재하는 무한한 수의 모든 가능한 우주들을 포함해서 해야 한다는 것을 의미한다. 솔직하게 표현한다면, 우주라는 단어의 정의는 더 이상 '존재하는 모든 것'이 아니라 그것은 이제 '존재할 수 있는 모든 것'을 의미한다.

– 미치오 카쿠(Michio Kaku)[1]

이 장에서는 파동 이론, 토착민의 노래 선율, 그리고 물리학이 어떻게 우리가 꿈과 신체 증상을 이해하도록 돕는지 보여 주려고 한다.

앞 장에서, 삶이란 우리가 실재로서 경험하는 것, 즉 양자 파동의 수학에서 '이면' 혹은 '아래'에 반영된 다중 수준의 알아차림 경험이라고 제안하였다. 나는 우리 삶의 가장 깊은 느낌은 평상의 마음이 편안해질 때 느낄 수 있는 움직임의 경향성이라고 제안하였다. 꿈은 양자 물리학에서 물체의 파동 함수로 상징되는 그런 미세(微細) 움직임 혹은 침묵의 힘으로부터 발생한다. 우리는 이런 파동 함수 혹은 의도적 파동을 개인적인 신화의 감각으로서, 안내의 미묘한 감각으로서만 직접적으로 경험한다. 우리가 이런 경향성과 연결되어 있을 때 가장 잘 느끼기 때문에, 나는 의도적 파동을 평행 세계의 여러 상태와 경험으로 구성된 '마음의 경로' 라고 한다.

안내 파동의 다(多)세계

내가 '침묵의 힘' 이라고 부르는 것은 설명하는 사람의 알아차림 수준에 따라 여러 가지로 다르게 설명된다.

일상적 실재(CR) 일상적 실재 CR에서, 실험 물리학은 본질적인 세계의 가장 확실한 측면인 침묵의 힘만을 측정할 수 있다. 앞서 말했듯이, 관찰의 표준적인 개념은 마치 나무를 볼 때 그 뿌리의 중요성을 과소평가하는 것과 같이 현실의 일상적 실재 CR 판을 창조하는 데 필요한 모든 가상적인 측면을 과소평가한다. 일상적 실재 CR의 관점에서 나타나고 경험된 침묵의 힘은 비의도적이고 우연적인 것—쉽게 무시되는 것—인 꿈 영역에서의 이미지로 나타난다.

꿈 영역(Dreamland) 이론 물리학에서, 침묵의 힘은 상상 공간에서 파동으로 나타난다(즉, 파동 함수의 수학이 복소수의 수학적 공간에서 그것을 설명한다). 꿈 영역에서 경험되는 침묵의 힘은 오랜 세월을 걸쳐서 그리고 우리의 많은 개인적인

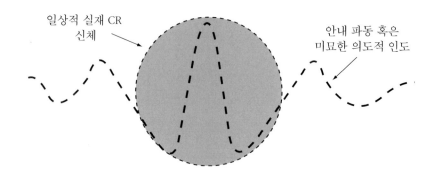

[그림 8-1] 인도하는 안내 파동을 지닌 일상적 실재의 당신

신화에서의 평균화로서 꿈과 이미지로 우리 신체에 나타나게 된다.

본질 비록 표현은 이 영역에 적절하지 않지만, 본질의 개념과 인도하는 의도의 감각은 경향성과 신호교환과 같은 침묵의 힘의 비이원론(非二元論)적 경험을 의미한다. 앞서 언급하였듯이, 봄(Bohm)은 이 본질을 파동으로 상상하였다. 이 본질은 일상적 실재 CR의 모든 대상에 있는 물리적인 것(파동 기능)과 심리적인 것(개인 신화)의 이면에 놓여 있다. [그림 8-1]에 이러한 개념들과 이미지들을 묘사하였다.

물, 양자 그리고 꿈 파동

안내 파동 혹은 어떠한 파동이 어떻게 다른 많은 파동(그리고 많은 세계)으로 구성되어 있는지를 이해하기 위해서, 당신이 호숫가 혹은 바닷가에 있다고 생각해 보자. 표면에 물결 파동이 있는 곳에 다시 물결을 일으키며 보트가 지나가는 모습을 생각해 보라. 어느 한 순간에 보트의 파동은 기존의 호수의 물결 파동에 더해져서 새로운 파동을 만들게 되는데, 그 새로운 파동은 두 파동의 합과 같다([그림 8-2] 참조).

파동은 놀랍다![2] 새로운 파동은([그림 8-2]는 단순한 예시이며, 수학적으로 정확한 것은 아니다) 보트가 지나가기 전 이미 있던 기존의 물결 파동에 보트가 만들어 낸 파동을 더한 것이다. 그 파동들에 매료된 우리를 더 놀라게 만드는 것은, 보트가 지나가고 보트 파동이 지난 뒤에 물결은 원래의 파동 패턴으로 되돌아간다는 것이다. 다시 말해, 물결 파동(그리고 일반적인 모든 파동)은 서로에 대해 다소 독립적이며, 대양(大洋)과 같은 큰 크기의 물에서 특히 더 독립적이다. 파동들은 서로 합치고, 그리고 '합침' 이후에는 다시 독립된 방법으로 진행한다. 각각의 파동은 그 자체로의 하나의 세계인 것이다.

우리는 이러한 파동의 특성을 심리학과 물리학을 연결하는 데 사용할 수 있다.

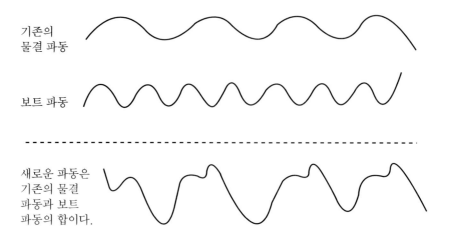

기존의
물결 파동

보트 파동

새로운 파동은
기존의 물결
파동과 보트
파동의 합이다.

[그림 8-2] 파동들은 어떻게 서로 겹치는가

우리는 이미 입자나 원자와 같은 물질적인 물체들이 안내 파동 혹은 양자 파동을 가지고 있으며, 또한 사람들은 양자 파동 혹은 개인 신화를 가지고 있다는 것을 고려해 왔었다. 원자의 안내 파동 혹은 양자 파동은 서로 간섭하지 않는 하위 파동들로 나눌 수 있다.[3] 각각의 하위 파동은 원자가 '진동' 할 수 있는 방법을 나타내고 있다.

마찬가지로, 우리의 기본적 패턴이나 개인 신화는 파동과 비슷하게, 서로에 대해 간섭이 없이 보통 존재하는 하위 특성으로 구성되어 있다. 각각의 하위 특성은 우리가 어떻게 행동할 수 있는가 하는 패턴이다. 우리는 밤에 꿈의 다양한 하위 패턴 혹은 조각을 꿈꿀 수도 있다. 어느 날 밤의 꿈꾸기의 다양한 하위 특성 혹은 조각은 서로 상호작용하는 것처럼 보이지 않는다. 우리는 한 상태에서는 현명한 여인이 될 수 있고, 또 다른 순간에는 화가 난 어린아이가 될 수 있으며, 그리고 그 두 상태는 거의 서로 상호작용하지 않는다(바로 이러한 이유로 우리는 상담자의 도움을 필요로 한다).

원자의 전체적인 파동이 다양한 하위 특정 원자 상태의 합인 것처럼, 우리도

바다의 수많은 '보트들' 에 의해 만들어진 하나의 파도인 것이다. 따라서 당신은 당신의 다양한 친구와 적(敵)을 각각의 다른 세계에 존재하는 하위 파동으로 여길 수 있다.

실습: 하위 특성과 음악

당신이 어떻게 다른 파동들의 합일 수 있는지, 그리고 파동 이론을 더 잘 이해하기 위해서 당신 스스로 다음 실험을 해 보라.

최근에 꾼 꿈이나 오래 전에 꾼 꿈 가운데 하나를 선택하라. 그 안에 여러 개의 이미지를 지니고 있는 하나의 꿈을 기억해 보라.

당신의 꿈 안에 '인물 A' 라는 꿈 인물 하나를 생각하고, 그 이미지를 아주 단순한 소리와 리듬으로 표현해 보라. 이것을 너무 오래 생각하려고 하지 말고, 단지 그 인물을 생각하고, 그 인물을 표현하기 위해 그것에 어울리는 소리와 리듬을 만들어 보라. (아마 당신은 이러한 소리와 리듬이 그 인물이 가질 수 있는 의미에 대한 힌트를 준다는 사실을 깨달을 수 있을 것이다.)

이제 그 꿈으로부터 인물 B로 똑같이 해 보라. 또 다른 단순한 소리와 리듬으로 그 이미지를 표현하라. (아마 당신은 이러한 소리와 리듬이 그 인물이 가질 수 있는 의미에 대한 힌트를 준다는 사실을 깨달을 수 있을 것이다.)

마지막으로, 당신의 창조성을 사용하여 이 두 개의 소리/리듬을 함께 결합시켜 보라. 그렇게 할 수 있는가? 우리가 인물 C라고 부르는 이러한 합쳐진 소리와 리듬은 A나 B보다 당신의 더 커다란 전체를 나타내고 있다.

인물 A와 B의 음악은 소리 C의 '하위 상태' 혹은 '하위 특성' 이다. 합쳐진 소리 C는 당신에게 당신의 전체 패턴 혹은 일시적인 '안내 파동' 에 대한 느낌을 줄

것이다.[4]

당신의 인생 전체에서 당신의 꿈 인물 모두의 합은 어떤 면에서 당신 인생의 안내 파동이다. 당신의 하위 상태의 합은 당신의 전체적인 본성을 좀 더 자세하게 나타내고 있다. 음악적 파동은 수학적으로 물결의 파동 및 양자의 파동과 같

음악적 음조, 배음 그리고 파동

나는 어떠한 파동도 하위 파동[5]의 합으로 이해될 수 있다는 것은 모든 과학의 영역에서 가장 놀라운 이론 중 하나라는 파인만의 생각에 동의한다. 음악가는 하위 파동 혹은 음조에 대해 이해하고 있거나 느끼고 있다. 예를 들어, 어떤 한 음표가 피아노로 연주될 때, 우리는 사실은 한 번에 배음이라고 하는 여러 음조를 듣고 있는 것이다. 각각의 피아노(혹은 기타, 첼로 등등)의 음표는 실제로 많은 음률(音律)의 풍부한 조합인 것이다. 배음은 당신이 음악적인 청음(聽音)을 훈련하지 않는 한, 너무 희미해서 쉽게 들을 수 없다. 배음이란 어떤 줄이나 건반이 전체로서 진동할 때, 기본적인 음조보다 더 높은 (혹은 낮은) 소리인 희미한 음조인 것이다.

당신이 실습을 할 수 있다면 기타의 가장 낮은 줄인 E 줄을 튕겨 보라. 당신이 그 줄을 튕기면 당신은 E음(音)의 가장 기본 음조를 들을 것이다. 그러나 당신이 줄의 중앙을 손가락으로 부드럽게 누른다면, 그 줄은 더 이상 전체로서 진동하지 못하고 그 대신 당신 손가락 양쪽으로 진동하며 그리고 그 음조는 한 옥타브 높아질 것이다. E 줄을 튕기고, 그 줄의 중앙에 손가락을 갖다 대면, 당신은 한 옥타브 올라간 E음의 소리를 듣게 될 것이다!

더욱 놀라운 것은 (수세기 전에 그리스인들이 찾은) 다음과 같은 발견이다. 당신이 다시 기본 음조를 연주할 때, 당신은 기본 음조의 미묘한 부분으로서 한 옥타브 높은 음조도 들을 수 있다는 것이다. 높은 음조는 기본 음조의 '배음'이다. 당신은 악기의 줄 하나가 동시에 여러 가지 서로 다른 모드로 진동할 수 있다는 사실을 발견한 것이다. 모든 줄 및 파동과 같이 우리가 듣는 음조는 다른 음조—물결의 파도가 서로 더해지는 것과 같이 서로 겹치는 파동 혹은 배음—의 조합인 것이다.

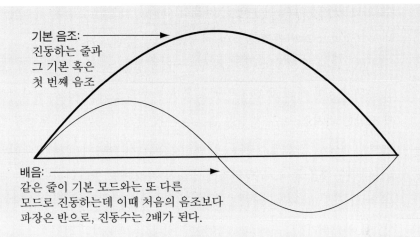

기본 음조:
진동하는 줄과
그 기본 혹은
첫 번째 음조

배음:
같은 줄이 기본 모드와는 또 다른
모드로 진동하는데 이때 처음의 음조보다
파장은 반으로, 진동수는 2배가 된다.

[그림 8-3] 진동하는 줄과 배음

배음은 항상 존재하며, 단지 당신은 그것을 듣기 위한 훈련이 필요한 것뿐이다. 나 또한 보통 일반적인 청중처럼 기본적 음률을 명확하게 들을 수 있으며, 집중할 때만 희미한 배음을 들을 수 있다.

[그림 8-3]에 기본 음조와 첫 번째 배음을 그려 놓았다. 그 외에도 또 다른 파장의 다른 배음들이 있지만, 단순하게 하기 위해 E음과 그것의 배음을 포함하는 기타의 E 줄과 같은 기본적 음조를 포함하는 기본적 음률에 관해서만 생각해 보자. 기타 혹은 피아노와 같이 주어진 E음을 연주하는 악기들은 많거나 적은 이미 주어진 배음들을 가지고 있다. 우리는 이것을 알아차리지 못한 채, 악기가 만들어 내는 특정 배음을 무의식적으로 인식함으로써 어떤 기타나 피아노가 E음을 연주하고 있는지를 결정한다.

비록 그 음조의 크기가 각각의 악기에서 같다고 해도, 각각의 배음은 각 악기에서 다른 세기를 지니고 있다. 그 혼합의 다른 세기가 우리가 피아노 혹은 성악 대신에 트럼펫 소리를 듣고 있는 것이라고 알려 주는 것이다. 그러나 여전히 주(主) 음조의 크기 때문에, 우리는 서로 다른 악기들의 모든 음표들이 똑같은 음표를 연주하고 있다고 말을 할 수 있다.

물리학자와 수학자(그리고 이제는 모든 종류의 치유자 역시)는 사물과 사람의 전체적으로 혼합된 소리가 기본 음조와 배음의 조합이라는 것을 알고 있다.

다. 아마도 이것이 아인슈타인, 파울리 그리고 파인만과 같은 물리학자들이 음악—그것의 소리와 음조(音調)과 배음(倍音)—에 매료된 이유다.

어떠한 파동 혹은 어떠한 소리(혹은 어떠한 경험)는 또 다른 파동과 하위 파동, 또 다른 음조와 하위 음조(혹은 배음)를 포함하고 있다. 우리가 정상적으로 그렇게 포함한 것처럼, 아주 명백한 음조나 우리 본성의 부분에만 초점을 맞추는 것은 하위 음조를 과소평가한다. 만약 당신이 단지 하나의 신체 상태에만 초점을 맞춘다면—예를 들어, 무엇인가를 하도록 강요하고 있다면—당신은 더 큰 '당신'과 당신의 전체적인 패턴을 창조하는 데 필요한 의식의 더 깊은 상태를 자동적으로 과소평가하는 것이다. '선량한' 것과 같은 당신의 전체적인 안내 파동의 한 부분에만 동일시하고자 선택하면, 당신 본성의 나머지 부분과 그것의 한 '하위 음조'를 과소평가하는 것이다.

실습: 음조는 신체를 나타낸다

당신의 하위 상태나 음조 중 하나를 무시하는 것은 당신을 불완전하고 불편하게 느끼도록 만들 것이다. 당신의 일상적인 자신에 대한 당신의 알아차림과 어느 주어진 순간에서 당신이 살아가는 초공간을 증가시켜 주기 위해서, 자신에게 자신이 느끼는 기본적인 음조는 무엇인지 그리고 그것의 배음은 무엇인지 물어보라.

당신의 소리와 음조로 신체 느낌을 표현하도록 만드는 다음의 실습을 시도해 보라.

준비가 되면, 당신 신체 내부와 주변의 분위기를 느껴라. 이 순간에 당신이 들어 있는 신체 상태를 가장 분명하게 나타나는 것은 어떠한 음조인가? 그것은 날카로운가, 물결치는가, 깊은가, 부드러운가, 단단한가? 이러한 내면 상태를 표현하는 소리를 만들어 보라. 비록 당신이 소리에 대해 능숙하지 못하더라도 이 음조를 지금 만들어 보라. 단순하고 분명한 음조를 들을 때까지 충분히 하라.

다음으로, 당신의 독특한 소리를 듣고 당신 자신이 그 소리에 대해 공상에 잠기도록 하라. 그 세계로 들어가서, 그 소리와 어울리는 이야기를 상상하라. 그것이 대단한 이야기일 필요는 없으며, 단지 작은 이야기이면 된다. 그 이야기가 어떤 것이든 말해 보라. 그 소리의 이야기의 세계는 어떨 것 같은가? 예를 들면, 한 독자는 기차 소리를 듣고, 기관차의 칙칙폭폭 소리를 들으면서 기차 소리를 따라 하는 자신을 보았다. 그는 기차가 러시아에서 중국으로 국경을 넘어 동쪽으로 가고 있다는 것을 상상했다.

당신이 준비되었다면, 첫 소리의 음조를 한 옥타브(혹은 당신이 한 옥타브 높다고 생각하는 것)을 올려라. 이것이 첫 번째 배음이 될 것이다. 당신 자신에게 그 배음이 울리도록 만들어 바로 당신이 들을 수 있도록 하라. (만일 옥타브를 올려서 노래하는 것이 불편하다면, 자신의 기본 음조보다 한 옥타브 내려서 시도해 보라.)

배음의 세계를 듣고 느끼고 감지하라. 이 배음이 존재할 때 어떠한 이미지나 이야기가 펼쳐지는가? 빠르게 반짝이며 나타나는 생각을 기다려서 그것들을 잡고, 이 배음과 연관된 이야기나 상상을 말하라.

움직이고 형태 변형을 하라. 즉, 당신 자신을 배음의 세계로 들어가도록 느끼고, 그리고 그 상상 속에서 살도록 노력하라. 그것을 느껴라. 그것의 소리를 노래하고 동시에 그것의 이야기를 말해 보라. 이 세계에 대한 당신의 경험을 기록하라. 그것은 시작할 때 느꼈던 세상과 어떻게 같거나 다른가?

당신이 이러한 평행의 세계에서 살아가는 동안 스스로에게 물어라. 그 메시지는 무엇인가? 이 메시지가 나의 평범한 일상의 삶에서 어떠한 느낌을 만드는가? 이 메시지가 내가 일해 오던 상황을 어떻게 도울 수 있을까? 예를 들면, 기차 소리보다 한 옥타브 높은 소리는 어떤 내담자에게는 지구 밖으로 나가는 높은 소리의 로켓 엔진 소리처럼 들렸다. 그러나 이것은 그에게 불합리적인 것으로 느껴졌으나, 그는 이 경험을 무시하기보다는 오히려 받아들이려고 노력하였다. 따라서 그는 우주 외계에서의 그 세계에 살고 있는 것으로 상상하자, 그 것은 처음의 칙칙폭폭 하는 기차 소리의 상태와는 많이 달랐다. 그는 이 메시지 가 삶에서의 칙칙폭폭과 같이 노력하며 앞으로 나아가는 대신에 그 자신을 더 '떠 있도록' 하라는 것이라고 말했다.

마지막으로, 자신에게 물어라. 처음의 음조 안에 이미 존재하는 배음의 소 리와 메시지는 어떤 것이며, 어떻게 내가 이전에는 관심을 갖지 못했는가? 이 내담자는 삶에서 '떠 있는' 도인(道人)이 살고 있을 것이라고 상상한 '다른 세 계' 인 옛 중국으로 자신의 기차가 달려 가고 있는 것을 연상하였다.

배음은 보통 의식의 멀리 떨어진 변형 상태처럼 보인다. 보통 정상적으로 우리 는 가장 잘 알려진 첫 번째 음조에만 초점을 맞춤으로써 우리의 많은 차원 중 단 하나에서만 살고 있다. 이것이 우리가 가장 밀접하게 동일시하는 음조인 것이다. 그러나 이 세계는 우리 배음의 초공간과 비교했을 때 한 면으로 이루어진 평면 세계다. 일상적인 삶에서, 우리는 첫 번째 음조뿐만 아니라 두 번째 음조도 살아 야 할 필요가 있다. 만약 우리의 배음을 과소평가하지 않는다면 우리는 더 잘 지 낼 수 있다.

우리의 본질, 우리의 기본 경향성 혹은 안내 파동은 우리의 모든 하위 음조의 합이다. 우리의 꿈꾸기 힘은(첫 번째 기본 음조로 추측한) 우리가 평범하게 사는 방 법과 우리의 더 깊은 꿈꾸기 상태의 합이다. 이 두 가지 상태의 모든 측면이 합쳐 졌을 때 우리가 '올바른 경로', 즉 마음의 경로에 있는 것처럼 느낀다.

우리의 가장 깊은 상태를 과소평가함으로써 우리의 안내 파동을 우리의 가장 확실한 성격 특성인, 자신과 동일시하는 에너지의 큰 덩어리로 '붕괴' 시킨다([그 림 8-4] 참조).

꿈 영역에서 우리의 내면 세계와 외면 세계는 파동과 같으며, 공간과 초공간이 공존하고 있으며, 따라서 기묘한 일들이 일어날 수 있다. 예를 들어, 어느 날 밤 당신은 자신이 살아서 커피숍에 앉아 있는 꿈을 꿀 수도 있고 또 같은 밤 다음 꿈

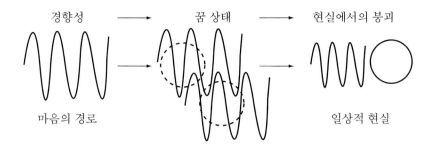

경향성 ——→ 꿈 상태 ——→ 현실에서의 붕괴

마음의 경로   일상적 현실

[그림 8-4] 경향성이 현실이 되는 방법

에서 당신은 죽었을 수도 있다. 어쨌든 당신은 살아 있는 것과 죽은 것의 합이다. 당신의 마음의 경로는 살아 있는 것과 죽은 것의 합이다. 그러나 만약 당신이 일상의 실재에서 죽은 것의 느낌을 무시한다면, 당신은 아마 피곤과 '죽은 것'과 같은 느낌 때문에 힘들었을 것이다. 그보다는 당신은 일상의 삶에서 당신의 일상적인 자아로부터 분리되어 있는 느낌에서 '죽어' 있을 수도 있다.

어쨌든, 동시에 살아 있는 것과 죽은 것은 그날 마음의 경로가 될 수 있다. 나는 수세기 전 인도에서 요가의 목표가 삶에서 죽은 사람이 되고자 하는 것임을 제안했었던 요가의 신화적 창시자 파탄잘리(Patanjali)를 떠올렸다.[6]

평행 세계와 마음의 경로

휴 에버렛(Hugh Everett)[7]은 1950년대 후반기 슈뢰딩거(Schrödinger)의 파동방정식을 재해석함으로써 물리학에서 다(多)세계(many-worlds) 패러다임을 사용했다. 에버렛은 그러한 파동들은 각각이 분리된 상태이며 세계, 즉 평행 세계인 다른 파동들의 합이라고 주장했다. 그는 우리가 (일상적 실재에서) 어떤 물체를 볼 때마다, 우리는 그 물체와 함께 그것의 무수히 많은 가능한 상태 가운데 하나로 들어가는 것이라고 하였다. 다른 상태들은 여전히 거기에 있다. 비슷하게, 다른 세계도 존재하지만, 우리는 그것을 보지 못하고 있다. 왜냐하면 그것들은 평행한 상태로 있으며, 우리가 관찰을 하고 있는 어떤 주어진 순간에 우리가 존립해 있는 세계와 교차하지 않기 때문이다.

이러한 해석은 다소 파격적이었으며 지금도 파격적이지만, 다세계 이론은 리처드 파인만(Richard Feynman), 머리 겔만(Murray Gell-Mann), 스티븐 와인버그(Stephen Weinberg)와 같은 선구적 물리학자들이 그러한 해석에 대해 동의했기 때문에 부분적으로 수용되었다. 한 체제의 각각 분리된 양자 상태는 잠재적으로 가능한 평행 세계인 것이다.

넓은 해석에서, '세계'는 중첩에서 다른 과정과 본질적으로 간섭을 하지 않는, 즉 일반적인 파동을 구성하는 과정이며, 상호작용하는 과정들의 집합이다. 이 책의 앞부분에서의 예를 사용해 본다면, 살아 있음은 하나의 세계인 것이며 죽음은 평행한 세계인 또 다른 세계인 것이다. 그 두 세계는 동시에 존재한다. 때때로 세계들은 물리학에서의 우주로 언급되고 있다.

이미 언급한 것처럼, 평행 세계에 대한 심리학적 유사성은 당신이 지니고 있는 꿈 이미지와 분위기의 배열이다. 어느 날 밤 당신은 당신이 살아 있다는 꿈을 꾸고 잠시 후 당신은 당신이 죽었다는 꿈을 꾼다. 이러한 두 '세계'는 비교적 분리되어 있다. 당신이 살아 있다는 꿈을 꾸고 있을 때 당신은 당신이 죽었다는 꿈을 알아차리지 못한다. 더욱이, 당신이 스스로 죽어 있는 것을 보았던 세계는 첫 번째 꿈의 세계와는 다소 분리되어 있었다. 당신이 깨어났을 때, 당신의 전체적인 분위기, 상태 혹은 우주는 이러한 다양한 세계의 조합인(혹은 상징적으로 중첩된) 것이다.

마치 마음의 어떠한 상태(혹은 물질 한 조각의 어떠한 상태)를 많은 여러 상태의 합으로서 생각할 수 있는 것처럼, '우주' 역시 미치오 카쿠(Michio Kaku)[8]가 말한 것처럼 '존재할 수 있는 모든 것'으로 구성되었다고 생각할 수 있다. 마찬가지로, 물체나 인간의 모든 다양하고 가능한 상태들은, 비록 우리가 관찰하고 있는 그것이 그 순간 가장 높은 가능성에 따라 중요성이 정해지는 총합에 의존하고 있기는 하지만, 어떠한 주어진 순간에도 존재하고 있다.

우주철학자 스티븐 호킹은 세계와 우주에 관한 사고(思考)에 있어서 위대한 양자적 도약을 하였다. 그는 우주 역시 하나의 물체라고 생각했으며, 그것은 양자 물체라고 제안하였다.[9] 양자역학을 단지 작은 입자에게만 적용하는 대신, 그는 양자역학은 가장 거대한 '입자'인 전체 우주에도 적용할 수 있다고 가정했다.

우주 탄생의 순간에 무슨 일이 발생했는지 이해하기 위해 노력한 호킹은 우주의 안내 파동이 다른 안내 파동과 마찬가지로 많은 다른 파동들, 즉 다른 세계 혹은 우주의 합이라고 제안했다. [그림 8-2]에서 지적한 것과 마찬가지로, [그림 8-5]에서 우주의 파동은 전체 파동에 대해 작은 파동 융기(隆起) 같은 효과를 지니는 많은 다른 우주의 합이다.

[그림 8-5]의 왼쪽에 있는 가장 커다란 파동 융기는 우리가 살고 있는 우주를 나타내며, 이것은 물리학자가 가장 확실한 것으로 여기는 것이다. 그러나 오른쪽의 작은 파동 융기들은 또 다른 가능한 파동 함수 혹은 우주인 것이다.

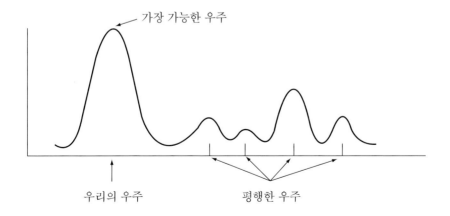

[그림 8-5] 우주의 파동 함수

출처: Michio Kaku, Hyperspace와 www.mkaku.org의 그림에서 인용.

호킹의 이러한 의견들이 현재에도 과학계에서 논의되고 있지만, 이러한 사고 방식은 과정 지향 심리학의 상징적 사고와 매우 비슷하다고 제안하고자 한다.

우리 각각은 비교적 많은 독립적인 하위 우주들을 가지고 있는 일종의 우주다. 한 우주에서 당신은 이슬람교의 아프가니스탄 사람일 수도 있고, 다른 우주에서 유럽의 기독교인이나 유대인이거나, 또 다른 우주에서 호주 토착민일 수도 있다. 또한 또 다른 우주에서 당신은 하늘을 자유롭게 날아다니는 새일 수도 있다. 이런 우주들의 각각은 삶에 대해 당신이 지니고 있는 총체적 감각에 기여한다.

다음 장에서는 물리학자가 평행 세계의 개념에 대한 사고를 갖기 수세기 전에 어떻게 호주 토착민들이 이미 노래 선율이라고 부르는 평행 세계에 대한 개념을 사용했었는지 논의한다. 물체나 전체 우주의 근본이 되는 양자 안내 파동의 개념은 사람이 일상생활에서 자신을 인도하는 데 사용하는 미묘한 느낌과 내부의 자의식적 인지(認知)에 대한 새로운 설명인 것이다.

호주 토착민들의 믿음에 따르면, 세계는 노래에 의해 창조되었기 때문에, 우리는 그 노래들을 느낌으로써 미지 영역을 통과하는 우리의 통로를 발견할 수 있다고 한다. 마찬가지로, 노래 선율은 우리가 삶의 어려운 부분을 통과하도록 인도할 수 있다. 자기 자신, 사랑하는 사람 혹은 우리의 공동체와 연결이 끊어질 때, 우리는 선조들이 했던 것과 똑같이 행동하며, 우리의 균형 감각을 재확립하기 위해 노래, 음조 그리고 배음을 사용한다.

이 모든 노래들—그 순간의 모든 소리들—은 우리의 삶을 인도한다. 당신 안에 있는 소리를 감지하도록 상기하고, 그것을 (앞의 실습에서 설명했던 것처럼) 지금 다시 해 보라. 그리고 그것을 한 옥타브 높여 보라. 마지막으로 첫 번째 소리와 그것의 배음을 모두 모으면, 그러면 당신은 자신의 세계에 연결되기 위한 더 신비로운 방법을 경험할 것이다. 지금 시도해 보라. 마음의 경로를 찾아라. 그 길은 당신이 살고 있는 세계를 통과해서 지나가는 그 순간의 지도다.

제9장

양자의학으로서 일치성 소리 목욕

> 만일 누군가 자신을 깊게 성찰한다면, 그 안에 두 개의 세계만이 아니라 표현되어지지 않은 아주 많은 세계가 있다는 것을 알 수 있다. 어떤 사람은 동시에 두 세계에서 살며 또 다른 사람은 동시에 여러 세계에서 살고 있는 동안, 한 사람은 오직 외부 세계 하나에서만 살고 있다는 것을 이해할 수 있다. ……누군가 "그럼 그런 세계들은 어디에 있습니까? 하늘 위인가요? 땅 밑인가요?"라고 물을 때, 대답은 다음과 같다. "모든 세계는 우리와 같은 곳에 있습니다."
> – 이나야트 칸(Inayat Khan), 1900년대 초기 인도와 페르시아의 수피(Sufi) 신비주의자[1]

『사이언티픽 아메리칸(Scientific American)』의 최근 논문에 따르면, 배음은 오늘날 많은 사람들의 삶에서 중요한 역할을 한다.[2] 배음 노래하기는 인류 초기부터 함께해 온 음성 표현의 한 형태다. 오늘날에도 남북 미주(美洲)의 초기 토착민뿐만 아니라 중동, 서아시아, 티베트, 몽골, 시베리아의 사람들은 치유 목적으로 배음 노래하기를 사용한다.

과학적 발견이나 호주 토착민의 영성에 따르면, 노래 선율은 우주를 지배한다. 호주 토착민의 신화에서 소리의 힘은 신화적 인물에 근거한 것인데, 그 신화적 인물은 자연에 생명을 넣고 문화, 관습과 규칙을 창조함으로써 꿈 시대에서 지구의 형성을 창조한 것으로 믿어진다. 부르스 채트윈(Bruce Chatwin)에 따르면, 이러한 신화적 인물은 "노래의 거미줄 같은 망(網)으로 전체 세계를 둘러싸고 있다.”고 믿는다. 그는 자신의 책 『노래 선율(The songlines)』에서 다음과 같이 설명하였다. “지구는 마음에서의 개념으로 먼저 존재하고 노래하기를 통해 형태가 주어졌다.”

신체 또한 지구의 일부분이라는 더 넓은 의미에서 보면 노래 선율을 가지고 있다고 말할 수 있다. 사실, 호주 토착민에 따르면, 물체의 노래인 진동은 그것이 생성되기 전에 이미 알려졌고 노래 불렸음이 틀림없다. 물체뿐 아니라 모든 풍경 역시 노래 선율에 의해 구성되었다. 이와 같은 비일상적 노래 선율의 경로(왈피리(Walpiri) 언어로 이리(Yiri)라고 부르는)는 지구와 교차하고 신화적인 호주 토착민 조상에 의해 창조되었다. 그들이 어둠의 땅으로부터 나옴에 따라 이러한 존재들은 “산, 골짜기, 호수를 창조하고, 그리고 노래함으로써, 세계가 존재하게 되었다.”[3]

멀리 떨어져 있던 호주 토착민의 부족들은 서로 의사소통하기 위해, 노래 선율이나 꿈꾸기 트랙을 이용하였다. 호주 토착민은 실제 세계는 자신이 그것을 볼 수 있고 노래 부를 수 있을 때 존재한다고 믿는다. 사실 호주 토착민의 언어에서 ‘영토’는 ‘선(線)’을 의미한다. 물체 혹은 대지 그리고 그것들의 노래 선율은 모두 그것들의 실재를 창조한다.

노래 선율은 일종의 삶의 공식(公式) 혹은 법칙이다. 현대 물리학이 그런 법칙을 수학적 개념으로 표현하는 반면, 호주 토착민은 그런 법칙을 소리, 이야기 및 그림으로 표현한다.[4] [그림 9-1](로나 잉카마나(Lorna Inkamana)의 토착적 원시 그림)에서, 당신은 일종의 양자 파동 장(場)을 볼 수 있다. 그림에서 지구 대지의 보호자로 여겨지는 뱀에 유의하라. 노래 선율은 삶의 진동, 즉 우리 전체의 존재 ‘이면’에 놓여 있는 우주의 양자 파동에 의해 운반되어 안내하는 정보를 묘사한다.

호주 토착민에 관한 내 경험은, 주어진 부족의 노래가 우리가 살고 있는 지구뿐 아니라 조직, 도시, 지역사회—‘집’의 느낌과 상호 간의 이해로 연계된 깊고 다양한 실재—의 안내 파동을 묘사한다는 느낌을 준다.

음악의 물리적·심리적 효과에 관한 잠재성을 깨달으면서, 호주 토착민은

[그림 9-1] 뱀 꿈꾸기. 로나 잉카마나의 그림. 로나가 살았던 한적한 지역 주변에는 많은 뱀-꿈꾸기 이야기에 대한 장소들이 있었다. 뱀은 우물이 어떠한 경우에라도 오염되지 않도록 지켜 준다.[5]

'디제리두(didgeridoo) 목욕' 이라 불리는 것을 창조하면서 소리를 듣고 소리에 잠긴다. 이러한 의식(儀式)에서, 치유자는 건강을 위하여 디제리두라는 악기(대나무로 만든 호주의 전통 악기)로 신체 안으로 소리와 진동을 '불어 넣는다.'

앞 장에서 당신의 신체로부터 소리, 음조 및 배음을 듣는 방법을 배우는 동안, 당신의 음악과 연관된 평안의 느낌을 알아차렸을 것이다. 자신의 진동 장(場)에 잠길 때, 당신은 집에서와 같이 편안하게 된다. 증가된 알아차림 또는 명료함이 어떻게 당신을 더 일치되고 넓은 경로와 연결되도록 만드는지 발견했을 것이다.

실습: 배음의 치유 효과 —배음 증상 작업

보통 깨닫지 못하지만, 현대의 치유자 또는 의사와 환자 모두는 침묵의 힘 영향 아래에 있는 꿈의 장(場), 즉 경이의 바다에서 살고 있다. 이제 증상에 숨겨진 소리, '법칙' 그리고 가상의 패턴과 세계를 밝혀 줄 수 있는 다음의 실습에서 이러한 장(場)을 탐구해 보자.[6]

　　증상을 선택하라. 준비가 되면 당신이 현재 가지고 있거나 과거에 지녀왔던 신체 증상에 대해 생각하라. 당신이 집중하고 싶은 특별한 만성적 신체 증상을 선택하라. 만일 특별한 신체 증상이 하나 이상이면 가장 심각한 큰 증상을 선택하라. 이 순간에 특별한 증상이 없으면 과거에 있었던 증상을 기억하라. 그 증상은 이미 당신이 작업한 것일 수도 있다.

　　그 증상에 집중하고 느껴라. 그것을 느끼는 것을 느끼거나 기억하고, 그리고 그 느낌을 당신 자신에게 또는 당신을 돕고 있는 사람에게 설명하라. (한 내담자는 편두통에 대한 느낌에 초점을 맞추기로 정하였다.)

　　그러한 신체 느낌을 나타내도록 당신의 손을 움직여 보라. 당신이 증상의 일부 측면을 나타내고 있다고 느낄 때, 그러한 특별한 신체 동작에 대응하는 음조를 크게 노래 불러라. 인내하라, 당신은 올바른 동작과 소리를 찾기 위해서 많은 동작과 소리를 만들어야 할지도 모른다.

　　그러한 소리와 동작의 평행한 세계 속에서 당신의 길을 느껴라. 이것은 그 소리 및 동작과 연관되어 생겨나는 감정과 이미지와 생각을 알아차리고, 그것들을 믿고, 그리고 그것들이 연출하는 역할의 환상으로 당신을 이끌도록 하는 것을 의미한다.

　　형태 변형을 탐구하라. 당신의 쾌활함을 꺼내서 어린아이 또는 초자연치료사가 되어 상상의 세계로 들어가라. 당신이 그 의미를 알아차릴 때까지 그러한 세계에서 돌아다니는 것이 어떻게 느껴지는지 단순하게 탐색하라. 당신이 동작과 소리를 만들 때 당신의 상상(당신의 이야기)과 당신의 경험을 기억하거나, 적어 놓거나 또는 이야기하라. 당신의 마음이 독창적이 되도록 하고, 마음이 펼쳐짐에 따라 당신의 이야기를 기록하라. 당신의 상상력을 자유롭게 하라. 당신이 그 음조를 들었을 때 당신에게 떠올랐던 이야기는 무엇인가? (편두통이 있는 내담자는 손으로 두드리는 동작을 만들고 새로운 사건을 알리기 위해 그녀의 작은 마을의 사람들을 깨우는 종을 치는 사람을 상상했다.)

처음 음조의 배음인 또 다른 소리를 만들어라. 처음 소리나 음조를 당신이 한 옥타브라고 느껴지는 만큼대로 올리면서 만들어라. 만일 한 옥타브 올리는 것이 너무 어렵다면 한 옥타브 내려서 만들어라. 먼저 한 옥타브 올리는 것을 권하지만, 만일 당신의 목소리가 쉽게 따라 주지 않는다면 한 옥타브 내려라.

그 배음(또는 저음)이 스스로를 표현하도록 하라. 그 소리에 어울리는 손동작을 만들고, 당신이 그 배음을 들을 때 떠오르는 순간적인 이미지나 아이디어를 붙잡아라. 이 음조의 이미지로 이야기가 펼쳐지도록 하라. 열심히 하기보다는 그저 이야기가 빠르게 마음에 떠오르게 하라. 그 이야기는 어떤 것일까? (예를 들면, 편두통이 있는 내담자는 높은 음의 경고음을 듣고, 사람들에게 지진과 같은 비상사태가 일어나려고 한다고 말하며, 사람들이 지진의 영향이 없는 안전한 산악 지역인 새로운 장소로 이동해야 한다고 말했다.)

이제 당신은 두 음조와 두 이야기를 가지고 있으므로 한 번에 두 음조를 동시에 들으려고 시도하라. 이것은 대단히 창의적인 순간이 될 것이다. 먼저 두 음조와 두 이야기를 동시에 치유하려고 노력하라. 만일 당신이 녹음기를 가지고 있다면, 두 소리를 모두 노래 불러라. 그것이 어려우면 그 노래를 마음속으로 부를 수도 있다. 한 음조를 노래하는 것으로 시작하고, 그다음에는 다른 음조로, 번갈아 가며 노래하라.

당신의 마음이 이러한 평형 세계들이 연결하는 것을 허용하도록 기다려라. 당신이 인내하며 때를 기다리면, 두 음조와 두 이야기가 합쳐지는 것이 자연스럽게 발생한다. 한때는 하나의 노래가 주도적일 것이며, 다른 때는 다른 노래가 주도적일 것이다. 당신이 처음 노래와 두 번째 노래를 들을 때, 당신은 함께 해결하려는 이야기처럼, 완전히 새로운 세 번째 소리를 창조하는 것을 알아차릴 수도 있다. 이러한 일이 일어날 때까지, 즉 이야기나 또는 소리로서 해결책이 나타나거나 일어나기를 기다려라. 그러한 이야기와 소리의 의미에 관해서는 자신에게 물어보라.

이런 결과적 경험은 대단히 비이성적이고 예상하지 못한 것일 수 있다. 소리와 이야기들이 스스로 함께 나타나는 것처럼, 당신의 움직임과 환상의 과정을 믿어라. 이러한 것이 일어날 때까지 인내하라. (종을 치는 사람은 날카로운 경고음을 들었고, 그 사람은 그 의미를 명백하게 이해했다. 이제 더 확실한 명료함과 분리를 위해 떠나야 할 때라는 것을 알아차렸다. 이 경험을 따름으로써 그 사람은 사업 매니저라는 직업을 그만두었고, 그러자 편두통도 사라졌다.)

소리 목욕을 창조하라. 그것이 무엇이든지 마지막의 소리, 또는 소리들의 혼합을 녹음하는 실험을 하라. 그것을 녹음하고, 친구 또는 녹음기가 그 소리를 당신에게 다시 틀어 주거나 '소리치게' 하도록 하고, 또는 그 노래를 '증상이 있는 신체 부분에 대해 노래하도록' 하라. 만일 신체 전부가 관련되어 있다면 그 노래 안에 신체 전부를 '잠기게 하라'. 그 아이디어는 당신의 신체 주위, 특히 증상 부분 주위에 의미 있는 진동적 세계를 창조하고자 하는 것이다. 그러한 소리가 당신의 신체에 다시 켜질 때 또는 '소리쳐질 때', 때때로 특별한 느낌이 발생한다. 당신의 경험을 인식하라. 당신은 그러한 소리를 '목말라' 하는 것을 감지할 수도 있을 것이다.

소리 목욕을 반복하라. 그러한 해결책을 증상이 현재 있거나 과거에 있었던 신체의 부분으로 되돌려 붙어 넣어라. 신체의 부분 속으로 그 소리를 직접 들어가게 하라. 그 진동을 증상이 있는 그 신체 부분에 되돌려 붙어 넣고 증상 영역에 대한 그것의 영향을 알아차려라.

스스로에게 물어라. 이러한 실습을 함으로써 내가 자신 그리고 나의 증상에 관해 발견하고 배운 것은 무엇인가? 당신은 신체 증상이 어떠한 방법으로 그것에 관해 잘 알지 못하는 세상인 평행 세계들의 조합이었다는 것을 알아차렸는가? 당신은 어떻게 두 번째 소리가 첫 번째 소리에 함축되어 있고 묻혀 있는지 말할 수 있는가? (첫 번째 소리를 만들고, 그리고 그 '안'에서 두 번째 소리를 들으려고 노력하라.)

당신이 일상생활에서 돌아다닐 때 그 소리와 함께하라. 당신의 경험이 무엇이든, 당신의 신체가 그것을 '이해' 했다고 느낄 때까지 그 안에서 '담그고' 그리고 살아라. 그렇게 함으로써 당신은 그것에 조율되거나, 당신의 가장 깊은 자아와 같은 '파장' 에 있게 되는 것이다.

당신의 꿈 일기 안에 당신의 이야기를 적어라. 그렇게 하는 것이 당신이 가지고 있는 꿈을 이해하는 것을 도와 줄 것이다. 당신의 이야기를 사람들에게 말하라. 아마도 그것은 당신 개인 신화의 한 부분일 것이다.

스스로 물어라. 어떻게 나는 이러한 발견, 나의 '노래'를 가까운 미래에 나 자신에게 사용하게 될까? 당신은 어떻게 그것들이, 예를 들어 직장에서 또는 당신이 속해 있는 단체나 공동체에서의 관계에 영향을 주거나 당신을 '움직일' 수 있는지 상상할 수 있는가? (두통이 있던 내담자는 주위의 사람들에게 '종을 치는 사람' 이 되기로 결정했으며, 결국 그녀는 그 지역에서 중요한 정치적 지도자가 되었다.)

이런 경험을 통해 무엇이 치료되었는지 표현하라. (두통이 있던 내담자는 치유되고 있는 것은 바로 자신의 신체 문제 안에서 자신을 실제 자아(自我)로 변화시켰던 진동이 있다는 느낌이었다고 말했다.)

당신의 노래와 이야기는 당신의 신체를 어떻게 돌봐야 하는지에 관한 암시를 포함하고 있다.

• 평행 세계들은 서로 다른 분위기, 이야기, 심지어 '규칙들' 을 가진다.
• 평행 세계들을 깨닫는 것은 당신의 서로 다른 부분들에게 서로를 아는 기회를 주는 것이다.
• 문제 영역의 근본적인 음조 안에 깊이 묻혀 있는 것은 해결책으로 이끄는 배음 공간들이다.
• 증상의 음조와 배음은 증상 작업의 직접적인 부분이 아닌 일상생활의 문제

들을 우연하게 해결한다.

- 신체 증상은 일상적 실재 CR 측면에서만 병리적이다. 꿈 영역의 관점에서, 증상은 알려진 세계와 새로운 평행 세계를 반영한다.
- 꿈 영역의 관점에서 신체 증상은 부르지 않는 노래다. 어떠한 신체 과정도 '잘못'이 아니다. 질병은 단지 꺼내지 않은 음악적 재능이 들어 있는 여행 가방일 뿐이다. 당신의 증상은 단지 아픈 신체의 한 부분이 아니라 노래 불리기를 기다리는 평행 세계의 한 부분이다.

양자 상태 교차

평행 세계에 연결하는 것은 증상을 완화할 수 있다. 반대로 평행 세계의 경험을 무시하거나 과소평가하는 것은 당신이 당신의 경로의 한 부분, 당신의 안내 파동의 한 부분을 무시하는 것이기 때문에, 당신은 불편함을 느끼고 당신의 신체를 자극하게 한다. 만일 당신이 흥분되었음에도 너무나 조용히 행동한다면, 당신은 신경과민이 될 것이다. 만일 당신이 피곤함에도 활기 있게 행동한다면 당신은 아프게 될 것이다. 무시된 미묘한 차이는 증상 또는 증상의 부분으로 경험된다. 반면에 만일 당신이 알아차림을 가지고 살면서 당신의 모든 세계를 받아들인다면, 당신의 신체는 편안해질 것이다.

한 연구에 따르면, 사람뿐만 아니라 식물도 어떠한 음악을 그들에게 들려 줄 때 더 잘 성장한다. 피터 톰킨스(Peter Tompkins)와 크리스토퍼 버드(Christopher Bird)는 그들의 저서 『식물의 비밀스러운 삶(The Secret Life of Plants)』(1989)에서 식물이 슈베르트, 바흐, 베토벤의 음악을 좋아하지만, 시끄러운 록음악을 들려주었을 때에는 식물들이 음악소리가 나오는 라디오와 반대 방향으로 자라는 것 같다고 묘사하였다. 그러나 라비 샹카(Ravi Shankar)의 음악을 들려주었을 때는 식물들이 음악을 들려주는 스피커를 향해 수평으로 성장하였다고 한다.

나는 증상의 소리를 듣거나 느끼는 동안 일어나는 마음과 신체 연결의 경험을 '양자 상태 교차'라고 부른다. 중복이나 교차는 심리학과 생물학 사이, 소리의 심리학적 의미와 당신 중상의 생물리학 사이에서 발생한다. 이러한 교차는 두 세계에서 발견되는 패턴의 단일성, 또는 패턴 사이의 유사성 때문에 발생한다. 교차 현상은 몇몇의 단일 세계, 우리가 현재 심리학, 물리학 그리고 의학으로 분류하는 수준에서 일어나는 평행 경험 이면의 본질적 세계의 존재를 나타낸다.

배음에 대한 당신 자신의 경험으로 연결된 소리에 대한 호주 토착민의 믿음은 **이원자적 신체 상태와 생명 생물학**으로 의미되는 것의 느낌을 당신에게 줄 수도 있다. 측정할 수 없는 양자 파동은 우리를 움직이는 소리와 음조, 노래와 신화인 진동의 노래 선율과 비슷하다.

안내 파동의 일치성

양자 상태 교차 가설은 의식의 변형 상태들과 안내 파동의 양자 하위 상태들 사이의 일치성 또는 심지어 일대일 대응까지도 암시한다. 당신의 증상을 묘사하기 위해 당신이 만들었던 음조는 현대의 일상적 실재 CR에서는 전적으로 측정할 수 없는 경험을 나타낸다. 이런 음조들은 당신 신체의 성향을 나타낸다. 나는 '신체 성향'이라는 개념을 '양자 파동 성향'과 동의어로 사용하지만, 각각은 그 자체의 상황에서 더 적합하다. 따라서 신체의 이원자적 상태 또는 양자 파동은 상담자가 하위 정체성, 배음 또는 꿈의 조각이라고 부르는 것에 대한 물리학자의 개념이다.[7] 이러한 방법으로, 물리학, 심리학 및 생물학 영역들이 '교차'한다.

우리의 다양한 성향, 음조 및 배음을 무시하거나 과소평가함으로써, 우리는 자신을 '조화'로부터 벗어나게 해서 질병, 불편함, 방향감의 결여, 우울감 등을 느끼게 한다. 과소평가의 반대는 명료한 알아차림이며, 이는 우리의 다양한 미세 생태에 음조를 맞추고 그것을 따르게 한다. 일상적 실재 CR에서, 우리 자신을 조화로부터 벗어나게 하는 이러한 느낌을 해결하는 것을 치유라고 부른다.

나는 치유의 일반적인 의미에 관해 더 정확하고자 한다. 그것은 당신의 알아차림과 당신이 경험하는 상태 사이의 일치성을 의미한다. 일치성은 동일하거나 비슷한 형태, 모양 또는 구조를 갖는 서로 다른 체제의 요소들 사이에서 적어도 단기간, 일대일 대응을 나타낸다. 이것을 동형이질(同形異質)이라 한다. 한 체제에서 발생한 것이 다른 체제에서 발생할 때 유사성 또는 동일성은 동형이질인 것이다.

예를 들어, 만일 한 도시의 지도가 정확하다면, 지도는 도시와 일치한다. 지도에서 각각의 지점은 도시에서의 지점과 대응한다. 만일 브로드웨이나 메인 스트리트와 같은 지도 위의 지점이 도시의 지점과 일대일 대응하지 않는다면, 당신은 길을 잃게 되고, 당신은 그 도시에서 벗어나게 되는 것이다.

나는 우리의 의식의 변형 상태와 우리의 이원자 상태가 일치성이라고 제안해 왔다. 다음의 마지막 실습을 통해, 당신의 삶과 신체의 지도 사이에서 일치성에 관한 무엇인가를 경험하기 바란다. 당신은 일상적 마음이 일치되고, 당신 무지개 신체의 소리와 이미지들의 스펙트럼과 같이 다양할 때 가장 편안할 것이다.

당신은 만일 당신이 사용하는 '지도'가 당신이 활동하는 '영역'과 일치되지 않는다면 삶이 혼란스러워질 것이며, '길'을 잃은 것처럼 느낄 것이다. 그럴 때 당신의 신체 증상에 의해 만들어진 '지도'를 인식하기 위해, 자신이 당신의 삶과 당신의 신체와 조화롭게 하기 위해 알아차림을 사용하라.

그 지도는 당신 내면 패턴 속의 당신의 알아차림과 비슷하다. 만일 당신이 세상에서 함께 살아가는 데 사용하는 지도가 어떤 영역을 무시한다면, 그 영역은 결국 반란을 일으킴으로써 당신의 관심을 끌 것이다. 만일 당신의 지도가 불완전하다면, 당신의 신체는 당신이 알게 할 것이다. 노력하라. 당신이 불편하다고 느낄 때마다 당신의 여행 가방을 열고 당신의 지도, 즉 당신 신체의 음조와 배음을 펼쳐라. 더 일치되게 하라. 그러한 소리들을 일상적인 삶으로 가져온다면, 더 풍요롭고 더 흥미로울 것이다.

그러면 당신은 치유라는 것을 우리를 안내하는 파동에서, 깨우치는 깊은 감각

안에서 일종의 소리 목욕으로 경험할 수도 있다. 그러한 파동들은 신체 증상에 깊이 감춰져 있다는 지혜를 기억하라. 소리와 배음은 우리를 가장 깊은 자아와 일치시킴으로써 증상을 완화시킨다. 나는 이러한 일치의 경험을 '양자 상태 교차'라고 부른다. 그것은 당신 신체의 소리와 생물리학의 의미인 심리학과 생물학을 연결시킨다.

제2부

비국소성 의학: 증상의 세계

제10장
공동체가 신체에 주는 영향

아인슈타인은 파동함수를 환영(幻影)의 장이라고 언급함으로써 실제가 아닌 확률만을 예측할 수 있는 현재 상황의 특이함을 설명하였다.
– 로버트 네이도(Robert Nadeau)와 메나스 카파토스(Menas Kafatos)[1]

　우리는 일상적인 마음에서, 공동체에서 홀로 또는 다른 사람과 함께 일하고 살아간다. 그러나 꿈 영역 이미지에서, 우리는 실제 사람들과 내가 우리의 조직들에서 '공동체 환영(幻影)(community ghost)' 또는 투사라고 부르는 것의 거미줄망 또는 조합인 일종의 '환영의 장'에서 살고 있다. 우리의 꿈꾸는 마음에서, 이른바 '조직'은 단지 실제 사람과 건물과 사회 문제들의 혼합 무리일 뿐만 아니라 서로 보살피고 무시하고 가르치고 위협하는, 거의 상상할 수 없는 영혼들의 풀 수 없는 조합이다.

　본질 관점에서, 실제 사람들과 꿈 영역 환영, 투사 및 감정으로 만들어진 공동체는 거의 상상할 수 없고, 사실상 침묵의 힘에 의해 유발된 힘과 같이 더 느껴진다. 이러한 집단 본질의 본성에 대한 하나의 가능한 꿈 영역 판(版)은 당신 자신을 사람들과 세계의 일상적 실재 CR의 '이면(裏面)' 또는 '안'에 놓여 있는 가상(假想) 파동의 양자 바다에서 헤엄치는 물고기로 상상함으로써 찾아질지도 모른다. 이러한 본질 안에서 이리저리 헤엄치는 물고기로서, 당신의 움직임은 당신이 이 바다에서 다른 물고기의 파동에 의해 형성되고 움직여지는 것처럼, 당신 둘레에 파동을 만든다. 우리가 만드는 모든 움직임이 모든 곳에서 물고기에 의해 느껴지는 것처럼, 이러한 파동들은 우리 모두를 형성하고 우리에게 '정보'를 준다.

이 책의 앞부분에서 우리는 '바다'—의도적 영역—가 어떤 방향을 향한 경향성에서 스스로를 어떻게 나타내는지 알아보았다. 이러한 경향성은, 그들을 이론적으로 묘사하는 양자 파동처럼, 심리학과 물리학 사이의 중심적인 교차점이다. 이러한 경향성을 이미지와 이야기의 관점으로 펼치는 것은 평행한 세계, 초공간, 경험의 가상 스펙트럼을 만든다. 제9장에서, 나는 의식의 변형 상태의 율동적인 소리 경험과 양자 파동 사이에서 형태에서의 유사성에 바탕을 둔 양자 상태 교차의 개념을 도입하였다. 우리는 증상 진동의 알아차림이 어떻게 우리를 더 일관성 있게 만들고, 잠재적인 치유 효과를 만드는지 보았다. 무지개 의학에서, 신체는 살과 뼈로 이루어진 뉴턴적인 기계적 물체로서뿐만 아니라 무지개, 소리와 음조로 묘사되는 경험의 스펙트럼으로도 나타난다. 무지개 관점에서, 증상은 단지 문제가 아니라 인식되기를 원하는 스펙트럼의 부분들을 가리키는 **알아차림 표시기**(表示器)다.

제2부에서는 증상의 경험을 관계성, 공동체 및 세계에서의 문제들과 연결시킴으로써 무지개 의학의 비(非)국소적 측면을 연구할 것이다. 나의 목표는 비국소적 패턴이 우리 신체와 관계성의 국소적 본성을 사용함으로써 깨달음을 찾으려고 한다는 기본적인 원리를 적용하는 것이다. 신체 경험의 비국소성을 탐구함으로써, 당신은 공동체가 당신의 신체에 어떻게 영향을 주는지,[2] 또 당신의 신체 경험이 공동체 문제를 어떻게 해결할 수 있는지를 느낄 수 있을 것이다.

생물학에서의 비국소성

'비국소성'은 오래된 개념에 대한 새로운 용어다. 제9장에서, 몽골 북부의 튜바(Tuva) 사람들에 대해 언급했다. 그들의 신념 체계에서, 산(山)은 자체의 국소성뿐만 아니라 비국소성 때문에 실재다. 그 산의 국소성은 모습과 위치로 묘사되고, 비국소성은 '목소리'—그 산 주위에서 움직이는 바람의 소리—의 개념으로 알려져 있다. 이 목소리는 우리가 그것이 어디에 있는지를 정확하게 말할 수 없기 때문에 비국소성의 성질을 가진다. 비록 공기의 특정한 한 입자는 위치와 시간을 가질지 몰라도, 바람은 어느 한 지점에 관해 말하지 않는다. 산의 목소리는 꿈 영역이거나 느낌의 개념이다.

마찬가지로, 당신은 기본적으로 당신의 물리적인 신체 속에 있다. 그러나 또 한편으로는, 당신은 주위의 세상에서 일어나고 있는 무엇인가에 대하여 꿈을 꾸고, 그 다음날 그 꿈이 실제로 일어날 수도 있다. 꿈은 숲 속의 바람과 같다. 꿈들은 당신 본성의 비국소적 측면이다. 당신은 일상적 실재 CR과 비일상적 실재 NCR에서 동시에 존재한다. 당신은 국소적이며 비국소적이다. 내 친구 한 사람은 거센 파도가 부두에 부딪쳐서 부두의 대부분을 파괴하는 겨울 폭풍의 생생한 꿈에서 깨어난 적이 있었다. 이튿날 아침에 일어났을 때, 그녀는 집에서 약 25마일 떨어진 곳에 위치한 부두가 그녀의 지역에서는 거의 볼 수 없는 폭풍에 의해 파괴되었다는 뉴스를 들었다.

우리의 생물학과 세계의 다(多)차원성은 우리가 단지 단 하나의 신체 위치에만 중점을 둠으로써 신체 문제를 해결하는 데 때때로 실패하는 한 이유다. 국소적 의학은 인간과 신체가 살고 있는 영역의 비국소적 본성을 무시한다. 무지개 의학에서, 증상 작업은 국소적이며 또한 비국소적이다. 당신은 당신의 신체에 대해 작업하면서, 또한 경험의 양자와 꿈 수준을 접촉함으로써 당신의 관계와 전체 세계를 동시에 작업한다.

안내 파동과 형태유전학 영역

제7장에서 언급한, 전자가 관찰되기 전 영역 II 에서 보이는 파동적 행동에 관한 전자의 비행([그림 7-1])에 관한 그림을 다시 참고하라.

영역 III 에서 측정에 의해 '소멸' 될 때까지, 영역 II 에서 파동 함수 또는 안내 파동은 어느 곳에서나 존재한다는 의미에서 비국소적이다. 영역 II 의 인도하는 파동은, 물리학의 수학에 따르면, 우주 어느 곳에서나 있다. 우리가 경향성과 우리 신체에서의 그것들의 의미와 움직임을 알아차리게 됨으로써 소멸될 때까지 그것은 특별히 정해진 위치가 없는 '경향성' 이다.

비록 영역 II 의 구부러짐이 마치 영역 II 와 III 사이에 있는 것처럼 그려졌지만, 측정 이전의 파동 함수는 이론적으로 시간과 공간에서 어느 곳 그리고 모든 곳에 있다. 오직 측정에 의해 파동은 '소멸' 한다. ('파동의 비국소적 측면을 과소평가' 하는 것이라고 다시 말할 수 있다.)[3] 따라서 비일상적 또는 수학적 실재에서의 어떤 물리적 물체도 우주의 어디에서나 존재할 수 있다.

비국소적 영역과 연결되어 있는 살아 있는 신체의 흥미로운 예는 우편 비둘기, 즉 전서구(傳書鳩)다. 이 새는 갇힌 채 수백 마일 옮겨진 뒤에도 집으로 가는 길을 찾는 것으로 알려져 있다. 그러나 연구에 따르면, 냄새, 지구의 자기장, 기억 등으로도 비둘기가 어떻게 집이 어디에 있는지 아는 것을 설명할 수 없다. 이러한 능력은 개와 다른 동물들도 가지고 있는 것으로 보인다.

이와 같은 지식은 생물학 분야에서 사고의 비기계적 경향으로, 특히 루퍼트 셸드레이크(Rupert Sheldrake)의 저서에 영향을 주었는데, 그는 영국의 생물학자로서 1981년에 『생명의 새로운 과학: 형태적 원인의 가설(A New Science of Life: The Hypothesis of Formative Causation)』을 발표하였다. 셸드레이크는 우리 세계의 비국소적 측면— 비둘기를 집으로 인도하는—을 '형태유전학적 영역(morphogenetic field)'이라고 명명하였다. 이러한 비일상적이며 측정할 수 없는 영역은 나에게 양자역학과, 특히 가상의 안내 파동에 대한 봄(Bohm)의 아이디어를 생각나게 하는 많은 특성을 가지고 있다.[4]

비국소성은 현대 물리학의 중심적인 특징으로 간주된다. 양자 이론은 시간과 공간에서 분리된 입자들 사이의 비국소적인 연결을 포함한다. 이 이론은 아인슈타인과 같은 물리학자의 초기의 반대에도 불구하고 실험적으로 여러 번 확인되어, 오늘날의 과학은 똑같은 근원으로부터 나타난 입자들은 그들 사이의 공간적·시간적 분리가 존재하지 않았던 것처럼 연결된 채로 있다는 것을 사실로 받아들인다.[5]

하나의 전구 또는 같은 근원으로부터 나온 광자(光子)와 같은 두 개의 입자는 수백 년의 시간과 수천 마일에 걸쳐 연결된 채로 있다. 만일 하나의 입자에 어떤 일이 생긴다면, 다른 입자는 "그것을 안다." 이러한 연결은 일상적 실재의 시간과 공간에서 진화한 것이 아니고, 물리학자들에 의해 묘사된 다차원적 수학적 공간에서 진화하는 안내 파동의 '악명 높은' 행동 때문이다.

파동은 꿈과 같다. 당신 자신과 다른 사람의 꿈에 대해 생각해 보라. 그 꿈은 당신이 그 꿈을 꾸는 밤에 어디에나 있다. 낮 동안에, 그것은 때때로 당신과 다른 사람이 어떻게든 연결되어 있다는 것이 사실이라고 증명한다.

철학자 로버트 네이도(Robert Nadeau)와 물리학자 메나스 카파토스(Menas Kafatos)는 하나의 근원으로부터 나오는 빛의 광자와 같은 입자의 개념으로 비국소성을 논의하고, '비국소성은 전체 우주의 기본적인 성질이라는 극적인 결론'을 내렸다. 그들은 더 나아가 "물리적 실재의 기본은 실제로 '비국소적'"이라고 했으며, 이것은 저자들이 '과학의 역사에서 가장 중대한' 발견이라고 평가하는 것이다.[6]

따라서 물체의 양자 파동과, 의도적인 영역의 형태에서 인도하는 파동에 대한 우리의 꿈 영역 경험은, 비록 그것들이 각각의 물체와 사람 주위에서 가장 강렬하게 경험될지라도, 우주 어디에나 있다. 마찬가지로, 노래 선율은 우리 내부 안

비국소성

내가 사람들과 부분들 사이에서 초(超)시간적이며 '초공간적' 인 연결을 나타내기 위해 **비국소성**이라는 용어를 사용할 때, 이것은 다음과 같은 것을 의미한다.

- **우리 사이의 상호작용은 공간에 의해 감소하지 않는다.** 광자와 같은 입자들이 하나의 근원에서 나올 때, 그들은 거리와 시간에 상관없이 서로 연결되어 있다.[7] 거리는 연결에 영향을 주지 않는다. (우리가 연결에 대한 거리의 영향에 관한 일상적 실재 CR의 신념을 가지고, 그 결과 연결이 우리의 꿈 영역 사건의 지각에 영향을 주는 정도를 제외하고) 마찬가지로, 심리학에서 만일 우리가 어떤 사람과 오래전에 한 번 가까워지면, 우리가 어떠한 형태로든 접촉을 가진 이후 얼마나 오래되었는지 또는 그가 지금 어디에 살고 있는지 상관없이 우리는 항상 연결되어 있다. 만일 당신이 어떤 사람을 좋아하거나 싫어한다면, 그 사람이 얼마나 멀리 떨어져 있든지 상관없이 당신은 그 사람과 연결되어 있다.

- **우리 사이의 상호작용은 빛의 속도의 한계에 의해 제한되지 않는다.** 아인슈타인은 이 지구상의 모든 것은 빛의 속도보다 더 빨리 갈 수 없다고 말했다. 그것은 우리가 목소리, 이메일 혹은 전화로 통신할 때, 우리의 신호는 빛의 속도보다 더 빨리 갈 수 없다는 것을 의미한다. 그러나 비국소적 상호작용은 통신이 만일 아주 빠르게 갈 수 있다면, 시간 안에서 거꾸로 거슬러가도록 할 수 있는 것으로 나타나게 만든다. 꿈 영역의 시간 같은 공간에서, 당신이 미래에 하는 것은 당신에게 그리고 나에게 오늘 영향을 미친다.

- **우리 사이의 상호작용은 중간에 있는 공간을 거쳐 가지 않고 여기에서 저기로 갈 수 있다.** 우리는 우리의 의사소통 경로를 공간과 시간에서 정확하게 추적할 수 없다.

에서 느껴지지만, 동시에 세계에, 정말로 전체 우주에 퍼져 있다. 꿈꾸기에서,
우리는 우리의 경향성이 우리를 이끄는 어느 곳이든 자유롭게 움직이면서 꿈 영
역에 있다.

집단에서의 비국소성

마술가와 마법사는 멀리 떨어진 곳에서 다른 사람들을 치유하거나 괴롭히기
위해 비국소성의 근원적인 실재에서 도움을 얻으려고 항상 시도한다. 부두
(Voodoo)교는 아마도 이러한 의식(儀式) 중에 가장 잘 알려진 것일 것이다. 이러
한 의식은 부분적으로 치유자를 점유할 수 있을 뿐만 아니라 필요한 어느 곳으로
나 이동할 수 있는 영혼에 의존한다.

비록 우리 대부분은 우리 자신을 인정하지 않겠지만, 일종의 마법 또는 치유
의식의 형태에 관여되었을 때처럼 집단 환경에 있을 때, 우리도 언제인가 한번쯤
은 관계성과 공동체에서의 비국소적 요소를 경험했을 수도 있다. 언젠가, 당신은
'당신의 마음으로부터 누군가를 지워 버리는 것'이 불가능했을 수도 있었을 것이
고, 그 사람의 생각에 의해 점유되었다는 느낌을 가졌을 수도 있었을 것이다.
상담자는 보통 그러한 생각을 투사라고 부름으로써 국소화한다. 그러나 이 모든
생각에는 비국소적 측면이 있다. 다른 사람에 대한 투사와 느낌이라는 의미에서,
비국소적인 요소들은 우리가 상호 연결과 공동체로서 경험하는 것의 중요한 핵
심이다.

과정 지향 집단 작업 또는 '월드워크'는 이슈, 사실 및 문제들과 같은 집단의
일상적 측면을 다룬다. 월드워크는 집단에 지속적인 효과를 가지기 위해 '시대
정신(timespirits)', 즉 시간이 지남에 따라 천천히 변화하는 특별하고 전형적인
역할의 개념으로 스스로를 나타내는 방법을 알아차리면서 비일상적 분위기 또
는 공동체 '영역'을 다룬다.[8]

내가 전 세계의 수천 명의 사람들과 함께한 월드워크의 경험을 통하여 알 수 있었던 것은 바로 월드워크 기술을 적용하는 것은 조직적으로 도시 수준의 영역에도 영향을 준다는 것이다.[9] 꿈 같은 기술과 역할극을 사용하는 것에 대한 이유의 일부분은 이와 같은 역할들이 꿈 영역의 모든 것과 같이 비국소적이기 때문이다. 예를 들면, 박해자나 피해자와 같은 전형적인 '선(善)'과 '악(惡)'의 역할은 거의 어느 사람에게서나, 어느 곳에서나 언젠가 한 번쯤은 발견된다는 것이다.

따라서 어느 한 집단의 분위기는 주어진 공동체의 위치의 국소적 경계를 넘어서 존재하며, 공동체의 '꿈꾸기'는 어느 곳에나 있다는 것이다. 당신이 지구 위 어떠한 곳에 위치한 국가나 집단을 생각할 때마다 당신은 어느 곳에서나 있는 공동체의 비국소적이고 의도적인 파동 또는 침묵의 힘에 연결된다. 따라서 어느 한 전쟁은 세계 전쟁이고, 어느 한 갈등은 세계 갈등이다. 이것이 대부분의 전쟁이 한 지역 홀로에서는 결코 해결될 수 없는 이유다. 그것들은 어느 주어진 국소성에서만 억제될 수 있다. 해결이 지속되기 위해서는 모든 곳에서 모든 사람들이 전쟁을 해결해야만 한다.

우리 인간은 우주의 모든 입자들과 마찬가지로 비국소적인 연결을 통해 얽혀 있고, 짝지어져 있다. 무지개 의학의 맥락에서 보면, 건강과 질병은 비국소적 알아차림 작업을 요구하는 시간과 공간에서의 일상적 사건들이다.

집단의 침묵의 힘

심리학은 오랫동안 일대일의 인간 경험과 관계성을 다루어 왔다. 지배적인 패러다임은 사람이 의식적이고 무의식적이며, 실제적이고 꿈꾼다는 것이다. 내 생각으로는 집단들도 비슷하다. 집단들은 실제적인 사람들과 물체들로 채워져 있으며, 그것은 또한 비국소적인 역할과 본질적 감정 때문에 '공동체'다. 한 공동체가 자체의 꿈꾸기와 동일할 때, 그것은 땅의 노래와 각 구성원의 행동과 함께

'집에 있는' 것이다.

집단에서의 의사소통은 다음과 같이 다양한 세계에서 동시에 일어난다.

I. 일상적 실재 CR 집단의 인과적 의사소통: 우리가 악수할 때 당신과 나는 연결되는데, 우리는 신체 접촉을 통해 의사소통을 한다. 우리는 우리가 함께하는 바이러스를 통하여 연결되는데, 나는 재채기하고, 당신은 숨을 쉴 때 그 것을 들여 마신다. 우리는 전화, 이메일(그리고 이메일 속의 바이러스도 함께), 라디오, 텔레비전, 친구 등을 통하여 연결된다.

II. 꿈 영역 또는 초공간적 의사소통: 우리는 꿈을 통해 연결되고, 우리의 총체적인 비전과 희망을 통해 연결된다. 우리는 서로에게 가지고 있는 투사나 미묘한 감정을 통해 꿈 영역에서 의사소통한다. 만일 당신 또는 내가 혼자만이 변하였고, 비록 우리 사이에 일상적 의사소통이 전혀 없었더라도, 우리는 둘 다 다르게 느낄 수 있다. 우리는 꿈 형상, 역할, 신(神) 역할 등을 함께한다. 꿈 영역 연결은 비국소적이며, 우리 모두는 얽혀 있다.

III. 본질 수준 의사소통: 일상의 삶에서, 우리는 다른 사람과 다르다. 꿈 영역에서 우리는 서로 다르면서도 같다. 그러나 본질 수준에서, 우리는 서로로부터 서로를 구별할 수 없다. 이 수준에서 우리는 단지 모든 것과 모든 사람을 포함하는 침묵의 힘을 느낄 뿐이다.

공동체의 본질은 그 몇 안 되는 것을 나타내기 위해 지구, **집, 사랑, 공통 배경, 위대한 영혼, 신**(神) 등의 많은 이름들을 가진다. 공동체의 본질, 그것의 의도적인 영역은 시간이나 공간에서 특정 장소 안에 그리고 그것을 넘어서 어디에나 있다. 한편으로는 우리는 한 집단의 사람들을 죽일 수 있지만, 그러나 그것은 반복해서 나타나는 불멸의 정신이기 때문에 우리가 그것의 의도적인 영역까지 죽일 수는 없다. (호주 토착민은 우리가 캥거루를 죽일 수는 있으나 캥거루의 꿈꾸기는 죽일 수 없다고 말한다.)

우리가 공동체의 침묵의 힘을 알아차리는 순간에, 우리는 우리 자신을 어떤 위대한 영혼의 또 다른 측면으로, 우리의 동질성과 이질성 모두를 확인할 수 있다.[10] 나는 호주 애들레이드 출신의 원로 토착민인 루이스 아저씨(Uncle Lewis), 또는 루이스 오브라이언(Lewis O'Brien)을 기억하는데, 그는 나에게 애들레이드 전체가 그가 '빨강 캥거루(the Red Kangaroo)'라고 언급한 침묵의 힘을 따라 어떻게 구성되어 있는지를 보여 주었다.[11] 그는 애들레이드의 거리 지도가 '빨강 캥거루'의 이미지였음을 발견하였다.

근본적인 아이디어는 캥거루가 그 도시의 침묵의 힘을 나타내는 표현이라는 것이다. 일반적으로, 한 공동체는 그 자체의 일상적 실재 CR의 사실, 꿈 영역의 이미지 그리고 그 이면의 침묵의 힘들의 조합이다. 더 나아가, 우리의 그 지역에서 순간적인 경험들을 포함하는 모든 사건들은 그것의 꿈꾸기의 침묵의 힘에 의해 구성된다는 것이다.

실습: 집단 분위기가 증상에 영향을 주는 신체 음악을 만드는 방법

당신 자신과 공동체 사이의 상호 연결을 탐색하라.

준비가 되면, 몇 번 깊은 숨을 쉬고, 당신 스스로를 편안하게 하라. 당신이 일부인 집단이나 공동체에 관해 깊이 생각하고 더 잘 이해하도록 하라. (또는 가족, 도시, 국가적 상황을 생각할 수도 있다.)

그 집단은 한 주어진 지역에 위치하고 있는가 또는 전 세계에 퍼져 있는가? 그 공동체에 대해 그 공동체의 구성원이 어디에 있는지 생각해 보라. 그리고 그 공동체가 다루는 이슈나 긴장의 종류를 회상해 보라. 당신은 어떻게 그 이슈 가운데 하나를 나타낼 수 있는가?

이제 그 공동체가 당신의 신체와 어떻게 연결되는지를 탐구해 보자. 집단 소리: 당신의 공동체 또는 가족이 당신이 바로 앞에서 회상한 이슈에 대해 작업하고 있는 중이라고 가정해 보자. 예를 들어, 당신의 집단은 구성원 사이의 관계성 문제, 경제적 문제를 작업 중일 수 있으며, 또는 창조성이나 영성의 문제를 토론하고 있을 수 있다.

그 이슈에 대해 상호작용하는 사람들을 상상하면서 집단의 분위기를 느껴라. 당신은 사람들이 무엇을 하고 있다고 생각하는가? 그 상황이 무엇처럼 보이는가? 그것이 무엇처럼 느껴지는가? 그 상황을 상징적으로 표현하기 위해 양손을 사용하라. 당신의 손과 팔이 하고 있는 것이 무엇인가?

당신이 준비가 되었다면, 그 주제로 작업하는 중인 집단의 분위기를 나타내는 소리를 만들어 보라. 이 소리에 대해 기록하거나 녹음하라. 이것을 '집단 소리'라고 부르자. 예를 들면, 한 내담자가 그녀의 공동체 내에서 두 개의 하위 집단 사이의 갈등에 초점을 맞추었다. 그 분위기는 긴장되었고 위협적이었다. 이 분위기를 소리로 표현하기 위해, 즉 갈등에서 하위 집단의 구성원 사이에서 일어나는 테러와 위협적인 행동을 표현하기 위해 그 내담자는 비명을 질렀다.

신체 증상은 소리를 낸다. 이제 상황이 어떻게 당신의 신체에 영향을 주는지 탐구해 보자. 그 주제를 둘러싼 분위기는 당신에게 육체적으로 어떻게 느끼게 만드는가? 주제를 한 번 더 상상해 보고, 사람들이 어떤 것에 대해 토론하는지를 상상해 보고, 분위기를 느끼고, 그리고 그 분위기에 있는 것이 어떠한 것인지 느껴라. 그 분위기가 당신의 신체에 어떻게 영향을 주는지 주목하라. 어느 주어진 순간을 상상하라. 당신은 조용한가? 당신은 긴장되고 신경질적이고 두려워하고 화나고 있는가 아니면 초연한가? (위의 내담자는 놀라고 화가 나는 것을 느꼈다.)

이러한 분위기가 당신의 만성 증상의 하나에게 무엇을 하고 있는가? 증상을 선택하고 그 분위기가 그 증상에 대해 무엇을 하는지 느껴라. (때로는 증상 속으로 숨을 불어 넣는 것이 당신의 느낌을 고조시킬 수 있고 증상에 초점을 맞출 수 있다.) 만일 당신에게 만성 증상이 없다면, 단지 당신의 전체적인 신체 상태에 초점을 맞춰라. 그러나 가능하다면, 비록 가벼운 증상(예: 살짝 올라간 어깨, 기울인 목, 얕은 호흡 등)이더라도, 당신의 만성 증상 중의 하나를 느껴라. 분위기가 그 증상에 무엇을 하는지 확인하라. 그 증상이 어떻게 분위기에 의해 확대되었는가 아니면 완화되었는가? 예를 들면, 당신은 가려움, 화상, 떨림을 느끼는가? 고혈압이었던 내담자는 자신의 가슴에서 두근거리는 느낌을 느꼈다.

이제 당신의 만성적 증상이 어떻게 분위기에 의해 영향을 받는가에 대한 경험을 나타내는 소리가 나타나도록 하라. 예를 들면, 고혈압을 가진 내담자는 자신의 가슴 주변에서 드럼 두드리는 소리를 경험했다고 말했다.

이제 이야기가 이 리듬과 소리 주위에서 마음에 나타나도록 하라. 예를 들면, 내담자는 드럼을 전쟁터에 나가서 사망하는 전사들과 연결하였다.

당신이 준비되었다면, 두 번째 소리를 한 옥타브 높게(또는 더 쉽게 하려면, 낮게) 만들고 그 소리에서 나타나는 환상적인 이미지와 이야기를 잡아라. 이것은 당신의 배음(倍音) 경험이다. 예를 들어, 드럼 소리를 한 옥타브 높이는 것은 그 내담자가 드럼을 치며 혼자 놀며 즐기면서 즐거운 시간을 보내는 아이로서의 환상을 통하여 풀어졌다.

당신의 배음과 그것의 이야기를 당신의 만성 증상을 나타내는 소리와 함께 드러내는 것은 집단에 의해 영향을 받는다. 당신의 창의성이 배음의 소리와 이야기를 만성적 증상 음조와 그것의 이야기와 연결하도록 하라. 이렇게 하기 위한 쉬운 방법은 만성적 증상 소리와 이야기, 그리고 그것의 배음의 소리와 이야기를 듣고, 그리고 새로운 소리들의 목격자가 되는 것이다. 단지 그 소리들과 이야기들이 연결되도록 하라. 당신은 어떻게 하나의 소리가 또 다른 소리가 이끄는지, 또는 제삼의 소리가 어떻게 함께 나타나는 소리들로서 나타나는지 인식할 수 있을 것이다. 이 부분에서 서두르지 말고 천천히 하라.

이러한 새로운 경험에서 나타나는 환상과 그것이 당신의 신체와 증상에 어떻게 영향을 주는지 주목하라. 예를 들어, 어린이의 쾌활함이 그 내담자의 마음에 들어갈 때, 그녀는 다른 사람들과 싸우는 대신에, 더 쾌활해졌고 모든 사람들과 놀이하기를 원하게 되었다. 그녀의 상상 속의 고혈압 증상은 나아졌으며, 그리고 그녀는 자신의 집단과 어떻게 '놀이' 할 수 있는지 상상하였다.

이러한 마지막의 소리를 당신의 '해결하는 소리' 라고 부르자. 그것을 녹음하고 그것이 당신의 증상에 어떻게 영향을 주는지를 기록하라. 이제 그 해결하는 소리를 당신의 집단 또는 세계로 꺼내도록 작업하자.

마무리하는 소리. 당신의 해결하려는 신체 증상 소리를 당신이 이 실습을 시작할 때 녹음했던 집단의 소리와 함께 드러내기 위해서는, 두 가지를 모두 기억하라. 그리고 한 소리를 내 보고 다음 소리를 내 보라. 첫 번째 소리를, 그리고 두 번째 소리와 그 결과의 경험을 주목하라. 그 소리들이 서로 따르려고 하는가? 오직 단 하나 또는 다른 하나의 소리만이 마지막까지 남아 있는가? 아니면 완전히 새로운 노래와 소리가 나타나는가? 마무리하는 소리가 나타날 때까지 일어나고 있는 것에 대해 당신의 주의를 집중하라.

당신이 마무리하는 소리를 '가졌을' 때, 그 소리에 관한 이야기가 펼쳐지도록 하라. 이 마지막 소리와 이야기에서 일어나는 것은 무엇인가? 그들이 어떻게 발생했는가? 이 마무리하는 소리와 이야기가 실제에서 어떻게 일어날 수 있는지를 생각해 보라. 어떻게 그 이야기가 어떤 미묘한 방식으로 이미 일어나고 있을 수 있는가?

예를 들어, 집단의 '비명 지르는' 소리는 어린이의 활기찬 북치기와 함께 나타났고, 일종의 즐거운 비명으로 새로운 소리-노래(sound-song)가 나타났다. 그녀가 마치 서로 이야기하는 두 인형인 것처럼 집단에서 갈등하는 역할들을 하는 환상이 나타났다.

이 실습을 한 내담자는 자신의 활기참은 이미 미묘한 방식으로 일어나고 있었다고 말했다. 지금까지 자신의 집단을 생각할 때마다, 고혈압 증세를 느꼈을 뿐만 아니라, 동시에 이유도 모른 채 무엇인가에 대해 낄낄거려야만 했었다. 어쨌든 그들의 다음 모임에서 이 내담자는 이 실습에서 경험했던 것을 그대로 했는데, 마치 자신의 양손을 서로 이야기하는 꼭두각시 인형인 것처럼 사용하면서 자신이 서로 말싸움하는 당사자들인 것처럼 연기했다. 모든 사람들이 웃었다.

이러한 미묘한 일어남에 관해 미래를 위해 기록하라. 만일 당신에게 창조성이 있고 시간 여유가 있다면, 만화나 동화의 등장인물, 꼭두각시 인형, 또는 당신의 마무리하는 소리와 이야기의 본질을 나타낼 수도 있는 누군가의 인물 상(像)을 그려 보라.

이 실험에 관한 고찰

이 실습에서 일어난 것에 대해 고찰하기 위한 여러 가지 방법이 있다. 무지개 의학의 관점에서, 집단의 소리는 단지 그것의 꿈 영역의 노래 선율 중 하나, 다시 말해, 당신 공동체의 특정한 변형된 상태나 하위 상태를 나타낸다. 당신의 신체 경험들(또한 다른 사람들의 신체 경험들)은 그 공동체의 또 다른 하위 상태다. 보통 집단은 초점을 맞추기 위해 몇 하위 상태와 사람들을 선택하지만, 의식의 또 다른 상태나 그 상태를 나타내는 개인들을 과소평가하기 때문에 곤란에 빠진다. 당신의 침묵의 힘과 의도적 파동이 당신의 분리 감정, 꿈 인물 형상, 그리고 또는 하위 상태들의 전체 합인 것과 마찬가지로, 하위 상태들의 전체 합은 공동체 과정, 그것의 안내 파동이다.

그와 같은 전체 합은 [그림 10-1]과 같이 나타낼 수 있다.

마무리하는 소리와 느낌은 공동체의 핵심, 그것의 가장 깊은 본질과 연결되어 있다. 이 핵심은 가장 큰 힘인 공동체의 침묵의 힘이다.

앞의 실습의 관점에서, 본질은 '마무리하는 소리', 공동체의 꿈꾸기의 힘으로

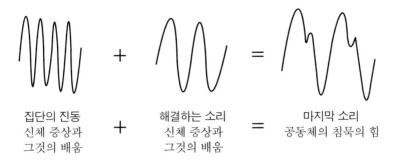

집단의 진동　　　＋　　해결하는 소리　　＝　　마지막 소리
신체 증상과　　　　　　신체 증상과　　　　　공동체의 침묵의 힘
그것의 배움　　　　　　그것의 배움

[그림 10-1] 공동체의 본질 또는 침묵의 힘

서 경험된다. 비록 주어진 순간에 주어진 일상적 실재 CR 상황에서 집중하는 중에 본질을 잊을 수도 있겠지만, 이 소리와 힘은, 보통 무의식적으로, 전체 공동체에 대한 집중, 무엇인가 모든 사람을 관련시킬 수 있는 것이다. 그 힘은 상황의 다양성과 조직의 다양한 관점과 측면을 창조하면서 항상 배경에 있다. 원칙적으로, 공동체의 본질은 그 구성원 모두에 의해 공유된 공동 근거다.

당신의 다양한 신체 경험과 당신의 또 다른 측면은 공동체의 일상적 실재 CR과 비일상적 실재 NCR의 부분이다. 마찬가지로, 집단과 그것의 갈등은 당신의 부분이다. 마치 당신의 알아차림 작업과 당신의 '자아' 와 공동체에 대한 일관성이 공동체의 문제를 해결하는 것을 돕듯이, 집단은 당신의 신체에 영향을 준다. 당신의 가장 깊은 느낌은 당신과, 당신이 일상적 실재 CR에서 그들과 서로 상호작용하기 전일지라도, 당신 자신을 변화시킬 뿐만 아니라, 집단의 꿈꾸기 상황을 변화시킨다. 되돌아보면, 그것은 때때로 우리 공동체의 본질이 '우리' 신체 증상을 집단의 문제에 대한 해결책을 끌어내기 위한 안테나로 사용하는 것처럼 보인다.

소리를 사용하는 다른 방법

당신이 공동체 또는 개인 간의 관계성 문제를 해결하는 데 소리를 사용하고 기분이 더 좋아지기 위해서는 많은 방법들이 있다. 예를 들면, 누군가와의 관계성에서 긴장된 대화를 하는 동안, 둘 사이의 분위기를 느껴라. 그것은 긴장되고 격정스러운가? 그것이 당신의 신체에 주는 영향을 느끼고, 앞에서의 실습처럼 소리와 배음을 만들어라. 연습을 통해, 당신은 이러한 소리들의 합인 기본 경로, 침묵의 힘을 찾기 위해 이것을 빠르게 할 수 있다. 이것은 어려운 관계성 영역, 영역 지도를 통하는 경로다.

비슷하게, 집단 과정 동안에, 그 분위기를 느끼고, 당신의 신체 증상과 그것들의 배음을 느껴라. 또 당신의 소리와 노래(또는 그들의 언어적 의미)를 당신의 공동체로 직접 가져오라. 예를 들면, 나의 포틀랜드에서의 수업 중 하나에서, 사랑의 문제, 동성애, 남자 동성애자에 대한 편견이 발생했다. 어떤 사람들은 남자동성애자와 여자동성애자의 관계성을 반대했고, 또 다른 집단은 남자동성애자를 지지했다. 또한 십대 남자동성애자 이야기도 나왔다. 명백히 그 십대는 자신을 알아주지 않는 세상에서의 고통 때문에 자살하려고 했다.

방 안에서 서로 반대하는 집단들 사이의 긴장은 모두를 힘들게 했다. 갑자기, 한 용기 있는 여성이 울면서 나왔다. 그녀는 긴장된 집단 과정 동안에 그녀 자신 안에서 어떤 소리를 들었다고 말했다. 그 소리에 관해 말하는 대신에, 그녀는 그 남자동성애자 10대를 위해 다음과 같이 노래를 불렀다.

"걱정마라, 너를 당황하게 만드는 문제들과 부딪히지 않도록 하라.
오, 너는 알지 못하느냐, 모든 것이 괜찮다는 것을,
우리는 네가 오늘 밤 잘 자기를 바란다."

이 가사는 연극 〈Jesus Christ Superstar〉에서 영감을 받은 것이다. 그녀가 노래를 부르자, 모든 사람들은 그 노래가 그 십대를 위해 전하는 연민을 느꼈고, 조용해졌다.

당신이 집단에서 이와 같은 특별한 순간들을 경험할 때, 당신은 비국소성에 관한 과학적 사고가 공동체의 꿈꾸기의 힘 또는 능력이 개인으로서의 우리에게 어떻게 영향을 주는지 설명하기에는 불충분하다는 것을 안다. 그러나 물리학과 심리학의 패턴은 아인슈타인이 양자 파동 패턴을 '환영(幻影)의 장'이라고 불렀을 때 그가 의미하고자 했던 것을 정확하게 이해하는 데 도움이 된다고 내가 생각하는 것처럼 당신도 생각할 수 있다.

제11장
관계성 문제는 초공간 의학이다

사랑하는 사람들은 필연적으로 만나는 것이 아니라, 그들은 이미 처음부터 계
속해서 서로의 안에 있다.

−루미(Rumi)

일상적 실재 CR 집단의 비국소적 분위기가 그 집단을 공동체로 만드는 것처럼, 개인의 꿈꾸기는 그 사람을 인간으로 만든다. 꿈 영역에서는 어느 누구도 단지 공동체를 생각한 것만으로도 그 공동체에 속한다. 역할과 환영을 포함해서 꿈꾸기의 부분인 모든 것들은, 비록 그런 것들이 일상적 실재 CR 집단의 부분이 아닐지라도, '공동체' 의 부분이다. 마찬가지로, 꿈 영역에서 개인으로서의 당신은 당신을 생각하는 모든 사람뿐만 아니라 당신이 이전에 생각했던 모든 사람이고 모든 것이다.

좋은 친구들이 당신의 꿈 풍경을 개선하고 당신을 기분 좋게 만든다는 것은 명백한 것처럼 보인다. 그러나 이 장에서 당신은 적(敵)들도 역시 치유의 잠재력을 가지고 있다는 것, 사실 그들이 당신의 가장 강력한 신체 의학일 수도 있다는 것

을 발견할 것이다.

분위기와 아우라

개인과 관계성의 꿈 영역 측면은, 부분적으로, 관련된 사람 주위의 측정할 수 없는 분위기, 느낌, 영역, 아우라(aura) 들로 구성되어 있다. 이러한 분위기는 우리에게 비국소적 연결, 즉 연결되어 있음의 느낌을 주는 것이다. 때때로, 당신은 아마도 부부, 가족 그리고 어떤 특별한 집단까지도 그 주위에 일종의 아우라를 방출하는 것을 느꼈을 것이다. 그 아우라는 두껍고, 가볍고, 무겁고, 끈적거리며, 딱딱하고, 황홀하거나 또는 심지어 악취가 나는 것처럼 느낄 수 있다.

어떤 커플에 관해서 개입하려는 누구라도 커플의 꿈 영역에 참여하는 것이며 그들의 관계 영역의 부분인 것이다. 따라서 제삼자, 이전 파트너, 의자, 책상, 아파트, 자녀, 부모, 조부모 모두는 당신 관계의 꿈 영역 부분이다. 그들은 주어진 어느 한 순간에 당신의 관계 영역에서의 역할들인 것이다.

분위기와 아우라의 비국소적 본질은 비(非)공간성의 상호 연결을 만든다. 즉, 사람들과 부분들 사이의 몇 사건들은 빛의 속도보다 더 빠른 것처럼 보이는 신호들에 의해 연결된다. 연결은 마치 마술에 의한 것처럼 일어난다. 관계에서, 당신은 당신이 지금 있는 곳에서 다른 사람이 있는 곳으로 어떠한 중간의 공간을 거치지 않고 이동할 수 있다. 더구나 당신의 과거와 미래 역시 그 분위기에 담겨 있다. 신체 주위의 장(場) 영역들은 전형적인 아우라의 발산이다. [그림 11-1]에서, 신체 주위의 장 영역의 현대풍과 중세풍의 묘사를 보라.

비국소적 신화의 원리

비국소적 연결은 심리학적 체계와 생물학적 체계의 전형이다. 많은 사람들은 자신이 사랑하는 누군가가 자신에게 사랑을 보낼 때 더 기분 좋다고 말할 것이다. 만일 누군가가 당신을 위해 기도한다면, 당신이 더 빨리 병으로부터 회복한다는 많은 증거가 있다.[1]

인간 체계 사이에는 지배적인 법칙이 있는가? 개인으로서, 당신이 누구인지와 일치하는 것처럼 보이게 하기 위해 당신의 일반적인 패턴 또는 개인적인 신화가 다소 과거나 현재의 사건을 묶는 것으로 보이는 것처럼 느낄 수도 있다. 무엇이 일어나든, 당신이 그것을 어떻게 정의하든, 당신은 자신의 패턴을 따른다. 일부 사람들은 항상 무엇인가로부터 달아나고, 다른 사람들은 항상 영웅으로 변하여 용(龍)과 싸운다. 이 패턴에서 작은 변화들이 일어나지만, 대체로 패턴의 기본적 모습 외형은 변하지 않는다.

따라서 당신 개인의 이야기, 당신의 신화는 지배하는 법칙이다. 이것은 모든 일어나는 것은 무엇이든지 당신 인생의 패턴의 법칙에 의해 당신 주위의 다른 모든 것들과 얽혀 있거나 상호 연결되어야만 한다는 것을 의미한다. 마찬가지로, 당신의 신체 경험과 관계는 당신 자신의 개인 신화뿐만 아니라 다른 사람의 그것 신화들과도 얽혀 있다. 아우라와 분위기에서 나타난 침묵의 힘의 패턴은 우리 모두를 얽는다. 우리는 에너지 보존뿐만 아니라 우리의 삶과 공동체의 이야기로서 펼쳐지는 꿈꾸는 힘에 의해서도 얽히고 있는 것이다.

비국소적 신체 연결

융(Jung)은 사람과 사건들 사이의 비국소적 연결을 '비(非)인과적 질서'를 의

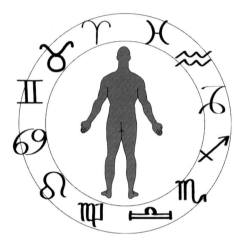

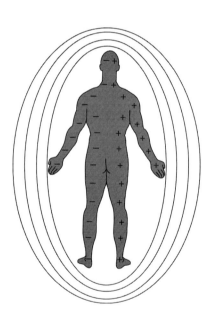

[그림 11-1] 신체 주위의 장(場)의 스케치 모습. 위 그림에서 중세 유럽인은 신체, 식물, 광물, 일 년의 시간 계절 그리고 행성 사이의 연결을 만들었다.[2] 이 그림은 사람들과 그들의 세계 사이의 일종의 일관성을 보여 주는데, 그것은 신체를 지배하고 그것을 우주의 나머지 부분에 연결하는 우주의 법칙을 묘사하기 때문이다. 우주의 부분들과 인간 신체 사이에는 얽힘 또는 상호 연결됨이 있다. 우리의 경험은 나머지 세상에서 얻을 수 있는 똑같은 꿈 영역 정보 또는 양자 정보에 의해서 전달된다.

얽힘이란 무엇인가?

양자 체계를 대표적으로 상징하는 얽힘의 현상은 몇몇 최우선 기본 법칙 때문에 일어난다. 예를 들어, 양자 세계에서 한 체계의 부분(체계를 구성하는 입자와 같은)의 회전(양자화된 각(角) 운동량 같은 유형)의 합은 일정해야 한다.

물리학의 또 다른 기본 법칙에 따르면, 닫힌 체계에서의 에너지는 본질적으로 항상 일정해야만 한다. 에너지의 이러한 균형이 사물들이 서로 얽히도록 만드는 것인데, 어느 하나의 에너지는 다른 무엇인가의 에너지가 감소할 때만 증가하기 때문이다. 눈으로 볼 수 있는 공간적 연결이 없는 비국소적 체계에서, 일반적인 에너지 보존 법칙은 일어나는 모든 것을 지배한다. 이와 같은 가장 기본적인 법칙은 체계의 부분들을 얽는데, 이것은 부분들이 서로 의존적이라는 것을 의미한다. 그 부분들은 예를 들어, 전체의 에너지는 항상 같아야 한다는 요구에 의해 서로 얽혀 있거나 서로 묶여 있는 것이다.

따라서 부분들은 더 이상 완전하게 분리될 수 없다. 물리학에 따르면, 모든 물질의 기본적인 구성 성분들은 자연 법칙 때문에 얽혀 있다. 얽힌 부분들은 방의 두 부분에 있는 (보이지 않는) 끈에 의해 연결된 사람들과 같다. 어느 한 사람이 하는 것은 다른 사람이 하는 것과 얽혀 있는 것이다!

미하고자 하는 '동시성'이라고 불렀다. 이러한 비인과적 연결은 그것들의 공유된 '의미'의 결과로서 일어나는데, 그 의미라는 단어는 리처드 빌헬름(Richard Wilhelm)이 도(道)에 대해 사용했다.[3] 융에 따르면, 두 사건은, 만일 그들이 똑같은 의미를 가지거나 빌헬름의 개념으로 똑같은 도를 지니고 있다면, 동시성을 구성할 것이다.

당신의 안내 파동인 침묵의 힘이 정보의 비국소적 잠재적인 근원이기 때문에, 당신의 모든 하위 상태와 환상, 아픔과 고통, 관계 문제는 전 세계와 얽혀 있다. 그렇다면 원칙적으로, 모든 질병은 세상에 의해 영향을 받고 세상에 영향을 준다는 의미에서 '환경적 질병' 인 것이다.

보통 '환경적 질병' 이라는 용어는 우리의 신체에 영향을 주는 일상적 실재 CR 에 근거한 독소(毒素)와 알레르기 유발 물질을 언급할 때 사용된다.[4) 그러나 우리 는 다음에서 관계의 분위기와 관련된 더 일반적인 종류의 환경적 질병에 대해 탐 구할 것이다.

"골칫거리(a pain in the neck, a pain in the rear end)" 와 같은 문장은 우리의 신 체와 우리의 관계 사이의 비국소적인 연결에 대한 우리의 느낌을 보여 준다. 다 른 사람들이 당신의 신체를 괴롭히기 때문에, 관계에 관한 작업은 (이론적으로) 당신의 증상을 낫게 해야만 한다. 당신 신체 밖에서 당신이 공상하는 다른 사람 들은 마찬가지로 당신 신체 안에도 있다.

실습: 다루기 힘든 사람의 초공간

다음의 실습에서, 당신이 당신의 신체와 어떠한 다른 사람에 대해 갖는 느낌에 초점을 맞추기를 요청한다. 이 실습에서 효과를 최대한 얻기 위해서는, 연필과 종이를 준비하라.

신체 질문: 당신 자신을 편안하게 하고 몇 분 동안 당신의 호흡에 주목하 라. 당신의 호흡에 초점을 맞추고 있는 동안에, 당신 자신에게 자신의 신체에 관해 당신을 혼란스럽게 했던 질문을 하라. 당신은 몇 가지 특정한 신체 증상을 어떻게 해결할 수 있는지 또는 그 신체 증상의 의미가 무엇인지를 질문할 수도 있다. 나중에 다시 검토할 것이므로 그 질문을 기록하라.

관계: 준비가 되었다면, 최근에 또는 과거에 당신을 괴롭혀 왔던 사람에 대 해 생각해 보라. 당신이 상상할 수 있는 가장 다루기 힘든 사람을 생각하라. 그 사람은 어떠한 사람인가? 그들이 강한가, 심술궂은가, 시끄러운가, 조용한가,

비굴한가? 당신의 설명을 기록하라.

에너지 장 영역: 그 사람에 대해 생각하는 동안, 그 사람 주위의 장 영역을 생각하라. 그 사람 주위의 분위기, 공간, 아우라는 무엇인가? 그 사람 가까이 또는 주위의 움직임, 색깔, 형태들을 그리기 위해 당신의 상상력을 사용하라. 예를 들어, 그 사람의 장 영역이 화살, 어두운 구름, 또는 붉게 물든 파도로 가득 차 있는가? 잠시 동안 이 아우라를 실제로 묘사하라. 당신이 그리는 것이 당신에게 놀라울 수도 또는 놀랍지 않을 수도 있다.

당신의 그림을 보면서, 자신에게 물어보라. 그 묘사에서 어떤 색깔 또는 움직임—어떤 에너지—이 나에게 가장 어려운가? 예를 들어, 그의 날카로운 움직임, 어둡고 붉은 반점 또는 소용돌이치는 공허함이 당신을 가장 혼란스럽게 할 수도 있다.

이 에너지가 어떻게 당신에게 비국소적인가? 즉, 당신은 어떠한 방식으로 당신의 삶, 다른 사람과 사건들에서의 다른 상황들에서 이 에너지를 느끼는가? 이 에너지가 지금 갑자기 나타나는가? 그 에너지가 당신 삶의 다른 영역에서 다른 시간대에 나타났었는가? 예를 들어, 당신은 당신의 작업에서 그것을 발견하는가? 이런 에너지를 가진 다른 사람이 일반적으로 당신을 혼란스럽게 하는가? 우리는 일반적으로 어려운 에너지를 억누르기 때문에 그것에 대해 고찰하는 것이 어려운 일일 수도 있다.

신체 안의 에너지: 당신의 손으로 공기 중에 있는 어려운 에너지를 그려라. 당신이 손을 움직이는 동안, 당신의 신체를 느끼고 그 가장 어려운 에너지가 어느 곳에 있을 것 같은지를 추측하라. 당신 신체의 간단한 스케치를 그리고 에너지의 위치를 표시하라. (위치가 하나 이상일 수도 있다.) 당신은 그곳에서 통증과 고통, 질병의 두려움을 현재 가지고 있는가 또는 가졌었던가?

에너지의 본질: 이제 우리는 이 영역 장(場)의 뿌리, 본질로 들어갈 것이다. 이렇게 하기 위해, 당신에게 가장 어려운 그 에너지를 실행하라. 그 에너지가 당신의 손 또는 당신이 원한다면 신체 전체를 움직이게 하라. 당신의 알아차림

을 사용하여 당신 자신을 다치게 할 수 있는 방법으로는 움직이지는 마라. 차라리 초자연치료사가 되어서 인간으로서의 형태를 조심스럽게 벗어나서, 형태 전환하고 들어가서 이러한 어려운 에너지가 되어라. 그 에너지를 춤추거나 그것을 표현하기 위해 손을 사용하라.

당신이 준비가 되었다면, 자신에게 물어보라. 이 에너지의 기본적인 경향성이 무엇인가? 그 에너지가 아주 커지기 전에 초기 단계에서 이 에너지는 무엇이었는가? 이러한 본질을 발견하기 위해, 동작의 똑같은 강도를 느끼면서 그 동작을 더 천천히 해 보는 것도 때때로 도움이 된다. (예를 들어, 화살던지기 같은 동작은 한 번에 하나씩 집중적인 초점이 될 수도 있다.)

만일 당신이 그러한 에너지의 이러한 기본적인 경향성에 아직도 저항하고 있다면, 더 깊이 들어가라. 당신은 아직 그것의 본질에 도달하지 않은 것이다. 본질 수준에서 이중성이란 없다. 더 깊이 들어가서 이 어려운 에너지의 본질에 도달하라. 예를 들어, 그 본질은 마지막에 감수성, 꽃, 바위, 삶의 불꽃, 침묵 속의 동작, 명확함, 또는 일종의 무분별성과 같은 종류로 나타날 수도 있다. 그것을 기록하라.

잠시 동안 이 초공간, 그 어려운 에너지의 본질에서 당신 자신이 들어가서 살아 보도록 허용하라. 그 세계는 어떠한가? 이 공간을 탐구해 보라. 그것에 관한 이야기를 만들어 보라. 당신은 무엇을 그곳에서 보고 그곳에서 느끼고, 그곳에서 들었는가?

이 공간을 나타내는 인간과 비슷한 형상으로 몇몇 실제 인물 또는 신화적 인물을 상상하고, 그리고 지금 그 형상이 되어라. 당신은 당신 자신을 현명하고 오래된 바위 같은 여인, 거대한 새 또는 바람 속에서 사람과 같은 깃털로 보는가? 동굴 속의 어린아이인가?

이 본질을 당신의 일상의 실재로 가져오라. 어떻게 이 본질이 전체로서의 당신의 생활 방식에 영향을 줄 수 있을까? 어떻게 이 본질이 당신이 다른 사람과 관계하는 방식에 영향을 줄 수 있을까? 어떻게 이 본질이 당신의 증상 영역에 영향을 줄 수 있을까? 그 본질 형상이 당신 신체의 어디에 위치하고 있을까? 당신은 그곳에서 그것 본질 형상을 느낄 수 있는가? 그곳에서 형상을 경험하고, 그곳에서 본질 형상과 관계하고, 그것이 되어라.

그 최초의 어려운 사람과의 관계에서 이 형상을 사용하는 것을 상상하라. 아마도 당신은 그 사람과의 관계에서 이러한 본질 형상이 될 수 있을 것이다. 그 어려운 사람이 어떻게 반응할 것인지 상상해 보라. 만일 당신이 그 본질/형상을 세계로, 우주로 드러나게 할 수 있다면, 그것이 어떻게 세계와 상호작용하여 변화시킬까?

이 경험들을 이 실습의 첫 번째 단계에서 당신의 신체에 관한 최초의 질문에 답하도록 되돌아가서 다시 관련시켜라. 이 경험들이 어떻게든 그 질문에 답하는가?

본질 형상이 당신의 삶의 배경에서 안내 파동의 측면인, 당신 주위의 초공간을 구체화하는 가능성을 고려해 보라. 당신 삶의 다양한 경험들이 어떻게 이러한 경험을 당신의 의식적인 알아차림으로 가져오는 것과 같은 방식으로 얽혀 있는지를 주목하라.

이 실습을 해 왔던 많은 사람들은 그들의 본질 형상이 아주 다르고 덜 스트레스를 받는 방식으로 그들을 어려운 사람과 관계하도록 도왔다는 것을 발견하였다. 몇 사람은 그들의 신체에 대해서 뿐만 아니라 관계에서도 전혀 다른 새로운 지각(知覺)을 얻었다.

나는 한 학생에게 이 실습의 예를 적어 내라고 요청하였다. 다음이 그녀의 대답이다.

"어떤 한 남자가 몇 달 전에 나를 괴롭히고 있었다. 이 사람은 (성격이) 좋은 사람이 아니다. 나는 이 못된 사람이 어쨌든 나 자신이라는 것을 알지만, 대체로 그가 느끼는 방식을 나는 느끼지 못한다. 나는 정말 그를 견딜 수 없었다."

"내가 이 남자에 대해 생각할 때, 나는 그가 자신 주위에 다른 사람들도 그를 싫어하도록 만드는 일종의 검은 구름을 발산한다는 것을 깨달았다. 어쨌든 그러한 종류의 에너지는 나를 혼란스럽게 하였다. 그는 항상 내가 그를 위해서 무엇인가 더 하기를 원했다. 더욱 나쁜 것은, 만일 내가 하지 않는다면, 그는 몹시 화를 낸다는 것이다. 그리고 그는 내가 그를 위해 무엇인가를 할 때까지 우울한 것처럼 행동했고 크고 어두운 구름을 만들었다. 아! 만일 그가 내 친구 집단이 아니었다면, 나는 어떠한 것도 그를 위해 하지 않을 것이다."

"어쨌든, 이 실습에서 나도 또한 어떻게 그러한 구름을 만들어 냈는지 생각했다. 어떻게 그 모든 것이 나인지 잘 이해할 수 없었으나, 그러나 나는 그 검은 구름이 내 신체 안에 있다는 것을 확실히 느꼈다! 내가 무엇인가를 들어 올릴 때마다, 나는 어깨가 아팠는데, 그곳에 일종의 경련, 뭉침이 있고 짐의 무거운 구름이 그곳에서 뭉쳤다. 나는 내 어깨를 아프게 하는 물건을 들어 올리지 말아야 한다는 것을 알지만, 내가 결코 배울 수 없는 것처럼 보였다."

"내가 이 실습의 단계들을 따랐을 때, 나는 에너지의 본질, 그 사람의 비국소적 관계 영역의 본질을 발견하였다. 그의 어둠의 본질은 내가 더 이상 어디로 가기를 원하는지 알 수 없도록 나를 안개로 둘러싸는 신비함과 놀라운 미지(未知)였다. 그 본질은 나에게 '그것'이 가기를 원하는 곳으로 양보하도록 강요하였다. 그 불쾌한 사람과 내 어깨 문제는 내가 삶에서 나를 움직이기를 원하는, 무엇인가 신비하고 놀라운 것을 보도록 하기 위해 나를 몹시 괴롭혔다. 살아갈 새로운 방식, 이러한 미지를 받아들이는 것은 내 어깨를 낫게 할 뿐만 아니라 그 사람과의 관계를 크게 변화시켰다. 나는 그가 하는 방식에 대해 감사하고 있는 나 자신을 발견하기까지 하였다."

관계 이면에서의 침묵의 힘은 의학이다

일반적으로, 관계는 당신이 당신의 적을 당신 자신의, 당신의 의도적인 영역의 과소평가된 부분으로가 아니라, 단지 실제 사람으로 보기 때문에 굳어졌다. 아마도 관계에서의 당신의 문제는 단지 한 세계, 일상적 실재 CR 세계를 보고 있으며, 다른 사람을 과소평가하고 있는 것이다. 이 일상적 실재 CR만의 세계에서, 당신은 당신 자신을 다른 모든 사람들로부터 분리된 사람으로 본다. 과소평가와 타인 혐오증은 **당신과 다른 사람**을 서로 분리되어 있는 인간으로 만든다. 반대로, 평행 세계에서 당신과 당신의 친구는 **분리**된 사람들이 아니고 당신과 다른 사람을 창조하는 힘, 전기장의 알려지지 않은 공유 영역이다.

비국소적 관계와 공동체 작업 이면의 기본적인 패러다임은 이 장의 시작 부분에서 인용한 루미(Rumi)의 말로 가장 잘 요약된다. "사랑하는 사람들은 필연적으로 만나는 것이 아니라, 그들은 이미 처음부터 계속해서 서로의 안에 있다." 나는 루미의 이러한 훌륭한 말에 '적(敵)들과'라는 단어를 더하여 다음과 같이 만들고 싶다. "적들과 사랑하는 사람들은 필연적으로 만나는 것이 아니라, 그들은 이미 처음부터 계속해서 서로의 안에 있다."

다르게 표현하면, 관계 문제는 당신이 다른 사람과 공유하고 있는 공간을 반영한다. 아주 혼란스러운 관계와 집단 문제들은 그들이 공유하고 있는 비국소적인 공간의 과소평가를 반영하고 당신의 일상적 실재 CR 신체에 영향을 준다. 관계 문제들이 당신의 신체를 접촉하거나 형성하는 방식에 주목함으로써, 당신은 당신이 무시해 왔거나 부정해 온 당신 주위의 세계와 당신 자신의 측면, 소리와 영역을 알아차리게 된다. 공통의 기초를 경험함으로써, 이러한 영역들의 본질은 신체와 관계의 문제들을 해결하고, 안녕의 기본적인 감정을 회복한다. 관계 문제는 당신의 무지개 신체의 증상과 무시된 차원을 지적함으로써, 초공간 의학이다.

관계의 긴장은 우리 사이의 신체 문제와 공간을 맴도는 것으로서, 치유할 수 있는 무지개 의학이 될 수 있는 잠재성을 가진다.

제12장
증상은 미래로부터 온 치료제

> 양자 이론은 우리가 보통 경험하는 시간의 종류가 아닌…… 가상의 시간이라
> 는 새로운 아이디어를 소개한다. 그러나 어느 정도는, 그 가상의 시간은 우리
> 가 현실 시간이라고 부르는 것만큼이나 현실적이다. 공간에서의 세 방향과, 빅
> 뱅에서 우주가 시작되었던 방법은 가상의 시간에서 우주의 상태에 의해 결정
> 되었을 것이다.
>
> — 스티븐 호킹(Stephen Hawking)[1]

제10장에서, 당신의 신체에 대해 작업하는 것이 당신에게 집단을 돕는 방법에 대한 통찰을 준다는 것을 발견했을 것이다. 제11장에서, 심오한 관계 영역은 무지개 의학으로 나타났다. 이러한 개념들은 비국소적 의학의 가능성의 일부만을 나타낼 뿐이다.

이 장에서는 증상이 어떻게 현재의 공동체뿐 아니라 미래의 사건과 과거와도 연관될 수 있는지 보여 줄 것이다. 이 말은 그리 놀라운 것은 아니다. 무엇보다도 우리는 꿈꿀 때 때때로 우리가 마치 과거와 미래에 있는 것처럼 느낀다. 그러나 꿈으로부터 깨어나서는 아마도 우리는 시간이 상대적이고 너무 복잡해서 일상의 마음으로는 이해할 수 없다는 것을 깨달을 것이다. 때때로 미래를 경험하는 우리의 꿈은 우리의 경로를 재구성하고, 지금 우리가 어떤 일을 하도록 압박

하면서 앞으로 나아가게 한다. 나와 작업을 했던 많은 사람들은 현재의 자아보다 더 큰 지혜를 지닌 나이 든 자신의 모습을 꿈꾸었으며, 따라서 '미래'에 의해 안내되었다.

가상의 시간 상상하기

현대의 전 세계적인 일상적 실재 CR은 시계와 '앞으로 진행하는' 시간을 기준으로 구성되어 있다. '어제 오후 5시'라는 말은 거의 모든 사람에게 당연하며, 오늘 오후 4시와 내일 오전 9시는 사람들에게 익숙한 개념이다. 그러나 일부 물리학자들은 우주의 기원을 설명하기 위해 시간에 대한 새로운 개념을 사용하였다.

호킹과 같은 우주철학자들은 실제의 본질을 이해하기 위해 양자역학 방정식으로부터, 즉 허수(虛數)[2)]로부터 가상의 시간(imaginary time)을 사용하였다. 호킹은 자신의 웹사이트에서 다음과 같이 설명하였다. "사람들은 다음과 같은 방법으로 가상의 시간을 묘사할 수 있다. 사람들은 보통의 현실 시간을 수평선으로 생각할 수 있다. 왼쪽으로는 과거이고, 오른쪽으로는 미래다. 그러나 또 다른 종류의 시간이 수직 방향으로 있다. 이것이 가상의 시간이라고 하는 것인데, 그것은 우리가 보통 경험하는 종류의 시간이 아니기 때문이다. 그러나 어느 정도는, 그것은 우리가 현실 시간이라고 부르는 것만큼이나 실제적이다."[3)] ([그림 12-1]은

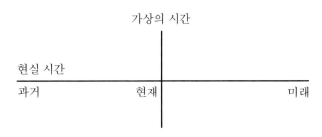

[그림 12-1] 현실 시간과 가상의 시간

나의 그림이다.)

캘리포니아 대학교 산타바바라 캠퍼스의 동료 짐 하틀(Jim Hartle)과 함께, 호킹은 상대성과 양자 이론을 하나로 묶으려는 수학적 도구로 가상의 시간을 사용하였다. 두 가지 현상(상대성과 양자 역학)에 의해 다스려지는 우주를 묘사하기 위해서는, 시간과 공간 둘 다 영(零)인 단일의 지점에서 태어나는 것이 아니라, 가상의 공간(일상적 실재 CR 영역보다 앞에서 진행하는)으로부터 '실제' 공간으로의 계속적인 움직임을 허용하는 보다 복잡한 형태의 시간으로부터 태어나는 것이다. (가상의 시간이라는 개념은 과학자들이 무엇인가를 영(零)으로 나누는 것을, 즉 불가능한 상황을 만드는 것을 피하도록 허용한다.)

가상의 시간에서, 우리는 좀 더 자유롭다. 우리는 돌아올 수도 있고 심지어 뒤로 갈 수도 있다. "이것은 가상의 시간에서 앞 방향과 뒷 방향 사이에는 중요한 차이가 없을 수 있다는 것을 의미한다. 반면, '현실'의 시간에서는, 우리 모두가 아는 것처럼 앞 방향과 뒷 방향 사이에는 매우 큰 차이가 있다. 과거와 미래 사이의 이러한 차이는 어디서 오는가? 왜 우리는 과거를 기억하면서 미래는 기억하지 못하는가?"[4](호킹의 대중 강연 '2002: 시간의 기원에서(In the Beginning of Time: 2002)' 참조)

아마도 호킹과 하틀은 자신들보다 앞선 1600년대 유럽의 르네상스 시기에 다른 사람들과 함께 허수를 발명했던 위대한 수학자였으며 물리학자였던 라이프니츠(Gottfried Leibniz)의 방향을 무의식적으로 따르고 있었을 것이다. 라이프니츠는 방정식 $i \times i = -1$로, 허수 'i'를 정의했으며, 허수 i를 수학의 '성령(聖靈)'으로 기술하였다. 라이프니츠는 허수가 '성령의 섬세하고 놀라운 성역(聖域) — 거의 존재와 비(非)존재 사이의 이중성(amphibian)'이라고 말했다.[5]

비록 호킹이 존재와 비존재 사이의 이중성에 대해 생각하지 않을지라도, 우주의 기원을 그리는 데 가상의 시간을 이용하는 것은 시간의 비일상적 측면을 복원하였다. 시간은 그에게 현실 요소뿐만 아니라 가상의 요소를 지니고 있다. 만일 우리가 시간 t를 복소수(複素數), 즉 실제 값과 '가상'의 값을 모두 가지고 있는 수(數)로 쓸 수 있다면, 그러면 우리는 $t = t_{실제} + t_{가상}$, 또는 더 간단하게 $t = t_r + t_i$ 라고 할 수 있다.

t_i는 시간의 비일상적인 측면, '가상의 시간'이다. 그 가상의 시간의 의미는 수학에서 정확하지만, 그것이 허수이기 때문에 그 의미는 일상적 실재 CR 가치의 관점에서는 측정될 수 없다. 예를 들면, $5i$는 $3i$보다 측정값으로서 더 크거나 더 작은 것이 아니다.

하여튼 호킹-하틀의 이론에서 현실 시간 또는 t_r은 우주의 시작에서 0이지만, 그러나 가상의 시간 t_i는 존재한다. 만일 우리가 허수를 '존재와 비존재 사이의 이중성'으로 생각한다면, 우리는 "빅뱅에서 우주가 시작된 방식은 가상의 시간에서 우주의 상태에 의해 결정되었을 것이다."라는 호킹의 견해에 대한 특별한 통찰을 갖는 것이다. 그 새로운 통찰은 우주가 비일상적 실재 NCR 혹은 일상적 실재 CR에서 '존재와 비존재' 사이 어딘가에 있는 꿈 시대에서 시작되었다는 것이다.

가상의 시간의 의미에 대한 논쟁이 과학계에서 흥분 상태를 일으키는 동안, 우리는 가상의 시간에 대한 수학적인 개념이 여러 가지 방법으로 의식의 변형 상태에 대한 비유라는 것을 확신을 갖고 말할 수 있다. 대부분의 초자연치료사와 상담사들은 인생에서의 사건들이 꿈의 시대 같은 차원에서 나타난다는 것을 깨닫고 있다. 달리 말하면, 가상의 시간은 꿈 영역의 비유다.

모든 일상적 개념은 복소수에 의해 정의된다. 왜냐하면 모든 것에는 현실 및 꿈과 같은 요소 모두가 있기 때문이다. 예를 들면, 나무는 관찰자에게 공간에서의 현실적인 사실이며 동시에 비일상적 감정이다. 또 다른 예로, 시간에 대한 많은 인과적 언급은 현실 측면과 꿈과 같은 측면 두 가지를 다 포함한다. 아침이 당신의 하루 중 최고의 시간이라고 말하는 것은 아침 8시에서 정오까지의 현실 시간이 잠에서 깨어나는 분위기 혹은 아침의 처음 빛과 연관이 있을 수도 있다. 저녁이나 밤 시간도 시(詩)적인 만큼 현실적이다.

따라서 가상의 시간은 우리가 시계로 측정되는 시간과 연관된 분위기에 대한

비유다. 가상의 시간에서, 우리는 일상적 실재 CR 시간에 관한 한 비국소적 형태
로 앞과 뒤로 움직일 수 있다. 왜냐하면 가상의 시간은 현실 시간이나 장소에서
특별한 한 지점에 고정된 것이 아니라 단지 특별한 분위기에 고정된 것이기 때문
이다. 예를 들면, 우리는 우리가 질병이나 죽음을 두려워할 때 미래로 움직이지
만, 현재의 시간에서 어린 시절로 되돌아가서 어린아이가 될 수도 있다.

비국소성과 허수

　수학과 물리학의 세계에서, 허수는 많은 환상을 만들어 주었다. 오늘날, 하이
젠베르크(Heisenberg)의 경향성 개념에 의한 파동 함수(복소수)의 해석은 이러한
허수에 대한 적어도 8개의 가능한 해석 중 하나다. 양자물리학의 수학에 대한 모
든 다양한 해석에 관한 나의 감정은 그 모든 가능한 해석들이 심리학적으로 옳다
는 것이다. 왜냐하면 각각의 해석은 모두 꿈꾸기의 구조에 대해 무엇인가 특별한
것이 있다고 하기 때문이다. 양자 파동 방정식에 대한 각 해석은 특별하고, 비일
상적이며, 그리고 측정할 수 없는 심리학적인 의미를 지니고 있다.
　예를 들면, 닐스 보어, 하이젠베르크 등에 의해 제안된 표준 해석(소위 ‘코펜하
겐 해석’)은 실재를 부분적으로는 관찰자의 존재에 의해 창조된 것으로 보고 있
다. 이 해석에서는 파동 함수가 관찰되는 체계의 부분인지 또는 관찰자의 부분인
지 구별할 수 없다.
　『양자심리학(Quantum Mind)』에서 하이젠베르크의 생각이 심리학적 진실이
었다는 것을 보여 주었다. 즉, 비일상적 경험을 과소평가함으로써 우리는 일상
적 실재 CR을 창조한다. 예를 들면, 꿈 영역에서는 주어진 어느 증상이 괴물이나
혹은 선물로 아주 쉽게 표현될 수도 있다. 그러나 일상적 실재 CR에서는 그 두
가지는 보통 과소평가된다(우리 역시 증상이 괴물뿐만 아니라 잠재적 선물이라고 염
두에는 두지만, 그러나 어느 누구에게도 거의 말하지 않으면서 말이다). 우리는 대체로

증상을 역학적이거나 화학적인 문제라고 이야기한다.

제3장에서는 양자 파동을 양자 신호교환(flirt)과 연관시킨 크레이머(John G. Cramer)의 해석을 논의하였다. 그의 해석에 따르면, 양자 파동 방정식은 관찰이 서로 반대 방향으로 움직이며 동등한 세기와 동등한 진동수를 가지는 두 개의 양자 파동의 상호작용에 근거한다는 것을 의미한다. 그는 이러한 파동들이 상호작용하는 방법이 원거리 통신 기기들 사이의 '본 통신 앞에서의 연결 확인을 위한 악수(handshake)'와 비슷하다고 설명하였다. 이러한 사전 신호교환이 이루어져야 일상적 실재 CR에서 의사전달이 시작된다.

나는 우리가 이러한 양자 신호교환이나 '사전-신호'를 감지하고 나서 일상적 의사전달이 시작할 때, 우리는 그 양자 신호교환을 과소평가한다고 주장한다. 그것은 마치 우리가 팩스와 이메일이 마침내 연결 상태가 되면 연결 전에 들렸던 '삐'와 같은 신호음을 잊는 것과 같다. 양자 신호교환이 있다면, 우리는 대상이 우리가 보기를 원하는 것인지 혹은 우리 안의 어떤 것이 대상을 관찰하기 원하는 것인지를 구별할 수 없다. 중요한 것은 이러한 순간적인 알아차림이 아원자(亞原子, subatomic)의 세계, 가상 현실, 혹은 **가상의 시간**에서 일어난다는 것이다. 이러한 순간적인 알아차림은 우리의 신체를 우리 주위의 세계와 얽히게 하는 측정할 수 없는 비국소적 연결들이다.

크레이머가 미국 항공우주국(NASA)에서 일하는 동안, 그는 자신의 작업에 관한 훌륭한 논문을 발표했다.[6] 그는 물리학에서의 가상의 파동(양자 파동 함수에서의 두 개의 켤레 파동들)은 비국소성의 관점에서 이해될 수 있다고 지적했다. 그는 시간에서 하나의 파동이 뒤로 움직일 때 다른 하나의 파동은 앞으로 움직이기 때문에, 비국소성은 아원자 물리학의 방정식에서 절대적이고 기본이라고 말했다.[7]

비국소성은 대상과 사람이 과거와 미래를 포함하여 언제 어디에서도 있도록 허용하는 비일상적 측면을 말한다. 일상적 실재 CR 이면에는 상호 연결된 비국소적인 경험이 존재한다. 이런 경험들은 개입 영역을 통해 측정할 수 있는 신호를 만들지 않는다. 그래서 증상을 포함한 모든 것은 미래와 과거로부터의 측정할 수 없는 가상의 경험—우리의 꿈이나, 환상에 흔적을 남기고 양자 신호교환이 잘 이루어지는 변형 상태로 순간적으로 전환하여 관심을 끄는 사전 신호—에 의해 만들어진다.

역행하는 인과성

대부분의 사람들에게, **역행하는 인과성**(因果性)은 앞으로의 인과관계보다 덜 이성적인 것처럼 보인다. 우리 대부분은 과거가 현재와 미래를 만든다고 느껴왔다. 역행하는 인과성은 우리에게 믿을 수 없는 충격을 준다. 어떻게 미래가 현재 혹은 과거에 영향을 줄 수 있을까?

다음을 생각해 보자. 만일 당신이 시간에서 현재 순간으로부터 거꾸로 생각한다면, 당신은 현재 당신이 무엇을 하고 있는지에 의해 적어도 부분적으로 과거 사건이 어떻게 구성된 것처럼 보이는지 상상할 수 있을 것이다. 게다가, 현재 당신이 관련된 어떠한 일이라도 적어도 부분적으로 최소한 과거에 의해 구성되었다. 마찬가지로, 현재의 순간과 당신이 지금 하고 있는 일들은 어쩌면 당신의 앞으로의 인격 또는 직업과 같은 미래에 의해 영향을 받을 수 있다. 미래의 이러한 일들은 가상의 시간에서, 꿈 영역에서 일어나고 있기 때문에, 우리는 일상적 실재 CR에서(적어도 현재의 우리에게 가능한 방법으로) 그것들을 측정하거나 증명할 수 없다. 이것은 일상적 실재 CR 증명이, 너무 빨라서 빛의 속도보다 더 빠르게 미래로 퍼져 나가는 신호들을 처리할 수 없기 때문이다. 아직은 이러한 증명이 우리의 일상적 실재 CR 세계에서 발생하지 않았다.

그럼에도 불구하고, 꿈에서와 가상 시간의 수학에서, 우리는 과거 같은 사건들을 언급하면서 미래 같은 사건에 대해 확실히 이야기할 수 있고 이야기하고 있다. 사실, 꿈에서 상상되거나 경험되었던 우리의 미래 죽음은, 공포를 만듦으로써 그러나 또한 어쩌면 분리와 자유를 만듦으로써, 거꾸로 오늘날의 우리의 감정과 생각에 도달한다.

　신체 증상이 어떻게 미래에 의해 구성될 수 있는지 보기 위해 역행하는 인과성을 탐구해 보자. 이 탐구에서의 첫 단계는 아주 작고 나노 같은 경험에 관한 당신의 명료함을 다시 일깨우고자 하는 것이다. 그리고 우리는 증상에 초점을 둘 것이다. 그다음에 일어나는 것, 매우 짧게 지속되는 사건들—즉, 미세한 깜박임(순간적으로 떠오르는 영감)이나 신호교환 같은—을 선택하는 데 당신의 알아차림을 사용할 것을 제안한다.

실습: 주의집중 훈련

　우선, 알아차림을 증상에 적용시키기 전에 우리의 알아차림을 일반적인 방법으로 다시 일깨우자. 주의집중 수련의 첫 단계는 몇 번 깊게 숨을 쉬고 눈을 감거나 반쯤 감고 긴장을 푸는 것이다. 당신이 점점 더 이완되었다고 느껴짐에 따라, 당신은 당신의 눈꺼풀이 저절로 열릴 준비가 되었을 때를 알아차릴 것이다. 천천히 눈을 뜨고, 당신의 주의를 끄는 첫 번째 대상을 인지하기 위해 당신의 알아차림을 사용하라. 그 대상을 붙잡고 계속해서 매달려라. 당신이 눈을 뜰때, 여러 대상이 당신의 주의와 신호교환을 할 수도 있는데, 당신의 무의식적 마음이 그 대상 중 어느 것에 집중할 것인지 선택하도록 하라. 무엇이 당신의 주의를 끌었는가? 그것이 색깔, 이미지, 사물, 움직임이었는가?

　당신의 주의를 끄는 사물이 스스로 설명하도록 하라. 그것이 당신에게 스스로의 의미를 '설명하도록' 하라. 비록 이러한 해석이 당신에게 초자연적인 것처럼 보일지라도, 그것을 기억하라. 이러한 해석을 기록하라. 예를 들어, 이러한 실습을 밤에 시도한 한 내담자는 창에서 램프의 반영을 보았다. 그 램프가 그녀에게 다음과 같이 '말했다.' "비록 당신이 대상들을 이해하려는 노력을 기울이지 않더라도, 사물이 빛을 낼 것이라는 것을 믿지 않더라도, 나는 여기 있으며 바로 여기에 빛과 지식이 있다."

당신의 주의를 끈 것이 무엇이든 그것으로부터 들은 해석이 당신의 삶에 관한 다소 큰 질문에 대한 대답을 가지고 있었는지 자신에게 물어보라. 예를 들어, 이 여인이 램프의 '말'을 깊이 생각함에 따라, 그녀는 책으로부터 더 배웠어야 했다고 생각하면서 자신의 지성을 의심하고 있다는 것을 기억했다. 그 신호교환 사건은 그녀에게 자신의 내면의 지혜를 믿으라고 제안한 것이다.

이런 메시지는 어떤 방법으로 미래로부터 오는가? 당신의 주의를 끈 대상이 어느 정도는 당신이 미래에 필요로 하거나 되기 원하는 측면이었는가? 이것은 미래 자체로부터 오는 깜박임(순간적으로 떠오르는 영감)인가? 이 메시지가 아마도 어느 날 당신이 될 수도 있는 더 현명한 자신으로부터 오는 직관이었는가? 예를 들어, 창문에서 램프를 보았던 여성은, 그것이 대상을 이해함이 없이도 순간적으로 알았던 사람인 '완전히 자발적인 사람'의 이미지라고 느꼈으며, 그녀가 자신이 되기 위해 노력했다고 말했던 바로 그런 사람인 것이다.

이제 당신의 명료함은 깨어 있으므로, 그것을 신체 증상에 대해 작업하는 데 이용해 보자. 첫 단계는 과거에 당신을 괴롭혀 왔거나, 지금 현재 괴롭히는 신체 증상을 생각해 내는 것이다. 작업할 한 가지를 선택하라. 만일 당신이 고르지 못하겠다면, 당신의 무의식적 마음이 지금 당장 하나를 고르도록 하라. 이것은 작업할 증상에 관한 당신의 직감을 믿으라는 것을 의미한다. 또는 다른 방법으로, 어떠한 이유로든 지금 당신의 주의를 첫 번째로 끄는 대상을 선택하라. 예를 들어, 나의 내담자 중 한 명은 작업을 위해 자신의 귀 안에서의 울림인 이명(耳鳴)을 선택했다. 이러한 울림은 그녀의 심장 박동이 증가할 때 증가하였다.

긴장을 풀고 당신의 호흡에 집중하라. 당신이 좀 더 이완되었다고 느낄 때, 당신의 주의를 서서히 자신의 증상 부분으로 주의를 돌리고, 당신이 할 수 있다면 그 증상을 느껴라. (혹은 할 수 없다면, 증상을 느끼고 보는 것을 기억하라.) 그리고 증상의 몇 가지 측면이 당신의 주의를 끌도록 하라. 이 순간에 어떠한 측면이 당신에게 신호교환을 하고 있는가?

당신 증상의 어떠한 것이 당신의 주의를 끄는가? 그것은 감정, 움직임, 감각, 그림, 생각 등인가? 당신의 무의식적 마음이 집중할 신호교환을 선택하도록 하고, 그것을 당신의 주의에 두어라. 당신 안의 무엇인가는 알 것이다. 예를 들어, 나의 내담자는 자신의 귀 안에서의 '핑' 하고 들리는 소리를 선택했다.

당신이 이 증상에 집중할 때, 당신의 주의를 잡고 있는 그 특별한 측면에 대한 주의를 유지하라. 이 측면은 무엇과 같은가? 그저 그것이 당신에게 작업하도록 두어라. 이러한 신호교환이 당신과 의사소통을 할 수 있다고 가정하라. 그것을 느끼고, 상상하고, 준비가 되면, 그것이 당신에게 '이야기' 하도록 하라. 그것이 말하는 것이 무엇인가? 당신 신호교환의 바로 첫 상상을 듣고 잡아라. 당신의 신호교환이 당신을 움직이도록 하라. 그것을 춤추고, 듣고, 시각화하라. 그리고 그것이 말하는 것을 기록하라. 예를 들어, 위의 내담자는 '핑' 소리가 주위의 어떤 것이라도 제약받지 않고 "핑, 뱅, 웁스, 재미있네!" 하면서 부딪히는 천진난만한 어린아이의 움직임을 생각나게 했다고 말했다.

만일 당신이 이 메시지를 이해하거나 받아들이는 데 어려움이 있다면, 자신에게 물어라. 이 메시지의 본질은 무엇인가? 이 근원 메시지의 경향성, 본질적 의미는 무엇인가? 예를 들어, 위의 내담자는 이 메시지의 본질이 자유로워지고 아이처럼 되는 것이라고 말했다.

어떠한 방법으로 당신의 증상으로부터의 메시지가 미래로부터의 메시지이며 당신의 삶에서의 현재 상황에 대한 대답으로 다가오는가? 당신은 이 메시지를 어떻게든 이미 알고 있지만 무시하려고 하지 않았는가? 왜 당신은 그 메시지를 과소평가해 왔는가? 그 메시지가 당신이 오늘 자신과 동일시하는 방법과 일치하지 않는가? 아마도 당신은 자신의 현재 자신과 미래 자신의 깊은 부분을 무시하고 있다는 것이다. 예를 들어, 위의 내담자는 자신이 나이 들어감에 따라 지금보다 더 자유롭고 천진스러울 것을 꿈꿔 왔다고 말했다. 현재에서, 그녀는 제약받고 있다고 느꼈고 삶에서 그녀가 원했던 방법으로 움직이는 것 또한 부끄러워했다. 그녀는 자신의 꿈이 '큰 꿈' 이었지만, 자신의 현재 삶에서 아주 많은 외부적인 책임들이 있었기 때문에 그녀가 천진하게 되기 위한 여유가 없었다고 느꼈다.

메세지나 그 본질에게 이러한 매일의 현실에서 당신을 변환할 수 있는 기회를 주어라. 미래가 오늘의 당신을 움직이게 하라. 그것을 꿈과 신체 증상의 세계에 남겨 두는 대신 당신의 손을 움직이거나, 할 수 있다면 일어나서 그 메시지를 따라 춤을 추어라. 이렇게 하도록 자신에게 몇 분의 시간을 주어라. 그 메시지를 받고, 그 메시지가 되고, 이 세계에서 그 메시지와 같이 살도록 노력하며, 그러나 그것이 이미 그곳에 있었고 앞으로 나타나려고 했지만 아마도 무시되었다는 것을 깨닫도록 하라. 메시지를 보내는 사람이 되어라. 예를 들어, 위의 내담자는 일어나서 "나는 어린아이가 된 것처럼 방에서 돌아다니면서 춤추었고, 그리고 내 자신을 충분히 즐겼다."라고 말했다. 그녀는 자신이 아주 어리고 동시에 자유로우면서도 좀 더 나이 든 사람인 것으로 경험하고 상상했다고 하였다.

미래로부터의 이러한 메시지, 이러한 몸의 증상을 받아들이고 통합하기 위해 당신의 개인적인 역사와 현재의 행동은 어떻게 바뀌어야만 하는가? 예를 들어, 위의 내담자는 자신의 가족이 그녀를 매우 보수적으로 양육했다고 말했다. 자신의 내면의 아이를 믿는다는 것은 급진적인 삶의 변화를 의미할 것이다.

어떠한 방법으로 당신의 증상 메시지가 당신이 살고 있는 세계와, 아마도 전체 우주와 연관되어 있는가? 예를 들어, 위의 내담자는 자신 주위의 어른 세계 전체가 너무 불안하고 심각했다고 말했다. 그녀의 세계는 좀 더 아이다운 재미와 창조성이 필요했다.

당신의 메시지를 따라 사는 것이 당신의 증상에 어떤 영향을 주는가 느껴보라. 당신의 증상이 어떻게 미래의 자신으로부터 오는 일종의 메시지인가를 당신은 느낄 수 있는가? 아마도 당신의 증상에 대한 경험은 현재에서의 충만한 삶을 위한 미래로부터의 메시지였고, 또 다른 시간으로부터의 비일상적 조언이었다.

증상은 우주와 연결된 '수신기'

신체 증상의 비국소적 측면은 당신을 세계와 연결한다. 당신은 당신의 신체가 우주 전체로부터 오는 개인적인 메시지인 미래로부터의 메시지를 받을 수 있는 일종의 라디오 수신기(受信機)라고 말할 수 있다. 증상은 침묵의 힘이 당신에게 삶에서 어떤 특별한 역할을 할 것을 원한다는 인상을 당신에게 줄 것이다.

당신의 일상적 자아는 이러한 메시지를 거의 알아차리지 못한 채, 왜 삶은 불가사의한 것처럼 보이는지 의아해하면서 삶을 그저 살아가고 있다. 우리는 자신이 다음에 무엇을 해야 하는지를 의아해한다는 것을 거의 인정하지 않는다. 우리는 어디로 가는가? 인생의 의미는 무엇인가? 왜 나는 어떤 특별한 증상을 갖고 있는가? 나는 관계에서 어떻게 해야 하는가? 비록 우리가 이런 질문을 거의 알아차리지 못하더라도, 우주는 신체 증상처럼 우리의 주의를 끄는 사물의 관점에서 우리에게 나타나 대답을 준다.

어떻게 보면, 신체 증상은 우주로부터 오는 전화와 같다. 전화벨 소리는 "전화를 받아요. 할 말이 있습니다."라고 요청한다. 당신의 주의를 훈련해서 전화를 받아라. 그러나 문제는 당신은 아마도 자신의 책상 위에 전화를 놓을 공간이 없다는 것이다. 당신은 당신의 일상적 업무에서 그 전화와 같은 부분을 만들 필요가 있다. 전화벨 소리에 대한 일상적 실재 CR에서의 공간을 만들어라, 그렇지 않으면 일상적 삶의 업무는 안정적이지 못할 것이다.

삶과 건강은 가상의 시간에서, 꿈꾸기의 산물이 나타나는 일상적 실재 CR에 앞서는 그 영역에서 일어나는 것에 의해 결정된다. 가상의 시간을 과소평가하는 것은 과학적인 문제만이 아니라 공공의 건강 문제이기도 한다. 다차원적 의학 치료에 관하여, 일상적 실재 CR은 바이러스보다 더 나쁘며 가장 중요한 공공의 적이다. 왜냐하면 그것은 실재의 이야기에 대해 아주 작은 부분만을 언급하면서 전체의 이야기를 갖고 있다고 주장하기 때문이다. 일상적 실재 CR은 당신에게 증상이 당신을 괴롭게 할 때와, 그 결과의 질병과 건강이라는 관점으로만 고려해 볼 가치가 있다고 알려 준다. 당신 신체의 신호교환과 순간적으로 떠오르는 깜박임은 중요하지 않다고 한다.

그러나 이런 심각한 건강 문제는 해결될 수 있는 것이다. 증상으로부터의 신호교환을 알아차려라. 그것은 당신의 미래 자아로부터 오는 치료제일 수 있다. 자신의 보통의 마음이 아주 작은 신체 느낌을 판단하기 전에 그 아주 작은 신체 느낌을 붙잡고 따라가라. 이것이 당신 자신과 당신의 세계를 위한 가장 작고도 큰 단계인 것이다.

제13장
유전으로부터의 자유

······유전학과 형태 공명은 둘 다 유전(遺傳)과 연관되어 있다.
– 루퍼트 셸드레이크(Rupert Sheldrake)[1]

만일 증상이 미래와 연결될 수 있다면, 그것은 확실히 과거와도 연결되어 있다. 오늘날 생물학자들은 당신의 개인적 역사와 더불어 잘 알려져 있고 통계학적으로 의미가 있는 인과적 연결을 '유전학'이라고 부른다. 개인의 역사는 사실과 허구, 그리고 유전학과 신화의 조합이다. 당신의 출신과 조상의 기원에 대한 이야기는 당신이 과거로부터 이어 온 생물학적 패턴에 연결되어 있다.

만일 당신의 최근 그리고 오래전에 친척들을 괴롭혀 온 질병에 걸릴 가능성을 알고 싶다면, 유전학이 그 대답의 일부분이다. 유전학 법칙은 어떤 증상에 대한 당신의 발병 가능성에 대해 알려 준다.

이 장에서는 당신의 유전이 어떻게 자신의 개인적 신화와 연관될 수 있는지 제안하고자 한다. 다음 장에서는 독소(毒素)와 방사선에 의해서뿐만 아니라 알아차림의 사용에 의해서도 유전학이 어떻게 그리고 왜 조절되고 재구성될 수 있는지 살펴볼 것이다.

우리는 우리의 유전자에 의해 어떤 병에는 저항하고 어떤 다른 병에는 걸리도록 이미 프로그램되어 있다. 그러나 인도하는 파동과 신화에 대한 알아차림은 예상하지 않은 방법으로 이 모든 프로그램을 바꿀 수도 있다. 이러한 새로운 개념은 유전자와 꿈 사이의 상호작용에 근거한 심리유전학 방법을 이끌었다.

세포 생물학

지금까지 이 책에서, 우리는 주로 기본 입자와 원자의 관점인 물질적 수준에서 우리의 신체에 대해 생각을 해 왔다. 이제 우리가 생명체의 원자라고도 부를 수 있는 생물 체계의 기본 단위인 세포의 관점에서 생각해 보자.

세포는 작다. 바늘의 날카로운 부분을 덮는데도 1만 개의 세포가 필요하다. 각각의 개인은 약 75조 개의 세포를 갖고 있다. 각 세포는 우리의 성장을 조종하는 성질을 물려주는 유전 물질을 포함하는 일련의 염색체를 포함하고 있다. 이 물질은 당신의 신체 성장의 조종자인 '게놈'을 포함한다.

이 염색체들은 이중 나선(二重螺線)으로 꼬아져 있는 두 개의 코일 형태의 수십억 개 원자로 이루어진 DNA로 구성되어 있는 유전적 암호를 포함하고 있다. 더 나아가, 당신 신체의 단 하나의 작은 세포 안에 있는 DNA를 펼치면 약 2미터 정도가 된다. 염색체를 펼치면, 그 주변으로 고리처럼 감겨 있는 선처럼 보인다.

우리의 유전자 물질인 게놈은, 벼룩에서 고릴라, 박테리아에서 곰에 이르는 다른 생명체의 게놈과 비슷하다. 침팬지의 게놈은 인간 유전자의 95~98%를 가지고 있다. 우리는 세포가 분열과 복제를 하고 있지 않을 때는, 우리의 DNA가 세포 전체에 분산되어 있다는 것을 알고 있다. 그러나 세포 분열 동안에 DNA는

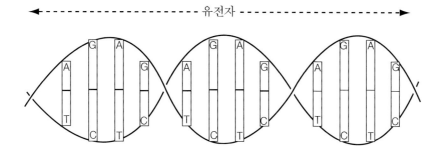

[그림 13-1] 유전자는 서로 꼬여 있는 DNA에 위치한다. 뉴클레오타이드 염기인 A, G, T와 C
는 유전자 정보를 나타내는 하나의 '단어'를 형성한다.

꼬이고 접혀서 실 같은 염색체가 되며 분열하여 다음 세대와 미래로 유전자 암호
를 전달한다. 각 세포당 염색체의 수는 각 종(種)마다 일정하며, 인간은 46개, 즉
23쌍의 염색체를 가지며 각 쌍은 이중 나선의 모양을 갖는다.

과학자들은 인간의 DNA가 이 지구에서 35억 년 동안 존재해 왔다고 믿는다.
우리 신체 안팎에서 발생하는 게놈 변형은 DNA를 변화시키고, 따라서 미래에
세포의 재생산에 영향을 준다. 현재의 이론에 따르면, 자연적 선택은 이러한 변
형이나 돌연변이 현상을 적응도에 따라 돌연변이를 가려내는 데 사용한다. 오직
우성이 되는 변형만이 생존하는, 즉 적자생존이다. 이러한 그림에서, 자연은 마
치 자동차 회사처럼 작동한다. 자동차 회사는 많은 차를 생산하며, 다양한 엔진
을 시험한다. 가장 좋은 엔진은 힘과 효율성에 관해서 가장 좋은 것이며, 가장 나
쁜 것은 덜 긍정적이거나 심지어는 위험한 결과를 주는 변형인 것이다.

1800년대 말에, 멘델(Gregor Mendel)은 유전학을 설명하는 기본 법칙을 발견
했다. 예를 들어, 그는 아이들이 부모보다는 조부모를 더 닮는 것이 어떻게 가능
한가를 설명했다.

오늘날 우리는 멘델의 '유전의 단위'인 유전자가 염색체 안에 있다는 것을 알
고 있다. 1953년에 왓슨(Watson)과 크릭(Crick)은 이중 나선인 DNA(데옥시리보
핵산)의 물질적·화학적인 구조를 밝혀냈다. 그들은 DNA가 염색체의 중추임을

알아차렸다. 길고 가늘며 연속적 분자인 DNA는 뉴클레오타이드 염기로 알려진 일련의 아주 작은 하부 단위의 연속적인 사슬이다. 유전자는 이러한 염기 쌍의 특정한 연속체로 발견되었다. 이 사슬에는 네 가지의 서로 다른 종류의 염기가 존재하는데, 그것은 아데닌(adenine: A), 구아닌(guanine: G), 사이토신(cytosine: C) 그리고 티민(thymine: T)이며, 유전자에서 그들의 서열은 유전자의 특성을 결정한다.

DNA는 일종의 나선형 층계처럼 보이며, 유전자는 그 층계에서의 계단이다. [그림 13-1]에서 DNA의 꼬여 있는 염색체를 나선에서 유전자의 위치와 함께 나타내었다. 유전자는 수천 개의 염기 쌍으로 구성되어 있다. 유전적 암호를 해독하기 위해, 과학자들은 얽힌 가닥들을 풀고 어떻게 그 가닥들이 복제되는지 탐구해야만 한다.

비록 몇몇 육체적 특성은 유전학에 의해 대부분 결정되지만, 우리는 전체적으

인간의 유전학과 십만 개의 유전자

우리의 게놈 23쌍의 염색체는 우리의 생명체에 대해 많은 것을 결정한다. 예를 들어, 만일 21번째 쌍이 2개 대신 3개의 염색체를 지닌다면, 다운증후군이 생긴다.

부모의 조상으로부터의 유전자는 우리의 많은 신체적인 특성을 결정한다. 키와 같은 특성들은 대체로 유전적 성분을 가지고 있으며, 체중과 같은 다른 특성들은 대체로 환경적 성분을 가지고 있다. 또한 혈액형과 이식된 기관을 거부하는 것과 연관된 항원과 같은 또 다른 특성들은 전적으로 유전적인 것으로 나타났으며, 어떠한 환경적 조건도 이러한 특성들을 바꿀 수 있는 것으로 알려진 것은 없다는 것을 의미한다.[2]

우리 인간의 게놈은 약 십만 개의 유전자가 있으며, 그중 약 4천 개가 특정 질병들과 연관이 있을 수 있다. 다양한 다른 질병에 감염되는 민감성 역시 유전적 성분을 가지고 있는 것처럼 보인다. 이러한 질병에는 당뇨병, 알츠하이머병, 말라리아, 여러 형태의 암, 편두통, 알코올 중독, 비만, 고혈압, 양극성 장애 등이 있다.

멘델의 유전학

유전학 연구는 질병을 치료하는 데 사용하는가 또는 새롭고 '우량' 종을 복제하는 데 사용하는가에 따라 경이와 공포를 모두 일으킨다. 현재 유전학은 인간 세계의 지도를 제공하지만 세부적이지는 않다. 우리는 대륙을 볼 수 있지만 길거리를 볼 수는 없다. 연구의 진척과 더불어 개별적 거리 지도도 밝혀 줄 수 있기를 희망한다.

1860년대 오스트리아의 수도사였던 멘델은 유전자라고 부르는 요인이 유전의 기본적인 단위라고 주장함으로써 현대 유전학의 창시자가 되었다. 그는 유전 물질이 무엇인지 또는 어디에 위치하고 있는지는 여전히 몰랐지만, 완두콩 연구에서 유전 물질이 한 특정 성질 또는 특정 성질 집단의 유전을 결정한다는 것을 깨달았다. 그의 이론은 유전과 진화의 잠재된 신비를 해결할 것으로 전망되었다.

그는 유전자가 단순한 통계 법칙을 따른다는 것을 발견했다. 이것을 설명하기 위해서는, 먼저 후손이 같거나 다른 종류나 품종, 다양성 혹은 종의 두 동물 혹은 식물들에게서 태어난다는 것을 기억하라.

멘델의 법칙은 모든 후손의 세포들은 두 가지의 부류로 나눌 수 있다고 설명한다. 생식되는 후손의 세포의 절반은 부모 중 하나의 단위를 전달하고 다른 절반은 부모 중 또 다른 하나의 단위를 전달한다. 생식되는 세포들에서 교차 성질의 분리는 현재 멘델의 첫 번째 법칙으로 알려져 있다. 그것은 또한 분리 원리라고 불리며, 한 쌍의 교차 성질이 여러 세대를 통해 관찰될 때 자연에서 어떠한 일이 일어나는지 예측하기 위해 사용될 수도 있다.

예를 들어, 다음의 경우를 보자. 어느 단일 유전자(R)는 꽃의 색깔을 결정한다. R은 꽃의 색을 짙게 하는 우성 유전자이며, r은 옅은 색의 꽃에 대한 열성 세포다. R이 r과 짝지어질 때 '우성'이기 때문에 Rr의 조합에서 꽃은 여전히 짙은 색이다. 드문 경우에만 rr이 발견되고, 이는 옅은 색의 꽃을 생성하는 이중의 열성 세포다.

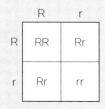

따라서 Rr 유전자를 지닌 두 부모는 "푸넷의 사각형(Punnett square)"으로 간단히 나타낼 수 있는 확률의 기본

법칙에 따라 후손을 생성할 수 있다.

1/4의 확률인 RR 후손은 이중-우성의 짙은 색이다. Rr 후손은 2/4의 확률로서 역시 짙은 색이며, rr 후손은 1/4의 확률로서 옅은 색이다.

로 모든 것이 프로그램 되어 있는 것은 아니다. 당신의 육체적 신체를 다루는 방법과 어디에 살고 무엇을 먹는지가 당신의 수명에 영향을 준다. 당신이 느끼고 생각하는 방법 또한 생화학적 수준에서 당신의 유전학으로 보내지는 피드백 연결을 가지고 있다.[3]

당신에 관해 어느 것도 한 가지 요소 혹은 일련의 요소들에 의해 전적으로 결정되는 것은 없다. 피부색과 같은 기본적 유전성인 인간의 특징은 당신이 어떻게 살고 있는지에 의해 그리고 환경적 영향(햇빛 노출과 같은 예)에 의해 바뀔 수도 있다. 몸무게와 같은 환경적 영향에 민감한 어떠한 특징도 연관된 유전적 요소를 가지고 있다. 당신으로 성장하기 시작하는 수정란(卵) 세포는 당신의 기본적 구성에 대한 프로그램을 포함하고 있지만, 당신이 당신의 생명을 어떻게 사는지에 따라 다양한 결과가 가능하다.

유전은 운명이 아니다. 유전학은 어떤 일이 일어날지에 대한 전반적인 개념을 주지만, 그것이 우리의 세포에서의 개별적 '사건' 또는 누가 우연히 우리의 생명을 바꾸는지에 대해서는 말해주지는 않는다. 삶은 우연 그리고 결정론(決定論)의 혼합으로서 삶을 예측할 수 없게 만든다.

최근의 유전학 학술회의에서 나의 친구 한 명이 조사했던 설문 결과는, 응답한 대부분의 과학자들이 우리에게 일어난 것의 50퍼센트는 유전학이고, 50퍼센트는 환경이라고 생각한다는 것을 보여 주었다. '환경'은 당신의 성장, 당신과 함께 성장한 사람들, 먹었거나 먹는 음식, 다녔던 학교들 등의 심리학적 영향에 대한 집합적 개념이다.

유전에 대한 비국소적 영향

유전학, 의학 그리고 심리학을 환경적인 영향과 연결하는 합의되고 단일화하는 패러다임은 아직 존재하지 않는다.[4] 우리는 앞 장을 통해 사람 혹은 조직 주위의 분위기에 대한 꿈 영역 감각이 비국소적이라는 것을 알고 있다. 우리가 꿈 영역에서 '환경'으로서 감지하는 양자 영역인 침묵의 힘은 모든 것을 비일상적 (즉, 대부분 측정 불가능한) 방법으로 다룬다. 같은 맥락으로, 유전학에서의 사고 (事故; 즉, 우리 유전자의 원자 및 분자 구조에서의 갑작스러운 변화)와 그 결과로 적자 (適者, 가장 잘 적응한 종)의 자연적 선택 또한 비일상적 영역과 연결되어 있다.

앞 장에서 우리는 생물학자 루퍼트 셸드레이크(Rupert Sheldrake)와 그의 형태 유전학 영역을 인용했다. 그의 이론은 자연의 선택은 과거에 배웠던 것에 의존한다는 것이다. 셸드레이크에 따르면, 앞선 세대가 새로운 것을 배웠다는 사실이 우리가 오늘날 그 새로운 것들을 더 쉽게 배울 수 있도록 해 준다. (우리는 매번 올림픽이 열려서 이전에는 할 수 없었던, 새로운 기록이 세워지고 새로운 업적을 달성하는 것으로부터 이러한 법칙의 증거를 확인할 수 있다.)

나는 무지개 의학이 심리학과 의학 그리고 환경을 연결하여 단일화를 하는 패러다임이라고 제안한다. 양자 의학으로서 무지개 의학은 양자 비국소성의 효과, 안내 파동의 패턴화, 그리고 유전학에 관한 꿈꾸기의 노래 선율을 연구한다. 우리는 유전자 암호가 염색체를 손상시키는 방사선과 같은 실제적인 물리적 요소에 의해 측정될 수 있도록 변화될 수 있다는 것을 알고 있다. 더구나, 복제하는 동안 생식에서의 설명할 수 없는 실수('사고(事故)'와 돌연변이)가 유전자를 손상시킬 수 있다. 복제 과정 중의 이러한 사고는 부분적으로 질병과 노화의 원인이다.[5]

일상적 실재 CR 현실에서 원자 구조 혹은 분자 구조의 변형으로 나타나는 것은 독소, 돌연변이 혹은 중력의 변동과 같은 알려진 물리적 원인뿐만 아니라, 내가 침묵의 힘이라고 부르는 그러한 원인들의 측정 불가능한 근본 때문일 수도 있다. 우리는 특정한 일상적 원인들의 관점으로 의학에 의해 설명되는 거의 모든 증상들이 신화적인 심상(心像)으로 꿈에서 경험된다는 것을 알고 있다. 나는 이러한 현상을 드림바디라고 부른다. 우연한 질병으로 경험하는 것은 꿈에서 그 사람의 삶을 나타내려는 패턴으로서 나타날 수 있다. 예를 들어, 원자로 누출사고로 인한 방사선 때문에 아픈 한 내담자는 그녀의 한 친구가 어떠한 특별한 이유로 전 세계를 변화시킨 꿈을 꾸었다.[6]

감정과 관계성은 정신신체적 과정을 탐구하는 여러 가지 상호 연관된 분야에서의 일상적 실재 CR 실험들에서 많은 지지를 받았던 발견으로서, 우리의 전반적인 건강과 안녕의 감각에서 방해하는 역할과 치유하는 역할 모두를 한다. 따라서 개인적인 신화와 상호작용할 뿐 아니라 우리 유전학과 우리의 생물리학적 화학 전체에 영향을 주는 비일상적 영역, 안내 파동을 상상하는 것은 타당하다.

당신의 유전

꿈꾸기가 당신의 유전과 어떻게 상호작용하는지 배우기 전에, 몇 가지 개인적 근본에 대해 시작해 보자. 당신의 유전에 대해 생각해 보라. 당신의 유전에 대한 다음의 일반적인 질문들은 자신의 개인사의 경험과, 현재의 삶에 영향을 주는 사람 및 장의 경험과 접촉하도록 도와줄 수 있을 것이다. 완전한 혹은 '옳은' 대답에 대해 걱정하지 마라. 이 질문들은 단순히 당신이 자신의 유전에 대해 생각하기 시작하도록 하는 것을 의미한다.

- 당신이 부모나 조부모로부터 물려받았을 수도 있을 것이라고 느끼는 당신 신체의 측면을 생각해 보라. (만일 당신이 자신의 생물학적 부모 한 사람 또는 두 사람을 모두 모른다면, 그들을 상상하라. 나의 경험으로는, 이러한 상상은 실제와 아주 근사한 것으로 종종 밝혀졌다.) 자신의 대답이 사실과 환상의 조합이

되도록 하라. 당신은 몸무게, 신체 형태, 피부색, 머리카락의 색과 눈의 모양을 누구로부터 얻었는가? 당신의 자세가 가족 구성원 누구와 닮았는가?

• 당신은 조상의 질병을 갖게 될까 두려운가? 당신의 심장과 혈관 체계가 어디서 왔다고 생각하는가? 누가 암, 당뇨병, 결장(結腸) 통증, 관절염, 골다공증을 가졌었는가?

• 당신은 치료약을 복용하는가? 그렇다면, 그 약들이 당신의 가족사와 연관이 있는가? 당신 가족 중 어느 쪽의 계통과 사람인가?

• 당신은 자신의 재능 몇 가지를 누구와 연관시키는가? 자신의 가장 매력적인 특성은 어디에서 왔는가?

• 당신은 어떤 방법으로 역사의 살아 있는 조각인가? 다른 말로, 어떻게 당신의 문제가 부모(혹은 상상된 부모)와 조상의 유전뿐 아니라 풀리지 않은 문제들의 일부분을 수반하는가를 상상해 보라. 어떻게 당신은 당신의 가족사 혹은 문화사에 끼어 있는가? 어떻게 당신은 무엇인가 새로운 이야기인 동시에, 스스로를 완성하려고 하는 과거의 이야기가 되는가?

어떤 점에서, 당신은 역사가 스스로를 변형하려고 하는 시련이며, 당신의 신체 문제가 즉시 과거에 대한 닻이며 미래에 대한 해답이 될 수 있다.

실습: 꿈의 유전자 극장

만일 당신의 일상적 실재 CR 유전이 어떻게 당신의 역사와 연관되어 있는가

만을 고려한다면, 당신은 메이요 상담소(Mayo Clinic)에서 사용한 그림처럼 보이는 일종의 역사적인 극장(劇場)을 상상하기 시작할 수 있다([그림 13-2] 참조). 그러나 [그림 13-2]는 단지 우리의 국소적인 유전만을 추적할 뿐이다. 그것은 이 지도와 연결된 무한히 창조적인 가능성을 설명하지 않는다. 우리는 여기서 그러한 가능한 가능성을 설명할 것이다. 우선, 스스로를 실험하도록 허용하고, 꿈으로 들어가서 가족 구성원 또는 상상의 가족 구성원을 재배열하도록 허용하라.

당신이 극장에 있다고 가장하라. 당신이 관중석의 자기 자리에서 편안하게 앉아 있다고 상상하라. 무대를 올려 보라. 커튼이 열리고, 극장의 연기자들이 앞으로 나오는데, 그들은 당신의 가족들이다.

당신의 형제, 부모 그리고 조부모들이 무대 위에 있다고 상상하라. (다시, 당신의 가족을 모른다면, 그들을 상상하라.)

당신이 이 인물들을 꼭 있어야 한다고 느끼는 방법으로 무대에 배치하라. 예를 들어, 당신은 자신을 무대 중앙에 배치해야 할 수도 있다.

당신은 다른 살아 있는 가족 구성원을 이용할 수 있으며, 자신에게 중요하다고 느끼는 사람은 누구나 이용하라. 극이 진행됨에 따라, 당신은 이미 죽었거나 태어날 예정인 사람들을 자신의 심리극에 추가할 수 있다.

이 심리극을 가장 도움이 되는 방법으로 하기 위해서는, 지금 당장 몇 분간의 시간을 들여 종이 한 장을 많은 조각으로 찢어라. 찢어진 종이쪽지에 '엄마' '아빠' '할아버지' 등을 쓰고, 그것들을 당신 앞의 '무대'에 놓아라. 당신의 '첫 번째 행위', 즉 종이쪽지를 놓은 방법을 기록하라.

이제 당신은 종이쪽지를 그것들이 적합하다고 느끼는 곳에 두고, 당신의 창조적인 마음, 침묵의 힘이 이끌도록 하라. 연기하라. 종이쪽지들이 옮겨 다니도록 하라. 필요하다고 느낀다면 극이 완전하다고 느껴질 때까지 새로운 인물을 추가하라.

잠시 쉬었다가 무대에서 일어난 일을 반영하라. 당신의 '마지막 행위'는 당

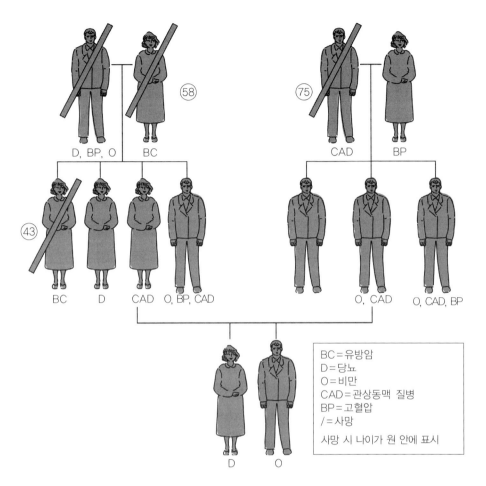

BC＝유방암
D＝당뇨
O＝비만
CAD＝관상동맥 질병
BP＝고혈압
/＝사망
사망 시 나이가 원 안에 표시

[그림 13-2] 유전 지도. 이 유전 지도는 암, 당뇨병, 비만, 심장과 관상동맥 질병들이 어떻게 역사에서 이어지는지 설명해 준다.

신 자신 안에서 발생하려고 하는 심리적 변화뿐만 아니라 아마도 당신의 육체적 그리고 심리적인 유전의 조합이다.

예를 들어, 한 여자가 마지막 배열을 보고 놀랐다고 말했다.

첫 번째 막에서 그녀는 자신이 닮은 아버지의 아버지로 '격세유전' 했다고 느꼈다. 그녀는 많은 면에서 할아버지와 가장 가깝고 자신의 여동생과는 가장 멀다고 느꼈다. 그녀는 또한 아버지의 아버지로부터 신체적 질병을 분명히 이

어받았다고 말했다. 마지막 막에서, 그녀는 자신이 존경하는 여성 사회 활동가인 이 영웅적인 여성 인물이 어쨌든 존재한다는 것을 깨닫고 추가했다. 비록 자신의 부모가 용감한 자질을 지녔지만, 그녀는 그 여성 영웅과 더 연결되어 있다는 것을 느꼈다. 아주 놀랍게도, 그녀는 자신과 그 영웅만을 무대 중앙에 두었고, 마침내 다른 인물들이 나타나 무대의 중앙을 지켜보도록 했다. 이것은 그녀에게 자신이 원가족으로부터 느끼는 분리감을 설명하며, 또한 그녀가 자신의 발전에 대해 모두에게 말하기를 원하도록 하는 것이었다.

당신의 꿈의 유전자 극장을 창조하는 것은 심리극의 한 형태다. 그것은 이러한 내용을 읽는 것의 반응으로 자발적으로 일어나며, 신호교환, 직관, 침묵의 힘에 근거해 온 것일 수 있다. 일상적 실재 CR에서, 당신은 극장의 한부분이고, 꿈꾸기에서 당신은 전적으로 무대에 있는 모든 것이다. 당신은 자신의 과거를 포함해서 모든 평행 세계들의 총합이며, 당신은 미래의 공동 창조자다. 사실, 당신이 '당신의' 창조성이라고 부르는 것—이러한 인물들의 자발적인 재배열—은 침묵의 힘이 창조하려는 것의 발현이다.

환상에서 유전 극장을 바꾸는 것은 당신의 증상과 유전을 변화시키는가? 다음 장에서, 나는 당신의 극장이 자신의 개인적인 신화뿐 아니라 자신의 유전과 어떻게 연결되어 있는지를 보여 줌으로써 이러한 변화가 일어날 수도 있다는 것을 제안한다.

제14장
유전적 이면 작용
—꿈은 유전자에 어떻게 영향을 주는가

만일 당신이 자신의 손바닥을 자세히 들여다본다면, 당신은 부모와 모든 조상들을 볼 수 있다. 그들 모두는 이 순간에도 살아 있다. 그들 각자는 당신의 신체에 존재한다. 당신은 그들 각자의 연장이다.

— 틱 낫 한(Thich Nhat Hanh)[1]

요약하면, 비록 본질에 관한 생각의 각각의 형태는 다르지만, 그것은 또한 넓은 내용과 깊은 수준에서의 자질과 특성뿐만 아니라 그것의 존재에 항상 의존하는 실재를 반영한다.

— 데이비드 봄(David Bohm)[2]

전자기학, 중력, 온도 그리고 공기압 같은 실제의 일상적 실재 CR 장 영역들은 측정 가능한 방법으로 신체에 영향을 준다. 그러나 측정할 수 없는 개인적 비일상적 영역, 느낌, 꿈 그리고 환상 등도 실제의 힘을 동반한다. 매우 미묘한 장 영역은 침묵의 힘이다. 당신은 그것들이 꿈꾸기에서 펼쳐지거나 실재의 사건으로 대략적으로 나타나기까지 느낄 수는 있어도 쉽게 말로 표현할 수 없다.

제13장에서, 우리는 유전과 신체적·심리적 경험과의 관계를 고찰해 보았다. 다양한 측면에서 볼 때, 우리는 부모, 조상, 돌아가신 분의 영혼의 산물이다. 이 장에서 우리는 알아차림이 고의적인 영역, 유전학, 그리고 증상들에 영향을 주는 '이면(裏面) 작용'을 실험할 것이다. 당신이 느끼는 것은 당신의 순간적인 신체 상태뿐만 아니라 당신의 물려받은 유전자 발현, 당신의 현재의 삶, 그리고 당

신이 우연히 다른 사람들에게 전하는 삶에 영향을 준다. 다시 말하면, 당신의 느낌은 당신을 앞섰던 모든 세대들이 지금 당신에게 영향을 주는 것처럼 미래에도 영향을 준다. 우리가 돌연변이와 유전적 사고(事故)라고 부르는 것은 유전자와 꿈 사이의 가능한 연결점이다.

심리학은 유전에 어떻게 영향을 줄 수 있는가

심리학이 직접적으로든 혹은 명백한 우연의 돌연변이를 통해서든 어떻게 우리의 유전에 영향을 줄 수 있는지를 살펴보기 위해서, 환상의 구조와 유전자 발현의 유사성을 생각해 보자.

유전이 되는, 아니면 적어도 전달되는 것처럼 보이는 심리학적 패턴들은 어린 시절의 꿈에서 발견될 수 있다. 이러한 패턴들은 선(線) 안의 점(點)처럼 이야기나 다시 헤아리기, 헤아리기 또는 숫자 개념이다. 어쨌든, 이야기나 꿈은 전 세계에 퍼져 있는 신화나 동화에서 발견되기 때문에 융이 원형(原型) 또는 원시적 이미지라고 불렸던 공유된 인간의 현상학을 묘사하는 기본적 이미지의 선이나 줄이다.

융(Jung)에 따르면, 원형은 이미지 혹은 이미지 다발 이면의 물려받은 특성들, '종자들(seeds)'이다. 이러한 다시 헤아리기(독일어 *erzählung*으로 '숫자'에서 유래)는 유전적 발현의 심리학적 평행 또는 상대이며, 이러한 유전적 발현은 또한 물려받은 유전자 단위의 줄(염색체)에서 일어나는 패턴화된 헤아림이다.

어린이들과 (어린 시절의 꿈을 기억하고 있다고 주장하는) 어른들로부터 내가 들었던 수많은 어린 시절의 꿈과 다시 헤아리기에 근거해 보면, 나에게는 그러한 꿈의 다시 헤아리기가 우리의 신체적·심리적 행동을 예측하는 단위들의 집합인 것처럼 보인다. 이러한 예측 가능성은 우리의 생물학적 유전을 알 수 있도록 만들어진 우리의 신체에 관한 예측과 대충 비슷하다.[3]

약 1세기 전에, 융은 위대한 어머니, 성자(聖子), 지배자 등의 이미지와 같은 표준적 집단 이미지들이 전 세계의 문화 속에서 발견되었다고 지적했다. 그는 이 러한 이미지를 '원형(原型)'이라고 불렀고, 그것은 본능과 같은 생물학적인 패턴 의 유사점들이라는 것을 의미하였다. 이러한 일련의 이미지가 민속 설화에 나타 날 때에 그것을 전설 혹은 민화라고 부르며, 그런 것들이 개인에게서 나타날 때 에 그것을 꿈이라고 부른다.

많은 사람들이 주어진 이야기를 믿을 때 그것은 전설이 된다. 시간이 지나면, 전설은 개인적·지역적 정체성을 잃고 집단적 신화로 발전한다. 융은 꿈에서 보 여지는 신화적 이미지가 조상의 경험으로부터 전해 온, 즉 물려받은 현상학적 설 계도라고 믿었다.[4] 융의 연구는 그 자신의 연구와 프로이트(Freud)의 아이디어 로부터 발전한 것인데, 프로이트는 생물학적 경향성이 더 컸으며, 성적(性的) 충 동 또는 죽음의 갈망과 같은 개인 내 충동에 관하여 주로 생각했다.

1960년대, 내가 취리히의 융 연구소(Jung Institute)에서 심리학 학생이었을 때, 선생님 중의 한 분이 나에게 융의 가장 흥미로운(그러나, 내가 아는 한 아직 출판되 지 않은) 연구 논문인 「어린 시절의 꿈(Kinderträume, Childhood Dream)」 초본 원 고를 한 부 주었다.[5] 그 원고에 기술된 꿈들에 근거해 볼 때, 융은 반복되는 어린 시절의 꿈은 꿈꾼 그 사람 개인의 미래 직업을 예측한다고 지적하였다.

나의 연구는 이러한 발견을 일반화시켰다. 그러한 어린 시절의 꿈들이 꿈꾸는 자의 미래 직업뿐만 아니라 그들의 미래의 신체 경험도 예측한다는 것을 발견했 다. 예를 들어, 한 여성의 창문 커튼을 긁고 있는 사자에 관한 어린 시절의 꿈은 그녀가 어릴 때에 경험했고 인생의 후반에서 다시 만나서 발전시킬 사자 같은 힘 을 상징할 뿐만 아니라, 평생 만성적 피부 질환에서 나타났었던 가려움증 또는 긁는 느낌도 상징한다. 만성적 피부 질환으로 밝혀진 어른이 긁는 것처럼 사자가 같은 방법으로 창문 커튼을 긁은 것이다.

그 사자는 '물려받은' 본능적 패턴이면서, 또한 꿈꾸는 사람의 어린 시절 집 과 연관된 심리적 패턴이다. 어쨌든, 어린 시절의 꿈에서(사자 혹은 커튼과 같은)

상징들은 줄, 헤아림, 셈과 함께하는 단위들로 생각할 수 있다. 그와 같은 단위(커튼을 긁는 사자와 같은) 다발 이면의 본질—융이라면 원형이라 하는—은 '심리학적 유전자'로 생각할 수 있다. 유전자와 원형은 모두 행동이나 패턴의 다발로서 꿈과 행동에서 나타난다.

사자의 꿈과 같은 어린 시절의 꿈은 개인적 신화—'정신유전학적인' 암호로부터 유래한 장기간의 패턴의 꿈 영역 표현이다. 더욱이 유전자처럼, 이러한 패턴들의 부분은 꿈꾸는 사람의 상상에 의존하는 일상적 마음, 또는 변형 가능성에 민감하다.

우리의 유전자와 꿈 사이의 이러한 연결을 추측해 볼 때, 우리는 초기 어린 시절의 꿈은 내가 '꿈 유전자'라고 부를 근원적 패턴 또는 원형의 표현이라는 것을 생각해 볼 수 있다. 생물학적 실제에서 우리의 유전적 발현은 유전의 단위로서 나타나며, 심리적 실제에서 우리의 장기간의 패턴은 어린 시절의 꿈속에서 상징으로 나타난다.

꿈과 유전자에 대한 의식의 영향

그들의 심리학적 유전에 대한, 그리고 그들의 꿈 유전자에 대한 사람들의 관계를 바꾸는 것이 심리학의 주요한 과제 중 하나다. 융 학파, 프로이트 학파, 게슈탈트, 아들러 학파이든 혹은 과정 지향의 꿈 작업가들이든, 상담자는 일상의 마음과 인간 영혼의 전체성 사이의 일치성을 창조하기 위해 그것들(내담자의 꿈 형상이나 어린 시절 기억들)을 사용하고, 따르고, 분석하고, 싸움으로써 내담자의 꿈 형상이나 어린 시절 기억들과 상호작용한다. 그러한 초기 형상에 대한 당신의 관계를 더 좋게 하는 것은 당신 삶의 경험을 변화시킨다.

과정 지향적 시각에서 볼 때, 생물학적 및 심리학적 둘 다의 변형 유전자 관점에서 이곳이 바로 심리학과 생물의학 사이의 평행이 끝나는 곳이다. 생물학과 의학이 건강한 또는 질병의 유전적 조합과 같은 유익하거나 불리한 일상적 실제 사건의 시각에서 말하는 반면, 과정 지향 심리학은 문제와 사건의 잠재된 의미와 목적을 포함하는 일상적 실재 사건과 꿈 영역 과정의 시각에서 말하고 있다.

다시 말하면, 일상적 실재 CR의 관점에서 볼 때, 유전자와 꿈의 특정한 배열은 선 또는 악으로 판단될 수도 있다. 그러나 꿈 영역에서는, 질병이나 사고는 때로는 삶을 풍요롭게 하는 경험을 나타내는 매우 의미 있는 사건으로 보일 수 있다.

한 예로, 방사선 피폭으로 고통받았던 사람이 있다. 그녀의 상태는 심각한 것으로 진단되었고, 수개월 안에 죽을 것으로 예견되었다. 그러나 그녀는 '가장 무서운 감옥으로부터 해방되는' 꿈을 꾸었다. 그 꿈은 그녀에게 그녀가 아프지도 않았고, 오히려 자유롭게 될 것을 이야기해 주었다. 그 꿈에 대하여 작업을 한 후에, 그녀는 특정한 삶의 환경으로부터 자신을 해방시키기로 결정했다. 그녀가 죽을 것으로 예상한 지 25년 후, 그녀는 아직도 많은 신체적 문제들을 가지고 있지만 가능한 만큼 자유롭게 느낀다고 내게 말했다. 이것이 행운이었을까?

이 일화적 증거로 나는 신체 경험의 꿈 영역 측면과 능동적으로 상호작용하는 꿈꾸는 사람의 신체적 미래가 더 이상 예측 불가능하다는 인상을 받았다. 자신의 깊은 부분과 접촉함으로써, 안내 파동은 그 경로를 꿈꾸기(예: 자유)에서 확실하도록 만든다. 기분 좋고, 더 전체를 느끼고, 그리고 때로는 일상적 실재 CR의 증상 과정으로부터 분리되기도 한다.

심리학과 무지개 의학의 임무는 개인적인 가장 깊은 경로를 따르는 것, 그들의 꿈과 소립자적 신체 상태에 대한 구조적 배열을 탐구하고, 연관시키고, 함께 만들어내고, 재창조하고, 재건하고 또는 적응하는 것이다. 일상적 실재 CR 수준에서만 작업하는 생물 의학은 마치 그것(문제가 되거나 방해하는 유전적 조합)이 의미 있는 발생 현상이라는 인식 대신에 이탈인 것처럼 문제시하거나 방해하는 유전적 조합을 바꾸는 것을 목표로 한다.

그럼에도 불구하고, 다음과 같은 의문들에 대한 대답이 필요하다. 만약 어떤 의료 과정이 일부 유전적 문제들을 치료할 수 있다면, 심리학도 똑같이 할 수 있을까? 만약 그렇다면, 실제 사건의 꿈 영역 내용들을 연관시키는 것이 어떻게 신체 경험 및 거부된 유전 발현과 상호작용하는가? 이 질문에 대답하기 위해서 당신의 경험과 관련하여 이러한 가능성들을 탐구해 보자. 이 탐구를 도입하기 위하여, 나는 꿈 및 신체 상황과 작업하는 또 다른 접근법을 논의한 후에 이 접근법을 당신의 심리유전적 상황을 작업하는 데 응용할 것이다.

어린 시절의 꿈 ― 갈등 속의 꿈 유전자

한 예로, 나 자신의 어린 시절의 꿈에 대하여 이야기하고 그리고 그것이 어떻게 나의 신체 유전들과 연결되는지 알아보자. 내가 기억할 수 있는 첫 번째 꿈은 네 살 때다. 그 꿈속에서 나는 아버지의 차를 닦고 있는 작은 소년이었다. 내가 차를 다 닦았을 때 한 마리 큰 곰이 가까이 와서 "으르렁!" 하고 소리쳤다. 그놈 때문에 나는 매우 겁났고, 나는 아버지의 차 속으로 피해 뛰어 들어갔다. 가차없이 그 곰 역시 차 속으로 들어왔고, 계속해서 나를 쫓아왔다. 나는 잠이 깰 때까지 내 목숨을 지키기 위해 차 주위로 아주 큰 원을 그리며 도망 다녔다.

그 꿈에서 보인 기본 단위 혹은 꿈 유전자는 아버지의 차와 나를 쫓는 곰이었다. 곰과 아버지의 차는 모두 내가 나의 가족에 대해 가졌던 느낌들과 연결되어 있었다. 아버지는 일을 열심히 하고, 인정이 많고, 예측이 가능하고, 조용한 남자였다. 아버지의 철학은 "살면서 일을 너무 많이 하지 말고, 현재를 즐기며, 일하고, 청구서를 지불하고, 안정되게 살자. 차를 닦자."는 것이었다.

그러나 그 곰은 매우 달랐다. 나는 그 곰의 에너지를 나의 어머니의 힘차고 예측 불가능한 본성과 연관시켰다. 어린아이로서 나는 아버지처럼 되고 싶었으나, 어머니의 에너지는 항상 나를 추적하였다. 어머니는 자신의 에너지를 어떻게 해야 할지 모르는 것 같았다. (나도 나의 에너지를 어떻게 해야 할 지 전혀 몰랐다!) 나의 꿈에서, 곰은 나에게 동의하는 것 같지 않았으며, 그 곰은 내가 차를 닦고 있는 것에 화가 나 있었는데, 내가 오직 아버지와 동일시하고 있다는 것에 화가 난 것이다. 비록 어린아이로서도 나는 그 곰이 내가 곰의 분명한 외관상의 야성적 에너지를 무시한 것에 대해 화가 난 것을 알고 있었다.

어느 정도는, 차를 닦는 것은 내 속에 있던 아버지의 유전자 부분이었고, 나를 쫓아오던 곰은 내 속에 있던 어머니의 유전자 부분이었다. 비록 나의 부모가 기본적으로 서로 잘 지냈지만, 그들의 에너지는 내 안에서 갈등을 빚었고, 그리고 이러한 어린 시절의 꿈은 나의 꿈 유전자가 어떻게 서로 충돌하고 있는지를 보여 주었다.

어린 시절의 꿈은 전형적으로 두 부모의 유전자들의 조합 그리고 때때로 일종의 충돌을 보여 준다. 우리는 이러한 유전자들 중의 어느 하나(차)를 선호함으로써 다른 유전자(곰)를 무시한다. 무시는 자발적이며 무의식적으로 일어난다. 우리는 자신을 오직 우리 부분의 일부에만 동일시함으로써 다른 부분을 무시하는 데 근거한 정체성을 창조한다. 이러한 무시된 부분들은 거의 언제나 관심을 끄는 증상이나 무서운 꿈 형상으로 나타난다.

나의 아버지와 동일시함으로써 자신의 야성을 무시했던 나는 곰 같은 에너지와 압박에 의해 쫓겨 다녔다. 나중에 회복되었지만, 나의 초기의 만성적 신체 증상 하나는 혈압이 크게 변화했던 것이었다(나의 아버지 가족의 남자들은 전형적으로 혈압 문제로 고통받았다).

작동하고 있는 꿈 유전자에 대한 또 다른 예가 있다. 한 내담자가 폐 문제로 고통받았던 일을 기억한다. 그는 어린 시절의 꿈은 기억할 수 없었지만, 그에게 매우 의미 있는 어머니에 대한 첫 기억을 회상하였다. 그는 자신의 주된 신체 증상은 아마도 흡연에 의한 폐기종이라고 말했다. 그는 아버지가 폐암으로 죽었기 때문에 이 증상에 대해 걱정하였다.

그는 폐에서 기분 나쁜 경련을 느낄 때마다 어머니를 연관시켰다. 어머니는 항상 신랄하고 구속적이었다. 그는 자신의 기억에 대해 작업하기 위해 어머니의 모습으로 형태 변형해서 그녀의 본질을 탐구했다. 놀랍게도 어머니의 비열함의 이면은 일종의 관계에 관한 분리와 '정적'인 냉정함이었다. 이 온정적이고 '모성적인' 남자는 자기가 어머니의 냉정함을 보상하기 위하여 노력하는 데 자신의 인생을 소비했다는 것을 깨달았고, 지금 그녀의 본질의 세계로부터, 사람들에게 언제나 친절해야 한다는 것으로부터의 일종의 냉정한 분리와 자유를 발견하고 매우 행복해졌다.

무엇보다도, 그의 새로운 행동이 폐에 영향을 주었다. 다른 사람들에게 덜 집착하고 냉정해진 것이 그의 폐를 즉시 이완시켰고, 경련을 완화시켰다. 이 꿈꾸기 과정에 대한 그의 작업 후, 그는 회복되었고, 그의 의사는 나중에 폐기종 진단이 오진이었다고 생각하였다.

실습: 꿈, 증상, 유전

어린 시절의 꿈은 생리학적/유전적 요소뿐만 아니라 심리학적인 것도 보여 주는 것처럼 보인다. 다음의 실습은 당신에게 이러한 개념을 스스로 탐구하고, 당신의 꿈, 유전과 증세들이 어떻게 연결되어 있는지 볼 수 있을 것이다. 당신은 기억할 수 있는 첫 번째 어린 시절의 꿈을 회상하거나, 만약 당신이 그것을 기억하지 못한다면 기억할 수 있는 가장 첫 번째 사건을 회상해 볼 필요가 있다. 이후에 연극의 형태로 그 꿈(또는 꿈 유전자)을 재창조해 보는 방법을 탐구하고, 그것을 당신의 신체적 경험과 연관시키기 바란다.

당신이 기억할 수 있는 가장 초기의 꿈(또는 가장 어릴 적 기억 또는 십대의 기억)을 적어라. 만약에 당신이 여러 개의 꿈(기억)을 회상할 수 있다면, 그 중 가장 강력한 것을 선택하라.

당신의 꿈속에서 두 개의 단순한 모습을 그려 보라. 만약 당신이 날고 있거나 떨어지고 있는 새와 같은 오직 하나의 모습만 꿈꾸었던 것을 기억할 수 있다면, 두 번째 모습은 당신이 하고 있는 것 속에 포함된 모습으로 생각하라. 예를 들어, 당신이 날고 있었다면 하늘이나 땅을 두 번째 모습으로 생각하라.

이 두 개의 모습들이 당신의 어머니와 어머니의 가족, 또는 당신의 아버지와 아버지의 가족(만일 당신이 그들을 만나지 못했다면 그러한 사람들에 대한 당신의 상상)과 연관시킬 수 있는가? 예를 들어, 내 꿈속의 자동차는 나의 아버지와 (아버지에게 그 차를 주었던) 할아버지와 연관되어 있고, 그리고 곰은 나의 어머니의 에너지와 연관되어 있다.

당신의 신체도를 그려 보라. 당신의 신체를 느껴 보고, 스스로에게 당신 신체의 어떤 부분들이 이 꿈의 특징들과 연관되어 있는지를 물어보라. 처음에는 그저 명상하면서 당신의 신체를 느끼고, 다음에는 이러한 모습들을 당신의 신체도에 그려 보라. 당신은 꿈의 모습을 그린 곳에 증상을 가지고 있는가? 예를 들어, 나는 건성 피부 자극이 있는 내 팔꿈치 위치에 내 아버지를 그렸으며, 또한 나는 항상 내 가슴에 압박감을 느껴 왔다.

당신의 모습이 완성되었다면, 당신의 어린 시절의 꿈에 대해 작업을 해 보라. 스스로에게 물어보라. 어떤 것이 오늘 나에게 가장 어려운 꿈의 형상인가? 예를 들어, 곰의 동물적 에너지는 아직도 내가 가장 다루기 어려운 부분이다.

이 에너지 또는 모습을 동일시한 후에, 당신의 활발하고 어린아이 같은 본성을 기억하면서 그러한 모습을 연기해 보라. 적어도 당신의 양손 중 하나를 사용하라. 스스로 즐겨 보라. 어린아이가 되어서 그러한 모습을 연기해 보라.

움직이고 소리를 내는 동안에 그 모습 속으로 깊이 느끼며, 그 모습과 그 에너지의 본질에 도달하도록 노력하라. 이 실습은 단 하나의 맞는 답이 있는 것이 아니다. 우리는 느낌을 찾고 있는 것이다. 그것이 이미지가 되고 아주 극적이 되기 전에, 우리는 그 에너지의 기본 경향성을 찾고 있는 것이다. 예를 들어, 나의 곰 에너지는 본질적으로 자연과 혼연일치가 되어 자유롭게 움직이려는 경향성이다.

당신이 준비되었을 때 그 모습으로 형태 변형하고 그 본질의 시대와 공간에서 살아보라. 이러한 평행 세계로 들어가서 그곳에 있으라. 그곳에서 살라. 그 본질의 세계에서 살도록 노력하라. 예를 들어, 나는 사물들이 자연 본성의 일치성에서 나타나며, 추측·평가·계량·측정 등이 없는 그러한 세계에서 사는 것을 상상한다.

이러한 세계를 당신이 할 수 있는 만큼 충분히 경험하도록 노력하라. 당신은 이미지를 보고 소리를 듣는가?

당신이 지금 존재하는 본질의 세계로부터 당신의 어린 시절의 꿈 또는 기억을 돌아보고, 그리고 당신이 그 꿈의 부분이나 혹은 전부를 어떻게 재창조할 것인지 탐구하라. 예를 들어, 나는 아버지를 더 곰의 본질 같이, 그리고 그의 방법에서 덜 기계적이며 더 유동적으로 만들 것이다.

이러한 본질 때문에 꿈은 상호작용을 하고, 바꾸고, 영향을 주고, 재창조한다. 꿈을 꾸거나 같은 그림 또는 다른 그림을 사용하면서 하나의 새로운 해법 또는 이야기를 창조한다. 다른 말로 하면, 꿈을 되돌아보거나 기억하거나 그리고 당신이 이 본질에 어떻게 영향을 줄까를 생각해 보라. 시간을 가지고 실제적으로 스스로에게 그 이야기를 말해 주어라. 그것을 만들어 보라. 본질의 세계가 사물을 창조하도록 하여라.

이러한 새로운 이야기를 연기하고 나서 적어라. 극장을 창조하라. 음악과 움직임, 리듬 또는 노래, 시와 미술을 사용하라. 당신의 상상력을 사용하고, 그리고 어린아이와 같은 창조적인 열린 마음을 가져라. 예를 들어, 나의 재창조에서 나를 쫓아 다녔던 그 곰은 나 그리고 내 아버지와 함께 춤을 추는 춤 선생이 되었다.

당신 스스로에게 많은 시간을 주어라. 이것은 당신의 부분에서 예측할 수 없는 창조적인 행동이다. 그리고 당신이 창조한 새로운 이야기를 들여다보고 스스로에게 물어보라. 왜 나는 처음부터 이러한 이야기를 창조하거나 꿈꾸지 못했는가? 당신이 어린아이였을 때 꿈꾸었던 당신의 원래의 꿈은 무엇이었는가? 그것이 한 부분을 무시하고 다른 부분을 선호했던 당신의 경향성과 반응하고 있었는가?

어떠한 상황이 당신의 본질이 오늘날 펼친 것처럼 펼치도록 허용하지 않았는가? 어떻게 당신은 변화해 왔는가? 변화할 수 있었는가? 당신의 어떤 기본적인 요소가 바뀌고 있는가? 어떤 기본적인 꿈 유전자인가? 당신의 의식적 마음에서 어떤 마음가짐인가?

이 꿈들과 환상들을 당신의 신체와 연결시켜 보자. 잠시 여유를 갖고 당신이 바로 전에 재창조한 그 이야기로부터 나온 해답과 느낌을 다시 경험해 보라. 움직임에서 그것을 느끼고 그것을 당신의 신체 전체로 표현하라. 그것을 당신의 손, 팔과 신체 전체를 가지고 춤을 추어라. 당신의 움직임들이 어떻게 만성적 증상 영역에 영향을 주는가를 주목하라. 그 증상 영역에서 어떤 종류의 효과가 나타나는지 주목하라.

이 이야기가 오늘날 당신이 느끼고 하고 있는 것들에 어떻게 영향을 줄 수 있겠는가? 예를 들어, 지금 나는 이 원고를 편집하고 있으며, 나는 춤추는 것 같은 자세로 이 일을 하고 있다고 상상할 수 있다.

결과에 반영하기

당신의 일상생활에서 당신은 아마도 자신의 신체 증상을 바꾸고 싶어 하는 문제로 볼 수 있다. 일상생활에서 곰과 같은 평행적 꿈 세계 요소를 무시한다는 것은 그 곰을 관계에서의 귀찮은 친구와, 또는 신체 증상으로서 경험하는 것(또는 투사하는 것)과 대응한다. 그 특정한 평행 세계를 무시하지 않는 것이 당신을 더욱 일관성 있게 만든다. 심리학적으로 당신의 매일의 일상적 실재 CR 정체성에 대한 집착은 평행 세계들의 합인 당신의 안내 파동이 그 평행 꿈 세계 요소를 조절하도록 유도하는 것이다. 만약 당신이 당신의 정체성을 유지하기 위하여 당신의 평행 세계(곰)를 자극한다면, 그 특정한 평행 세계는 증상의 형태로서 당신의 알아차림에서 두드러질 것이다.

예를 들어, 내가 나의 곰의 평행 세계를 무시하면 할수록 나의 혈압의 요동은 더 넓어질 것이다. 증가된 알아차림과 일관성으로, 당신은 자신의 유전적 특질을 좋은 것이나 나쁜 것으로 보지 않게 되고, 당신의 전체 자아를 안내하는 신호판 으로 보게 될 것이다. 이러한 꿈 영역 관점은 적자생존에 관한 다윈의 일상적 실재 CR 원칙과는 다르다. 꿈 영역에서는 모든 에너지와 본질이 동등한 가치로 유지된다.

이 실습의 요점은 다양한 시각을 발견하고자 하는 것이며, 또한 각각의 가치를 보고자 하는 것이다. 당신은 자신의 꿈 유전자, 자신의 심리유전적 지도와 상호작용을 했고, 그리고 아마도 당신은 당신의 우주를 공동 창조하려고 하는 그것의 본질에 도달했을 것이다. 어쨌든, 당신 어린 시절 꿈의 무시와 자극은 또한 그들이 수용해 왔거나 무시해 왔던 당신의 문화적 역사, 당신의 가족과 에너지(가치, 특성, 속성)에 연결되어 있다.

당신의 증상은 꿈꾸기의 힘이 당신의 특정한 정체성을 유지하기 위하여 어떻게 필요한 경계(境界) 조건들과 반응하는지를 나타낸다. 일관성은 이러한 조건들을 변화시킨다. 꿈 영역 관점으로부터, 일상적 실재 CR의 유전적 발현은 잠재적 기회와 재능을 제공하는 질병과 연결되어 있다.

이면 작용과 마음의 경로

본질적 관점, 즉 침묵의 힘으로부터, 당신의 개인적 신화는 꿈 영역에서 꿈 형상의 다발로서 부분적으로 표현되며, 생물학에서 유전자로 표현된다. 모든 이러한 형상들은 삶에서 다양한 가능성을 창조하며, 마치 무지개의 다양한 색깔들처럼 겹쳐진다. 그들은 모두 합쳐져서 전체적인 빛, 그 본질이 침묵의 힘인 당신의 개인적 신화가 된다. 안내 파동과 같은 당신의 초(超)시간적인 자아는 비국소성이다. 그 배음의 하나를 무시하는 것은 그 음조(그 꿈 형상)에 스트레스를 주고, 그 평형 세계를 일상적인 실재에서 문제가 많거나 **징후가 농후한** 신체 증상의 원천으로 만든다.

사실 당신의 다양한 음조를 받아들일 때 당신은 조화의 느낌과, 우리가 '마음의 경로'라고 부르는 새로운 극장을 창조할 수 있다. 만일 봄(Bohm)과 파인만이 오늘날 살아있다면, 그들의 충고를 상상할 수 있다. 파인만은 "그렇다. 마음의 경로 그것은 가능한 모든 역사, 모든 가상 실제, 평행 세계에서 당신이 택한 가능한 모든 경로의 합이다."라고 말할 것이다. 그리고 봄은 "물론, 당신이 자신의 인생에서 한번이라도 알아차림을 사용한다면, 당신은 자신의 안내 파동으로 이면 작용을 창조한다. 그것이 내가 입자가 양자 파동 함수에 영향을 줄 수 있다고 말했을 때 의미한 것이다. 그것은 당신을 가리키고, 당신은 그것을 가리킨다."라고 말할 것이라는 것을 알고 있다.

배가 어디로 가야 하는지 알려 주는 무전기의 전파와 상호작용하는 봄의 이면 작용의 이미지를 사용한다면, 우리는 알아차림이 신체에 어떻게 영향을 줄 수 있는지를 더 잘 이해할 수 있다. 알아차림 없이는 당신의 신체 문제는 가능한 유전적 원인을 가지고 있는 국소성 일상적 실재 CR 증상이다. 알아차림, 꿈 영역에 대한 민감성, 증상의 본질적 수준은 모든 것을 바꾼다. 알아차림은 당신이 안내 파동을 발견하게 하고 당신의 안내파동을 타도록 해서, 당신의 전체 신체가 좋아지는 것을 느끼게 한다. 당신의 전체 자아와 더 접촉하고 있는 느낌을 통해, 당신의 삶은 재구성한다. 당신의 꿈 영역 부분이 서로 다양하게 상호작용할 뿐만 아니라, 모든 당신 신체 부분들이 새로운 방법으로 상호작용한다.

직접적으로 또는 간접적으로 다른 신체 부분들을 통하여, 경험을 이용하는 꿈 영역과 본질은 당신 세포의 공간과 시간 속에서 국소화한 유전적 문제들에 예측할 수 없게 영향을 준다. 그것이 꿈이 유전자에 영향을 주는 방법이다. 근원적인 신체적·유전적 장애는 새로운 다차원의 삶의 경험이 나타남에 따라 완화되거나 의미가 적어지게 된다.

제3부

노화: 화학, 불교 그리고 엔트로피

제15장
노화와 불교

모든 것은 명백한데, 나만 홀로 깨닫지 못하고 있다.
— 노자(老子)[1]

24세 때, 나는 취리히에서 치유 상담을 시작했다. 나의 첫 내담자는 내가 얼마나 아는 것이 없는지를 금방 발견했다. 내가 처음으로 상담했던 사람은 60세가 넘었으며, 그는 심하게 우울해지는 느낌이 불만스러웠고, 내가 그 우울증을 치료하는 방법을 아는지 물었다. 나는 그에게 모른다고 말했다. 이런 상황하에서, 나는 그가 다른 상담사를 만나거나, 아니면 나에게 그가 경험하고 있는 것을 정확하게 말해 줄 것을 제안했다.

"나는 우울해요!" 그는 소리쳤고, 내가 우울증에 대해 무지한 것에 대해 격분했다. 나는 부드럽게 계속했다. "그것이 어떻습니까?" 다행히도, 그는 나의 제안을 받아들여 머리를 자기의 손에 무거운 짐인 것처럼 얹어 놓으며 긴 신음과 함께 반응을 보이기 시작했다. 그는 몇 분 동안 신음하다가, 고개를 들고 눈물로 범

벅이 된 채, 자기의 손을 보면서 갑자기 굳어졌다. 한쪽 손바닥을 보면서, 그는 헐떡이며 말했다. "오, 안 돼! 이건 '죽음의 경고(memento mori, 죽음을 기억하라)'야!"

나는 그의 말에 놀랐고, 더구나 그가 하는 말이 무슨 뜻인지 몰라서 "그 말이 무슨 뜻입니까!" 하고 나지막하게 물었다.

"죽음을 기억하라!" 그가 소리쳤다. 내가 무슨 말을 하기도 전에 그는 계속했다. "아, 죽음, 죽음, 죽음!" 그리고 무엇인가에 의해 강하게 얻어맞은 것처럼 그는 슬프게 울었다. 몇 분 후에, 그는 자신의 손에 있는 'M' 이 스위스-이탈리아인들에게는 죽음을 기억하라는 의미였다는 것을 설명했다. 그는 음울하게 죽음은 언제나 존재하는 것이라고 알려 주었다. 놀랍게도, 몇 분간의 울음과 묵념 뒤에 그는 그의 우울증이 사라졌다고 말했다. 그는 자기가 어린 시절에 혐오했던 신부(神父)들이 갑자기 가깝게 느껴졌으며, "무엇인가 영적인 일이 일어난 것" 같다고 말했다. 그리고 그는 떠났다.

내가 그 일을 이해하기까지는 수년이 걸렸다. 후에 돈 후앙 마투스(don Juan Matus)의 가르침을 읽으면서 나는 이해하기 시작했다. 돈 후앙은 "죽음은 너의 가장 최고의 동맹(同盟)이다."라고 말했다. 죽음은 너에게 다른 어느 것도 이해되지 않을 때 오직 죽음과의 접촉만이 결정적인 것이라고 말한다. 다른 어느 것도 중요하지 않다. 나머지들은 사소한 것들이다.

죽음을 기억하고 노화를 기억하는 것은 시간이 지나간다는 것을 의미한다. 의미 있는 것을 소중히 해라. 일상적 실재 CR의 신체는 늙어 가고, 결국에는 죽는다. 이것은 너무나 명백한 통찰처럼 들리지만, 대부분의 사람들은 마치 시간이 존재하지 않는 것처럼 그리고 이전의 모습과 동일시하기를 고집하면서 그것을 잊으려고 한다. 과거의 정체성에 매달리면서 "오! 아니야, 나는 늙지 않아."라고 말하면서 당신은 자신의 형태변형을 무시한다. 삶에 대해 편견을 가지고 있는 것은 영혼에 유해하다. 편견은 당신의 신체를 우울하게 하거나 자극할 수 있다. 우리가 여기에 영원히 있다는 생각들을 포기한다는 것이 두렵기도 하지만 죽음을 기억하는 것은 일상적 실재 CR 세계에서 시간, 공간 그리고 다른 모든 것의 구속으로부터의 자유를 이끌 수도 있다.

우리는 이 책에서 다양한 시각으로 증상들을 살펴보아 왔다. 제1부에서는 개인적 증상에 관한 작업에 초점을 맞추었고, 제2부에서는 세계와 조상의 꿈 유전자 패턴에 대한 그들의 관계에 초점을 맞추었다. 이제 제3부에서는 알아차림이 어떻게 노화 과정에 영향을 주는지 탐구하고자 한다. 노화와 죽음에 관한 이 영역에서, 개인적 증상은 더 이상 우리의 초점이 아니라 노화 과정과 연관된 증상의 다발이 초점이다. 본질적으로 우리가 시간의 흐름을 어떻게 보느냐에 대한 신체적 효과를 조사할 것이다.

노화의 신체적 측면

나는 다음의 표에 노화와 연관된 생리학적 변화 몇 가지와, 그러한 증상에 수반되는 꿈 영역 경험의 몇 가지를 적어 놓았다. 생리학적 경험은 단순한 제시이며, 그것은 내가 노화 과정에 대해 작업했던 사람들과의 경험으로부터 가져온 것이다. 표에 있는 생리학적 자료들은 단순한 제시일 뿐이다. 또한 그 생리학적 요소들은 모든 사람에게 적용되는 사실이 아니며, 다만 평균일 뿐이다. 어느 누구도 노화에 의해 똑같은 방법으로 영향 받지 않는다.

예를 들어, 노화는 뇌에 영향을 준다. 시간이 지날수록 대부분의 사람들은 자신의 기억 능력 일부를 잃는다. 새로운 것을 배우는 능력은, 논란의 여지가 있으나, 감소한다. 기억 손실을 겪는 전형적인 노인은 다른 사람도 잊고 결국에는 자기 자신도 잊는다.

내가 처음 심리학을 공부했을 때, 정신의학 분야에서 이전보다 더 조용해지고 더 많이 앉아 있는 노인들을 일컫는 노인성 우울증에 대해 들었다. 그러나 그 당시 대부분의 연구들은 정신병원이나 요양원에 있는 사람들을 대상으로 이루어졌고, 보다 독립적인 삶을 살고 있는 정신적으로나 신체적으로 활동적인 사람들은 포함하지 않았다. 오늘날 나는 노인이 단지 노화 과정의 특성 때문에 우울해지는 것이 아니고, 붕괴된 관계와 같은 심리적인 문제 때문에, 또는 (앞서 언급했던 내담자와 같이) 노화와 죽음의 의미를 제대로 파악할 수 없었기 때문에 우울해질 수 있다는 것을 명백하게 알아내었다.

많은 마음의 문제는 현저한 증상을 만든다. 마음이 약해졌을 때, 많은 사람들은 자신이 하고 있는 것에서 더 적게 하거나 또는 더욱 분리되어 있는 것을 꿈꾼다. 몇몇 사람은 자신들이 완전히 새로운 것을 시작할 필요가 있다는 것을 꿈꾼다. 이러한 현상은 나에게, 산속을 뛰어 달리면서 젊은 제자 카를로스 카스타네다(Carlos Castaneda)를 훈련시키는 늙은 초자연치료사가, 자신의 능력은 자신의 분리 또는 자신의 '무위(無爲 not-doing)'에서 비롯된다고 주장하는 돈 후앙을 생각나게 한다.

순환계 문제는 막힌 동맥 때문일 수 있다. 결정적인 막힘은 막힘이 충분히 혈액을 공급받지 못하는 장기(臟器)들에게 증상을 만들 때까지 발견하기가 쉽지 않다. 그러나 (혈액 응고와 같은) 순환계 문제를 감지했던 사람들은 종종 자신의 신체 안에서 일종의 '멈춤' 느낌을 경험했다고 말한다. 많은 사람들이 "당신이 지금 하고 있는 일을 멈추라."는 메시지를 듣는다.

노화하는 간(肝)은 시간이 지남에 따라 혈액으로부터 독소를 잘 걸러 내지 못한다. 모든 종류의 간 문제가 있는 사람들은 자주 자신의 삶의 방식과 개인적 역사를 바꾸는 것에 대해 말한다. 그들은 자신이 삶을 일시적인 선물이 아니고 주어진 것으로 생각하면서 얼마나 불필요하게 살아 왔는지에 대해서 말한다. 많은 사람들은 영적인 경험에 들어가기 위해 중독성 경향성과 약물을 이용한 의식의 변형 상태를 사용했었다. 간 문제는 독성 물질을 사용하지 않고 초공간으로 들어가기 위해 우리의 알아차림을 방향 전환시킨다.

전통적 의학이 주로 육체 형태를 보존하는 데 초점을 맞추는 반면, 무지개 의학은 죽음을 일상의 삶과 평행하는 많은 세계 중의 하나로 본다. 양자 관점으로

노화의 측면

기관 또는 체계	노화의 자연적 영향	촉진 요소	꿈꾸기 과정
피부	• 피부가 얇아지고 탄력이 없어진다. (주름이 생긴다.) • 피하 혈관이 약해져서 쉽게 멍이 든다.	• 흡연, 햇빛 과다노출	• 자기 감각과 경계의 변화 또는 약화
뇌와 신경계	• 세포가 죽음으로써 기억 능력과 학습 능력이 일부가 상실된다. • 체계가 자극에 대해 반응하는 것이 느려진다. (반사작용이 둔해진다.)	• 알코올, 약물, 반복적인 뇌 충격	• 순간의 망각, 자기 자신 및 인류 역사로부터의 분리
감각	• 신경세포의 손실과 순환 감소로 덜 민첩해진다.	• 흡연, 큰 소음에 반복적인 노출	• 자기 자신과 다른 사람에 대해 보고 듣는 것을 중지하고, 무한대(無限大)로 연결
폐	• 신축성이 감소하여 덜 효과적이 된다.	• 흡연, 맑지 않은 공기, 운동 부족	• 숨쉬기를 멈추고, 호흡을 참고, 시간을 멈추기
심장	• 심장 박동이 약해져서 운동이 점점 어려워진다.	• 알코올, 흡연, 나쁜 식습관	• 변화에 대해 덜 강렬해지고, 더 민감해지기
순환계	• 동맥이 굳어지면서 기능이 나빠지고 혈압이 올라간다.	• 부상, 비만	• 사회적 목적을 따르고, 하늘이 웃음 느끼기 위한 능력이 감소
관절/뼈	• 지속적인 사용과 압박으로 운동성이 떨어지고 약화된다. (척추 사이 연골이 소멸은 고령 '위축'을 초래한다.)	• 부상, 비만	• 늙었거나 무한한 사람이 부모임으로의 골격 발견, 자신을 사라지고 있는 것으로 경험
근육	• 근육의 양과 강도가 줄어든다.	• 운동 부족	• (음식에 문제가 없다면) 그대로 두기; 포기하기, 일들이 일어나도록 두기
간	• 혈액 중의 독소를 덜 효과적으로 제거한다.	• 알코올 및 약물 남용, 바이러스, 소감염	• 삶을 보장된 것으로 여기지 않기; 삶을 포기하는 대신 일어나는 것으로 여기기; 삶을 일어남으로 사건에 연결

부터, 침묵의 힘으로부터, 우리는 죽음과 삶의 조합이다. 일상의 삶에서, 우리는 죽음이 우리를 위협하고 죽음을 우리가 하는 모든 것들의 이면에 가두어 둘 정도로 죽음을 무시하는지도 모른다. 그러나 꿈 영역의 인식에서 볼 때, 죽음은 일정한 특성을 갖는 우리의 동일시의 끝이며, 그리고 새로운 전망을 여는 새로운 잠재성의 시작일 뿐이다.

노화의 정의

생명, **사랑**, **자연** 그리고 **노화**와 같은 용어는 다차원적 경험을 가리킨다. 노화에 관한 일상적 실재 CR의 요소는 일반적으로 우리의 육체적 신체의 악화를 의미한다. 우리의 외모는 변화하는데, 작아지며, 더 웅크리며, 머리가 희어지고 빠지며, 주름이 생긴다. 듣기, 보기, 감각은 둔해진다. 기억은 덜 정확하다. 노화는 보통 점진적인 생리학적 둔화를 의미한다. 심리학적으로, 영원히 살 수 있을 것이라고 상상되었던 우리의 부분들이 끊임없이 둔화에 의해 충격을 받는다. 동시에 노화는 한 사람의 자아로부터 그리고 그의 사회적 관심으로부터의 자유를 의미할 수도 있다.

노화에 관해 합의되지 않은 정의는 그것이 당신 죽음의 성장에 대한 알아차림이라는 것이다. 노화는 꿈꾸기, 작은 신호교환, 그리고 감각을 무시할 수 있는 사람인 **과소평가자의** 죽음이다. 궁극적으로, 생명 자체는 더 이상 피할 수 없는 미묘한 신호교환들 또는 감각들 중의 하나가 된다.

우리 중 일부에게는 믿을 수 없는 것처럼 보이겠지만, 어느 누구도 노화의 일상적 실재 CR 과정이 일어나는 이유를 정확하게 알지 못한다. 대부분의 생물학자들은 노화가 진화적 패턴의 부분이라고 주장한다. 이러한 의견에 따르면, 진화는 자연적 선택에 의해 구성되는데, 긴 수명을 주는 유전자를 가진 사람들은 그 유전자를 다음 세대에 전해 준다. 인류는 고령자에게 건강과 강건함을 부여해 주는 유전자를 결코 배양할 수 없었는데, 왜냐하면 자연(그리고 사람도 역시?)은(일상적 실재 CR에서) 유전자를 성장과 진화, 번식에 사용하는 것에 초점을 맞추어 온 것처럼 보이기 때문이다. 그래서 나이 들면 우리의 유전자는 우리를 소멸시키

노화의 생물리학

노화에 관한 최근의 과학적 연구는 세포에서 노화 과정의 억제를 목표로 하고 있다. 앞서 언급한 것과 같이, 각각의 세포는 그 안의 핵에 저장되어 있는 DNA에 신체의 전반적인 유전 암호를 가지고 있다. DNA는 세포의 활동과 반응을 통제한다. 세포가 분열할 때마다 DNA가 복제된다. 돌연변이를 방지하고 예방하기 위해서, 세포핵 안의 효소는 항상 DNA를 감시한다. 그럼에도 불구하고, 육체의 신체세포(피부, 근육과 같은, 또는 장기와 분비샘의 조직)에서의 일부 세포 수준 돌연변이는 발견되지 않은 채 진행되며, 세포가 분열할 때 이러한 세포의 피해는 그 세포 분할의 미래 생식에서 복제된다. 세포의 DNA 회복 체계 그 자체는 노화를 겪으며 담당한 임무의 기능이 떨어지게 된다. 그리고 오류를 지닌 DNA는 더 많은 오류를 만들며 새로운 세포로 전달된다. 이렇게 한 세포에서의 미시적 오류들은 합쳐져서 최종적으로 종양이나 또는 노화와 신체 악화로 나타난다.

회복 체계 그 자체가 악화되고 있다는 것에 더해서, DNA 손상의 또 다른 주요 원인은 자유 라디칼(free radicals)이다. 이것은 산소를 포함하는 정상적인 신진대사 과정 중에 생성되는, 반응성이 높고 전기적으로 균형이 맞지 않는 홀전자를 가지는 분자다. 이러한 전기적으로 균형이 맞지 않는 화학종을 중화시키기 위해서 세포는 항산화제로 알려진 다양한 화합물을 사용하는데, 그중에는 과일과 채소에서 발견되는 비타민 C와 비타민 E 등이 있다. 항산화제는 음식(그리고 기체와 오일 등)이 부패하는 것을 억제함으로서 음식을 보존한다. 그럼에도 불구하고, 자유 라디칼에 의한 손상은 발생하며 노화 메커니즘의 하나라고 여겨진다. 인간은 수명이 짧은 종보다 매우 높은 수준의 항산화제를 가지고 있다는 것이 밝혀졌다.

는 것으로 이미 결정되어 있다고 과학자들은 말한다.

일상적 실재 CR에서 시간의 흐름은 노화를 일으킨다. 그것은 마치 우리가 유전적으로 이미 결정된 수명을 가지고 있는 것처럼 보인다. 우리 중에 119세의 나이보다 더 살 수 있는 사람은 거의 없다. 수명의 유한(有限)한 본성은 유전적 특성과 환경적 특성의 결합 때문이라고 생각된다. 모든 증상에서와 마찬가지로, 무지개 의학은 노화 과정을 알아차림 과정으로, 그리고 부분적으로 예방하거나 치료할 수 있는 일상적 실재 CR에서의 의학적 상황으로서 접근한다.

노화와 침묵의 힘

제6장에서, '생명은 숨을 쉬고 움직이는 것'과 같이 생리학 개념으로 생명을 말했었다. 생명의 신진대사적 정의는 투과할 수 있는 경계와 연결된 일상적 실재 CR 정체성을 갖는 것과 연관되어 있다. 유전학적 정의는 생명을 우리 주위의 세계에 대한 반응으로의 적응을 지닌 진화 과정으로 만들고 생화학과 환경을 추가했다. 생물리학에서 생명은 질서이며, 그리고 엔트로피가 질서를 이기고 결국에는 생명을 파괴한다.

무지개 의학에서 생명의 정의는 또한 양자역학과 평형 세계의 존재를 연결하는 침묵의 힘 또는 자연의 미묘한 의도를 포함한다. 무지개 의학에서 일상적 실재 CR의 노화는 신체 악화이며, 꿈 영역에서 노화는 주관적이고 개인적인 경험이다. 그리고 본질 세계에서 노화는 단지 침묵의 힘의 한 면일 뿐이다

예를 들어, 많은 사람들은 약화된 신체 부분들과 피로의 개념으로 노화에 대하여 불평한다. 복부, 어깨, 가슴, 고환과 다른 기관들이 약해지기 시작하며, 운동을 하지 않으면 신체는 약화된다. 예를 들어, 운동을 해서 유지할 수 있는 것과 같이 약화에 대항하는 대신에, 약화의 경험은 계시적이 될 수 있다.

나는 한 중년 여성에게 자신의 노화 경험에 대해 질문한 적이 있었는데, 그녀

는 약화가 노화의 놀라운 경험이라는 것을 느꼈다고 말했다. 그녀는 서 있는 동 안 앞으로 구부리면서 노화에 대하여 단지 이야기하는 것이 아니라 노화에 대한 자신의 설명을 경험하라는 나의 제안을 따랐다. 나는 그녀가 자신의 알아차림을 사용하고 일어나기를 원했던 그 어떠한 것에도 따르도록 제시하였다. 그녀는 더 욱 구부정하게 되었으나 잠시 멈추어서 만일 자신이 계속한다면 중력 때문에 넘 어질 것 같다고 말했다. 그러다가 바닥으로 넘어지면서 그녀는 발견하였다.

그녀를 위해 땅이 그곳에 있었으며 그녀를 붙잡아 주었다. 그녀는 땅이 신(神) 과 같았다고 설명하였다. 그녀는 스스로를 신의 품 안으로 들어가게 하는 것처 럼, 약화가 그녀에게 영적인 경험으로 바뀌었다. 그녀가 더 이상 스스로를 유지 하지 못 하였을 때, 그녀가 그대로 두었을 때, 그녀는 그녀를 위해 무엇인가가 그 곳에 있었음을 느꼈다. 약화는 노화와 연결된 역학적 문제이며, 꿈 영역에서 노 화는 신성한 무엇인가로 전환되었다.

나의 제안은 당신의 알아차림을 사용하라는 것이다. 노화와 우울 같은 용어들 이 일상적 실재 CR의 의미를 갖지만 변형적일 수 있는 꿈 영역 경험을 부정한다 는 것을 이해하라. 이 글을 읽는 독자는 노화를 어떻게 정의하는지를 스스로 자 신에게 물어보아라. 당신은 노화를 어떻게 경험하는지(마치 노화가 어떤 것을 설명 하는 것처럼), 잠시 여유를 가지고 그 경험에 **빠져 들어라.**

실험으로서, 당신 자신을 꿈 영역으로 빠지게 하고 당신의 노화 경험이 압도하 게 하라. 형태 변형을 해서 노화가 발생하게 하라. 당신의 신체가 실험하게 하고, 노화에 대한 당신의 현재 경험을 탐구하라.

그 경험이 완전한 표현으로 펼쳐졌을 때, 당신의 펼쳐진 신체 느낌을 가지는 사람의 이미지를 상상하라. 예를 들어, 만일 당신이 피곤해서 쉬고 있는 자신을 본다면, 휴식을 마친 사람을 상상하라. 지금 당장 당신에게 나타나려고 하는 침 묵의 힘을 발견하기 위해 당신 자신이 그 사람이 되도록 하라. 그 경험을 즐기고 그 의미를 발견하라.

노화는 당신의 본질에 관해 당신을 깨우치려고 하는, 아직까지 본질적으로는 알려지지 않은, 경험의 집합적 이름이다! 비일상적 실재 NCR의 관점으로 보면, 노화가 아니라 꿈꾸기가 존재한다. 이 관점은 불교와 같은 주요 영적 전통의 관점과 밀접하다.

노화에 대한 불교의 기본 개념

노화는 불교와 같은 일부 영적 전통에서 핵심이다. 다음에 설명할 불교의 간단한 요약에서는 포함되어야 할 많은 것들을 제외하였지만, 그러나 나는 불교의 일부 주요 사상이 무지개 의학의 과학적 차원과 영적 모두와 밀접하게 관련되어 있기 때문에 그것을 포함시켜야만 했다.[2]

전설에 의하면, 부처는 그의 출생 후 29년을 보호받고 특권이 있는 생활공간에서 보냈다. 30세에 그는 그 보호된 생활을 떠나서 일상 세계로 들어갔다. 부처가 가장 먼저 본 것은 '네 가지 표지(標識)'였는데, 첫 번째는 '노인', 두 번째는 '환자', 세 번째는 '죽은 사람', 네 번째는 '성자(聖者)'였다.

왕궁을 떠난 후 깨달음을 향한 그의 첫 번째 발걸음은 '노인'을 만나는 것이었고, 그 후 환자, 죽은 사람, 성자를 만났다. 이 이야기는 많은 것을 의미하지만 이 책의 맥락에서, 그가 자신의 삶 앞부분에서 살았던 보호된 공간은 순수한 젊음으로서 상징적으로 이해될 수 있다. 그는 30세에 노화, 사회적 문제, 고통의 존재를 깨달았다.

그러다가 부처는 네 번째 표지인 성자의 행로를 따랐다. 보리수 나무 아래에서의 명상을 통해, 그는 만물(萬物)은 상호 의존하며 공(空)이라는 깨달음으로 일상적 실재 CR로부터 자신을 자유롭게 했다. 부처는 생명이 물질과 마음의 즐거운 상태에 대한 집착 때문에 고통받고 있다는 것을 깨달았다. 부처는 고통과 갈망이 올바른 행동, 올바른 생활, 올바른 집중(팔정도(八正道)[3]를 사용함으로써)을 통하여 해결될 수 있음을 발견하였다.

부처는 내부 경험의 생성과 소멸을 명상하고 따르는 것으로부터 고통을 완화시키는 몇 가지 일반 원리를 터득하였다. 첫 번째 부처의 원리는 비영속성—아미타(*amitya*)다. 영원한 것은 아무것도 없다. 모든 경험은 발생하고 소멸하며, 나타났다가 사라진다는 것을 주목하라. 모든 것은 과정이다. 양자 물리학의 기본인 파동 형태는 또한 우주가 본질적으로 과정 중의 파동이라는 것을 의미한다. 모든 것은 움직이고 있다.

두 번째 부처의 원리는 일상적 실재 CR에서의 모든 것이 공(空, *sunyata*)이라는 것이다. 공이라는 말은 여러 가지 방법으로 이해될 수 있다. 나는 공을 개방성과 창조성의 개념으로 설명하는 교토의 선(禪) 지도자 후쿠시마 로시(Fukushima Roshi)의 해석을 좋아한다. 본질적 수준에서 사건은 창조적 불꽃으로 가득 차 있지만 어떠한 영구적 형태나 내용이 없다고 공은 제시한다. 예를 들어, 의자는 일상적 실재 CR 물체로서 시간에 따라 변형하는 의자의 본질을 과소평가하는 일상적 개념이라는 감각에서 공이다. 이러한 감각에서, 일상적 실재 CR은 공을 포함한다.

또 다른 예: 당신은 아마도 자신을 일상적인 현실에서의 사람으로서 생각할 것이다. 그러나 어떤 것을 이름 붙이는 것은 그것의 기본적인 움직임, 그것의 진행 중인 유동성을 부정하며, (무엇이든) 한 가지가 되도록 고정시킨다. 그러나 이제는 일상적 실재 CR 과학에서조차 안정적이고 영구적인 어떠한 견고한 사물이나 물체는 없다는 것을 안다. 이러한 점에서 모든 것은 공이다. 도인(Taoist)은 이 공을 서술하는 또 다른 방법을 사용하는데, 그들은 그것을 말로 표현할 수 없는 도(道)라고 불렀다.

불교에서, 물질은 그들의 상호 의존성을 통하여 일상적 실재 CR에서 존재하는 것으로 우리가 아는 것들이 된다. 예를 들어, 우리는 일상적인 현실의 역사, 과학, 통증 및 고통과의 상호 의존성 때문에 증상은 증상일 뿐이라는 것을 알고 있다. 어떠한 하나의 증상도 모든 사물과 상호 의존적이다. 그러한 요소들 중에 어느 하나도 없다면, 증상은 무엇인가 다른 것이 될 것이다.

예를 들어, 우리가 그들(무엇인가 잘못되고 있다는 신호)을 생각할 때 증상의 개념이 없는 문화에서 그들은 존재하지 않을 것이다. 우리가 암이라고 하는 것은 단지 우리가 어떤 속성의 구성을 가속화된 성장 과정으로 설정하기 때문에 존재한다. 또 다른 속성들을 설정한다면 당신은 전혀 다른 경험을 얻게 된다. 일상적 실재 CR에서의 기본적인 공은 모든 의미는 설정되는 것이며, 본질적인 것은 아무것도 없다는 원리를 반영한다.

세 번째 부처의 원리, 참자아(*Atman*)는 '무아(無我, no-self)'를 의미한다. 개인으로서의 우리는, 일상적 실재 CR 자아가 성장하고 죽는다는 것만이라면, 영원한 자아나 정체성을 갖지 않는다.

평형 세계로서의 노화

노화에 대한 무지개 의학의 관점은 측정 가능한 실재와 측정 불가능한 실재의 과학적이며 정신적 개념의 조합을 포함한다. 우리는 모두가 노화하며, 동시에 노화는 미지의 신비스러운 과정에 대한 공(空)의 개념이다. 꿈 영역에서 노화는 많은 평형 세계에 의해 나타내어질 수 있다. 당신의 CR 나이에 관계없이, 꿈 영역에서 '당신'은 아기이며 노인, 살아 있는 사람과 죽은 사람, 당신 자신일 뿐만 아니라 많은 다른 형상이다. 당신은 많은 우주의 집합이다.

일상적 실재 CR에서, 당신은 이러한 다른 우주들이 무시되었기 때문에 단지 하나의 사람인 것처럼 보인다. 당신의 모든 잠재적 역사, 당신의 죽음, 당신의 삶, 당신의 어린 시절, 당신의 늙은 나이—그리고 모든 다른 사람들의 것들도—의 합만이 총체적 당신이다. 당신의 모든 부분에 대한 이야기의 합이 합당한 것이다. 그 자체에 의한 하나의 세계는 충분하지 못하고, 마치 무엇인가가 삶에서 빠진 것처럼 당신을 불안하게 만든다.

나의 파동 합계 도표는 심장과 함께 하는 당신의 초시간적인 통로와 같은 양

(量)의 합인 다양한 세계들의 합계를 나타낸다.

실습: 노화 증상과 작업하기

노화의 총체적 경험과 함께 작업하는 것에 대하여 부연한다면, 어떤 사람들에게는 특정한 노화 증상들에 대해 작업하는 것이 큰 도움이 될 수 있다. 효과적인 방법은 당신이 노화와 연결시킬 수 있는 특정한 신체 증상과 동일시하는 것이다. 여유를 가지고 지금 그것을 해 보라. 만약 당신이 여러 가지 증상을 가지고 있다면, 당신의 무의식적 마음이 그 순간에 작업을 할 (노화에 따른) 신체 증상이나 경험을 선택하게 하라.

그 증상을 느끼거나 그 효과를 주목하라. 그것이 어떠한 방법으로 당신의 신체건강의 초기 상태를 축소시키는가? 예를 들어, 당신의 시력이 약해지는가? 당신의 신체가 약화되어서 당신이 덜 강해졌는가? 당신의 피부가 변하는가? 당신의 심장이나 위 혹은 성욕이 약해졌는가?

이 노화 증상에 대해 저항하고 분석하거나 치료하려고 하는 대신, 그것을 주목하라. 그것에 대해 합리적인 방법으로 생각하지 마라. 오히려 증상으로 느껴 들어가라. (만약 증상이 증가되었다면 당신이 가질 것 같은 느낌을 상상하라.) 이제 그 느낌 경험이 조금 더 증가되도록 하라. 노화의 그러한 증상 과정이 스스로 펼쳐지도록 허용하라. 단지 당신의 상상 속에서 당신이 시간이 지남에 따라 어떻게 변화할 것 같은지 주목하라. 요점은 이 변화들을 단지 슬퍼할 것이 아니라, 이러한 변화들이 당신의 경험과 환상의 선(線)들을 따라 발생하도록 주목하고 허용하는 것이다. 예를 들어, 당신의 시력이 약해지면, 당신 주위의 세계를 덜 보고, 초점을 덜 맞출 수 있을 것이라는 것을 상상하라.

당신의 내부의 알아차림을 사용하고, 이러한 노화 과정으로 더 깊게 들어감

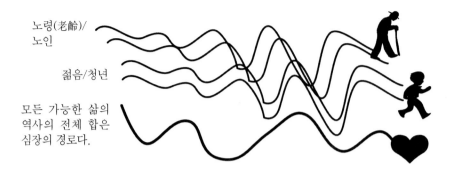

노령(老齡)/
노인

젊음/청년

모든 가능한 삶의
역사의 전체 합은
심장의 경로다.

[그림 15-1] 파동 합계. 노화, 젊음의 세계들과 다른 평행 경험 또는 안내 파동의 리듬의 합

에 따라 어떤 일이 발생하는지 추적하라. 당신의 상상에서 일어나는 퇴보에 당신의 주의를 집중하고, 그리고 그것을 경험하는 동안, 이러한 발전 이면의 기본적 경향성, 가장 미묘한 의도를 찾아라. 이것에 대해 당신의 가장 빠른 순간적인 알아차림들이 떠오르게 하고 그것들을 잡아라. 예를 들어, 당신의 약화되는 시력의 본질은 더 이상 외부를 볼 수 없는 것이 아니라, 대신 내부의 경향성을 주목하고 그것들을 따르라는 것일 것이다. 약화된 시력의 본질은 세상을 덜 심각하게 받아들이라는 것이며,―시각장애인인 자크 루세랑(Jacques Lusseyran)과 같이―삶을 다르게 느끼도록 배우는 것일 것이다.

　이러한 본질의 세계를 탐구하라. 당신이 노화에 대해 생각할 때마다, 그것을 주목하고, 죽음을 상기하며, 그리고 노화와 죽음은 어느 정도 모두 공(空)이라는 것―그것들은 알려지지 않은 경험에 부여된 이름일 뿐이라는 것―을 기억하라. 당신이 지금까지 당신의 삶에서 가졌을 수도 있는 어떠한 안정성도 버리고, 노령화가 일어나는 것을 탐구하라. 비영속성이 공(空)을 통하여 당신을 시간과 공간을 넘어 심장이 있는 경로로 인도하도록 하라. 이 본질적 경험, 심장이 있는 경로가 어떻게 당신의 노령과 젊음의 일부 본질적 부분의 합인가?

초자연치료사 돈 후앙이 '마음의 경로'라고 불렀던 것에 대한 그의 제안을 기억하라. 이것은 매우 현명하고 나이 든 사람이 택하는 경로이며, 이것은 야망과 다른 사람의 아이디어로부터 자유로운 경로다. 이 경로는 당신을 행복하게 만든다. 다른 경로들은 결국에는 당신이 당신의 삶을 저주하도록 만든다. 만약 당신이 마음이 있는 경로에 있지 않다면, 당신이 그것을 찾기 위해 하고 있는 것을 멈추는 것이 당신이나 또는 어느 누구에게도 모욕이 아니다. 노화는 당신이 그것을 공(쏘)으로 보고 그것의 신비를 탐구하고자 할 때 마음이 있는 경로의 부분이 된다.

제16장
왜 자유 라디칼은 파괴하는가

이제 우리는 전자와 빛이 어떻게 행동하는지 알고 있다. 그러나 나는 그것을 무엇이라 부를 수 있는가? 만일 내가 그들이 입자처럼 행동한다고 말한다면, 나는 잘못된 인상을 줄 것이며, 또한 내가 그들이 파동처럼 행동한다고 해도 마찬가지다. 그들은 기술적으로 양자역학적 방법이라고 할 수 있는 그들 자신의 독특한 방법으로 행동한다. 그들은 당신이 전에 결코 볼 수 없었던 방법으로 행동한다. 당신이 이전에 보아 왔던 물체에 대한 당신의 경험은 완전하지 못하다. 매우 작은 규모에서 물체들의 행동은 매우 다르다. ……정말로 어려운 점은, 그것을 무엇인가 익숙한 개념으로 보고자 하는, 그럼에도 통제되지 않으나 철저하게 공허한 욕망의 반영인 당신이 스스로에게 "그러나 그것이 어떻게 저럴 수 있는가?"라고 말함으로써 초래되는, 심리적이며, 영속적인 고뇌 속에 존재한다는 것이다.
– 리처드 파인만(Richard Feynman)[1]

당신이 노화, 유전적 문제, 세포, 증상 등을 다루는 방법은 당신이 믿는 것에 부분적으로 의존한다. 예를 들어, 당신이 노화를 화학적 개념으로 생각한다면, 당신은 녹이 스는 금속과 약화되는 신체를 생각할 수도 있다. 그러면, 당신은 '산화(酸化)'를 방지해 주는 항산화제를 섭취하게 될 것이다(다음에서 설명한다).

그러나 당신이 노화를 화학과 생물학의 관점으로뿐만 아니라 심리학을 포함하여 고려한다면, 놀랍게도 신체 기관들의 부식과 낡아짐은 산화보다 더 많은 것과 연결된다. 이런 새로운 무지개 관점으로부터 노화, 부식 및 산화는 단지 일상적 실재 CR 사실 일뿐만 아니라 해결되지 못한 갈망들과 연관된 정신적 상상, 비유다. 만일 이것이 당신에게 고통이 집착에서부터 나온다는 불교의 교리처럼 들린다면, 당신이 옳다. 나의 의견으로는, 전기역학적 화학의 중심에서 이것은 물리학, 심리학, 영적 가르침들이 수렴하는 또 다른 신비한 관점이다.

오늘날의 생물학적 관점은 우리를 약 천 조(兆, 10^{24})개 세포로 구성된 움직이는 집합체로 본다. 이것은 명확하게 일상적 실재 CR에 대한 도교의 개념을 사용하기 위한 "만물(萬物)" 세계다. 우리 자신을 현미경으로 들어다 보면, 우리는 한 뭉치의 세포들인 것으로 나타나며, 각 세포에서의 유전 물질 절반 정도는 또한 바나나에서도 발견된다. 인간 생명체의 기본적인 구성 요소—우리를 인간으로 만드는 물질—가 침팬지와 단지 약 3%만 차이가 난다는 사실은 당신을 불쾌하게 만들거나, 아마도 일반적으로 당신은 '다른 사람'으로 확신할 수도 있다. 당신과 나는 바나나와 원숭이 그리고 다른 모든 것에 상호의존적이다.

노쇠 요인

앞 장을 통해, 우리는 DNA 코드가 끊임없이 분열하고, 스스로를 복제하면서 생명을 재창조하기 때문에 세포가 재생하며 스스로를 복구한다는 것을 알고 있다. 세포는 핵분열 과정에서 나뉜다. 변형이 없다면, 이 복제 과정은 영원히 계속되어, 우리는 죽지 않게 될 것이다.

1961년 미국 펜실베이니아 대학교의 미생물학자 레너드 헤이플릭(Leonard Hayflick)은 인간 세포에 관한 실험을 수행하였다. 그는 신체 세포들이 더 이상 분열되지 못하고 노쇠하기 전에 50번 복제된다는 것을 발견하였다. 지금까지, 아무도 세포들이 왜 복제 50번 후에 멈추는지 설명할 수 없었다. 세포 생물학자들은 세포의 재생산을 제한하는 미지의 요소를 노쇠 요소(senescence factor: SF)라 불렀다.

SF 이론에는 몇 가지가 있다. 첫 번째는 자기면역 이론으로, 보통 우리의 신체를 위협하는 외부로부터의 이물질을 공격하려는 우리의 방어가 우리 자신의 신체를 공격할 때 발생하는 자기면역 반응을 말한다. 심리학적 개념에서, 우리는 외부의 공격에 대해 우리의 개체성을 방어하는데, 그러나 그렇게 하면서 우리는 너무 지나쳐서 우리 자신까지도 공격하기 시작한다. 자기면역 반응은 심리학에서 자기혐오와 같은 것이다.

자유 라디칼은 두 번째 SF 이론이다. 독소와 변형은 DNA를 상하게 하고, 자유 라디칼은 유전적 변형과 노화를 만드는 내부의 독소 중 하나다. 간단히 말하면, 자유 라디칼은 전기적으로 균형이 맞지 않는 물질이며, 자유로운 여분의 짝지지 않은 홀 전자(unpaired electron)를 가지고 있다. 이러한 전기적으로 균형이 맞지 않는 라디칼은 DNA를 공격하고 DNA로부터 전하를 유도하여 세포 화학을 교란시킨다. 그 결과 DNA는 더 이상 복제하지 않는다는 것이다. 따라서 자유 라디칼은 돌연변이를 만들고 노쇠 요인의 일부다. 자유 라디칼은 당뇨병, 관절염, 알츠하이머와 심장 이상을 포함하는 많은 질병의 발생 요인으로 여겨지고 있다.

자유 라디칼과 불교

불교와 생화학은 집착이 고통을 창조한다는 한 가지 점에 대해 함께 동의한다. 만일 당신이 자유 라디칼이 전기적으로 양전하를 요구한다는 것을 기억한다면, 화학자가 자유 라디칼로 생각하는 것은 우리가 사라진 것을 갈망하는 우리 일부에 대한 은유나 상징이다. 자유 라디칼의 화학을 이해하는 한 가지 방법은 갈망, 집착, 동경과 갈망하는 환영을 생각하는 것이다. 예를 들어, 당신이 매우 배가 고플 때 어떻게 행동하는지 기억해 보라. 더 나은 것은, 당신이 배가 고프기 때문이 아니라 어떤 미지의 갈망 때문에 먹는 때를 기억하라. 알아차림 없이, 당신의 갈망은 당신이 먹어야만 하는 동물, 물고기와 새와 같은 생명체의 고통을 잊어버리게 만든다. 적자생존! 방치되고 만족되지 않을 때, 갈망은 알아차림을 소멸하고 우리를 우리 자신과 다른 사람에게 잠재적으로 위험하게 만든다.

자유 라디칼이 노쇠 요소의 부분인 것처럼 갈망도 마찬가지다. 갈망과 중독은

자유 라디칼 산화반응

[그림 16-1]에서 왼쪽의 자유 라디칼 분자는 두 개의 짝지지 않은 전자와 그 결과로 발생하는 음전하(陰電荷)를 가지고 있다. 당신 자신이 균형 맞추기 위한 전하를 찾고 있는 이러한 라디칼이 되는 것을 상상해 보라. 당신은 자신이 기분이 좋아지도록 만들기 위해 양전하를 갈망하게 된다. 당신은 그 갈망을 완화하기 위하여 법을 위반할 수도 있다. 자유 라디칼은 도둑과 같다.

화학에서 이러한 자유 라디칼은 하나 또는 그 이상의 전자들을 물질로부터 제거하는 산화라고 불리는 과정을 발생한다. 더 이상 음전하를 띠고 있지 않은 자유 라디칼 분자는 여분의 전자를 받아들인 후 더 이상 적절하게 작용하지 않는 유전적 물질(오른쪽 그림)과 결합함으로써 산화시킨다.

자유 라디칼은 전자를 잃으면서 산화시킨다. 당신은 자유 라디칼이 음식에게 발생시키는 것 때문에 산화 과정에 대하여 알고 있다. 산화는 기름과 버터를 고약한 냄새

두 개의 짝지지 않은 전자를 가진 반응성이 높은 자유 라디칼

양전하를 띠고 있는 분자는 가까이 접근해서 결합하려는 자유 라디칼에 의해 소멸하게 된다.

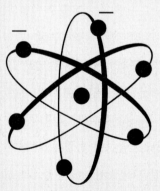

자유 라디칼

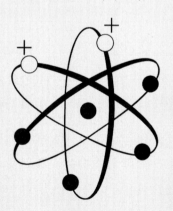

양전하를 띠고 있는 분자

[그림 16-1] 자유 라디칼의 산화반응

> 가 나게 하고, 또한 철을 녹으로 변화시킨다. 비타민 C, E와 A 같은 산화 방지제는 자
> 유 라디칼을 중화시킴으로써 산화를 방지한다. 자유 라디칼이 이러한 비타민들이나
> 산화 방지제를 만나면, 라디칼은 DNA 대신에 그것들에 의해 사라진다.

우리를 상하게 하고, 신체를 파멸시킨다. 당신이 더 편파적일수록, 당신의 심장
은 더 많이 뛰게 되고, 당신의 위는 더 많은 산을 만들어 내며, 당신이 무엇인가
를 더 많이 갈망하면 스트레스 요인이 더 커지고, 더 기분이 나빠진다.

　비타민 C가 생리적인 항산화제인 것처럼 영성적 태도와 분리가 이 문제를 다
루며 갈망에 대한 일종의 심리적 항산화제다. 불교, 도교와 다른 관련 전통들은
그들 교의(敎義)의 실행이 분리와 전체적 균형을 향상시키는 갈망을 중화시키는
방향으로 인도한다는 점에서 '항산화제'가 된다. 오늘날 의학계 사람들은 스트
레스에 대한 해독제로서 명상을 추천하는 것이 유행이다.

실습: 갈망의 내부로 그리고 갈망을 넘어

　우리가 물리학에서 하는 것처럼, 우리의 화학 이론들을 은유와 꿈 영역 패턴으
로 본다면, 자유 라디칼은 스트레스가 많은 태도, 일방적 갈망이다. 예를 들어,
일 중독적인 태도는 당신이 휴식을 갈망하게 만들 수도 있으며, 또는 당신이 휴
식을 얻는 데 도움을 줄 마약을 갈망하게 될 가능성이 크다. 일방적인 노력은 그
것들 스스로의 해결 방법을 찾는다.[2] 충족되지 않은 일방적 생활태도는 균형을
갈망한다. (세속적 집착은 종종 자멸적인 소식(小食)으로 균형을 맞추며, 예민한 우울
증은 과식(過食)으로 균형을 맞출 수 있다.) 갈망이 방치되는 한, 충족은 무의식적으
로 발생하며, 자기파괴적일 수 있으며, 결코 만족할 수 없는 것이다.

마약 중독에 대한 무지개 의학의 관점은 그것들이 일종의 심리학적 라디칼 화학이라는 것이다. 비록 중독이 미지의 평형 세계들을 가리키지만, 그것들 역시 일상적 실재 CR로부터 중독자의 분리를 증가시킨다. 어느 정도, 중독자는 분리되는 것에, 약물에 중독된 경험으로부터 분리된 중독되지 않은 세계를 경험하는 것에 중독되게 된다. 둘 중 어느 하나는 확인되지만, 두 가지가 함께 확인되지는 않는다.

무지개 의학에서, 중독과 같은 증상에 대한 해결 방법은 증상 그 자체에 깊이 묻혀 있다. 다음의 실습에서, 갈망에 대한 해결 방법은 그들의 평행한 꿈 영역 경험에서 발견된다. 중독의 본질을 발견하는 것은 그러한 중독적인 성향을 개선할 수 있다. 예를 들어, 섹스 중독의 본질은 사랑하고자 하는 태도일 수 있다. 알코올 중독의 본질은 모든 것을 떠나보내려고 하는 것일 수 있다. 당신은 달콤한 맛이나 크림 맛 때문에 특정한 과자에 매료당하는 것을 발견할 수도 있다. 당신은 담배 연기를 뿜어 내는 것이 당신에게 무엇인가 떠나보내려는 기회를 주기 때문에 흡연하는 것일 수 있다.

중독의 본질을 발견하는 데에서, 당신은 갈망의 심리학을 연구할 것이다. 어떠한 갈망의 체험에 묻혀 있는 것은, 당신은 자신 속에 이용 가능한 투사 능력을 가지고 있지 않다고 믿지만, 달콤함이나 떠나보내기와 같은 물질에의 투사 능력의 원동력이다. 당신이 당신 자신에 대한 무엇인가를 물체나 물질에 투사하고 있다는 이러한 생각에 초점을 맞추는 것은 그러한 특정한 중독의 본질로 인도할 것이다.

당신이 긴장을 풀고 당신 자신에 대해 작업하는 일에 충분히 초점을 맞추었을 때, 당신의 중독적인 경향성 하나를 제시하라. 당신이 중독적 경향성에 대해 생각하는 것이 어려운 일일 수 있지만, 당신이 어떤 물질이나 음식을 남용하려고 하는 경향성을 생각하고 제시하라. 당신이 제시한 후에, 스스로에게 "이 경향성 이면의 가장 깊게 충족되지 못한 욕구가 무엇인가?" 물어보라.

예를 들어, 사랑받고 싶다는 당신의 필요성이 단맛에 대한 중독과 연관될 수 있다. 비(非)모성적이라 느끼며 끊임없이 자기비판적인 많은 사람들이 단맛에 중독되어 있다.

당신이 준비가 되었으면 당신의 갈망을 탐구하라. 당신 스스로에게 물어라. 이 일방적 갈망이 만들어 내는 신체적 느낌은 무엇이며, 어떻게 나의 신체에 가장 극단적인 형태로 영향을 미치는가? 어떠한 장기(臟器)가 중독적 경향성에 관여하는가? 어떤 근육이 영향을 주는가? 나의 필요성이 방해하는 신체 부분은 무엇인가? 예를 들어, 그것이 당신의 폐, 머리, 위, 근육, 피부 혹은 눈, 목, 입 등을 괴롭히는가?

당신의 갈망을 느끼고, 그리고 당신이 갈망하는 물체나 물질을 나타낼 수 있는 누군가를 상상하라. 이 사람은 누구인가? 그녀 혹은 그는 어떤 종류의 사람인가? 그녀와 그의 세계는 어떨까? 당신의 창조적인 마음이 당신에게 당신이 갈망하는 것을 의인화하는 사람이나 또는 신화적 존재의 이미지를 보내도록 하라. 예를 들어, 당신은 어떠한 정신적 인물 혹은 사회적 인물, 어떠한 괴상한 인물 혹은 최면적 인물, 어떠한 달콤한 사람 혹은 매우 치사한 사람을 볼 수도 있다.

이제 이미지의 본질 속으로 더 깊이 들어가 보자. 이 상징이나 상상적인 존재의 본질은 무엇인가? 그것의 핵심, 그것의 가장 깊은 본질은 무엇인가? 갈망의 본질을 발견하기 위해서는 이러한 이미지가 놀라운 것 혹은 극적인 것이 되기 전에 무엇이었는지 상상하는 것이 도움이 될 수도 있다. 갈망의 의인화가 되어 그것의 세계를 느껴 보라. 그런 다음, 그의 행동에서 일방적 혹은 극단적이 되기 전에, 그의 가장 깊은 핵심에서 그가 누구인지를 알아내라. 그것이 갈망의 본질이다. 그 본질로부터 새로운 이미지를 만들어 내라. 당신이 긴장이 풀릴 때까지 본질에 대한 탐색을 계속하라. 예를 들어, 갈망의 대상이 과자이고, 그것의 의인화가 달콤한 엄마 같은 모습일 경우, 그 엄마 같은 모습의 본질은 단순히 사랑하는 존재일 수 있다. 이 존재의 이미지는 예를 들어 수녀일 수 있다.

속성을 만족시키는 그러한 본질의 세계를 탐구하라. 그 세계에 머물러라. 그 런 다음 당신의 보편적 자아를 뒤돌아보고 본질 세계와 당신의 일상적 실재 CR 자아를 평가하도록 하라.

일상생활에서 살고 있는 갈망의 본질은 갈망을 균형 맞춘다는 점에서 일종의 항산화제다. 그것이 그것에 대한 갈망을 탐닉하기보다는 본질에서 살기 위하여 신체에 대한 당신의 감각을 어떻게 변화시키는지 주목하라.

당신과 당신의 갈망 사이에서

중독은 당신의 일방적 정체성과 연결되어 있다. 당신은 갈망하는 것이 무엇이 든 같은 힘을 가지고 있지 않다는 것을 결정했다. 물론, 당신은 그 물체의 힘을 가지고 있지만, 그러나 그 힘을 받아들이는 대신, 당신은 그것을 의식하지 않은 채 물질에게 내어 줘 버렸다. 받아들이기 어려울 수 있는 방법으로, 당신과 당신 이 중독된 물질(혹은 물체나 행동)은 하나이거나, 더 나아가 당신은 같은 본질을 공유하는 것이다. 본질은 당신의 일방적 본성과 물질의 본성으로 펼쳐지만 그 러나 그 둘 다는 아닌 장 영역이다. 이러한 본질은 양극화 이상, 집착 이상이며, 그것은 단순히 그러하다. 그것은 어떠한 물체나 사람에 한정되지 않는다.

갈망은 노화 과정을 악화시킨다. 그것은 당신의 다차원적 힘의 약탈자다. 그 것은 중독성 물질이 일시적으로 만족감을 줄지라도, 어느 정도는 그것의 암묵적 자기비하 효과 때문에 어느 정도는 우울하게 되는 이유다. 당신은 당신 사이의 초공간적, 꿈 같은 혹은 마술 같은 장 영역의 힘을 버리면서 당신 자신을 비하하 고, 중독에 매료된다.

더 자의식적인 관점으로부터, 당신이 갈망이라고 생각하는 것은 물리학자가 가상 입자라 불리는 것으로 채워진다.

갈망은 전기장, 가득 찬 가상의 힘, 당신이 자신에게서 깊게 느낄 수 있거나 당신을 다른 사람에게로 끄는 것을 알아차릴 수 있게 하는 무엇인가와 같다. 갈망이나 중독 이면의 본질이나 힘은 당신을 모든 것과 연결시키는 침묵의 힘의 또 다른 묘사다. 이 힘을 과소평가하는 것은 그 장 영역을 부분들로 나눈다. 그것은 당신이 가지고 있지 않다고 믿는 그것을 갈망하도록 당신을 남기고 당신을 두 부분으로 나눈다.

당신의 갈망들을 통합하는 것은 당신에게 건강함의 더 큰 감각을 준다. 당신의 힘을 과소평가하는 것은 당신과 당신이 원하는 물체 사이에 더 많은 '전기'를 발생하게 한다. 원칙적으로, 그런 양극화는 당신의 가상 장 영역, 당신의 양자화학, 당신 혈액 속의 많은 자유 라디칼 그리고 노화 과정에도 영향을 미친다.

가상 입자 이론과, 중독에 의한 여분의 자유 라디칼이 당신 심리학의 은유로서 또는 의학적 사실로서 이해되든지 간에, 당신은 알아차림이 양자 파동 함수와 전기화학에 영향을 주는 의식의 이면작용에 대한 증거를 기다릴 필요가 없다. 오늘날 당신은 당신 갈망의 본질에 대한 알아차림과 당신 자신 안에 있는 큰 힘의 발견에 의한 즉각적인 혜택을 느낄 수 있다.

의미 있는 웅성거림

이제 우리는 적어도 리처드 파인만의 양자 전기역학적인 직관적 감각을 가졌으므로, 당신에게 '당신은 어떻게 그가 그러한 상상적인 이론에 도달할 수 있었다고 생각합니까?'라고 물어보고 싶다.

만약 당신이 물리학자라면, 당신은 전하 입자들 사이의 상호작용을 지배하는 가장 원칙적인 물리학의 법칙이 파인만에게 전기장을 가상 입자로 대체하는 것을 허용했다고 대답할 수도 있다. 무엇보다도 그 가상 입자들은 어떤 법칙도 위반하지 않았으며, 그들을 금지시키는 것처럼 보이는 것은 아무것도 없다.

그러나 만일 당신이 상담자라면 당신은 다르게 대답할 수도 있다. 예를 들어, 어느 때이든 우리 모두는 우리를 끌어당기고 밀치는 사물들이 중요한 것이라는 미묘한 감각을 갖기 때문에, 나는 파인만이 전하를 갖는 물체 사이에서 가상 입자를 상상했다고 생각할 수 있다. 영어의 속어 표현이 다른 사람과 물체에 의해 우리에게 주어진 신호교환 같은 부딪힘과 충돌로 힌트를 준다. 예를 들어, 어떤 사람이 우리에게 매력적일 때, 우리는 그녀가 '맹렬하다(smashing)'고 말할 수

양자 전기역학에서의 마술적 힘

중독의 본질을 찾는 것은 당신을 기분을 좋게 만들고, 당신의 자유 라디칼 생화학에 영향을 줄 수도 있다. 이에 대하여 생화학과 양자 전기역학은 그 이유를 설명할 수 있다.

양자 전기역학(QED)의 선구자인 리처드 파인만은 서로 끌리는 물체들 사이의 공간이나 영역 장을 마술적 입자의 힘으로 채워진 것으로 보았다. 그는—전자들과 양

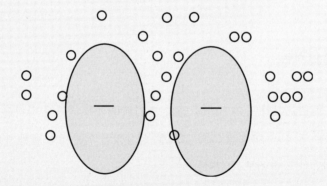

[그림 16-2] 전하를 띠고 있는 두 입자들의 QED 그림. 전하를 띠고 있는 입자들은 가상의 광자(작은 원)를 만들고 방출하고 흡수하며, 그 가상 입자들은 더 큰 입자들과 부딪히며 큰 입자들이 서로 떨어져 있도록 한다.

성자들(그리고, 자유 라디칼과 DNA와 같은 어떠한 전기적으로 균형을 유지하지 못하는 물체들) 사이에서 발견되는 것과 같은—전기장은 전기장으로서뿐만 아니라 그가 가상 입자라 불렀던 것으로도 볼 수 있다고 말했다.[3] 원자의 전자와 양성자를 둘러싸고 있는 전기장은 원자들이 왜 함께 서로 붙어 있는지를 설명한다. 음전하를 띠고 있는 원자와 분자는 (여분의 전자를 가지고 있기 때문에) 양전하를 띠고 있는 다른 분자와 결합하려고 한다.

분자와 원자 사이의 전기장 개념으로 설명하는 대신에, 파인만은 가상적 혹은 상상적인 교환입자 개념을 개발하였다.[4] 파인만은 두 개의 전자와 같은 두 개의 전하를 띤 입자들은 그들 사이의 전기장 때문이 아니라 이러한 소위 장 영역이 실제적으로 서로 충돌하는 무수히 많은 가상 입자나 가상 양자들로 구성되어 있기 때문에 서로 반발한다고 설명하였다. 그는 이들 가상 입자나 가상 양자를 각각의 전자에 의해 흡수되고 방출되는 존재로 보았다. 가상 입자들이 서로 충돌하기 때문에 전자들은 서로 반발하는 것이다.
달리 말하면, 두 개의 전자처럼 두 개의 전하를 띠고 있는 입자들은 그들의 전기장 때문에 서로 반발하는 것이 아니라, 그 장이 가상 입자 서로와 전자들과 부딪히는 가상 입자들로 채워져 있기 때문에 서로 반발한다.[5] 더 중요한 것은, 이 가상 입자들이 무(無)로부터 창조되어 나타나는 것이며, 그것들은 전자로부터 나타나서 그들이 관찰되고 무게가 측정되기 전에 그 전자들에 의해 재흡수된다는 것이다.
QED에 따르면, 미세한 교환 입자나 가상 입자들은 시간에서 앞으로 그리고 뒤로 움직인다. 우리는 어떤 전자가 다른 전자와 충돌하는 가상 입자를 먼저 방출하는지 말할 수 없다. 우리는 단지 양자 세계에서 시간과 공간과 측정에서 불확실성이 존재한다는 것만을 알고 있다. 이러한 불확실성은 가상 입자들이 너무 짧은 시간 동안에만 존재하기 때문에 그것들을 측정하는 것을 불가능하게 만든다.[6] 한 다발의 교환입자나 '가상 입자'에 의해 둘러싸여 있는 전자와 같은 전하를 띠고 있는 큰 입자의 이러한 관점이 전기장의 개념을 대체한다. 마찬가지로, 생화학에서 원자와 전자를 둘러싸고 있는 전기장의 개념은 가상 입자의 개념으로 대체될 수 있다.

있으며, "나는 당신에게서 매력을 느꼈다(I Get a Kick Out of You)." 라는 제목의 노래도 있다. "당신은 정말 매력적이야(You are a knockout)." 혹은 그 훌륭한 영화는 '히트(hit)' 쳤다와 같은 표현을 생각해 보라.

　기본적인 개념은 당신과 당신이 끌리고 밀쳐지는 것으로 느껴지는 사물 사이를 날아다니는 가상 입자와 같은 무엇인가가 있다는 것이다. 그러한 입자들은 보통 일상의 마음에 의해 무시되는 꿈 영역의 웅성거림이다. 그 웅성거림의 힘과 접촉하는 것은 당신을 중독으로부터 해방시킬 뿐만 아니라 일상적인 삶을 마술로 바꿀 수 있다. 당신이 무엇인가에 의해 끌리거나 밀쳐진다고 느낄 때마다, 당신이 단지 무엇인가를 하려고 의도할 때마다, 그 무엇과 당신을 연결하는 행동의 공통 근거인 작은 '충돌(hit)' 의 본질—웅성거림을 주목하라. 당신이 느끼는 웅성거림은 우리의 세계를 함께 유지하는, 당신에게 당신이 무엇인가를 위해 손을 내밀 때 그것도 마찬가지로 당신에게 손을 내미는 것과 같은 느낌을 주는, 보편적으로 공유된 원동력일 수도 있다. 달리 말하면, 당신의 의도는 비국소적이며, 당신만의 것이 아닌 것이다.

제17장
말단소체는 사멸을 예정한다

모든 것은 변화하며, 어느 것도 변화하지 않고 남아 있는 것은 없다.
- 부처

생화학과 심리학은 불균형의 해로운 효과에 대하여 명확하다. 한쪽 면만을 갖는 일방성은 당신이 그 단어의 모든 면에서 '자유 라디칼'이 될 때까지 당신으로 하여금 다른 쪽을 갈망하게 만든다. 결국 당신은 당신이 가질 수 없다고 느끼는 바로 그 힘을 향한 중독적인 경향성을 개발하게 되고, 당신은 그런 힘을 다른 사람과 물질에게 투사한다. 중독은 당신의 건강을 위협하고 노화 과정을 촉진시키며, 그럼으로써 당신의 정체성을 소멸시키도록 위협한다.

인간은 생물학적으로 그리고 심리학적으로 확인하고 확장하려고 유도되며, 결국에는 우리의 개인사(個人史)로부터 분리한다. 우리의 개인사와 정체성에 대한 우리의 감각이 감소하거나 과거로부터의 분리로 변환하기 시작할 때, 종종 죽음의 공포가 발생한다.

어쨌든, 모든 사람은 늙어 간다. 노쇠 요소와 관련하여, 생화학자는 그들이 말단소체(telomere) 파괴로 이름 붙인 개인사로부터 분리의 특성을 발견—내 생각으로는, 또한 투사—하였다. 이 장에서는 우리의 DNA를 괴롭히는 이러한 노화 요소가 어떻게 황소와 목동의 전설적인 선(禪) 이야기(尋牛圖)에서 반영되는가를 보여 줄 것이다. 다시 한 번, 불교가 노화의 생화학을 설명하는 것을 도와줄 것이다.

노화에 대항하는 일상적 실재 CR 방법

제16장에서, 나는 실험 생물학자 레너드 헤이플릭(Leonard Hayflick)이 인간 세포가 죽기 전에 50번 분열하는 것을 어떻게 발견했는지 언급하였다. 왜 50번인가? 그것은 마치 우리가 죽는 것이 유전적으로 프로그램 되어 있는 것처럼 보인다. 스트레스, 중독, 갈망뿐만 아니라 방사선, 음식 독소 그리고 게놈 프로그램도 우리의 소멸에 기여한다. 우리는 방사선, 음식 독소, 그리고 사람, 물질, 결과와 소유에 대한 집착으로부터 오는 스트레스를 피함으로써 노화를 늦출 수 있다는 것을 알고 있다. 우리는 신체를 해독시키기 위하여 적게 먹을 수 있으며, 운동하고 우리의 갈망을 조절하고, 증상을 향한 새로운 태도를 탐구하고, 건강한 생활태도를 창조할 수 있다. 일상적 실재 CR 연구에 따르면, 휴식을 취하는 것과 일상의 스트레스 수준을 낮추는 것이 모든 질병에 의한 사망률을 감소시킨다.

말단소체와 개인사

최근의 연구는 복제 후에 우리의 게놈 주위에 남겨진 '쓰레기' DNA가 노화에

우리 유전 물질의 종말

선형 DNA 분자의 개방된 끝부분은 불안정하다. 그들은 세포분열이나 분화 과정 동안 재결합함에 따라, DNA 사슬의 나머지 부분보다 더 빠르게 쇠퇴한다. 이러한 문제와 또 다른 문제들을 극복하기 위하여, 우리의 신체(특히 진핵세포)는 말단소체 라는 특수한 구조로서 염색체 양끝을 뚜껑으로 채우는 것을 배우게 되었다.

세포 증식 동안 게놈을 복제하는 임무를 가지는 DNA 폴리메라아제(polymerase) 효소는 DNA 분자의 끝부분을 복제하는 데 어려움이 있으며, 따라서 끝부분의 분자 서열은 새로운 복제에서 쇠퇴하는 경향이 있다. 이러한 유전적 물질의 축소 과정을 지연시키기 위하여, 자연은 뚜껑을 준비했다. 그럼에도 이러한 뚜껑을 유지하기가 어렵기 때문에 많은 세포 분화 이후에는 세포의 죽음이 계속해서 일어난다. 간단히 말하면, 말단소체의 파괴가 노화에 기여한다.

육체적 운동, 건강한 음식, 비타민 보충과 소식(小食)에 의한 신체의 해독작용이 이러한 과정을 지연시키는 데 도움이 된다. 추가로, 텔로메라아제(telomerase)라는 신체 효소가 특히 가장 노화된 세포에 첨가되었을 때 다시 젊어지게 하는 것 같다. 텔로메라아제는 노화방지 물질인 것처럼 생각되며, 젊은 사람의 염색체가 나이든 사람보다 더 길고 그리고 더 많은 텔로메라아제에 의해 지원되는 더 완전한 말단소체를 가지고 있다.[1]

다른 모든 촉매처럼 텔로메라아제는 화학계의 오래된 물질이다. 촉매 효소는 화학에서 둘 또는 그 이상의 반응물들이 반응하는 것을 도와주는데, 효소는 이 반응이 정

DNA 이중나선   말단소체

[그림 17-1] 유전자 '뚜껑'. 선형 DNA는 필수적으로 끝부분이 말단소체로 채워진다.

상 반응보다 수백 배 더 빠르게 발생할 수 있는 환경을 창조함으로써 이 반응을 진행시킨다. 하지만 촉매 자체는 촉매가 촉진시키는 반응에 의해 변화하지 않는다. 촉매는 이상적인 중개인과 같다. 비록 독립적이지만 촉매의 존재는 과정을 좋은 방향으로 촉진시킨다.

기여한다고 제안하였다. 쓰레기 DNA는 더 이상 필요하지 않은 우리의 유전 프로그램의 조각들이다. 내가 이 '쓰레기'에 대해 처음으로 들었을 때, 나는 다음과 같은 영속적인 심리학적/영적 메시지가 생각났다. '쓰레기를 버리고, 더 이상 필요하지 않은 낡은 짐을 내려놓아라.'

생화학자는 우리에게 시간이 지나면서 노화가 우리의 개인적 · 문화적 역사 그리고 인류의 역사를 포함하고 있을 수도 있다고 증명되어 왔던 염색체의 끝부분인 말단소체를 파괴한다고 이야기한다. 이러한 말단소체 끝부분의 파괴는 복제 후 퇴화하는 DNA의 종말을 드러내고, 퇴화된 DNA는 우리의 게놈에서 쓰레기가 된다.

우리의 염색체는 끝부분에서 사멸(死滅) 경향이 있는 선형 구조를 갖는다. 동물과 식물도 또한 선형 분자의 집합체로서 그들의 게놈을 유지하며, 그들의 끝부분도 또한 쉽게 닳는다. 그러나 모든 생명 형태가 선형 게놈을 가지는 것은 아니며, 박테리아는 일반적으로 원형(圓形) 분자로서 그들의 게놈을 유지한다.

수년 동안 많은 사람들과 작업을 한 후, 나는 DNA 단축―우리의 개인사에 대한 코드의 축소―의 심리학적 평행을 상상하였다. 한편으로, 우리 모두는 우리의 개인사와 정체성을 필요로 하며, 되도록 많이 그러한 정체성을 보호하는 것이 즐거움이기도 하다. 그러나 우리 자신을 하나의 고정된 이미지와 동일시하는 것은 우리의 잠재성을 제한한다.

말단소체의 단축은 사실이지만, 그러나 모든 과학적 공식처럼, 그것 또한 우리의 심리학에 대한 상징적 진술이다. 이러한 경우에서, 우리는 개인사를 떠나보내는 심리학을 다루고 있는 것이다. 개인사를 버림에 있어서, 당신은 당신이 누구였었는지를 떠나보낸다. 25세를 넘어서면, 심리학은 노화의 생화학과 일치한다. 당신의 유전자는 당신이 누구인가(또는 누구였는가)를 설명하는 소프트웨어나 코드를 가지고 있으며, 그리고 그 코드는 당신이 나이를 먹어 감으로써 덜 중요하게 된다.

앞 장에서 유전적 형성이 어떻게 어린 시절의 꿈, 개인적 신화 그리고 신체 증상의 경험에 반영될 수 있는지 보여 주었다. 제15장을 통해 만성 증상이 어떻게 부모와 조상에게 연결될 수 있는지 보여 주었다. 이제 개인사를 단축하는 것이 어떻게 당신의 개인적 신화의 지배적인 존재를 떠나보내는 것을 당신에게 허용하는지를 탐구하고, 그리고 당신의 조상과 노화에게 연결된 신체 증상과의 당신의 동일시를 감소시키는 결과를 가져올 수 있다.

당신의 개인사 – 당신은 누구인가

당신은 누구인가? 이 질문에 대한 당신의 대답은 당신의 개인사의 큰 부분이다. 당신은 자신을 어떻게 정의하는가? 당신은 원주민, 아프리카인, 라틴사람, 한국인, 일본인, 중국인, 유럽인의 자손인가? 당신의 인종은 무엇인가? 당신의 피부색은 무엇인가? 당신의 신념 체계는 무엇인가? 당신은 종교나 정신적 전통에 속해 있는가? 당신이 특정한 하나를 가지고 있다면, 최소한 당신 자신에게 그것에 해당하는 이름 붙이기를 시도하라.

다른 방법으로 당신 자신을 확인하라(혹은 자신을 확인하는 것을 거부하라—그런 태도 또한 확인 그 자체이다). 당신의 성적 지향은 무엇인가? 경제적 등급은? 건강 상태는? 당신은 여성, 남성, 양성, 성전환자, 동성애자인가? 육체 근로자인가? 중상위 계층인가? 몇 살인가?

당신의 개인사는 매우 독특한 특성들로 얽혀 있다. 성인(成人) 관계에서 당신이 배우자로 선택한 첫 번째 또는 두 번째 사람은 당신의 개인사의 부분처럼 보인다(배우자가 종종 당신의 부모나 가족 체계에서의 보호자 중 한 사람을 닮았다는 점에서). 일상의 삶에서, 당신이 '잘못된' 성별, '잘못된' 인종, '잘못된' 연령의 누군가를 당신의 친구 또는 배우자로 선택하였을 때, 당신은 자신의 개인사와 관련된 갈등을 가졌을 수 있다. 당신이 자신의 개인사와 갈등을 빚는 행동을 하였을 때, 당신 주위의 모든 사람과 모든 것이 반발한다.

당신 자신과 다른 사람들에 대해 더 많이 알아차리게 될수록, 당신은 그것이 가지고 있는 갈등과 실망뿐만 아니라 그것의 사랑과 편안함(혹은 아닌 것)뿐만 아니라 갈등과 그것이 유지하는 실망과 같은 그것의 모든 측면에서 당신의 개인사에 대해 더 많이 알아차리게 될 가능성이 크다. 아마도 당신은 그것으로부터 분리함으로써 그것을 의식적으로 축소시키려 할 것이다. 당신은 공격에 대항하여 당신의 정체성을 방어하는 것이 어떻게 실제로 오래된 개인사를 지지하거나, 새로운 역사를 창조하는지 알아차리게 될 수도 있다. 오직 죽음, 죽음의 두려움 혹은 망각과 기억상실의 두려움만이 개인사를 창조하고 유지하는 전체 과정을 설명할 것을 솔직하게 요구한다.

개인사에서 벗어나는 것은 돈 후앙의 가르침의 일부분이다.[2] 그는 자신의 부모의 생사(生死)에 대해 이야기하면서, 제자들에게 부모가 역사에서 자신들과 자신의 가족들에게 발생했었던 것에 의해 고통을 받았다고 하였다. 그러나 돈 후앙에 따르면, 가장 슬픈 일은 그들이 자신들을 한 특정 집단에 대해 그들의 강한 동일시를 수반했던 복수(復讐)에 대한 충동으로부터 자유로운 일반적인 인간으로 볼 수 없었다는 것이다. 돈 후앙은 인생이 어느 하나의 정체성을 갖기에는 너무 짧고, 죽음만이 우리의 진정한 조언자라고 말한다.

심우도(尋牛圖) – 개인사를 제거하는 방법

중국, 한국, 일본의 사찰에서 볼 수 있는 심우도(목동이 소를 찾는 그림)는 개인사의 모음과 제거에 대해 많은 통찰을 준다. 이 그림들은 선 수행의 배경 안에서 개인사로부터의 분리의 측면을 보여 주는 민화이며, 민속도(民俗圖)다. 이 그림들은 나에게는 삶의 전형적인 양상을 상징하며, 선의 수행에서보다 더 폭넓은 시사성을 보여 준다.

비록 주로 불안한 마음을 길들이는 단계로 보이지만, 심우도는 모든 정신 신체적 경험과의 작업—궁극적으로 개인사의 버림의 과정을 상징하기도 하다. 나는 다음의 내용을 설명하기 위해 www.buddhanet.net[3]에서 이 심우도 그림을 사용하도록 해 준 것에 대해 감사한다.

1. 내 인생에서 잃어버린 것은 무엇인가? 나는 어떻게 나의 문제들을 해결할 수 있을까?

이러한 설명을 나타내는 첫 번째 그림에서, 당신은 길을 찾아 자신의 길을 내려가기 시작하는 누군가를 볼 수 있다. 그 사람이 당신이라고 상상하자. 아마도

당신은 '나는 누구인가? 내가 어떻게 여기에 왔을까? 인생은 무엇일까?' 등과 같은 의문들을 곰곰이 생각하고 있을 수도 있다.

이 그림에서 당신은 자연 속에서 길을 잃었으며, 당신 스스로의 본성, 스스로의 성장 환경에서 길을 잃었다. 아마도 당신은 명상 수행자들이 잃어버린 꿈, 잃어버린 신체, 잃어버린 드림바디라고 생각하는 그 무엇인가를 찾고 있을 것이다. 이런 점에서 당신은 미래로의 길을 찾는, 혼돈의 상태에 있는 것이다.

2. 오, 땅에 표시가 있다.

두 번째 그림에서, 당신은 무엇인가가 당신보다 먼저 지나갔다는 것을 나타내는 발자국들, 또는 길까지도 찾는다. 땅에는 과거로부터의 기본적인 표시가 있다. 아마도 당신은 미묘한 몸의 신호나 또는 당신 내부의 다른 종류의 자취를 발견했을 수도 있다.

이 신호를 따라가면, 당신은 당신으로부터 달아난 힘과 만나게 된다. 선 수행자는 자신의 '불안한 마음'의 개념에서 이 힘들과 동일시할 수도 있다.

3. 아하! 저기에 나의 힘이 있구나!

그다음 그림에서, 당신은 큰 나무 뒤에서 뛰어 가고 있는 황소의 뒷부분을 볼

수 있다. 왜 황소의 뒷부분만이 보이는 것일까? 뒷부분이 당신의 드림바디의 가장 무의식적인 부분인가? 황소가 당신의 무의식적 본능에 대한 그림인가?(아니면 그것은 당신 개인사의 뚜껑인 말단소체인가?)

확실히, 당신의 황소는 꿈꾸는 신체 그림, 손에서 벗어나서 나무 이면(裏面)―그것은 당신의 성장신경 체제 안―에 숨겨진 느낌의 상징이다. 예를 들어, 당신의 심장 박동, 또는 그 심장박동의 변화 이면에는 당신이 접촉을 잃었을 수도 있는 거대한 힘이 놓여 있다. 모든 신체 경험들도 마찬가지다. 당신의 증상, 당신의 나무, 당신의 성장과 노화 과정 속에 또는 그 이면에는 거대한 힘이 놓여 있다. 세 번째 그림에서 당신은 당신의 잃어버린 힘을 찾았다.

4. 마침내, 나는 나의 재능을 얻게 되었다.

그다음 그림에서 당신은 황소를 찾았고 손에 넣게 되었다. 당신은 표시를 따라가서 그것들과 연결하기 위해 당신의 주의를 기울였다. 이 그림에서 끈 고삐로 상징화된 알아차림 수행을 통해, 당신은 자신의 힘에 하나의 연결 끈을 얻게 된 것이다. 다음의 할 일은 그 황소를 집으로 데려오는 것이다. 처음에 그 힘은 당신의 수행에 의해 얻어진다.

5. 오! 이 '힘'은 순순히 따르지 않네!

그러나 만약 당신이 당신의 신체 힘을 삶 속으로 쉽게 통합할 수 있다고 생각했다면, 그것은 당신이 실수한 것이다. 그것은 당신의 의지에 복종하지 않는다. 이 그림에서 당신은 당신의 힘이 지금 움직이기를 거부하는 것을 볼 수 있다. 그것은 자연에서 자유롭게 돌아다니기를 원하고 있다.

선은 이것을 수행을 유지하기 위해 필요한 훈련의 지속적인 노력을 요청하는 때라고 본다. (초자연주의도 비슷하다. 돈 후앙은 우리가 우리의 신체와 마음에서 우리를 괴롭히는 정신인 우리의 '동맹'을 발견하고 그들과 '씨름' 해야 한다고 말했다.) 당신은 당신이 그것의 '비밀'을 발견한 후에만 쉴 수 있다. 당신은 매일의 삶을 변환시키기 위해 지속적인 경계를 발전시키도록 끊임없이 노력해야만 한다.

매번 증상이 발생할 때마다 그것의 표시를 따르고 추적하기 위한 훈련을 개발하라. 그리고 당신의 힘을 유지하고 그들 이면의 본질인 그들의 메시지를 찾아라.

6. 아, 마침내 나의 에너지와 조화를 이룬다.

소 목동으로서, 당신은 이제 당신의 불확실하고 예측 불가능한 힘을 더욱 안정적으로, 즉 더욱 일관성 있게 유지하게 된다. 이것이 당신의 신체와 하나가 되는 때다. 당신과 당신의 소 모두가 일종의 애씀 없이도 창조하면서 함께 수행하는 것이다. 사물들은 이제 그것들과 수행함이 없이도 발생한다. 당신이 자신의 힘과 더욱 일치 될수록 당신의 증상은 사물을 하기 위한 에너지로 전환된다.

7. 얼마나 기쁜가!

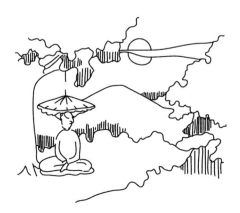

여기에서 당신은 자연 속에서 나무 아래 조용하고 평화롭게 앉아 편안함을 느낀다. 당신의 신체에 대해 수행을 한 후, 고통의 느낌과 힘의 상실은 만물과 조화의 상태로 가는 길을 주었다. 이제 당신의 신체는 더 이상 당신에게 문제가 아니며, 그것은 더 이상 당신의 마음이나 '그림'에 있지 않다. 황소는 떠난 것이다.

많은 일들이 자연에서 발생하지만 당신은 단지 증인일 뿐이다. 당신은 자연의 힘과 연결되어 있으며 편안하고 더욱 안전함을 느낀다. 많은 이들에게 이것은 그들의 증상에 대한 집착의 마지막일 것이다. 그러나 그들의 힘에 대한 접근을 얻음으로써 그들의 증상을 완화하는 것은 단지 첫 단계일 뿐이다.

8. 공(쏘), 침묵의 힘

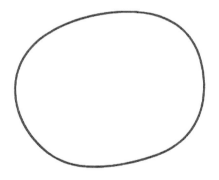

다음 단계는 창조성이다. 때로는 여덟 번째 그림에는 아무것도 보여 주지 않거나, 한 번에 그린 단순한 원이 그려져 있는데, 이것은 나타나는 무심(無心)이나 공허의 상태를 상징한다. 나는 컴퓨터로 그런 자연스러운 그림을 만들어 보았다.

어쨌든, 이러한 상태에서 당신은 무엇이든 발생하는 것에 대해 열려 있는, 당신이 창조적인 마음을 가지고 있다는 것을 의미하는, 비어 있는 공(쏘)의 마음을 가지고 있다. 화가는 없지만 일들은 발생한다. 창조성은 침묵의 힘을 따른다. 공(쏘)이 되는 것은 역설적으로 당신이 거의 접해 보지 않았던 가장 미묘한 힘들로 당신을 가득차게 해 준다. 이러한 방식으로 공(쏘)은 창조성이다.

9. 삶……. 신체도 없고, 문제도 없고 개인사도 없다.

　개인사의 소멸로, 오직 자연만이 존재하며 자아는 없다. 아홉 번째 그림에서, 당신은 없고 단지 꽃, 나무, 들판과 구름만이 있다. 당신의 이미지는 떠나버리고, 당신의 개인사는 사라졌다. 당신이 하나의 특정한 정체성을 가지고 있으며 당신의 방식을 계속해서 고수하는 것에 사로잡혀 있는 한, 당신은 전 세계로 퍼져 나가는 침묵의 힘의 비국소성인 당신의 위대한 힘을 무시하게 된다. 이 힘은 그 잃어버린 에너지, 노화 과정, 그리고 당신이 신체 증상으로 동일시한 평행 세계에서의 증폭된 형상 속에 숨겨져 있다.

　그러한 증상에서 힘에 더 가까이 감으로써, 당신은 개인사로부터 스스로를 자유롭게 하며, 그 결과로 당신의 증상에 대한 걱정뿐 아니라 당신의 오래된 정체성을 위한 그리고 정체성에 반하는 공공의 견해에 대한 걱정으로부터도 자유로워진다. 이제 세상은 시간과 공간의 형태로 돌아왔는데, 당신의 미래는 어떠한가?

10. 삶과 세상으로 돌아가라.

　마지막 그림에서 당신이 다시 나타났다. 크게 환생한 것은 아니지만 여위어 보이고, 약간 체중이 줄었다……. 혹은, 당신이 과거에 지니고 다니던 짐이 이제는

어깨 위에 짊어진 가방으로 상징화되어 손에 지니고 있는가? 이 그림의 대부분의 모습에서, '당신'은 더 늙었고, 더 원숙해졌으며, 더 현명해졌다. 당신은 계곡에서 당신 앞에 놓여 있는 일상적 실재 CR 시간과 세계로 다시 들어간다.

당신의 길은 위 아래, 앞 뒤, 오른쪽 왼쪽으로 끝없이 나아간다. 당신의 삶은 여기에서 파동, 아마도 침묵의 힘으로 구성된 마음의 경로로 상징화된다. 이제 당신은 등(燈)과 길―당신의 알아차림 과정과 지형에 대한 견해가 있다. 당신의 일상적인 신체는 돌아갔지만 그 그림에서는 덜 중요해 보인다.

당신은 다시 한 번 이 세상의 그림에도 나타나 있지만, 당신은 변화하였다. 어느 정도는, 당신이 어디로 가고 무엇을 하든, 알아차리고 있다는 것이다.

이 과정이 어떻게 보일 것인지는 예측하기 힘들다. 개인사가 감소되면, 몇몇 사람들은 자신의 오래된 자아를 완전히 버리고 그 세계 또는 많은 세계들에 대해 자신을 연다.

나는 에이미(Amy)의 할머니의 104세 된 남자 친구의 말을 회상한다. 그는 최근에 에이미와 나에게 이렇게 말했다. "내 삶의 비밀은 신을 아는 것, 신을 믿는 것이다. 너희들이 신과 함께일 때, 너희가 신의 자식들 중 하나라는 것을 알게 될 것이다. 만약 너희들이 사물에 대해 의심을 품고, 올바른 일을 하고 있는 것인지 알지 못한다면, 신에게 말해라. 그러면 그는 무엇을 해야 할지 말해 줄 것이다.

너희가 무엇을 하든 그것은 신으로부터 나온 것이지 너희가 그렇게 한 것이 아니다. ……나는 항상 말한다. '신이시여, 당신이 내게 원하는 대로 하십시오.' 때로는 신이 나에게, 아래로 내려가 외로워 보이는 사람들에게 이야기하라고 말한다. 그러면 그들은 기분이 좋아질 것이다. 그것이 나의 일이다. ……이제 꽃들이 만발한다."

실습: 신체 경험으로서의 개인사

다음의 실습은 당신의 신체에 관한 당신의 개인사의 영향력을 줄이려는 경험을 탐구한다. 이 실습은 발전 과정에서 당신을 현재 당신이 있는 것보다 조금 더 깊이 데려다 줄 수 있기 때문에 도전적인 것이다. 그럼에도 불구하고, 나는 당신의 삶이 어디로 향하는지를 탐구하는 것이 중요하다고 생각한다. 이 실습은 당신을 당신의 힘의 일부로 접근하도록 해 줄 것이며, 그 힘이 더 이상 필요하지 않다면 어떻게 될 것인가에 대해서 보여 줄 것이다.

당신이 준비되었다면 심호흡을 하고 편하게 하라. 당신의 어린 시절로 되돌아가 생각하라. 마음의 눈을 당신의 첫 어린 시절 기억이나 젊은 시절의 최초의 강렬한 기억으로 가져가라. 우리가 해 왔던 다른 실습에서처럼, 만약 당신이 많은 기억을 가지고 있다면 당신의 마음에 처음으로 떠오르는 기억을 선택하라. 예를 들어, 소수민족 문화 출신이었던 나의 내담자 중의 한 여성은 놀고 있는 두 명의 어린아이의 기억을 떠올렸다.

이제 이러한 기억의 두 개의 주요 부분, 형상 또는 요소들을 확인하라. 이 기억 속에 누구 또는 무엇이었는가? 이 형상들을 'A' 와 'B' 로 표시하라. 예를 들어, 그 여성은 "A는 나이며, B는 나의 놀이 친구다."라고 말했다.

이제 당신의 상상을 요구하는 질문을 한다. 이 기억에서 남겨진 사람 또는 사물은 무엇인가? 당신의 직관은 그 기억에 포함되었지만, 그러나 그곳에 없는 사람에 대해 무엇을 말하는가? 당신이 그 형상이나 사물이 누구인지 무엇인지 알 때 그것을 'C'라고 하고 그것의 본질을 나타내기 위해 C에 대한 한 단어 표현을 사용하라. 그녀는 C가 온화하고, 신성하고, 부모 같은 존재라고 하였다. 그녀의 한 단어 표현은 '부모의(parental)'였다.

C의 특성은 당신이 성장했던 시대의 역사에 어떠한 방법으로 연결되어 있는가? 어떠한 방식으로 당신과 C는 당신의 부모뿐 아니라 당신이 살았던 시대와 국가, 당신이 속해 있는 인종, 문화 그리고 역사의 특성적 산물인가? 이 내담자는 친구와 놀았던 어린 시절의 기억 속에서 C가 빠졌다고 이야기하였다. 그녀의 상상 속에서, C는 매우 사랑할 줄 아는 사람이었고, 그녀가 있었던 나라의 역사에서 그때에는 없었던 사람이었다. 그 나라에서는 어느 누구도 그녀의 소수민족을 좋아하지 않았다.

C의 가장 강한 특성을 고르고 스스로에게 이 특성과 주로 연관되어 있는 당신 신체 부분이 어디인지 물어보라. 이 특성이 있을 수도 있는 위치를 느껴보아라. 이 영역의 본질은 무엇인가? 그것은 증상이 없는가, 아니면 거기에 증상이 있는가? 예를 들어, 이 내담자는 C의 부모 같으며 자비로운 본질을 그녀의 심장 부근에서 찾았고, 그녀는 그 근처에서의 통증으로 고통받았다는 것을 깨달았다.

C는 황소와 같다—그것은 당신이 찾고 있었던 그 무엇이며, 당신의 신체, 아마도 증상 영역에서 나무 뒤에 숨어 있던 그 무엇이다. 이제 이러한 신체 영역을 느끼고 그 특정 영역에 호흡을 집중함으로써 C의 감각을 증폭시켜라. 거기에서 C의 힘을 느껴라. 당신의 삶에서 유용한 방법으로 이 에너지를 사용하는 것을 상상해 보라. 당신은 그것으로 어떠한 좋은 일을 할 수 있을까? 당신은 이 에너지를 이미 유용한 방법으로 사용하고 있는가? 이 에너지를 길들이고 사용하는 것이 어려웠는가? 이 내담자는 자비롭게 되는 것이 항상 목표였다고 말했다. 사실 그녀는 이미 다른 사람들에게 자비롭게 대하는 것에 너무 지나쳤고,

때로는 자신이 손해를 보면서까지 '동정적이 되는 것'을 멈출 수가 없었다.

　이제 우리는 당신의 개인사를 줄이는 방법을 탐구할 것이다. C의 특성이 당신의 개인사와 부분적으로 연결되어 있기 때문에, 우리는 당신이 그 특성의 강도 및 그것과 연관된 개인사를 줄이려고 할 때 어떤 일이 발생하는지 탐구하고자 한다.

　당신이 C의 에너지를 필요한 만큼 사용하였고, 이제 그 힘은 당신의 것이라고 상상해보라. C는 덜 중요한 것이 될 수 있다. 당신의 호흡을 사용하고 열린 마음을 유지한 채로, 당신 자신이 더 이상 필요하지 않을 때까지 이 특성을 조금씩 줄이는 것을 상상하도록 허용하라. 동시에, 당신이 C가 위치한 신체 영역에 가지고 있는 육체적 경험을 줄이도록 시도하라. 당신이 당신의 개인사의 조각들을 줄이려고 할 때 당신의 신체와 당신의 감정이 어떻게 변화하는지 주목하라.

　당신이 이러한 신체 감각과 C의 중요성을 줄여 나갈 때, 당신에게서 유용한 것이 되는 미묘하고도 새로운 경험에 주목하라. 당신의 신체에 어떤 일이 발생하는가? 어떤 느낌이 사라지는가? 어떤 새로운 느낌이 발생하는가? 당신이 이러한 특성을 줄임에 따라, 당신은 아마도 당신에게 열리고 있는 새로운 형태를 주목할 수 있을 것이다. 예를 들어, 나의 내담자는 처음에 그녀의 자비로운 본질을 버리는 데 저항하였지만, 그러나 그녀는 그것을 버렸고, 그리고 그녀의 심장 부근은 가볍게 느껴졌다. 갑자기 그녀는 그녀가 사람들에게 더 직선적이 될 수 있다는 것을 깨달았으며, 사실 그녀는 화가 난다면 화를 낼 수도 있었다.

　이러한 새로운 상태의 시간과 공간에 사는 것을 상상해 보라. 당신은 어떻게 일상적인 삶에서 이것을 사용할 수 있을 것인가? 이러한 새로운 상태를 당신의 일상적인 삶으로 가져오는 것을 상상해 보라. 당신은 어떤 사람이 되겠는가? 나의 내담자는 사람들에게 더욱 직선적이 되는 것을 상상하면서 기뻐했다.

　이러한 감소된 개인사의 상태를 노화 때문에 고통받고 있거나 쇠퇴하고 있는 과정에 있는 신체의 부분으로 가져가라. 당신의 노력을 기록하라.

당신의 개인사에 있는 문제들은 당신이 어떤 목표, 힘과 행동의 형태들에 도달할 수 있도록 추진해 준다. 이러한 추진은 당신이 무의식적으로 이러한 목적에 도달하는 것을 강요당한다고 느끼기 때문에 당신의 신체를 긴장하게 한다. 이러한 힘을 발견함으로써 그리고 이러한 개인사의 목표를 발전시킴으로써, 당신은 결국에는 그것들로부터 분리될 수 있다. 그러한 분리가 신체의 스트레스를 감소시키고, 당신에게 공(空)의 마음, 그리고 더 나아가 창조적인 마음을 준다.

우리의 개인사 속에서 소멸이 없다면, 우리는 삶에서 잃어버린 것을 영원히 보상하고 있어야 한다. 이는 더 나아가, 개인사의 소멸의 필요성과 경향성을 발견할 뿐만 아니라 생물학에서 DNA 뚜껑의 파괴로 반영하는 것일 수도 있다. 만일에 생명과 노화의 생화학에 어떠한 감각이 있다면, 게놈뿐만 아니라 개인사 역시 소멸하는 것이 창조의 지혜다.

어쨌든, 우리의 개인사에 대한 집착으로부터의 해방은 우리에게 어떠한 가치가 있는 보상보다도 더 심오하게 되기 위해 필요한 공(空)을 준다. 무심(無心)의 결과는 우리를 예측 불가능한 길, 침묵의 힘을 따라 우리가 움직이는 길에 남겨둔다. 이 길에서, 가장 중요한 것은 증상의 치료나 세계적인 목표의 달성이 아니라, 단지 여행에 대한 단계적인 알아차림이다.

제18장
양자 알아차림 도깨비

> 의식이 우주의 한 부분임에도 그것에 합당한 위치를 부여하지 못하는 어떠한
> 물리학 이론도 진정한 세상의 실존을 설명하기에는 근본적으로 부족하다. 나는
> 우리의 의식을 매우 정확하게 설명할 수 있는 어떠한 물리학, 생물학, 컴퓨터
> 공학 이론도 아직 없다는 주장을 고수할 것이다.
> — 로저 펜로스(Roger Penrose), 물리학자이며 수학자[1]

1867년, 스코틀랜드 물리학자 제임스 클라크 맥스웰(James Clerk Maxwell)은 영감을 받아 시간을 거스를 수 있는 도깨비(demon)를 생각해 내었다. 지금까지, 어느 누구도 일상적 실재 CR에서 그의 '도깨비'의 효용성을 증명할 수 없었다. 나에게 맥스웰의 도깨비는 맥스웰 자신이 상상했던 것보다 더 놀라운 종류의 알아차림의 투사(投射)였다. 나는 그의 도깨비가 측정 불가능한 미세입자 수준에서 작용하는 알아차림의 표현이며, 노화의 감각을 고수하거나 최소한 완화시켜 줄 수 있다고 제안한다.

내가 언급했던 증상에 대해 작업하는 모든 방법은 다차원적 수준의 알아차림 작업인 무지개 의학으로 설명될 수 있다. 모든 증상은 더 큰 알아차림과 창조성으로 나아갈 수 있는 가능성을 제공한다. 나는 제1부에서는 증상들 속에 내재된 침

묵의 힘에 대해 이야기하였다. 제2부에서는 증상과 공동체 삶 사이의 관계에 대해 살펴보았다. 제3부에서는 유전학과 중화시키는 자유 라디칼, 그리고 완화되는 갈망과 연결되어 있는 내면 작업 경험에 초점을 맞추었다.

모든 무지개 의학 중재는 양자 세계와 연결된 다양한 차원들과 미묘한 신호들에 대한 알아차림을 요구한다. 한편으로, 각각의 증상은 알아차림과 명료함을 위한 조기 경보다. 반짝하고 떠오르는 신호가 충분히 강해지고 지속되면, 당신은 그것이 없는 것처럼 가장할 수 없다. 따라서 어떠한 형태의 무지개 의학도 알아차림 작업의 형태다.

이 장에서는 증가된 알아차림이 증가되는 활력과 어떻게 연관되어 있는지 논의할 것이다. 알아차림을 증가시키는 것은 항상 더 많이 사용할 수 있는 에너지의 지각으로 이끈다. 더 많이 사용할 수 있는 에너지를 갖는 것은 물리학에서 때때로 '우주의 열역학적 죽음'이라고 언급되는 소위 엔트로피 법칙이라는 열역학 제2법칙과 연결되어 있다.

이 법칙에 따르면, 모든 닫힌 계(界)에서 무질서도(無秩序度)는 증가하고 가용 에너지의 양은 감소한다. 이 법칙의 또 다른 공식에서는 무질서도 대신에 엔트로피라는 용어를 사용한다. 그 법칙은, 시간이 흐름에 따라 닫힌 계(다음에서 설명)에서 엔트로피는 증가하며, 그들이 노화할수록 닫힌 계는 일을 하기 위한 가용 에너지를 더 적게 가진다.[2]

그러나 무지개 의학의 시각에서 이 법칙은 단지 물리적 체계뿐만 아니라 노화와 피로를 경험하는 닫혀 있고 알아차림이 없는 마음의 상태까지도 묘사해 준다. 이런 느낌에서, 열역학 제2법칙은 적어도 실험적 수준에서 뒤집힐 수 있다. 나는 알아차림이 어떻게 쇠퇴의 느낌인 엔트로피를 감소시키고, 가용 에너지를 증가시키는지 보여 줄 것이다. 사실, 알아차림은 또한 몇몇 물리학적 쇠퇴의 형태들도 뒤집을 수 있다.

물리학의 개념에서, 우리의 신체는(비록 우리는 우리가 새로운 생각에 대해 폐쇄적이라고 하더라도) 열린 계다. 닫힌 계는 시간이 지남에 따라 쇠퇴한다. 당신이

엔트로피 법칙

　과학자들은 '우주의 열역학 죽음' 이라고 하는 엔트로피 법칙을 모든 과학자들에 의해 수용되는 보편적 법칙인 열역학 제2법칙이라고 한다.[3] 제2법칙에 따르면 (우리의 우주와 같은) 닫힌 계는 결국에는 쇠퇴할 것이라고 한다.[4]

　물리학의 제1법칙은 닫힌 계의 에너지가 일정하다는 것이다. 제2법칙은 물리학에서 일을 할 수 있는 에너지를 의미하는 가용 에너지에 대해 언급한다. 예를 들어 계(界)가 태엽이 풀려 있는 상태라고 한다면, 그것의 에너지는 이미 열로 변환되었으며, 일을 할 수 있는 가용 에너지는 더 이상 없다는 것이다.

　나는 MIT 학생으로서, 그 법칙에 대해 배운 날 그것을 어떻게 바꿀 수 있는지 궁금해하기 시작하였다. 나는 그것을 어떻게 우리의 물리적 우주(그것이 의식이 없는 닫힌 계라고 가정하면서)에 적용되었는지 알았지만, 그러나 그것이 우리의 신체, 증상 그리고 노화 과정에도 적용되었을까? 함께 이 엔트로피에 대해서 생각해 보자.

　엔트로피는 사용 또는 불가용한 에너지의 척도이며, 또한 계에서의 무질서의 척도다. 무질서도가 증가하면 엔트로피는 증가한다. 열역학 제2법칙은 닫힌 계로서 일상적 실재 CR의 물질적 우주는 무질서를 향해 움직인다. 열역학에 따르면, 닫힌 계에서는 열, 물질 그리고 빛은 들어가지도 못하고 나오지도 못한다. 반대로, 열린 계에서는 빛, 열, 물질들은 그들이 원하는 대로 들어오고 나갈 수 있다.

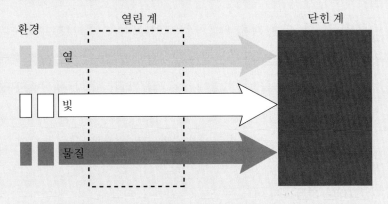

[그림 18-1] 열, 빛 그리고 물질의 전이에 따른 열린 계와 닫힌 계

방금 우유를 첨가한 한 잔의 홍차를 닫힌 계라고 생각해 보자. 처음에는 우유가 홍차 속에서 소용돌이치면서 내는 아름다운 무늬를 볼 수 있다. 하지만 곧, 그 아름다운 무늬가 홍차와 섞이면서 그 컵의 엔트로피는 증가하고, 그 컵의 질서도는 감소한다. 질서도에 대해 장황한 정의를 하지 않더라도, 당신의 직관이 질서도가 무엇을 의미하는지 알 수 있기를 바란다.

자연의 법칙들은 시간과 더불어 차(茶)는 우유와 섞여서 무질서해질 것이라고 예측한다. 통계 물리학에서, 질서도가 처음의 상태로 되돌아올 확률은 거의 없다. 당신이 평생 몇 십억 잔의 차를 따른다고 해도 그러한 기적은 일어날 가능성이 거의 없다.

제2법칙은 단지 우리에게 닫힌 계에서 정보의 양은 계(界)가 시간에 따라 진보함에 따라 감소한다는 것을 알려 준다. 일상적인 정보의 양과 질서도는 감소한다. 내가 일상적이라는 용어를 마지막 문장에 추가한 것에 주목하라. 왜냐하면 물리학의 법칙은 일상적이거나 측정 가능한 질서도에만 관여하기 때문이다. 그러나 심리상담사는 대부분의 사람들에게 질서적인 것이 어느 특정 개인에게는 무질서한 것일 수도 있다는 것을 알고 있다.

제2법칙의 과학적 공식은 닫힌 계로서의 우주(모든 많은 하부 계와 그것들의 환경을 포함하여)[5]를 다룬다. 제2법칙은 닫힌 우주의 엔트로피는 항상 증가하며, 엔트로피나 일상적인 무질서도의 총량은 증가한다고 한다. 무질서는 시간이 흐를수록 증가한다. 닫힌 계에서는, 무슨 일이 일어나든 그것은 결국 엔트로피의 증가를 가져온다. 질서도의 관점에서 공식화해 보면, 열역학 제2법칙은 우주(또는 어떠한 닫힌 계)에서 질서도의 총량은 증가할 수 없고 반드시 감소해야 한다. 알려진 패턴들은 다 산산조각 난다!

당신 안의 모든 것은 이 법칙에 반발할 수도 있으며, 그리고 실제로, 루돌프 클로시우스(Rudolf Clausius)가 이 법칙을 공식화한 이래 많은 과학자들이 반발하였다. 그러나 지금까지 어느 누구도 이 법칙을 뒤집을 수는 없었다. 쇠퇴와 노화는 모든 닫힌 우주에서 발생한다. 여러 가지 점에서, 제2법칙은 상식처럼 보인다.

만약 당신이 닫힌 차고에 습기가 있는 차를 두었다면, 100년 후에 그 차는 녹슬어 조각들이 되었을 것이다. 이것이 바로 열역학 제2법칙의 실례다.

그럼에도 불구하고, 이 법칙의 진실을 인정하기를 거부하는 반발자가 항상 있다. "국소적이며 일시적인 질서도는 항상 있다. 무엇보다도 삶은 질서적이며 의미 있는 것이다. 인류는 증가하는 질서도의 한 예다. 진화는 질서를 창조한다. 다윈(Darwin)조차도 우리가 진화하고 있다고 말했다."

그러나 물리학자들은 이렇게 답한다. "아니다! 국소적인 질서도는 단지 일시적인 것이다. 무질서한 우주의 그 나머지에서의 무질서도가 지구에서의 국소적

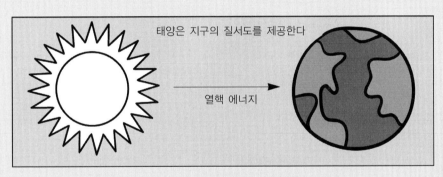

[그림 18-2] 지구의 질서도는 태양의 무질서도 덕분이다

지구는 태양의 복사열 에너지(뿐만 아니라 나머지 우주의 에너지)에 의해 관통되는 열린 계이기 때문에, 지구 자체의 질서도를 증가하기 위해서 지구는 태양의 에너지를 이용한다. 만약 우리가 한 순간 지구와 태양이 닫힌 계라고 가정한다면, 제2법칙은 지구의 질서도가 태양을 다 태워 소모되어 버리게 하는 결과를 준다는 것이다. 우리의 진화, 발전, 창조적인 생각 그리고 새로운 도구들은 모두 태양의 열핵 에너지의 감소에 기초한 것이다. 우리는 단지 질서도의 고립된 장소일 뿐이다. 연료를 절약하고 물질을 더 적게 소모하는 것은 태양과 결국에는 지구의 불가피한 열역학적 죽음을 단지 늦출 뿐이다. 우리의 순간적인 삶은 태양의 죽음과 연결되어 있다.

질서도에 기여한 것이다. 당신과 나 그리고 나머지 인류, 우리의 진화 그리고 다른 종들의 진화는 모두 태양 아래서 은혜를 입는 행성 위에 살고 있는 열린 계의 모든 예일 뿐이다. 순간적인 질서도는 태양의 대가로 얻어진 것이다.”

엔트로피 법칙이 사람에게도 적용되는가

물론 그렇다. 우리는 닫힌 계의 나머지 모든 것들과 마찬가지로 결국은 에너지와 일을 하기 위한 능력의 일상적 실재 CR적 측정의 관점에서 퇴화하게 된다. 외부 세계로부터 사물을 받아들이거나 먹는 열린 계에서조차도 우리는 긴 세월에 걸쳐 서서히 쇠퇴하는 경향성이 있다.

그러나 만일 알아차림이 존재한다면, 제2법칙을 뒤집는(다음을 보라) 도깨비에 관한 맥스웰의 환상은 옳았을 수도 있다. 다음의 실습은 어느 순간에 당신에게 사용 가능하다고 당신이 느끼는 에너지의 양은 알아차림의 당신 수준에 달려 있다는 것을 보여 줄 것이다. 다시 말해, 제2법칙은 알아차림이 없는 닫힌 모든 물질적·심리학적 시스템에 대해서는 옳다. 모든 물리학 법칙은 알아차림이 결여된 우리 우주의 패턴이다.

닫힌 계와 열린 계를 생각해 보자. 우리는 종종 사람들의 성격에 대해 ‘열려 있다’ 또는 ‘닫혀 있다’ 라고 말한다. 물리학과 심리학 모두에서, 닫힌 계는 유연하지 못하고 외부 세계로부터 새로운 것을 받아들일 수 없거나 받으려고 하지 않는 계(사람이든 사물이든)다. 물리학에서 엔트로피 법칙은 손상되지 않은 일상적 실재 CR의 우주를 묘사한다. 중력이나 평행 우주의 새로운 개념이 결국에는 이러한 관점을 바꿀지 또는 바꾸지 않을지는 나중에 보게 될 것이다. 하지만 이 순간, 그것의 현재 형태에서, 물리학은 우주를 시간이 지남에 따라 그것의 정보의 손실—심리학적 개념에서 일종의 무의식—이 증가하는 것으로 묘사한다. 무의식은 결국 당신이 누구이며 어디에 있는지, 그리고 당신의 과정이 어디로 가는지

제18장 양자 알아차림 도깨비 | 273

에 대한 알아차림의 결여로 이끌 것이다.

맥스웰의 도깨비 — 양자 도깨비

1867년, 시간을 뒤집을 수 있었던 힘을 생각해 냈던 맥스웰의 영감은 기체에서 분자의 작은 움직임을 추적함으로써 엔트로피 법칙을 뒤집을 수 있는 알아차림 도깨비를 묘사했다. 이러한 방법으로, 그 도깨비는 적어도 그의 환상 속에서 닫힌 계의 무질서도를 뒤집을 수 있었다.

맥스웰의 상상 속의 도깨비는 닫힌 상자 안에 앉아서 쇠퇴하는 질서도를 재창조하기 위해 분자의 흐름을 뒤집어 놓았다.[6] 물질에서 의식의 원형(原型)인 도깨비는 사물들이 발생하는 것을 지켜보면서 특별한 선택을 함으로써 그것들을 통제하였다. 그는 뜨거운 물체를 상자 한쪽 편에 놓고 차가운 물체를 다른 쪽에 놓아서(뜨거운 물체와 찬 물체의) 원래의 질서도가 쇠퇴하지 않도록 하였다. 도깨비는 물체들을 정리해서 에너지가 덜 가용적이 될 필요가 없고 정보가 닫힌 계에서 손실될 필요가 없도록 하였다. 상자에서 기체의 두 체적을 나누는 벽을 열고 닫는 알아차림을 사용함으로써 도깨비는 제2법칙을 뒤집었다. 지금까지 어느 누구도 일상적 실재 CR에서 이러한 도깨비를 찾아내거나 만들어 낼 수 없었다.

그러나 맥스웰의 환상은 자신이 깨달은 것보다 더 옳았을 수 있다. 내게는 그가 명료함에 대한 우리의 능력, 나노 사건이나 신호교환을 알아차릴 수 있는 우리의 능력을 투사해 왔던 것처럼 보인다. 이러한 거의 측정 불가능한 양자 알아차림은 꿈 영역에서 선택을 할 수 있는 알아차림 능력이다.

맥스웰의 도깨비는 심리치료의 잠재적인 영웅이다. 왜냐하면 그것은 오래된 것들이 상실된(잊혀지고, 억압되고, 무시되고, 과소평가된) 패턴을 봄으로써 뒤죽박죽된 것들을 뒤집는 우리의 일부이기 때문이다. 나에게, 열역학 제2법칙은 최소한의 알아차림을 사용하는 전형적인 일상적 실재 CR 삶의 방식의 투사다. 맥스웰의 도깨비는 나노 같은 사건의 측정할 수 없는 소립자 수준에서 작동하고, 적어도 노화의 느낌을 완화시킬 수 있는 우리의 명료한 알아차림의 표현이다.

맥스웰의 도깨비에 투사된 심리학적 법칙은 다음과 같다. 일상적 실재 CR적인 무질서도에 감춰진 질서도를 보는 것은 더 가용한 에너지를 창출한다.

증상의 미묘한 신호를 무시하거나 심지어 억압하는 것은 우울해지고 지치는 것이다. 증상을 주의를 끌기 위한 조기 경보로 인식하는 것은 당신으로 하여금 무질서도로부터 질서도를 만들게 하며, 그리고 당신에게 일반적으로 작업할 수 있는 가용한 에너지를 더 준다. 경험의 과소평가는 당신이 황폐한 우주 같이 느끼도록 만든다.

나는 맥스웰의 도깨비를 양자 알아차림 도깨비, 아원자 사건뿐만 아니라 원자와 분자의 움직임까지 추적할 수 있는 의식의 명료한 섬광이라고 부른다. 양자역학은 맥스웰이 살아 있는 동안에는 발명되지 않았었다. 그는 파동 함수에 대해 알지 못했으며, 그 이론은 50여 년 후에 나타났다. 그러나 만일 그가 오늘날 살아 있었다면, 그는 분명 미묘한 경향성, 꿈 영역 양자 파동, 그리고 그것들이 우리에게 주는 안내를 알아차리고 추적할 수 있는 일종의 알아차림에 확실히 흥미를 느꼈을 것이다. 나의 상상에서, 그는 우리의 알아차림에서 순간적으로 반짝이며 떠오르는 모든 미묘한 느낌을 무시하는 것이 우리를 지치게 만들고 우리를 더 나이든 것처럼 느끼게 만든다고 말했을 것이다.

실습: 음―엔트로피 알아차림

다음의 실습은 당신에게 유용한 물리적 에너지의 양을 증가시킬 수 있는 이 도깨비의 능력을 발견하고 시험해 볼 기회를 줄 것이다. 우리는 특히 당신 삶의 닫힌 영역에 초점을 맞출 것이다.

편안한 상태를 취하고 노화에 대해 당신이 어떻게 느끼는지 생각해보라. 그것에 대해 당신은 무엇을 좋아하는가? 그것에 대해 당신은 무엇이 싫은가? 예를 들어, 많은 사람들은 자신의 잠재력으로 성장하는 기회에 대해서는 좋아하지만, 에너지와 이른바 좋은 외모를 잃는 것은 싫어한다. 몇몇은 삶이 끝나간다는 생각을 가지고 있다.

준비가 되었다면 들어 올리거나 밀기 위한 무엇인가를 찾아보라. 만일 당신이 방에 있다면, 의자를 들거나 벽을 밀어서 당신이 가진 가용 에너지가 얼마나 되는지 확인해 보라. 들거나 미는 동안, 스스로에게 물어보라. "현재 나의 에너지의 몇 퍼센트가 지금 사용 가능한가?" 이제 에너지의 양을 기록하라. 85퍼센트인가, 50퍼센트인가 또는 15퍼센트인가? 당신은 얼마나 나이가 들었다고 느끼는가? 예를 들어, 내가 오늘 의자를 들었을 때, 실제보다 더 무겁게 느껴졌고, 나는 나의 에너지 중 50퍼센트가 사용 가능하다고 말할 수 있다.

당신이 가지고 있는 사용 가능하거나 이와 동등한 크기의 에너지의 양은 당신 자신 안에 있는 질서도에 대한 당신의 감각에 매우 의존한다. 따라서 이제 무질서하게 느껴지는 당신 삶의 한 영역을 생각해 보자. 가능하다면 전에 작업해 본 적이 있는 관계나 신체 증상 말고 새로운 영역을 선택하라. 예를 들어, 당신의 일, 재정 상태, 책상 위의 어지럽혀진 물건, 또는 당신이 시간을 무질서하게 사용하는 방법 등이다. 아마도 비판에 대응하는 당신의 방법도 무질서할 것이다.

질서를 필요로 하는 당신 삶의 무시된 영역을 간과하지 마라. 만일 여러 가지의 영역들이 있다면 일단 단 하나만 선택하며, 어느 것이든 좋다. 당신은 어떻게 이 영역을 회피하려 하는가? 어떠한 감각에서 이 영역이 닫혀 있는가? 당신은 이 영역과 연관된 문제들을 피하거나 잊었는가? 어떻게 이 문제들을 잊었는가? 당신은 더 많이 자려고 하는가? 당신은 그것들에 대해 단지 불평만 하는가? 당신은 그것들을 마음 밖으로 밀어내는가? 당신은 이 영역을 해결하는 대신 텔레비전을 보거나 영화를 보러 가는가?

이제 그 무질서한 영역을 생각하는 동안, 그것이 들어 있는 일종의 공간을 상상해 보라. 그 공간에서 어떠한 색과 움직임이 발생하는가? 이러한 삶의 무질서한 영역을 포함하고 있는 공간의 특성들을 묘사하기 위해 당신 자신만의 언어를 사용하라. 예를 들어, 그것은 회색인가 또는 혼탁한가? 그것은 소용돌이치며 섞여 있는가?

만일 당신이 이러한 무질서한 영역이 있을 수도 있는 신체 외부의 장소를 확인할 수 있다면, 그 공간은 어디에 있을 것 같은가?(예: 당신의 앞, 뒤 등) 당신의 신체 가까이 있는 그 무질서한 영역을 스케치하라. 이 영역에 가장 가까이 있는 당신 신체의 부분은 어떻게 느끼는가? 당신은 그 영역 가까이 있는 당신의 신체에 증상을 가지고 있는가? 작업을 할 신체 증상 또는 그 증상들 중 하나를(아마도 당신으로부터 가장 관심을 적게 받았던 것을) 선택하라. 그 증상이 당신의 노화의 감각과 연결되어 있을 수도 있을까?

신체의 그 영역에서의 증상에 초점을 맞추고 그것의 두 가지 측면을 식별하라. 예를 들어, 당신이 증상을 유발하고 있다고 의심하는 에너지에 대한 이미지를 형성할 수 있는지 확인하고, 그 에너지나 행위를 받는 사람에게도 똑같이 하라. 다시 말해, '증상을 만든 사람'과 '증상을 받는 사람'을 상상하라.

이 두 형상들을 상상하는 한 가지 방법은 되도록 많이 증상 속으로 들어가거나, 그 느낌을 상상하는 것이다. 그리고 그것의 세기를 증폭시키며 그 느낌을 과장하라. 당신의 주의력을 이용해서, 그러한 강도를 구체화시킬 수도 있는 한 인물이 나타날 때까지 그 느낌과 함께하라. 예를 들어, 만일 당신이 머리를 두드리는 것과 같은 두통이 있다면, 당신은 책상을 두드리는 화가 난 인물이 나타날 때까지, 그리고 그 두드림에 의해 상처를 받은 민감한 형상(아마도 책상 자체)이 나타날 때까지 그 두드림의 감정을 과장할 수도 있다.

각각의 형상이 표현하고 있는 메시지를 찾으려고 하라. 예를 들어, 화가 난 인물은 "나는 사물들을 두드려서 내 길을 찾아야만 해."라고 하는 반면, 다른 형상은 "제발 그렇게 두드리는 것을 하지 말아. 그것은 너무 거칠고, 나를 아프게 해!"라고 말하는 것일 수도 있다.

하나는 고통을 받고, 다른 하나는 증상을 만드는 두 형상을 상상하라. 그것들을 스케치도 해 보라. 그리고 알아차림이 그 장으로 들어가 그 두 에너지 사이의 갈등을 해결하는 한 존재를 자발적으로 창조하도록 당신의 상상력을 허용하라. 주(主) 촉진자, 요정, 영혼, 만화 캐릭터 등(두 에너지를 다룰 수 있는 그무엇)을 상상하라. 그것을 묘사하라. 그것을 그려라.

한 내담자는 그녀의 세계적인 야망과 그녀의 야망의 압력으로 인해 포기해야하는 그녀의 부분 사이에서 갈등을 가지고 있었다. 놀랍게도, 그녀는 이 두 에너지 사이의 갈등의 해결을 촉진하는 것을 도왔던 성직자를 보았다. 그 성직자는 그녀의 두 부분을 모두 축복하였고, 두 부분 모두 긴장이 완화되었다.

이러한 관점에서, 당신은 당신의 도움이 되는 영혼, 당신의 양자 알아차림 도깨비가 되도록 노력해라. 심리적으로 당신의 꿈꾸는 신체의 닫힌 계로 들어가서 조정하여 증상 영역에서 두 부분 사이의 갈등을 해결하라.

결과로 나타나는 이야기를 상상해 보자. 양자 도깨비가 마법적인 방법으로 조정해서 해결책을 찾도록 허용하라. 증상에서 야망을 가졌던 내담자는 놀랍게도 갈등하는 두 부분 모두가 성직자로 표현되는 신을 그리워한다는 사실을 발견하였다. 처음에 이 내담자는 성직자와 동일시하는 것을 부끄러워했지만, 그녀는 어떤 면에서 자신이 이미 자기 삶을 '신성한 것'에 헌신했었다는 것을 깨달았다.

그 해결책의 느낌에 초점을 맞추기 위해 호흡을 이용하라. 가능하다면 증상 영역에서 해결의 감각을 느껴 보아라.

이 해결책이 당신이 이 실습을 시작했던 삶의 무질서한 영역에서 어떻게 사용될 것 같은지 상상하라. 원래의 혼란상태―그것의 공간, 색 그리고 움직임―을 회상하고, 그 영역이 어떻게 변환되었는지 주목하라(괜찮다면, 그림으로 그려 보아라). 이것에 '작업' 하지 말고, 단지 해결책이 나타날 때까지 일들이 내부에서 발생하도록 하라.

끝으로, 벽이나 의자로 되돌아가서, 주의하면서 이 작업이 당신의 삶에서 필요로 하는 에너지를 되찾는 데 어떤 효과가 있었는지 다시 보아라. 당신의 사용할 수 있는 에너지에서 당신은 어떠한 변화를 알아차렸는가?

양자 알아차림 도깨비

이 실습에는 여러 가지의 목표가 있었다. 하나는 당신의 삶의 혼란 상태를 알아차리고, 그것이 당신 신체에 어떻게 영향을 주고 또는 어떻게 연관시키는지 깨닫는 것이다. 다른 하나는 당신의 에너지가 고갈되어 버린 것처럼 느낄 때마다, 당신은 피곤하겠지만, 그러나 당신은 또한 너무 많은 엔트로피—무질서도—와 손실된 에너지에 의해 고통을 받고 있는 것이라는 사실을 배우는 것이다.

무질서 영역은 갈등의 무의식에 의해 지배되는 닫힌 계와 같다. 이 영역으로 알아차림을 가져오는 것은 당신에게 더 가용할 수 있는 에너지를 줌으로써 노화에 대한 당신의 느낌을 뒤집는다. 시간의 앞으로 나감에 대한 당신의 느낌은 무시되거나 닫히고 있는 내부 갈등에 의해 더욱 강조된다. 알아차림을 사용함으로써, 그러한 혼란 영역의 갈등하는 에너지는 서로 더 잘 일치하게 된다. 당신은 스스로에게 작업을 하는 대신에, 자신에 반대해서 작업을 하고 있는 것이었다. 내부 갈등에 알아차림을 집중하는 것은 갈등을 뒤집고 당신의 내부 일관성을 증가시킴으로써 당신의 안녕에 대한 자신의 감각을 증가시킨다.

모든 혼돈은 당신의 알아차림의 잠재력을 무시하는 당신의 선택을 반영한다. 보통의 세계에서, 내부의 갈등과 불가피한 쇠퇴 때문에 당신은 빠르게 늙거나 육체적으로 약한 것으로 느낄 수도 있다. 그러나 당신의 알아차림으로의 접근은 더 많은 질서도와 가용한 에너지의 창조와 그 결과의 안녕의 느낌을 창조함으로써 이러한 느낌을 뒤집을 수 있다.[7]

무질서도의 모든 영역은 증상과도 같은데, 갈등에는 두 에너지가 있고, 해결의 본질은 없다. 그 결과는 당신이 함께 끄는 대신 서로 반대로 끌고 있는 두 마리의 '말'을 가지고 있는 상황이다. 알아차림 없이, 당신은 이러한 감춰진 갈등의 상황을 피로와 노화라고 부른다. 알아차림과 함께, 당신은 초공간을 투입하여 시간의 방향을 바꿀 수 있다. 어떠한 일상적 실재 CR 체계도 영원히 닫혀 있지 않은 다른 영역으로부터 알아차림 도깨비를 알 수 있도록 하라.

제19장
죽음, 과연 끝인가

삶에서 아무것도 두려워할 필요가 없다. 다만 이해해야 할 뿐이다.
— 마리 퀴리(Marie Curie)[1]

신체의 죽음 이후에 영혼이 사라진다고 생각하는 것은, 새장이 부서지면, 비록 새는 아무것도 두려워할 것이 없더라도, 새장 속에 있는 새가 파괴될 것이라고 상상하는 것과 같다.
우리의 신체는 새장과 같고, 영혼은 새와 같다. 우리는 새장이 없어도 이 새는 잠자는 세상을 날아다닌다는 것을 알고 있다. 따라서 새장이 부서져도 그 새는 계속 날고 존재할 것이다. 새의 느낌들은 더욱 강력해질 것이고, 인식들은 더욱 커질 것이며, 행복은 증가될 것이다.
— 압둘 바하(Abdu'l-Baha)[2]

 누군가에게는, 죽음이 문을 두드릴 때 그것은 구원이다. 깊은 내부에서 무엇인가가 말한다. "행복한 날이다. 내 자신과 나의 한계로부터의 해방이다!" 그러나 죽음은 모순으로 가득 차 있다. 한편으로, 당신이 정말로 죽어 가고 있다고 처음 깨달을 때, 당신은 일반적으로 죽음을 두려워한다. 아마도 당신은 초기에는 친구에게 말하지 않을 것이다. 그들에게 말하는 것은 더 많은 문제를 만들기 때문이다. 당신과 마찬가지로, 그들도 일상적 실재 CR의 일 세계에서 살며, 육체적 형태의 궁극적인 손실에만 집중하고 있다.

 당신의 일상적 실재 CR 마음과 당신의 친구들에게는, 죽음은 보통 선물이 아니라 약탈이다. 그러나 만일 당신이 죽어 가고 있는 사람으로서 죽음에 대해 생각한다면, 적어도 죽음이 '마지막' 이라는 죽음 그 자체의 개념을 포함해서, 죽음은 모든 것으로부터 자유를 의미할 수 있다. 죽음 가까이에서, 당신이 가지고 있는 꿈들은 아마도 삶을 계속하는 것에 관한 것일 것이다. 표면적으로는 끝이라는 생각을 무시하면서, 많은 사람들은 종종 잘 알려진 초공간 속으로 자신의 다음 단계에 관해 꿈꾼다. 어떤 사람은 지구에서 알려진 어떤 것과는 다른 '교실'에서 공부하는 꿈을 꾸며, 다른 사람은 자신이 자기의 전체 삶이 마치 새였던 것처럼 꿈속에서 나는 새가 되는 꿈을 꾸기도 한다.

이 책에서 나는 삶의 무질서도를 작업을 해야 할 문제로, 다른 세계를 감추는 삶의 영역으로, 그리고 새로운 종류의 질서도와 의미로 생각해 왔다. 그러나 이제 무질서도를, 마치 명백한 혼돈 그 자체의 과정이 의미가 있는 것처럼, 새로운 방식으로 바라보기를 원한다. 죽음의 '무질서해지는' 과정처럼 보이는 것은 단지 일상적 실재 CR에서 당신의 정체성의 끝일 뿐이다. 더 이상 당신은 단 하나의 무질서도—신장과 심장의 문제, 폐와 위의 질병, 난소·유방·전립선 암 등—를 가지고 있는 것이 아니다. 이제 전 신체가 거대한 무질서도다. 노화는 당신의 육체적 신체에서 엔트로피가 증가하도록 이끌지만, 그러나 꿈 영역에서, 이것이 끝은 아니다. 죽음은 꿈에서 종종 나이가 든 자신으로부터의 자유의 경로로서 재해석된다. 새로운 것들이 이제 가능하다.

죽음의 단계

죽음에는 많은 단계들이 있다. 처음에 죽음의 위협은 학교 교사의 잔소리처럼 다가온다. 당신의 삶과 더불어 살아라! 당신은 학생처럼 싸운 후에, 당신이 느낀 것이 가장 의미 있도록 완성하기 위해서 노력한다. 죽음은 "관계에서 망설이는 것을 멈추어라. 당신의 가장 큰 비전을 위해 나가서, 스스로의 완전한 자신이 되어라."라고 말한다. 아마도 당신은 당신의 삶에서 많은 경계에서 멈추어서, 앞으로 나아가는 대신에 망설였었다. 지금 죽음은 당신에게 필요한 압박을 주고 있다.

또 다른 점에서 죽음의 위협은 죽음의 초기 단계에서만 있는 것처럼 보이는 변형(몽롱하거나 조용한) 상태의 완전히 성숙한 변형의 위협이 된다. 어느 정도는, 완전히 성숙한 단계는 당신의 삶 끝까지 기다리는 것을 거부하면서 지금 당장 발생하도록 하고 있는 것이다. 변형 상태로서의 죽음은, 죽음이 다가오기 때문이 아니라 당신이 당신의 생활 방식에서 너무 일방적이고, 사람들이 생각하는 것에 너무 분명하고, 너무 외향적이고, 너무 관심을 가지고 있기 때문에, 이러한 삶의 부분이 되는 것을 위협한다. 죽음의 변형 상태에 대한 존재의 동시적이며 평행한 알아차림 없는 일상적인 삶을 경험하는 것은 땅에 그림자를 만들지 않고 태양 아래에 서 있는 것과 같다.

"죽음은 당신의 위대한 동맹자다."라고 초자연치료사 돈 후앙은 주장한다. 평행한 세계들에 관심이 있는 양자 물리학자는 생명 없는 죽음은 없다고 강조하여 말할 것이다.[3) 무지개 의학이 꿈 영역이라고 부르고 물리학이 물리학의 수학이라고 부르는 것에서, 삶과 죽음 둘 다 현재 동시에 (평행 세계에서) 존재한다. 어떤 것이 죽지 않는다면 살아 있을 수 없으며, 어떤 것도 꿈 영역에서 생명을 가질 수 없다면 일상적 실재 CR에서도 죽을 수 없다. 일상적 실재 CR 죽음의 절박성은 일상의 삶에서 꿈나라의 초공간으로 알아차림을 개방한다. 삶에 더하여, 죽음은 환상과 분리를 창조한다.

죽음은 임사(臨死) 과정의 또 다른 단계에서, 의식의 극단적 변형 상태의 위협이 된다. 죽음은 『티베트의 사자(死者)의 서(書)(Book of the Dead)』에서 바르도(Bardo, 영역의 다른 세계적 상태; 중유(中有), 티베트 불교의 죽음과 환생 사이의 상태)에 의해 전형화된 고통과 환상을 통하여 항해하는 당신의 능력을 개발하도록 당신에게 도전한다. 이러한 변형 상태에서, 많은 사람은 일시적으로 삶에서 미해결 된 문제들, 그들이 절대로 만족시킬 수 없었던 갈망, 그리고 오래된 굳은 성격 특성을 아마도 이번에는 소름끼치는 가면을 통하여 다시 만난다. 삶의 이러한 단계에서, 죽음의 위협은 당신에게 비전의 양자 세계, 괴물과 바르도의 꿈세계와 익숙하게 되도록 초대한다.[4] 나의 제한된 경험에서, 이러한 환상은, 특히 당신이 삶의 초기에 이러한 괴물들과 맞붙어 싸워 왔다면, 빠르게 지나가거나 나타나지 않을 수도 있다.

삶에서, 죽음은 지팡이를 가지고 당신 앞에 서 있는 알아차림 스승인 엄격한 선(禪) 도인이다. 알아차림 없이, 진통제와 모르핀은 경이로움과 고통의 이러한 어려운 바르도 상태를 통과하는 최선의 선택일 수도 있다. 나는 자신의 마지막 날들을 마약에 취해 지내기를 원하는 어느 누구도 비난하지 않는다. 그러나 죽음 가까이 있던 사람들과 작업을 했었던 나의 경험으로 미루어 볼 때, 당신에게 당신 삶의 끝에서 가장 놀라운 상태를 경험하게 해주는 명상 기법과 상상 기법에 당신이 친숙하도록 발전시키는 것보다 더 나은 놀라운 것도 없었다. 만일 당신이 의식의 변형 상태를 다루는 방법을 배운다면, 죽음 가까이 있는 삶은 경이롭게 보일 수도 있다.[5]

죽음이 문을 두드리며 다가올 때, 그 늙은 신체에는 더 이상 일상적, 실재적인 '치유'에 대한 욕구는 없다. 아주 오랫동안 죽음과 싸운 사람은 그들 내면의 진실과 가장 확실한 패턴에 관해 명료하게 되는 것을 피할 수 있다. 죽음 같은 사건에 대해 개방적일 수 있는 사람들은 무의미함뿐만 아니라 혼돈과 비슷한 오래된 친구를 발견한다. 수피 시인 루미(Rumi)는 이러한 생각을 20세기에 다음과 같이 정리하였다.

만일 당신이 이 작업을 스스로 할 수 없다면, 걱정하지 마라.
어떻게든지, 당신은 결정을 해야 할 필요조차 없다.
당신은 이제 끝이야라고 들을 때
당신보다 더 많이 알고 있는 친구가
의학으로서, 행복으로서
당신이 좌절했던 순간의 정수로서
어려움, 슬픔 그리고 아픔을 가져올 것이며,

그리고 마지막에는 알라의 목소리로 말할 수 있다.

나는 당신이 나를 죽일 것으로 믿는다.[6)]

당신의 일상의 마음이 항복했을 때 일어나는 것을 보기 위해, 나는 두 가지의 실습을 고안해 보았다. 첫 번째는 창조성을 다루고, 두 번째는 혼수상태를 항해하는 것을 다룬다.

혼돈과 창조성

임사체험에서의 두려운 혼돈과 창조성에 관한 무엇인가를 이해하기 위해, 그리고 그러한 상태들을 준비하기 위하여 [그림 19-1]을 보라. 이 그림을 통하여 당신의 알아차림 과정과 실험해 보자. 당신은 준비가 되었는가? 그림 아래의 글을 읽어라.

처음에, 대부분의 사람들은 [그림 19-1]에서 아무것도 이해할 수 없고 그림의 혼돈이 불편할 것이다. 그리고 나서, 인내심을 가지고 보면 대부분의 사람은 반짝이며 자신의 주의를 끄는 모든 종류의 사물들을 보게 된다. 예를 들어, 어떤 사람은 대칭적인 별들이나 우주의 이미지를 보며, 다른 사람은 빈 공간, 음표, 비와 햇빛, 나비 떼, 종이 포장지 등을 본다. 어떤 사람은 심지어 일단멈춤 교통표지판을 보았다!

만일 당신이 이 실험을 했다면, 당신이 긴장을 풀고 혼돈을 받아들였다면, 그리고 당신이 항복했다면 침묵의 힘은 불가피하게 새로운 것을 창조한다는 것을 당신에게 보여 줬을 수도 있을 것이다. 중요한 점은 한 세계에서 혼돈과 무질서도로서 나타나는 것은 또 다른 세계에서 잠재성이 있는 정보로 가득 찬 패턴이라는 것이다. 죽음에서, 또는 죽음 가까이에서, 무질서도의 혼돈 상태가 우리의 일상적인 질서도를 깨뜨리면, 새로운 우주와 삶의 방식이 종종 나타날 수 있다. 삶

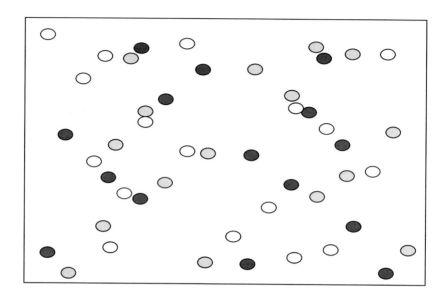

[그림 19-1] 이 그림이 당신과 신호교환을 하도록 하라. 당신이 준비가 되었으면 눈의 긴장을 풀고, 깊은 숨을 쉬고, 그리고 시작하라. 당신이 할 수 있는 만큼 꿈꾸는 것처럼 느끼면서, 그 그림이 당신과 신호교환을 하도록 하라. 즉, 그것이 당신이 여유를 갖고, 무엇인가가 빠르게 당신의 주의, 무엇인가 비이성적인 것을 붙잡도록 하라. 그것을 당신의 기억 속에 붙잡아라. 무엇이 당신의 주의를 붙잡았는가?

은 육체적 신체의 존재에만 관련되는 것이 아니라, 알아차림의 자발성과 창조성도 포함한다. 꿈꾸기는 우주를 재창조하는 것이다.[7]

죽음에 대한 개념은 두려울 수 있으나, 그러나 죽음이 당신에게 열릴 때 오래된 정체성들은 떨어져 나가고 변화의 가능성이 나타난다. 이것은 나에게 몇 년 전에 에이미(Amy)와 함께 작업을 했던 백혈병으로 죽어 가고 있었던 용기 있는 남자인 피터(Peter)의 마지막 말들을 생각나게 한다. 우리의 도움으로, 그는 혼수상태에서 깨어나, 조용히 죽기 전에 일시적으로 삶으로 돌아왔다. 그는 죽기 전에 취리히에 있는 자신의 병실에서 무아지경에서 소리를 지르며 큰 소리로 외쳤다. "나는…… 그것을…… 발견했다. 나는…… 내가…… 항상…… 찾고 있었던…… 것을…… 발견했다. 삶의 열쇠…… 열쇠는 새로운 정확한 계획…… 모든 것은 계획에 있다…… 당신이 나에 대해 작업을 시작하기도 전에…… 모든 것…… 그것은 여기 있었다."[8]

피터는 자신의 삶 마지막까지, 스위스에서 유명한 신문 『타게스 안차이거 (Tages Anzeiger)』에서 뉴스 기사를 쓰며 일했었다. 우리는 단지 일상적 실재 CR 에서만 그가 실제 인물이었다고 말할 수 있다. 그리고 그의 삶 마지막에서 그때 나타났던 계획은 일종의 안내 파동—취리히를 관통하는 여러 개의 노선이 있는 도시 전철 체계의 지도—이었다. 그의 의도적인 파동은 취리히의 새로운 지도였 다. 그는 자신의 상호 연결성의 새로운 형태가 동시에 '새로운' 취리히의 구조였 다는 것을 깨달았다.

가장 중요한 관점에서, 우리는 모두 지도다. 우리는 모두 침묵의 힘과 같이 육 체적으로 경험된 의도적 장(場)의 선(線)들로 구성되어 있다. 무질서도가 질병, 손실, 어떤 종류의 격변을 통하여 피할 수 없는 것이 될 때, 그것은 당신의 일상 적인 통로를 방해한다. 하지만 항상 그곳에 있었던 질서적인 계획은 다시 나타날 수 있다. 만일 우리가 신체 안에 들어 있는 사람으로서 우리의 일상적 실재 CR 정체성을 완화한다면, 우리의 진정한 자아들은, 어느 곳에서든 퍼져 있고 그리 고 의도가 비슷한 모든 사람들을 포함하는 비국소적 계획, 일종의 불멸의 의도로 나타난다.

노벨상 수상 물리학자 파울리(Pauli) 역시 이러한 것을 깨달았음이 틀림없다. 왜냐하면 그는 죽기 바로 전에 "꿈꾸기는 물리학의 배경이다."라고 말했기 때문 이다. 앞에서, 나는 호주 토착민의 말을 인용했었다. "당신은 캥거루를 죽일 수 있지만 당신은 캥거루의 꿈꾸기를 죽일 수는 없다." 아무도 알아차리지 못하였 지만, 나는 앞에서 호주 애들레이드의 도시 계획이 어떻게 레드 캥거루(Red kangaroo)의 형상 위에 세워졌는지 보여 준 호주 토착민 원로 루이스 오브라이언 (Lewis O' Brien)을 언급하였다.[9] 우리의 불멸의, 영원한 패턴은 지구의 구조 또는 우주의 구조의 한 측면이다.

혼수상태

나는 살아오면서 여러 번 죽는 것을 두려워해 왔다. 이제, 많은 사람들이 죽어가는 동안 변형 상태를 통해서 가고 있는 그들과 작업을 한 후, 나는 풀려남을 느낀다. 죽음 가까이의 혼수상태는 불가피하게 중요한 방향, 새로운 국면, 계획, 그리고 삶에서 다른 어떤 곳에서보다도 의도적 영역인 장을 더욱 분명하게 나타내는 지도들을 알리는 것처럼 보인다.[10]

쇠퇴와 혼돈이 죽음 가까이에서 발생하는 혼수상태 같은 상태들의 유일한 지배자만은 아니다. 코마는 알아차림의 끝이 아니다. 만약에 우리가, 혼수상태의 경험을 겪었던 사람들의 경험으로부터, 그리고 또한 서양의 병원에서 '죽었고' '죽음' 후 수일 동안 여전히 체온을 유지했던 티베트 도사들로부터의 이야기와 기록된 사실로부터 판단해 본다면,[11] 우리는 분명한 죽음 이후에 계속되고 있는 알아차림의 가능성을 생각해야만 한다.

오늘날 뇌와 척수의 무(無)반응성에 근거를 두는 죽음 진단은, 곧 부적당해질 것이다. 나노과학이 발전함에 따라, 반응성은 원자의 수준에서 측정될 것이며, 이것은 죽음에 대한 오늘날의 일상적 실재 CR적 정의를 복잡하게 만들 것이다. 생명은 나노 반응의 개념으로 측정될 것이다.

의식의 강한 변형 상태 또는 혼수상태들을 실험하는 것은 침묵의 힘을 발견하는 가장 단순한, 그러면서도 가정 극적인 방법 중의 하나다. 다음의 자료는 당신이 이러한 임사상태에 있는 자신이나 다른 사람들과 작업하는 것을 도와줄 수 있을 것이다.[12] 그 작업은 (숨쉬기, 손과 눈썹의 가벼운 움직임과 같은) 일상적 실재 CR 신호들을 따르기 위해서 당신의 명료한 주의를 사용하는 것뿐만 아니라 (신호교환, 환상, 직감 같은) 미묘하고 비일상적 신호들을 사용하는 것의 조합을 포함한다. 모든 수준에서의 알아차림이 열쇠다. 임사상태 고유의 잠재적 창조성을 탐구하기 위해서 맥스웰의 도깨비를 기억하라. 혼수 같은 상태들에서 당신의 상상을 사용하라.

실습: 코마-각성의 순간

먼저 시작하기 전에, 호흡을 가다듬고 들숨과 날숨을 인식하면서, 그 리듬
이 당신을 떠다니는 편안한 상태로 들어가도록 하면서, 잠시 동안 긴장을 풀
어라. 당신이 준비가 되었다고 느껴지면, 당신이 혼수상태에서 떠다니고 있다
고 상상하라. 이러한 상상적인 경험을 여유 있게 천천히 하라. 당신이 떠다니는
동안, 당신은 당신의 피곤한 상태의 일부가 이러한 의식의 변형 상태에 도달하
기 위한 시도였음을 깨닫게 될 것이다. 긴장을 풀고 혼수 같은 상태에 있는 동
안, 단지 당신 자신의 호흡만을 알아차리는 이 상태에서 당신 자신의 호흡만을
따라가라.

당신의 완화되었지만 명료한 주의집중을 사용하라. 잠시 후, 아마도 신체 경
련 혹은 불안감과 같은 어떤 것이 당신의 주의를 끌 때, 그 경험을 주목하고
따라라. 당신의 아주 작은 경험 안의 명료함과 신뢰를 사용하라. 무엇보다도,
작은 각성의 경향성을 잡아라. 예를 들어, 당신의 눈꺼풀은 자발적으로 열리기
시작할 수도 있거나, 혹은 당신의 손가락이나 손들이 스스로 움직일 수도 있다.
아마도 어떤 소리가 당신의 주의를 끌 것이다. 어떤 소리 혹은 움직임의 경향성
이 발생하는 순간을 주목하라.

이것은 매우 창조적인 순간이다. 그것을 잡은 후, 잠시 기다렸다가 당신의
꿈꾸기의 힘의 자발적인 본성에 경이로움을 가지면서, 당신 호흡의 리듬을 사
용하며 그것이 펼쳐지도록 하라. 아마도 비전, 환상 또는 이야기까지도 나타날
것이다. 비록 처음에는 매우 불합리한 것처럼 보이더라도 당신 자신의 경험에
대한 증인이 되어라.

당신의 환상이 그 자체로 나타나고 완성되는 시간을 가졌을 때, 당신은 더

많은 각성을 느끼고 움직이기를 원하는 자신을 발견하게 될 것이다. 이러한 경우가 바로 당신의 환상과 경험의 의미에 관해 경탄할 시간인 것이다. 삶의 경로가 이러한 상상에 묻혀 있거나 상징화되었을 수 있는가? 예를 들어, 죽는 것을 두려워했던 한 소심한 중년 여인은 이러한 실습을 했고, 그리고 자신을 각성시키고 있는 것이 새라는 것을 경험했다. 이 실습을 하면서, 그녀가 조용히 자신의 정원에 누워 있을 때, 한 마리 새의 소리가 그녀의 상태에서 그녀를 조용히 깨웠다. 그 새들은 빈번하게 그녀의 주의를 끌었기 때문에, 그녀는 처음에는 그러한 새들에 대한 의미를 거의 믿을 수 없었다. 그러나 이제 그녀는 자신의 상상을 펼치자, 가족의 집들을 돌아보면서, 그들에게 충고를 하면서, 새처럼 자유롭게 주변을 날아다니는 자신을 발견했다. 그녀는 내게 "충고를 해 주는 것이 내게 매우 중요한 것이라는 것을 발견하게 되어서 놀라웠다."라고 말했다. 이러한 경험 이후에, 그녀는 그녀의 소심함을 버리고 그녀의 가족에게 더 많이 그녀의 지혜를 전해 주었다.

이 실습은 당신에게 임사체험의 느낌뿐만 아니라 당신의 일상적 실재 CR 초점이 감소되었을 때 나타나는 자발적인 에너지와 창조성의 느낌을 주었을 수도 있다. 그런 다음에 침묵의 힘을 가장 잘 들을 수 있게 되며, 당신은 그것이 항상 거기에 있다는 것을 깨달을 수 있다. 당신은 매우 깊은 심연으로 들어감으로써 당신의 삶을 특징짓는 더 크고 더 많은 기본적 패턴의 부분을 발견할 수 있다. 이러한 패턴은 하이젠베르크(Werner Heisenberg)와 같은 양자 물리학자가 일상적 실재 CR의 경향-양자 파동의 경향성이라고 부르는 것의 결과다.

초시간적 경로

내 경험에서 미루어 볼 때, 앞의 실습에서 당신에게 일어났을 수도 있었던 것과 같은, 의식이 줄어든 상태에서 발생하는 감각과 사건들은, 비록 실습을 하는 동안 우리의 생리 기능이 죽음 가까이에서와는 매우 다를지라도, 임사 상태의 전형적인 것이다. 묻어 버린 지도와 새와 같이 나는 경험들은 당신으로 하여금 당신을 새로운 종류의 사람, 즉 총체적이며 초공간적 지각의 더 많은 측면을 갖는 다단계 알아차림을 가진 사람으로 만들게 하는 당신 자신의 새로운 부분에 대하여 숙고하도록 독려할 수도 있다. 임사체험을 통하여 깨우친 사람은 내게 항상 더 인간적이며 더 의식적이고 무한(無限)과, 동시에 인류와 모든 행성의 생명체들과 동일시할 수 있는 능력이 있는 것처럼 보인다.

이 새로운 사람은 모든 경로들 이면의 경로에 있다. 이 경로는 당신이 할 수 있었을 것이라고 꿈꾸었던 모든 것뿐만 아니라 당신이 하고 있고 지금까지 해 왔던 모든 것들 이면에 있을 가능성이 크다. 안내 파동이 그것이 나타낼 수도 있는 모든 평행 세계들의 합인 것처럼, 당신이 택하고 있는 모든 가능한 경로들은 더 중심적이며 초시간적인 경로의 서로 다른 지류(支流)다.

예를 들어, 당신의 평행 세계 또는 경로들 중의 하나는 당신의 일상적 실재 CR 정체성, 당신의 일상적 자아일 수도 있다. 다른 경로는 당신이 가장 사랑하는 사람들을 포함하며, 또 다른 경로에서는 당신이 가장 싫어하는 사람도 있다. 여전히 또 다른 경로들은 도둑, 치유자, 연인과 적(敵), 그리고 야심, 관대함 심지어는 죽음까지도 포함할 수 있다.

양자 이론에서, 입자는 자체의 가능한 경로들의 서로 다른 각각을 동시에 택하는 것으로 이해될 수 있다. 마찬가지로, 비록 당신이 일상의 실재에서는 한 번에 이러한 경로들의 하나만을 선택하는 경향이 있지만, 꿈속에서 당신은 자신이 어느 날 밤에 이러한 모든 경로들을 택하는 것을 발견할 수도 있다.

카를로스 카스타네다(Carlos Castaneda)는 『익스틀란으로의 여행(Journey to Ixtlan)』에서 그의 놀라운 초자연치료사 스승인 돈 후앙 마투스(Matus)를 설명했다. 모든 경로들에 관해 돈 후앙은 "각각의 경로는 단지 경로일 뿐이다."라고 말했다. 돈 후앙의 본질적 인식으로부터, 모든 경로는 어느 곳으로도 사라지지 않는다. 각각의 경로는 경로일 뿐이며, 현명한 사람은 두려움과 야망이 없는 가슴으로의 특별한 경로를 선택한다. 이것은 당신이 아주 노인으로서 또는 매우 현명한 사람으로서 선택하는 경로다. 이러한 초시간적인 경로는 당신을 건강하고 즐겁게 만드는 경로다. 그것은, 당신의 일상적 실재 CR 삶의 끝 가까이에서 또는 깊은 변형 상태 가까이에서 가장 명확하게 나타나는 것인, 모든 다른 경로들의 총합이며 본질이다.

원주민적 신념은 실제와 꿈꾸기의 다양한 세계들 사이의 관계를 달의 두 얼굴로 이해한다. 밝은 부분은 일상의 실제를 나타내며, 반면에 어두운 부분은 당신이 달 밝은 밤에 빛나는 부분을 관찰할 때 보지 못하는 달의 부분인 꿈꾸기를 나타낸다.[13] 보기에 따라서는, 달의 어두운 면은 침묵의 힘인, 꿈꾸기 이면의 힘의 또 다른 이미지다. 달의 밝은 면이 보이지 않을 때조차, 어두운 면은 빛의 새로움을 준비하면서 거기에 있다. 질서도와 무질서도는 그것들이 우주의 패턴의 부분인 것처럼 우리 인간 패턴의 두 부분이다.

나는 최근에 달에 관한 비슷한 개념이 도교에서도 발견된다는 것을 발견하고 매우 놀랐다. 중국학자 프랭크 피델러(Frank Fiedeler) 박사에 따르면, "(『주역』 『역경』에서 이름 붙인) 변화의 개념은 원래 달의 (변화 단계에서) 밝음과 어두움의 변화에 근거한 것이었다. '변화'를 의미하는 한문 이(理)는 그것의 가장 오래된 형태에서 달의 어두운 면과 밝은 면을 보여 주는 상형문자였다."[14]

달의 어두운 면과 밝은 면을 명백하게 상징하는 '이(理)' 상형문자는 달의 변화를 나타낸다. 기본적인 개념은 삶의 한 부분이 보이게 되면, 불가시성(不可視性)은 쇠퇴하며, 그 역도 그렇다는 것이다. 어떤 것이 나타나게 되면, 다른 것은 쇠퇴한다.

이러한 사고(思考) 방식은 변화의 원리를 설명하려고 한 중국 『역경』에서의 불가해하며 신비로운 고대 격언들에서 풍부하게 나타나 있다. 『역경』에 따르면, "과거로 돌아가는 것은 앞으로의 움직임에 달려 있다. 앞으로 나오는 것을 알아차리는 것은 뒤로의 움직임에 달려 있다. 이것이 『역경』이 거꾸로 세어지는 숫자

들을 가지고 있는 이유다." [15)]

『도덕경』에서, 도(道)의 전설적인 창시자 노자(老子)는 "말할 수 있는 도는 영원한 도가 아니다."라고 말했다. 이러한 진술에서, 노자는 삶에서 가시(可視)적인 것이 아니라 비(非)가시적—사물 이면의 동기 또는 경향성—인 것에 중요성을 두었다. 물리학자 봄(Bohm)은 파동 함수에 대해 사물 이면의 보편적이지만 비가시적 흐름이라고 매우 비슷하게 말했다. "……우주의 흐름으로부터 추출될 수 있는, 약간은 안정하고 약간은 불안정한, 명확하게 정의할 수 있는 형태와 모양으로 표현된 것처럼, 명확하게 정의를 내릴 수는 없지만, 단지 암시적으로 알려질 수 있는 우주의 흐름이 있다. 이러한 흐름에서, 마음과 물질은 분리된 물질들이 아니다. 오히려, 그것들은 하나의 전체적이며 나누어지지 않은 움직임의 또 다른 측면이다." [16)]

제로섬 게임을 넘어서

침묵의 힘, 가슴의 경로, 말할 수 없는 도, 태극(太極), 꿈꾸기, 봄(Bohm)의 안내 파동, 이 모두가 우리가 우리의 정신물리학의 본질이 되기 위해 일상의 실제에서 고려하는 것 이면의 기본적인 패턴의 모든 측면들이다. 일상생활에서, 당신은 삶에서 균형인 상승과 하강을 만들어 내는 이러한 경로를 쉽게 무시한다. 이러한 경로를 무시하는 것은 우리가 부분적으로는 초시간적인 방법을 발견하기 위한 죽음을 두렵게 만든다. 이러한 미묘한 경로는 측정할 수도 없고 계산할 수도 없으며 어느 정도 그것은 일상적 실재 CR 인지로부터 '아무것'도 아니다. 하지만 그것의 비국소성과 초시간성 때문에, 그것은 중심적이고 본질적인 삶의 경험이다. 그것 없는 삶은 단지 우울한 일차원이다.

1930년대 처음으로 양자 물리학 이면의 수학을 명확하게 한 당시 저명한 수리물리학자 존 폰 노이만(John von Neumann)은, 수학이 어떻게 마음으로부터 나타났는지 보여 주었다. 마음은 수학을 만들어 내는 근본적 실제였으며, 수학으로부터 물리적 세계가 나타났다. 이러한 생각은 일상적 실재 CR의 물리적 세계가 (양자 파동 함수와 같은) 수학의 발현이라는 것이다. 다른 말로, 일상적 실재 CR 세계는 아주 깊은 실재들의 발현이지, 단순한 기본적인 실재가 아니다.

일상의 실재는 노이만의 개념을 사용하자면 일종의 '제로섬(zero-sum) 게임'이기 때문에 그 자체로 쇠약하게 한다. 일상적 실재 CR에는 있었어야 할 삶이 너무 많다. 당신이 무엇을 하든 간에, 당신은 역사의 이 순간에 당신의 수명을 120년보다 더 길게 증가시킬 가능성은 별로 없다. 당신은 죽음을 이길 수 없다.

이러한 상항 아래에서, 당신은 선택할 수 있다. 일상적 실재 CR 게임에 머물거나 침묵의 힘에 대한 당신의 알아차림인 더 근본적 실재로 이동할 수 있다. 또 다른 시간과 공간으로부터 나옴으로써, 이러한 비국소적 패턴이 가장 작고 미세―생리학적 움직임에서 나타나며, 또한 명백하게 사소한 신호교환―같은 생각들에서 나타난다. 이러한 경향성들을 주목하고, 당신의 개인적 일생을 넘어 움직이는 의도(意圖)인 이러한 근본적 실재와 가깝게 살아라. 이러한 의도는 시간을 초월한다. 그러면 당신은 시간과 공간, 삶과 죽음, 사람과 입자와 같은 일상적 실재 CR 개념들이 당신이 있어 왔던―그리고 항상 있을 수도 있는 초시간, 초공간적 경로를 설명하기에 충분하지 못하다는 것을 알 것이다.

제4부
양자 도깨비 삶의 방식: 초시간적 육체

제20장
실행에서의 비국소성 의학

양자 체계들은 내부적 관계를 가지고 있다. 만남 후, 각각은 그 자신보다 더 큰 새로운 무엇인가의 일부가 된다.

— 도나 조하르(Dona Zohar)[1]

깨달은 사람…… 의식이 우주를 포용하는 그에게는, 그의 물리적 육체가 우주 마음으로 발현하는 동안 우주는 그의 '육체'가 된다.

— 라마 아나가리카(고빈다, Lama Anagarika)[2]

　우리는 맥스웰의 도깨비가, 혼돈 상태와 임사 상황에서조차도 깨어 있어 무질서도를 뒤집는 일종의 알아차림의 투사라는 것을 보아왔다. 열역학 제2법칙은 '집에 아무도 없을' 때—닫힌 계에 알아차림이 없을 때—무슨 일이 일어나는 것의 동화(童話)인 것이다. 이 '법칙'은 최소한의 알아차림만을 사용하는 전형적인 현대 생활 방식의 투사이며, 그 결과 우리가 사용할 수 있는 에너지가 어디서 오는지 어디로 가는지 항상 불확실하다. 맥스웰의 도깨비는, 빛을 어두운 집에 가져옴으로써, 명료함—거의 어느 곳에서나 가용 에너지를 찾는 명료함—을 측정 불가능한 나노 같은 사건들에 가져 옴으로써 모든 것을 다 뒤바꾸어 놓았다. 이 책의 마지막 부분에서, 나는 이러한 명료함을 일상의 삶에서 통합하는 방법을 제안한다.

무지개 의학에서 사람에 대한 개념은 물리학에서 입자의 개념과 비슷하다. 일상적 실재 CR에서는 점(點) 입자가 존재하지 않는 것처럼, 사람이라고 부르는 특정한 개체들도 없는 것이다. 본질적으로, 우리는 우리의 의도가 공유되고 있는 모든 곳에 퍼져 있는, 그 침묵의 힘의 경로를 따라 우리를 움직이는 침묵의 힘에 의해 묘사되는 장 영역이다.

비국소성은 삶에서 그리고 무지개 의학의 개념과 실행에서도 중심적 역할을 한다. 모든 사건들과 마찬가지로, 증상들은 단지 물리적 육체에만 있는 것이 아니다. 비록 국소적 육체 치료가 요구되는 관찰 가능한 특성들로 나타나지만, 증상들은 또한 그들이 나타나는 곳—관계, 공동체, 세계, 과거 그리고 미래—에서 치료를 요구하는 비일상적이며, 공간 같은 위치들을 가지고 있다.

대부분의 현대 의학자가 본질적으로 환자의 육체와 연결된 국소적 현상의 치

과정 지향 의학 개념

인위적 파동 또는 안내 파동: 안내 파동은 양자 파동 함수로부터 파생된 봄(Bohm)의 개념이다. 그러한 파동의 영역은 미묘한 경향성이나 침묵의 힘으로 경험된다. 이러한 파동과 힘은 인도(引導)로서 경험되는 정보다. 그것들의 의도는 경험이 스스로를 펼칠 때까지 결코 분명하게 알려지지 않는다.

알아차림의 양자 도깨비: 맥스웰의 도깨비는 자기 반영을 향한 인간과 우주의 경향성의 투사이며, 물질에 대한 의식과 알아차림의 투사다. 당신의 개인적 삶에서, 양자 알아차림 도깨비는 신호교환을 인식하고 반환하는 당신의 예민한 능력에서 나타난다. 비록 대부분의 물리학자는 양자 사건을 일상의 알아차림과는 무관한 가상 실재라고 생각하지만, 도깨비의 명료한 알아차림은 명백하게 밀봉했던 일상적 실재 CR 세계의 본질을 깨어 열었고, 일상적 실재 CR에서(열역학 제2법칙에 의해) 측정되었거나 예측 가능한 것 이면의 침묵의 힘과 경향성을 알아차렸다.

달리 표현하면, 일상의 마음에서 알아차림은 닫혀 있는 미묘한 나노 형태의 사건

으로부터 나타난다. 그러나 맥스웰의 도깨비와 같이, 알아차림은 일상의 평범한 사
건들을 뒤집을 수 있다. 도깨비는 일상적 실재 CR에서는 발견될 수 없는데, 그것이
존재하지 않기 때문이 아니라, 측정이 불가능한 양자 사건들을 반영하는 능력 안에
존재할 수 있기 때문이다. 양자이론에서는 우리는 그것을 수학에서 찾는다.[3] 당신과
내 안에, 이 도깨비는 신호교환을 통한 우리의 알아차림에서 나타난다. 이 도깨비는
모든 사람들이 자연적으로 타고난 능력과 실제의 세계에 모습을 드러내는 자연의 자
기 반영 어디에서나 발견되는 명료한 능력이다. 이 도깨비는 가장 미묘한 침묵의 힘
을 추적할 수 있으며, 일상의 마음이 잠들어 있을 때조차도 의식으로 남아 있다.

　도깨비의 자기 반영 경향성은 존재와 삶의 개연성을 창조한다. 그것은 자기 반영
을 향한 침묵의 힘의 능력의 인격화다.

　관찰과 과소평가: 침묵의 힘에서의 자기 반영 경향성은 일상적 실재 CR 실제를 창조
한다. 그 반대로, 우리의 알아차림은 평행 세계들과 침묵의 힘을 마치 그것들이 존재
하지 않는 것처럼 무시할 수 있다. 삶의 가상적 특성을 무시하는 것은 우리가 주로 측
정 가능한 물체와 아이디어에 초점을 둔 일상적인 일상의 실재를 창조하도록 허용한
다. 무시된 실재들은 우리가 문제, 사람 그리고 증상이라고 부르는 사물들 속에 묻혀
다시 나타난다.

　비국소성: 비국소성은 경향성의 초공간적 초시간적 특성이다. (물리학의 수학에서
그리고 당신의 내부 경험에서, 비국소성은 공간—같은 그리고 시간—같은 특성을
가질 수 있다.) 비국소적 정보는 꿈, 환상, 직관, 모호한 영역, 그리고 일상적 실재
CR의 반짝 떠오르는 신호교환—조각들과 짧은 수명의 조각들 (매우 빠르고, 반복할
수 없거나 측정하기에 불합리한) 속에서 발현한다.

　펼침과 중첩: 침묵의 힘은 밤과 낮 전체에 흩어진 꿈 같은 조각들과 쏜살같은 관찰의
다수를 통하여 일상적 실재 CR에서 자기 반영하고, 펼치고, 발현한다. 이러한 파편
과 관찰들은 일상적 실재 CR과는 본질적으로 분리되어 있으며, 그것들은 마치 분리
된 우주인 것처럼 평행 세계에 존재한다. 중첩은 각각 그리고 모든 조각들이 내가 가
슴에 있는 경로라고 은유적으로 언급한 것들의 합의 일부라는 의미다. 각각의 분리
된 세계는 침묵의 힘의 한 면이다.

유를 고려하는 반면, 초자연치료사는 항상 더 공동체 지향적이었다. 초자연치료사는 멀리 있는 사람들을 돕기 위해 수세기 동안 비국소성의 근원적인 현상을 사용해 왔다. 나는 비국소성 의학과 그 효과에 대한 깊은 이해는 공동체의 경험—그리고 물론 의사의 경험—을 환자의 건강 상태에 더 완벽하게 포함시킴으로써 의학 진료를 변화시킬 것이라고 생각한다. 오늘날, 대부분의 상담자들은 자신의 감정을 닫고, 자신의 감정을 내담자와의 상호작용으로부터 분리, 유지하도록 훈련받는다.

이론적으로나 경험적으로, 당신과 나는 증상이 국소적 · 비국소적 · 상상적으로 작동하는 꿈 같은 영역에 빠져 있다. 우리는 다차원적 우주에서 우리를 연결하는 생생한 경험과 투사를 나누는 동안, 이러한 광범위한 인식 없이 일차원적 · 국소적 의학의 어떤 형태를 실행하도록 강요받는다.

의사소통과 평행 세계

'상담자와 내담자' 사이의 관계의 비국소성을 의학의 한 형태로 사용하는 방법을 탐구하기 전에, 다음의 것들을 먼저 정리하고자 한다.

비국소성은 우리가 모든 사물과 가지고 있는 상호 연결성의 미묘한 감정의 많은 것을 설명한다. 무지개 의학은 비국소적 실재들을 증상과 작업하는 다양한 방식에 사용한다. 예를 들어, 앞 장에서, 당신의 신체 증상들, 당신의 개인적 관계들, 그리고 당신의 공동체 문제들 사이의 비국소적 연결들을 지적했다. 여기서는 증상들과 작업할 때 유용한 관계의 비국소적 세계를 탐구하려고 한다.

다른 모든 사건들과 마찬가지로, 인간 사이의 의사소통은 복합적 수준이다. 각 신호의 교환은 다중적인 실재를 포함한다. 우선, 우리는 서로 확인할 수 있는 일상적 실재 CR 신호를 보낸다. 즉, 그것은 우리가 보고 들을 수 있는 방법으로 의사소통한다는 것이다. 우리가 한 말과 행동은 비디오카메라로 녹화할 수 있다.

신호와 이중 신호

　신호와 이중 신호의 예로서, 당신의 내담자가 무엇인가를 걱정하고 있다고 당신에게 말했다고 하자. 그 반응으로 당신은 "걱정하지 마세요."라고 응답한다.

　그러나 당신이 제대로 알아차리지 못한 것은 당신의 내담자가 아래로 숙인 고개와 얼굴에 나타낸 억압된 표정과 함께 "걱정이 있어요."라고 말하는 것이다. 당신은 비디오 화면에서 그녀의 신호를 볼 수 있지만, 그녀와의 상담 중에는 알아차리지 못했다. 비디오에서 당신은 또한 "내가 무엇을 해야 할지 모르겠습니다."라고 말하는 것

일상적 실재에서 내담자는 말한다.
"걱정이 있어요."

상담자는 "걱정하지 마세요."
라고 반응한다.

평행 세계에서는 누구에게나 잘 보이지 않지만 내담자는 이중 신호를 보내고 있다.
"나는 우울합니다."

(그 반응으로) 상담자는
이중 신호를 보낸다.
"내가 무엇을 해야 할지 모르겠습니다."

[그림 20-1] 두 세계로부터의 신호

처럼 갑자기 당신의 어깨를 구부리는 것도 볼 수 있다. 그녀의 억압된 표정에 대한 반응으로, [그림 20-1]은 이러한 두 가지 움직임을 그려 놓은 것이다.

일상적 실재 CR 신호는 의도된 것이며 그 존재가 합의될 것이지만 반면, 이중 신호는 비의도적이기에, 알아차림 없이는 공통의 의미를 알아차리기도, 더구나 동의하기도 어렵다. (예: 우리 모두는 미묘한 이중 신호를 무시하면서 서로 미소 지으라고 배워 왔다.)

그림의 아래 부분이 의미하는 것처럼, 우리의 이중 신호는 서로 얽혀 있다. 비의도적인 신호는 알아차림을 사용하여 "내가 어떻게 해야 할지 모르겠습니다." "내가 도와줄게요!" "난 몰라요!"와 같은 서로 전달된 감정으로 펼쳐질 수도 있는 불편함이나 불쾌함의 미묘한 반응을 유도한다. 우리는 이중 신호의 비디오 자료를 연구함으로써 누가 무엇을 먼저 했는지를 쉽게 확인할 수는 없다. 모든 꿈 영역 사건과 마찬가지로, 당신과 당신의 내담자의 신호도 비국소적이다. 즉, 그들은 서로 연결되어 있고 얽혀 있는 과정들이다.

비디오 카메라로 볼 수 있는 가시적인 신호 및 이중 신호와 더불어 당신이 느끼고 감지하지만 일상적 실재 CR 실제의 표면에는 나타나지 않는 그러한 사전 신호는 잊지 않도록 하자. 사전 신호는 비록 그것들이 번득임과 신호교환으로서 우리의 명료한 알아차림에서 나타나기는 하지만, 때때로 너무 미묘해서 비디오 자료에서는 볼 수 없는, 신호교환 같은 신체 경험이다. 때가 되면, 그것들은 일반적으로 가시적인 신호로서 스스로를 나타낸다.

우리는 이러한 가시적인 일상적 실재 CR 신호의 일부를 확인할 수 있으며, 반면에 우리는 우리가 보내는 다른 가시적인 신호들에 대해서는 인식하지 못하는 것처럼 보인다.

나는 우리가 보내는(그리고 비디오 카메라에서 보일 수 있는) 신호를 부르지만 그러나 이차 신호 또는 이중 신호를 확인하지 못한다. 우리는 우리가 그것들을 보내고 있음을 깨닫지 못한다.[4] 하지만 나는 이러한 신호에 들어 있는 메시지가 꿈에서는 보일 수 있다는 것을 발견하였다. 예를 들어, 당신은 흥분되어 있으며 정열적인 신호를 보내고 있다는 것을 알지 못하지만, 꿈에서는 정열적인 인물을 꿈꿀 수도 있다.

　이중(二重) 꿈 영역 신호와 미묘한 신호교환과 깊은 본질적 감정은 우리를 서로 얽히게 해서, 관계를 다차원적이며 놀라운 사건으로 만든다. 관계는 당신의 일상적 실재 CR 관계의 정체성들(즉, 상담자와 내담자, 학생과 학생, 부모와 자녀, 친구와 친구, 애인 등)의 합과 모든 서로 얽인 꿈 영역과 본질적 신호와 경험을 합친 것으로 정의될 수 있었다. 일상적 실재 CR의 당신과 나는 단지 우리 관계에서 침묵의 힘의 두 면인 것이다.

　본질과 꿈 영역 세계들은 기본적으로 비국소적이다. 그들의 신호와 사전 신호는 당신이나 나 중 누구에게서 시작한 것인지 분명히 찾기가 어렵다. 그들 신호와 사전 신호는 어디에나 있다. 하지만 이 모든 분리되고 때로는 서로 갈등하는 신호 한 세트(무의식적으로 머리를 가로저으며 '아니요'라고 하면서 말로는 '예'라고 하는 것과 같은)는 우리가 서로 공유하는 많은 세계와 관계에 기여한다. 우리가 관계라고 부르는 것은 일상의 삶에서 대부분 과소평가된, 정말로 모든 세계의 중첩이며 구성이다. 예를 들어, 한 세계에서 우리가 동의해도 다른 세계에서는 논쟁을 하고 있을 수도 있다. 한 세계에서는 당신이 상담자이고 내가 내담자일 수 있지만, 다른 세계에서는 당신이 자녀이고 내가 부모일 수도 있다.

　우리는 항상 관계에서 다중적인 역할에 포함된다. 각각의 역할 조합은 하나의 완전한 세계다! 예를 들어, 상담자와 내담자 외에도 당신은 모든 관계에서 다음과 같은 이중 역할들을 발견할 것이다. 즉, 친구와 친구, 스승과 제자, 부모와 자녀, 학대자와 피해자, 교사와 학생, 고용주와 피고용인, 여성과 남성, 남성동성애자와 남성동성애자 등의 역할이다. 다시 말해, 우리가 관계라고 부르는 것은 현란한 무지개의 색이며, 이 모든 역할 또는 세계의 가상의 중첩이다. 만일 과소평가된 세계에서 갈등이 있다면, 일상적 실재 CR 관계는 곤란에 빠질 것이다! 일상생활에서 단지 꿈에서나 보일 수 있는 인정되지 못한 문제들을 해결하기 위해서는 미묘한 신호교환의 명료성과, 모든 종류의 신호와 사전 신호의 일반적인 알아차림이 필요하다.

관계의 윤리

다차원의 무지개 개념이 일상의 실행과 어떻게 교차하는가? 당신은 한때 알고 있었던 이 모든 역할들을 어떻게 다룰 것인가? 나는 작업에서의 명확성을 위해 다음과 같은 지침을 사용한다.[5]

- **존중** 확인되고 선호되는 일상적 실재 CR 관계를 존중하라. 만일 당신이 상담자의 역할을 하기로 누군가와 계약했다면, 그것을 당신의 주 초점으로 만들어라. 다른 사람이 무엇을 필요로 하는지 묻고 존중하라.

- **역할 공유** 모든 다른 가능한 역할들이 상담자가 되기 위해 필요하기 때문에, 그들을 당신의 알아차림으로 가져오고, 그들을 도움을 요청하는 사람의 흥미와 동의와 함께 공유하도록 하라. 만일 당신이 이러한 다른 역할의 당신의 알아차림을 공유하기 위한 동의를 받지 못한다면, 당신 자신의 삶을 위해 당신의 통찰력을 사용하라. (그 방법은 다음 사례 후에 명확해질 것이다.)

- **권력의 차이** 주어진 사회적 실재의 관점에서 보면, 각 관계에는 부모와 자녀, 학생과 교사, 상담자와 내담자, 두 친구(한 사람은 다른 사람보다 더 지배적) 사이에서도 권력의 차이를 수반한다. 이러한 차이는 두려워하거나, 다치게 하거나, 방어적인 신체 반응을 피하기 위해 명백하게 해야만 한다.

예를 들어, 만일 내담자가 상담을 받기 위해 도착했을 때, 당신 자신이 마치 아이처럼 느껴진다면, 당신은 내담자에게 당신의 이 느낌을 표현하기 전에 허락을 구하여야 할 것이다. 만일 내담자가 조금이라도 불편함을 보인다면, 합의된 관계에서 당신은 자신이 어린아이로 있는 평행 세계를 공공연하게 인정하지 말아야 한다. 그러나 만일 당신이 그 상황으로부터 자신의 '어린아이'를 분리할 수 없고, 내담자가 계속 불편함을 느낀다면, 내담자에게 다른 상담자를 찾아볼 수 있는 선택권을 제공하라.

때로 내담자는 도움을 요청하면서도, 또 다른 세계에서는 친구를 원하기도 한다. 그러나 당신이 단순히 그 사람이 도움을 요청했기 때문에 도와야 한다고 생각하는 것이 실수일 수도 있으며, 당신의 도움은 그가 단순히 외로운 사람이기에 실패할 수도 있다. 또한 당신과 다른 사람 사이의 경계인 비국소적 우주에서, 상담자로서 당신은 내담자의 외로움을 과소평가할 뿐만 아니라, 또한 당신 자신의 외로움도 무시하기도 한다. 작업에서, 다른 사람의 감정은 또한 당신의 감정이기도 하다.

당신이 상담자로서 경험할 수도 있는 기진맥진과 소진(消盡)의 감정은 종종 당신이 홀로 조용히 있거나 개인적인 삶을 더 즐기거나, 휴가를 떠나거나, 꿈꾸는 시간을 가지는 평행 세계들을 무시하기 때문이다. 휴가가 일상적 실재 CR의 사실로서 중요하지만, 그것은 또한 일상의 실재의 세계와 함께 발생하는 평행 세계다. 당신이 일을 즐기고 평면 영역의 일차원성에서 소진되지 않기 위해서는, 다른 세계의 알아차림의 초대를 기억하고, 그 세계들을 되도록 많이 당신의 작업 속으로 가져와라. (예: 작업하는 동안 좀 더 여유 있는 태도를 취하라.)

증상 작업에서 다중 역할의 알아차림

앞 장에서, 우리는 가장 어려운 문제들의 해결 방법이, 종종 무시되어 왔던 초공간과 평행 세계에 있다는 것을 논의했다. 평행 세계의 비국소성 때문에, 당신의 육체는 그 과소평가된 평행 세계를 느낄 것이다. 명료함과 함께 당신은 이 세계를 알아차리게 되고, 이와 더불어 당신 내담자의 증상(당신 자신의 증상도)에 간접적으로 영향을 줌으로써 변화를 만든다.

당신의 명료한 주의력의 도깨비를 사용함으로써, 당신은 초공간의 이점을 삶으로 가져올 수 있다. 이렇게 하기 위해, 당신의 다중 역할의 알아차림을 사용하라. 합의된 관계를 존중하고 동시에, 다른 세계의 환상을 가져오기 위해 일상적 실재의 제한하는 공간으로부터, 당신 자신을 벗어나게 하기 위한 당신의 알아차림을 사용하라. 비일상적인 감정과 불합리한 반짝임을 느끼고 믿기 어렵다고 해도 그것들과 작업하라.

예를 들어, 한 준엄한 표정의 친구 또는 내담자가 당신에게 두통이 있다고 말하고, 그리고 당신이 약간 부담감을 느낀다면, 두통에 초점을 맞추고 또한 부담감을 받고 있는 당신의 감정에도 초점을 맞춰라. 당신이 부담감을 느끼는 그 세계에서, 당신은 모든 사람에게 부담감을 주는 상상의 비평가를 발견할 수도 있다. 기본적인 생각은 당신의 부담감과 상상의 비평가의 부담감이 내담자의 두통과 연결되어 있는 비일상적인 실재 NCR에서 대립을 창조한다는 것이다. 비일상적 실재 NCR의 본질적인 비국소적 특성 때문에, 당신이 경험하는 모든 것은 당신에게도 그리고 다른 사람에게도 모두 있다.

이와 같이, 당신은 먼저 마치 평행 세계의 갈등들이 전적으로 당신 안에 있는 것처럼 이 갈등을 해결하는 것에 초점을 맞출 것이다(예: 부담감을 받는 사람과 비평가 사이의 투쟁을 연기함으로써). 그리고 당신은 그 결과와 과정을 내담자와 공유할 것이다. 마지막으로, 우리는 작업이 어떻게 증상을 나타내는 것에 관계되는지 알아볼 것이다.

실습: 비국소적 치료

당신은 이 작업을 어느 누구와도, 언제나 심지어 당신이 대화 중일 때도 할 수 있다. 이 실습을 실제의 내담자 또는 가상의 내담자와 실행해 보라. 또한 이 작업은 당신이 자신일 뿐만 아니라 내담자라고 상상함으로써 혼자서도 할 수 있다.

다음을 상상 또는 실행해 보라. 당신이 내담자와 면담을 할 준비가 되었으면, 신체의 문제에 대해 이야기해 보라고 요청하라. (내담자를 여성으로 단순화하자.) 이야기하는 그 순간에 당신이 무엇을 느끼는지 주목하기 위해 당신의 알아차림을 사용하라.

그러고 나서 그것이 또 다른 역할에 대한 반응이라고 상상하면서 당신의 감정 경험을 탐구하라. 이렇게 하기 위해, 두 역할 모두를 상상하라. 한 역할이 다른 역할에게 무엇을 말하는지 주목하라. 몇몇 사람들은 긴장을 푼 상태, 거의 마음이 꿈꾸는 상태에 있을 때, 이것을 가장 잘 할 수 있다. 어쨌든, 그동안 내담자가 당신의 일부라는 가능성에 대해 열어 놓고, 이러한 역할들에 관해 당신의 명료한 알아차림을 사용하라. 다시 내담자가 말하는 동안, 그녀의 표현함과 그녀에 대한 당신의 어떠한 그리고 모든 반응에 주목하라. 예를 들어, 샐리(Sally)는 계속되는 요통에 대해 내게 말했다. 그녀가 말할 때 어떠한 이유로, 나는 명백한 이유 없이도 매우 '쾌활' 하고, 매우 낙관적이라는 불합리한 감정을 가졌다. 나는 아마 이 쾌활한 감정이 '바로 나' 일 것이라고 생각했다. 그러나 그러다가 나는 그 감정이 평행 세계임에 틀림없으며, 나는 '그녀 내부' 의 무엇인가에 반응하고 있었다는 것을 깨달았다. 그녀가 이야기하는 동안, 나는 그녀가 마치 슬픈 어린아이인 것처럼, 매우 슬프게 나를 올려다보고 있었다는 것을 주목했다. 나는 두 역할을 가진 비국소적 영역 장의 존재를 의심했는데, 한 인물은 쾌활한 부모이며, 다른 인물은 상처받은 어린아이었다.

　　다른 사람의 표현과 당신의 반응을 역할들로서, 평행 세계에서 서로 다른 극성(極性)으로서 생각하라. 이러한 극성은 당신의 두 인물에 속하는 당신의 관계에서 다중 역할들의 한 세트다. 그러나 이러한 훈련에서, 우선 마치 그것들이 단지 당신 자신인 것처럼 역할을 연기하라. 영역 장을 '찾아 들고', 당신 자신에게 주어라. 당신의 환상과 상상을 사용하고, 당신의 손이 서로 상호작용하는 이 두 역할을 연기하는 꼭두각시 인형이 되도록 하라. 역할들이 서로 큰 소리로 이야기하도록 하라. 그리고 당신의 (상상의) 내담자에게 당신이 경험하고 있는 것을 밝히기 위한 허락을 요청하라.

　　당신이 내담자 앞에서 역할들을 연기하는 동안, 그녀의 피드백을 지켜보라. 만일 그녀가 매료되었거나 웃기 시작한다면, 그것은 당신이 제대로 하고 있다는 것을 보여 주고 있는 것이다. 해결 방법이 나타날 때까지 그 역할들을 계속 연기하라. 이때, 나는 왼손에는 쾌활한 부모를, 오른손에는 슬픈 아이가 있다고 상상한다. 그 아이는 "나는 너무 기분이 나빠, 그리고 아파."라고 불평한다. 그 사이 다른 손에 있던 쾌활한 부모가 애정을 담아 아이에게 말을 한다. "걱정 마, 내가 여기 있잖아." 내가—또는 쾌활한 부모가—더 이야기하기 전에, 샐리가 끼어들며 말했다. "당신은 그것이 나의 중요한 문제라는 것을 어떻게 알고 있지요? 나는 어느 누구도 나를 사랑한다는 것을 느껴 본 적이 없어요!" 그녀의 물음에 대답하지 않고, 나는 내 두 손이 서로 이야기하는 것을 계속했다. 부모가 아이에게 말했다. "지금부터는 네가 무엇을 하든, 너는 많은 사랑을 느끼게 될 거야."

　　만일 문제가 손, 꼭두각시 인형, 환상의 평행 세계들에서 아직 해결되지 못했다면, 더 깊이 들어가라. 되도록 빨리 가장 골치 아픈 어려운 인물의 본질로 가라. 그 골치 아픈 인물의 기본 에너지—본질—, 그 인물이 그렇게 극적이 되기 전에 온화한 방법에 존재했던 에너지를 찾고 추측하라. (한 인물의 본질을 찾기 위해서는, 그 인물로 느껴 들어가고 당신의 손을 더 느리게 움직여라.)

　　나는 가장 골치 아픈 어려운 인물이 상처를 받는 아이라고 결정했다. 그 아이는 내 오른손에서 말한다. "나는 어린이야! 나는 내 삶에서 많은 것을 할 수가 없고, 나는 혼자서 아무것도 못해. 나는 사랑과 도움이 필요해!" 아이가 그렇게 말할 때, 나는 그녀의 본질이 무엇인지 궁금했다. 나는 그 에너지 또는 본질을 느끼기 위해 어린아이의 움직임을 덜 극적이게 만들었다. 나는 내 손에서 어린아이를 느꼈고, 그 아이가 점점 더 느리게 움직이자, 나는 그녀의 꿈꾸기의 힘을 느낄 수 있었다. 그것의 본질은 우주와 그 순간에 완전히 열려 있는 자발성이었다.

그 '아이'는 계속했다. "나를 고마워해요. 나는 정말로 자발성과 활기인 삶의 바로 그 본질이에요!" 내가 끝마치기도 전에, 내담자는 웃음을 터뜨리며 말했다. "맞아요, 맞아요, 그 아이의 쾌활하고 자발성이 진짜 나예요!"

잠시 후, 당신의 환상을 꿈 영역에 남겨두고 이제 내담자의 실제에 초점을 맞춰라. 당신이 '보았던' 그 인물들이 그녀의 물리적 신체 어디에 있는지 물어라. 그녀에게 당신이 묘사해 왔던 문제들에 대한 그녀의 경험, 직관 또는 상상을 설명하도록 요청하라. 나는 샐리에게 그녀의 신체에서 상처를 받는 어린아이와 쾌활한 부모가 어디에 있는지 물었다. 바로 즉시에 그녀는 괴로워하는 아이는 자신의 허리라고 말했다. 그리고 잠시 생각을 한 후, 그녀는 쾌활한 인물은 자기 심장에 있다고 말했다. 내가 어린아이가 개방적이고 활발하다고 말했을 때, 그녀는 어떤 이유에서인지 자신의 허리가 나아진 것을 느꼈다고 말했다. 그녀는 "무엇인가 편안해졌어요."라고 말했다.

당신이 했던 역할이 만일 그리고 어떻게 내담자의 증상 창조자 그리고 증상 수신자의 경험과 연관되었는지를 생각해 보라. 이 제안은 내 내담자의 경험에는 맞지 않는다. 그녀는 더 이상 할 필요가 없었다. 그녀의 허리는 편안해졌으며, 허리 근육의 통증은 분명하게 사라졌다. 나는 그녀와 더 작업할 기회가 없었다. 이것은 짧은 이야기지만, 그녀는 허리 통증 없이 내 상담실을 떠났다.

만일 당신이 심리 지향 상담자라는 일상적 실재 CR 정체성을 가지고 있다면,

다음 단계는 관심을 가지고 있는 내담자와 그러한 발견을 어떻게 삶으로 가져올 것인지 이야기하는 것이다. 예를 들어, 평행 세계의 해결 방법이 어떻게 일상의 실재에서 적용되기 원하는가? 이 시점에서, 보다 의학적으로 지향된 상담자는 어떠한 대증요법, 대안 의학, 보충 의학이 내담자의 총체적 과정을 가장 잘 지원할 수 있는지 물었을 수도 있다.

당신의 신체로서의 우주

이러한 실습 중 어떤 것들은, 당신이 작업했던 것이 단지 내담자에 관한 것만이 아니라 또한 당신 자신에 관한 것이었다고 느꼈을 수도 있다. 그 작업이 당신에 대한 것인지 또는 다른 사람에 대한 것인지 당신이 모르는 것은 비국소성 때문이다. 이 작업은 두 사람 모두에 관한 것일 수도 그리고 두 사람 모두 아닐 수도 있다. 당신의 혼란은 비국소성과 평행 세계의 본질에 대한 과소평가 때문이다. 비국소성은 꿈 영역에서 누가 누구인지에 대한 불확실성을 초래한다. 제한된 시간과 공간은 단지 일상적 실재 CR의 '상담자'와 '내담자'에게만 속하는 것이다. 그러나 꿈 영역에서, 역할은 단순하게 공유된다.

비국소성의 창의적이고 중요한 측면은 꿈 영역에서 개인의 경계들의 중첩이다. 이러한 초자연치료적 종류의 비국소적 경험은 모든 관계에서 다중 차원, 세계들 그리고 역할 모두를 포함하는 침묵의 힘에 근거하고 있다. '공기 중에' 있는 문제를 감지함으로써, 그리고 그 문제들을 그곳에서 해결하려고 함으로써 당신은 증상의 초공간들에 초점을 맞추고 있는 것이다. 내담자 신체에서의 문제는 그곳에만 있는 것이 아니라 모든 곳에 있다.[6] 보기에 따라서는, 어느 누구도 문제를 가지고 있지 않다. 단지 어디서나, 아무 때나, 항상 진행하고 있는 알아차림이 있을 뿐이다. 증상은 (일상적 실재 CR에서를 제외하고) 어느 누구에게도 속하지 않는다.

우리 대부분, 특히 과학 지향의 상담자에게는, 때때로 닫힌 감정을 열고, 그것들을 훌륭한 정보의 근원으로서 그들을 이해하도록 하는 격려가 필요하다. 고통을 수반하는 모든 상호작용은 평행 세계의 역할을 만들고 드러낸다. 만약 이것들을 신중하게 다루지 않는다면, 그것들은 상담자와 내담자 사이의 일상적 실재 CR 관계로 고착이 될 수 있다.[7]

비국소적 우주에서는 어느 누구도 '내담자'도 '상담자'도 아니다. 우리 중 어느 누구도 정말로 자신만의 감정을 가지지 못한다. 명료함과 함께, 당신은 우리가 감정을 공유하고 있다는 것을 알아차린다. 더욱이, 만일 당신 주변의 누군가가 곤란에 처해 고통받고 있다면, 어떤 평행 세계에서 당신 역시 곤란에 처해 고통 받고 있는 것이다. 그러므로 다른 누군가를 돕는 위해서는, 당신에게도 똑같은 처방이 필요하다. 각각의 내담자는 당신에게 자기 자신의 갈등을 가져온다(당신의 처방이 그들에게도 도움이 될 수 있는 것과 똑같이). 그들의 무지개 의학은 또한 당신에게도 필요한 것이기도 하다.

실재의 확장되고 다차원적 관점에서, 당신이 알아차리는 모든 것은 당신 신체의 일부다. 이 관점에서, 우리는 씨앗이며, 더 나아가 실재에서의 당신과 나 같은 개인에게서 그리고 꿈 영역에서 이야기들로 펼쳐지는 성향들과 의도들이다. 우리는 보통 일종의 일상적 실재 CR 우정으로서 관계를 이해한다. 그렇지만, 또 다른 차원의 관점에서는, 꿈 영역에서 우리는 같은 이야기와 그것의 모든 역할을 공유한다는 사실을 무시하면서 우리의 일상적 실재 CR 관계에서는 나는 한 역할을 연기하고 당신은 또 다른 역할을 연기한다는 것에 대한 우리의 합의에 근거한다.

이 장의 앞에서 인용했던 라마 아나가리카의 글은 다음과 같이 지적한다. "깨달은 사람…… 의식이 우주를 포용하는 그에게는, 그의 물리적 신체가 우주 마음으로 발현하는 동안, 우주는 그의 '신체'가 된다."

당신 자신이나 다른 사람 누군가가 되는 그 순간에 나타나는 갈등을 해결하는 것은 모든 사람의 신체에 대한 비국소적 효과를 가진다.

제21장
무해한 삶의 방식

……그곳에는 명백하게 정의될 수 없지만, 우주의 흐름으로부터 나타나는, 명백하게 정의 가능한 형태와 모양에 의해 나타내어지는 것처럼, 어떤 것은 안정적이고 어떤 것은 불안정한, 하지만 암묵적으로만 알려질 수 있는 우주의 흐름이 있다. 이 흐름에서, 마음과 물질은 분리된 존재가 아니다. 오히려 그것들은 하나의 전체적이고 나뉘지 않은 움직임의 서로 다른 측면들이다.

– 데이비드 봄(David Bohm)[1]

당신의 신체는 해결을 찾는 초공간적 힘에 저항하는 전쟁터다. 당신의 매일의 일상적 실재 CR 신체를 잘 돌보라. 당신에게 필요한 약을 복용하고, 도움을 줄 수 있는 의사를 찾아라.

만일 당신의 약이 잘 듣지 않으면, 그 전쟁은 공공연하게 미묘하고, 비국소적 경험의 알아차림을 요구하는 소립자의 수준에서 진행되고 있을 것이다. 그렇다면 당신은 증상을 적이 아니라 이제는 다중 경험, 차원, 꿈 그리고 신비로 가득 찬 선물을 가진 동맹자로 받아들일 필요가 있다.

적 또는 동맹으로서의 증상

나는 이 책에서 지금까지는 당신이 피해 왔을 수도 있지만, 이제는 더 이상 그러한 증상으로부터 동맹자와의 만남을 피해 갈 수 없다는 것을 제안한다. 순간적으로 떠오르는 환상과 감정을 탐구하고, 미묘한 감각, 통증, 고통, 압박감을 알아차리기 바란다.

우선, 증상이 국소적인 것처럼 작업하라. 당신의 감각에 기초한 알아차림을 사용하고, 신체 부위를 검토하라. 증상의 본질로 깊게 들어가서, 그것의 창조자를 경험하고 상상하라. 초자연치료사로서, 도깨비처럼 보이는 것을 동맹자로 바꾸거나, 적어도 그 본질에 도달하라. 도깨비를 발생시켰던 도깨비의 비밀, 침묵의 힘을 찾아라.

당신은 앞으로 불편하게 반짝 떠오르는 느낌이 더 많은 알아차림의 필요성을 알려 주는 신호와 신체 증상의 근원인 것을 기억함으로써 예방의학을 실행할 수 있을 것이다. 침묵의 힘과 양자 마음은 순간적으로 떠오르는 초기의 느낌으로 나타나며, 나중에는 꿈 같은 인물과 평행 세계의 무지개로 나타난다.

일상적 실재 CR의 관점에서, 증상은 당신의 것이다. 그것들은 당신의 신체에 있으며, 당신의 역사와 연결되어 있다. 그러나 또 다른 관점에서 보면, 그것들은 어디에서도 나타나지 않았다. 입자가 진공의 명백하게 비어 있는 공간으로부터 나타날 수 있는 것처럼, 증상은 마치 무한대에서, 침묵의 힘에서 나타날 수 있다. 당신이 영(零) 가까이 축소되고 당신의 일상의 마음이 고요할 때, 당신은 어떤 주어진 경로를 따라 당신을 움직이고 있는 경향성—당신이 이 경향성을 말로 표현할 수 없는 도(道) 또는 신(神) 또는 우주 최초에 존재했던 눈에 보이지 않는 안내 파동이라고 부르든 아니든—을 느낄 수 있다.

전투는 당신 내부에서 격노하며, 당신의 관계를 혼란시킨다. 전투는 당신의 가족 안에서 발견된다. 당신의 공동체는 전투의 장이다. 전 세계는 당신의 신체이며, 당신의 이야기다.

단지 하나의 수준에 대해서만 작업하는 것은 전투를 불가능한 것처럼 느끼게 하며 그것의 개인적 의미를 과장한다. 전쟁터는 실재의 어떠한 그리고 모든 수준이며, 전투는 당신만의 것은 아니다. 비국소적 세계에서, 당신의 증상은 내 것이며, 내가 필요한 약 또한 당신 것일 수도 있다.

왜 나인가? 왜 지금인가?

꿈꾸기의 세계에 있는 동안, 우리는 우리의 경험이 비국소적이라는 것을 이해할 수도 있지만, 그러나 우리의 매일의 일상적 실재 CR 부분은 여전히 "왜 나인가?" "왜 지금인가?" "내가 무엇을 했기 때문에 이 전투를 하는가?"라고 묻는다. 무지개 의학은 대답을 가지고 있다. 증상 그 자체가 대답을 가지고 있다. 증상은 당신이 신체 문제로 경험한 우주적 상호 연결성의 거대한 조망에서 나타나는 암호화된 메시지다.

모든 증상의 공통분모는 알아차림이다. 알아차림은 미묘하고 고통스러운 신호들 모두의 근거다. 신체 증상은 단지 병리학만이 아니다. 그것들은 미묘하고 나노 같은 사건들에 대한 당신의 알아차림을 깨우는 선(禪) 도사다.

무해한 삶의 방식

당신 삶에서 과소평가하는 측면은 독성이 있다. 각각 그리고 모든 수준에서 알아차림을 사용하는 것은 무독성의 생활 방식을 창조한다. 당신은 더 유용한 에너지를 가지고 있고, 그리고 당신은 평행 세계를 알아야만 한다. 무독성의 생활 방식은 매우 재미있다. 모든 곳이 당신의 집이고, 모든 것이 미지의 것―당신의 마음, 당신의 신체, 당신의 관계, 당신의 가족, 당신의 공동체 그리고 당신의 세상—으로 채워져 있다. 무독성의 삶의 방식은 하루 24시간, 일주일의 7일 동안 모든 순간에서 창조성을 주목하는 알아차림 작업으로 구성되어 있다.

무엇인가가 당신을 괴롭힐 때, 당신의 알아차림을 사용하라. 당신이 하고 있는 것의 강도(强度)를 주의해서 알아차려라. 그리고 같은 강도로 씨앗, 당신의 '행동' 이면의 침묵의 힘을 알아차릴 때까지 당신의 움직임을 천천히 하라. 그리고 그 힘이 당신을 움직이도록 함으로써 무지개 의학을 창조하기 바란다.

첫 번째 공공의 적

당신이 증상은 단지 당신의 신체에만 있다고 믿을 때 증상은 전투에서 이기는 것처럼 보인다. 그때가 당신의 통증이 고통이 되는 때이며, 약과 의학적 치료가 불충분하게 보이는 때이다. 당신이 첫 번째 공공의 적(Public Enemy Number One: PENO)의 편을 들 때, 증상은 최악의 느낌으로 당신을 죽이겠다고 협박한다. 첫 번째 공공의 적(PENO)은 당신에게 일상적 실재 CR이 그곳에 있는 모든 것이라고 말한다. 첫 번째 공공의 적(PENO)은 "다른 세계는 다 잊어라! 당신은 그것을 측정할 수 없고, 그것들이 존재한다고 증명할 수도 없다. 꿈 영역은 잊고, 당신의 가장 깊은 경향성도 잊어라. 양자 세계는 없다. 그것은 단지 수학일 뿐이다! 공(空)도 없고, 침묵의 힘도 없다. 그곳에는 단지 측정될 수 있고, 약으로 치료될 수 있고, X-선 검사로 볼 수 있고, 혹으로 만질 수 있으며, 검사 기기(器機)로 측정이 가능하며, 바이러스에서 발견된 것들만 있을 뿐이다!" 라고 말한다.

첫 번째 공공의 적(PENO)은 "내가 유일한 방법이다. 우리가 확신할 수 있는 유일한 것들은 공간에서의 센티미터, 시간에서의 초, 무게에서의 그램이다." 라고 말한다. 첫 번째 공공의 적(PENO)은 증상이 단지 혈액 검사, 진단, X-선 검사, 유전자 같은 물질일 뿐이라고 말한다. 첫 번째 공공의 적(PENO)은 공식화될 수 없는 것을 모독하는 진정제이다.

당신은 첫 번째 공공의 적(PENO)을 이길 수 없지만 그것의 에너지를 사용할 수는 있다. 이것의 본질로 들어가라. 당신의 알아차림에 치밀하라. 당신의 세심하고 정교하고, 감각에 기초한 알아차림을 사용하고, 그리고 그 상황의 일상적 실재 CR에 초점을 맞춰라. 엄격한 주의를 가지고, 단지 무의식적인 느낌에서 꿈꾸지 마라. 무엇이 일어나고 있는지 분명하게 주목하라. 그리고 당신의 명료한 알아차림을 사용하라. 맥스웰의 도깨비가 되어, 첫 번째 공공의 적(PENO)의 닫힌 일상적 실재 CR 체계를 깨뜨려 열고 상황을 반전시키도록 당신의 명료함이 불합리한 경험과 말로 형용할 수 없는 감정의 본질을 명료하게 침투하도록 하라. 무엇이 당신의 주의력을 끄는지 주목하라. 첫 번째 공공의 적(PENO)이 먼저 그것을 잡아 '증상' 이라고 이름 붙이기 전에 그것을 먼저 행동하라.

예 그리고 아니요

많은 평행 세계가 당신에게 스스로를 드러내어 일상적 실재 CR에 있는 당신을 불확실하게 만들 수 있다. 당신은 싸워야만 할지 또는 항복해야 할지, 예 또는 아니요라고 말할지, 이 길로 또는 저 길로 가야 할지, 죽어야 할지 또는 살아야 할지 알고 싶을 것이다. 첫 번째 공공의 적(PENO)은 당신에게 하나를 선택해야만 한다고 말한다. 그러나 침묵의 힘과 꿈 영역의 관점에서는, 예와 아니요 둘 다, 옳다와 그르다 둘 다 맞다. 무독성적인 삶의 방식은 과소평가하지 않으면서 당신이 모든 세계라는 것을 받아들인다. 당신은 살아 있고 동시에 죽었다. 좋고 나쁜 것은 둘 다 맞다. 당신으로 하여금 단지 당신의 일상적 실재 CR 자아와 동일시하도록 하고 당신의 다른 편에 대항하도록 하는 첫 번째 공공의 적(PENO)의 독성적인 삶의 방식에 빠지지 마라.

당신은 나의 결론에 동의할 수도 동의하지 않을 수도 있다. 평행 실재들의 우주에서, 나의 주장이 또 다른 실재에서 올바른 것처럼, 당신의 모든 주장은 그러한 실재 중 하나로 또한 옳다.

당신의 삶은 당신이 상관할 바가 아니다

본질의 관점에서, 당신의 삶은 당신이 상관할 바가 아니다. 당신은 결국에는 가장 깊은 밑바닥에서 당신의 삶이 의도적인 장 영역과 침묵의 힘에 달려 있다는 것을 깨닫기 위해 일상적 실재 CR을 포기해야만 할 것이다.

그러니 걱정 말고 여유를 가지고, 그것이 '자체의 일을 하도록' 하라. 그렇게 하면 당신은 더 많은 일을 할 수 있다. 아주 작은 것조차 당신의 일과 상관이 없다. 당신이 입는 것부터 당신이 믿는 것까지, 사건들은 신호교환을 배열하는 자기(磁氣)적 배경에 달려 있다. 당신의 가장 깊은 자아를 따르라. 그것이 당신을 당신의 변화하는 본성에 더 일치하도록 만들며, 심지어 당신의 유전자를 재배열할 수도 있는 일종의 이면 작용을 창조한다.

4세 미만의 아이들은 결코 이렇게 말하는 법이 없다. "내 충동에 따를 시간이 없어요. 내일까지 기다릴게요." 어린아이들은 여기 그리고 지금, 당장의 순간적인 번뜩임에 따른다. 첫 번째 공공의 적(PENO)은 아직 어린아이들의 삶의 규칙이 아니다. 초심자의 선(禪) 마음을 가지고, 어린아이들이 진짜 책상과 의자를 용과 귀신으로 사용하는 것처럼, 당신도 이 시공을 살 수 있다.

누군가 내게 이 모든 것이 우리가 전혀 계획을 세우지 말아야하는 것인지를 의미하는지 물었다. 무독성적인 생활 방식은 많은 계획을 포함한다. 그것들은 그것들이 가능한 모든 방법으로 일어날 때 살 수 있다. 당신이 내일에 대해 생각한다고 해도, 자신을 비웃지는 말라. 소위 내일이라는 것은 지금 당장, 바로 이 순간에 일어나고 있는 것이다.

첫 번째 공공의 적(PENO)은 시간과 삶이 자신의 일이라고 믿는다. 첫 번째 공공의 적(PENO)은 사물들이 스스로 발생하도록 하는 방식, 어느 순간 평행 세계들인 과거와 미래의 방식을 반대한다. 첫 번째 공공의 적(PENO)이 "시간이 별로 없다."라고 말할 때마다, 당신은 그것이 옳다는 것을 알지만, 그러나 당신 역시 옳다. 시간은 존재하지 않는다.

조직에서의 무지개 의학

당신 자신 및 당신이 사랑하는 사람들과 함께 살며 작업하는 것은 비국소적 효과 때문에 결코 충분할 수 없을 것이다. 당신이 이 세계를 떠나서 갈 수 있는 곳은 없다. 당신은 단지 편지, 이메일, 전화에 응하지 않겠다고 선택할 수 있을 뿐이다. 그러나 무한대로부터 받는 나노 같은 신호교환에 대해서는 말할 것이 아무것도 없다. 하지만 당신은 그것을 알기도 전에 그것들에게 응답한다.

조직을 위한 무지개 의학은 간단하다. 한편을 지원하고, 그리고 또 다른 편을 지원한 다음, 모든 편들을 다 지원한다. 그리고 최악의 본질을 찾는다. 당신의 집단을 함께 유지하는 것은 본질의 수준 깊은 곳에서의 '최악'의 역할이나 사람에서, 일상적 실재 CR 사람이 아니라 사물이며, 그러나 그의 본질은 모든 사람들이 필요로 하는 것이며, 공동체 비전의 밑바닥의 가장 기본이다.

당신 가족에서도 마찬가지로 하라. 모든 갈등을 당신 자신에게 가져오고 가장 까다로운 인물의 본질을 찾아라. 그것은 다른 사람뿐만 아니라 당신 자신을 성장시키는 방법이다. 양극성(兩極性)을 환영하라. 한 편을 들어주고, 또한 모든 편들을 다 들어 주고, 그리고 본질을 위해 그것들을 버려라. 세계와 당신의 공동체가 당신을 괴롭히면, 비국소적 의학과 공동체가 곧 당신 신체의 지도라는 생각을 기억하라.

가능성의 씨앗

스승의 다가오는 죽음을 슬프게 애도하며 울고 있는 열렬한 제자들에게 둘러싸여서 임종을 앞둔 선(禪) 도사가 갑자기 막대기를 들어 제자들의 머리를 내려치며 말했다. "너희는 내가 죽으면 내가 어디로 간다고 생각하느냐?"

그의 질문에 대한 나의 순간적인 대답은 그는 아무 데도 가지 않으며 항상 그가 있던 곳에 있을 것이라는 것이다. 일상적 실재 CR 신체가 있든 없든 당신과 나와 마찬가지로, 그는 이야기의 본질로서 발현하는 침묵의 힘이다. 우리는 공동체의 의도, 가능성의 씨앗들이다.

공간과 시간처럼, 삶과 죽음도 우리의 완전한 본질을 설명하기에 충분하지 못하다. 꿈 영역과 양자 물리학 및 생물학의 가상의 공간에서, 우리는 살아 있고 또 죽었다. 이것은 우리가 살아 있을 때 죽었고, 또한 우리가 죽었을 때 살아 있다는 것을 의미한다. 이것은 내가 심리학, 생물리학, 신체 증상의 수학을 연구한 후 얻었던 결론 중의 하나다.

치유의 양자적 근원

인생 전반의 모든 순간에, 우리 신체에 관한 모든 것은 양자 세계를 지배하는 같은 역설에 의해 부분적으로 지배된다. 이러한 역설 중 가장 놀라운 것은, 아마도 신체 증상이 그 자체의 놀라운 해결 방법을 가지고 있다는 것이다. 민감하고 명료한 알아차림은 가장 불가능한 증상 안에서조차 치유의 양자적 근원의 변환적 힘을 드러낸다.

우리의 몸과 마음이 양자 물리학과 연결되는 방법에는 많은 유사성과 우연의 일치가 있다. 봄(Bohm)의 안내 파동과 당신이 자신의 증상에 대해 깊이 작업할 때 느꼈던 유도(誘導) 감각을 기억해 보라. 평행 세계는 당신 마음의 다양한 상태를 반영한다. 부록에서 더 많은 이러한 유사성과 연결을 다루었다. 심리학과 물리학 사이의 연계는 발견되지 않은 통찰의 전체 우주, 진정한 보물 창고의 연구 영역을 제공한다. 주관적인 경험을 통합하고 우리가 실재라고 부르는 것을 재창조하는 새로운 종류의 생의학과 무지개 의학이 나타날 것이라는 것은 불가피한 것처럼 보인다.

　지금까지, 우리 대부분은 질병에 대한 치료를 오늘날의 대중요법 의학 및 대체 의학 실행에서 발견했거나 투사해 왔다. 하지만 가장 거대한 감각에서의 치유는 당신의 가장 깊은 자아와 일치할 것을 요구한다. 이러한 동조화 과정은 부분적으로 당신 스스로의 알아차림 작업의 문제다. 나는 앞 장들에서 당신의 생화학, 관계 그리고 집단적 삶을 형성하고 재구성하는 것, 즉 당신 자신과 일치하는 것을 언급해 왔다. 증상 작업에서 당신의 알아차림을 사용하는 것은 당신의 가장 거친 환상 너머의 삶의 감각을 확장시킬 수 있다. 증상의 본질은 당신을 땅에 굳게 심어 놓으면서도 시간과 공간으로부터 당신을 자유롭게 한다. 이런 방식으로, 당신은 증상이 잠재적인 축복이라는 것을 발견할 수도 있다.

부록

부록 안내

앞 장들에서의 나의 의도는 일반적인 독자가 증상을 작업하기 위한 실제적인 접근 방법을 시도할 수 있도록 고무하기 위한 것이었다. 부록에서, 나는 양자마음 이슈와 과학의 최종적인 통합으로 더 깊이 들어가기 위하여 과학과 심리학, 관습적인 대체 의학에 기초한 아이디어 중에 일부를 탐구하는 데 관심 있었던 것들이 결합될 수 있기를 바란다. 다음의 내용은 이러한 탐구의 기본 요소들을 이해하는 데 기여할 것이다.

이 부록은 세 부분으로 구성되어 있다.

부록 A: **파동** 파동과 파동 이론 연구에 초점을 맞추었다. 여기에서 당신은 파동의 심리학과 수학과 물리학에서의 그들의 적용에 대한 정보를 찾아낼 것이다. 정신과 물질 사이의 양자 상태 교차의 시작 이론은 이 부분의 끝에 제시하였다.

부록 B: **세계** 휴 에버레트(Hugh Everett)의 관찰은 평행한 영역에 있는 현실을 나눈다는 그의 아이디어와 양자물리학에 대한 다세계에서의 해석을 논의하였다.

부록 C: **마음** 양자마음에 대한 나의 아이디어 일부를 요약하였다.

부록 A
파동: 양자 상태 교차

> 모든 물질은 끊임없는 우주의 춤에 포함된다. ……모든 입자들은 에너지의 리듬 패턴을 만들며 '자신들의 노래를 부른다.'
>
> – 프리초프 카프라(Fritjof Capra)[1]

나는 파도를 사랑한다. 나는 바다에 가서 바닷물이 어떻게 파도치는지를 바라보고 싶어 참을 수가 없다. 파도가 끝없이 이어지는 방식으로 움직이는 것을 볼 때, 나는 달과 지구 사이의 중력의 끌어당김을 느낄 수 있다(달은 지구 주위를 돌 때, 지구를 '당겨' 파도를 만든다). 파도, 파도, 파도―모든 것이 위 아래로, 밤낮으로 계속 움직인다. 파도, 의식의 변형 상태, 양자 상태들 사이의 연결을 생각하는 것은 내게는 자극적인 시도였다.

파도, 즉 파동은 일상적 실재 CR에서 우리가 **신체**와 **마음**이라고 부르는 것들을 연결하도록 우리를 도울 것이다. 양자 상태 교차(제9장)는 우리가 정신물리학적 또는 정신신체학적 관계라고 불렀던 것인 정신과 물질 사이의 잠재적 연결을 설명한다.

정신, 끈과 파동

앞으로 나가기 전에, 되돌아가서 당신에게 자신에 관한 몇 가지 기본적인 질문을 하겠다. 무엇이 당신이 살아 있다는 느낌 또는 생각을 주는가? 당신이 살아 있다는 것을 당신은 어떻게 아는가? 그 질문에 대해 잠시 생각해 보라. 많은 사람들은 자신이 자발적으로 생각하고 느끼기 때문에 또는 자신의 신체가 서로 다른 종류의 자발적인 것들을 할 수 있기 때문에 자기가 살아 있다는 것을 알고 있다고 한 번쯤은 말할 것이다. 대부분의 사람들은 자신이 호흡하고 있기 때문에 살아 있다고 느낀다.

호흡이 당신의 살아 있는 느낌의 근거라고 하자. 호흡 곤란은 사람이 죽어 가고 있다는 어떤 두려움을 만들기에 충분하다. 많은 명상 과정은 당신을 의식과 생명의 근원과 경향성의 세계 및 당신의 호흡하는 느낌으로 연결한다.

호흡의 주기적이며 리듬성 있는 본질은 보통 시간의 흐름 또는 노화의 느낌과 같은 생명의 선형적 측면 양상보다 당신의 지각을 더 진전시킨다. 당신은 시간의 선형적 흐름보다는 계절 변화의 반복과 주기성, 낮과 밤의 변화, 또는 호흡의 날숨과 들숨의 리듬 등으로 더 자신을 동일시할 것이다.[2]

그럼에도 불구하고, 우리는 호흡을 생명으로 느낀다. 예를 들어, 때때로 '영혼(spirit)' 또는 '생명(life)'으로 해석되는 **정신(pneuma)**은 초기 유럽인들(특히 그노시스(gnosis)교 전통의 사람들)에 의해 생명의 본질, 필수적인 물질로 여겨졌다. 너무 많은 또는 너무 적은 **정신(pneuma)**은 심각한 무질서를 유발한다고 생각되었다.[3]

생명과 호흡의 필수적인 물질의 중요한 특성 하나는 그것의 파동 같은 본질이다. 물질과 생명과 우주에 대한 우리의 기본 이론들이 파동 같다는 것은 놀랄 만한 것이 아니다. 당신이 제19장에서 알았던 것처럼, 고대 중국에서 우주의 첫 번째 물질은 도(道)라고 했으며 상반되는 경향성들 사이의 기본적인 진동으로서 인식되었다. 호주 토착민들은 시간을 달의 주기적 변화로서, 실재와 꿈 시간 사이의 전이로서 보았다. 지난 세기에 물리학은 양자 수준에서의 물질을 물질 파동 또는 양자 파동의 개념으로 다시 이해하였다. 보다 최근에는, 물질의 파동 같은 본질이 끈(string) 이론의 개념에서 다시 나타났다.

끈 이론

물리학에는 물질에 대한 서로 다른 이론들이 있다. 양자역학에서는 공간이 양자(quanta)와 부분(part)으로 나눌 수 있다고 한다. 상대성에서는 공간이 연속적이라고 가정한다. 이 두 개의 이론을 조합하기 위해 물리학자는 초공간—더 높은 차원—에서 해결책을 찾았고, 끈 이론(그리고 끈 이론의 확장인 'p-브레인(brane)'과 'M 이론')을 발전시켰다. 물리학자들은 초공간적 사고(思考)가 끈 이론을 통해 양자역학 원리와 상대성 이론을 포함시키기를 희망한다.[4]

끈 이론은 다차원의 존재를 제안한다. 사실, 오늘날의 물리학은 10차원과 26차원 사이를 고안하고 사용한다. 끈 이론의 수학에는 문제가 있으며, 아무도 이러한 차원이 무엇으로 만들어졌는지 알지 못하지만, 기본 아이디어는 끈이라고 이름 붙인 미세한 진동들이 우주를 통해 떠다니고 있다는 것이다. 원리적으로, 이러한 진동의 물질-이전(pre-matter)의 끈은 우주의 근본 물질이며 일상적 실재 CR 세계를 만든다.

물리학자들에 의해 제안된 이러한 끈들을 생각할 때 기타 줄을 생각하는 것이 도움이 된다. 기타 줄이 두 지점 사이에서 고정되어 당겨진 상태에서 튕겨지면, 그 줄은 음조(音調), 음(音) 그리고 파동을 만든다. 우주의 줄, 즉 끈은 아무것에도 고정되어 있지 않다고 믿어지지만, 그러나 끈들은 고정되어 당겨져 있고 에너지를 가지고 있다고 가정할 수 있다. 심지어 그것들은 양자역학의 가상 파동들로 뭉치기도 한다. 끈들이 정류파(停留波, standing wave)가 될 때, 우리가 가지고 있는 측정기기는 그것들을 입자로 검출한다. 끈 이론은 그중 일부가 열릴 수 있는 끈 고리(loop)를 제안한다.

끈 이론은 진동 또는 구불구불함의 빈도(진동수, frequency)가 열린 고리 또는 닫힌 고리가 기본 입자들을 설명할 수 있다고 말한다. 특정 진동수 패턴은 특정 기본 입자를 나타낸다. 진동하는 패턴의 진동수에 따라, 끈은 물리학자가 쿼크(quark, 입자의 구성 입자), 렙톤(lepton, 전자, 중성 미립자 등의 경입자(輕粒子)) 또는 전자 입자 등으로 구별했던 것으로 나타날 수도 있다.

[그림 A-1] 끈 이론: 열린 끈과 닫힌 고리

끈은 입자보다 더 기본적이라고 생각된다. 끈 이론에서 끈들의 파동들은 모든 사람이 물질이라고 생각했던 것보다 더 기본적인 것이다. 우리가 입자라고 생각했던 것들은 이제 끈 또는 파동들이다. 점(點) 같은 입자는 더 이상 존재하지 않는다. 끈 물리학자는 "점으로서의 입자에 관한 우리의 생각을 바꾸자. 우리는 어쨌든 그것들을 측정할 수 없다."고 말한다.[5]

끈과 파동의 심리학

파동에 대해 더 생각해 보자. [그림 A-2]의 점과 구불구불한 선 두 개의 형태를 보라. 당신에게 두 형태 사이의 차이는 무엇인가?

점

구불구불한
선

[그림 A-2] 점과 구불구불한 선 사이의 차이

많은 사람들은 점이 더 뚜렷하고 아마도 더 정적(靜的)이라고 말할 것이다. 구불구불한 선은 더 움직인다(물론 점도 움직일 수 있고 정류파도 정적일 수 있다). 나는 점과 파동 사이의 차이는 **상태**와 **과정** 사이의 차이에 의해 반영된다고 제안할 것이다. 우리 삶의 활동의 대부분은 점들(또는 점들을 만드는 것)에 기초한다. 시간과 공간은 점들에 의해 결정된다. 오후 5시에 그곳으로 오라. 케이프타운은 특**정한 경도와 위도에 있다.** 우리는 어느 누구도 그러한 단 하나의 점에서 살지 못한다는 것을 알고 있지만, 그럼에도 불구하고 우리는 점의 존재에 대해서는 합의한다. 당신이 키가 170cm라고 해 보자. 그러나 만일 당신이 오랫동안 앉아 있었다면, 당신의 등은 눌리고 약 1cm 정도 작게 측정될 수 있다. 당신이 밧줄에 매달려 있다면, 당신은 키가 더 커질 것이다. 그렇다면 당신의 키는 얼마인가?

당신은 과정이지, 상태가 아니다. 더구나 우리는 일반적으로 시간과 공간에서 점들인 약속을 만든다. 시간, 위치 및 높이는 시계 또는 자(尺)에서의 가상의 특정 점들 이외에 아무것도 아니지만, 그들은 존재하는가? 그렇다. 그것들은 일상적 실재 CR에서 아이디어로서 존재한다. 그러나 양자물리학에서, 입자와 마찬가지로, 점은 사실보다는 비전 그 이상이다.

대부분의 매일의 일상적 실재 CR 의사소통은 점(點) 지향적이다. 사람들은 "나의 흔들림을 잡아." 또는 "파동"이라고 말하는 것보다 "나의 요점을 찾아."라고 말하기를 더 좋아한다. 우리는 파동에 대해 말할 때, 보통 "우리는 같은 파장에 있다."와 같은 더 비일상적인 무엇인가를 언급한다.

매혹적인 파동

가장 단순한 파동―맥동(pulse)의 규칙적인 연속―조차 주기적이다. 당신이 기타 줄을 튕길 때 일어나는 현상에 대해 생각해 보라. 기타의 음조는 진동수, 즉 줄이 분(分)당 진동하는 횟수에 의존한다. 파도, 빛 그리고 소리도 주기적 파동의 사례들이다.

당신은 느슨한 줄, 즉 끈을 잡고 그것을 '흔듦'으로써, 또는 맥동 또는 연속적인 당김에 의해 파동의 움직임을 만들 수 있다. 맥동 또는 충격은 크거나 작을 수 있고 심지어 아주 작은 깜박임일 수도 있다. 당신의 신체는 맥동의 매개체다. 만일 당신이 자신의 신체에 매우 민감하다면, 당신은 자신의 맥동 또는 심장 박동을 느낄 수 있다.

이러한 맥동 또는 생명의 힘의 근원은 무엇인가? 제7장에서 나는 양자 파동(그리고 끈)은 단지 우주 그곳에 있는 것이라고 추론했다. 그것은 우리가 그 일부인 더 큰 존재의 침묵의 힘, 본질이다. 개인으로서 우리는 우리가 음악에서 할 수 있는 것처럼 맥동과 새로운 파동을 만들 수 있다. 아마도 전 우주는(영점 에너지 장을 통해) 모든 것을 생명으로 박동하도록 영점(零點) 에너지 장[6]에서 아주 작은 순간적인 파동 또는 요동을 만든다.

잠시 동안, 물리학의 수학에서 발생하는 맥동에 집중하자. [그림 A-3]을 보라.

[그림 A-3] 간단한 주기적 파동

맥동은 그것이 실제든 또는 가상이든 어떠한 종류의 일반적 파동을 창조하는 운동에 대한 일반적 용어다.

[그림 A-4]에서 우리는 맥동이 어떻게 벽에 고정된 당겨져 있고 유연성 있는 끈, 즉 줄을 따라 전달되는지 볼 수 있다. 이것은 시간 t_1, t_2 등에서 보이는 간단한 파동 움직임이다.

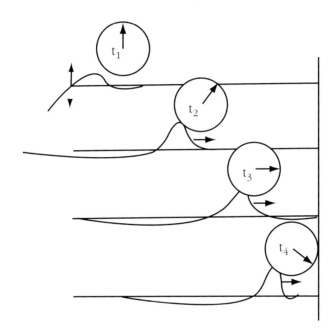

[그림 A-4] 파동 움직임을 만드는 맥동

만일 끈의 한쪽 끝에서만 시작되는 맥동 대신에 맥동들이 끈의 양끝에서 오는 것이라면(맥동이 벽에 부딪혀 나오거나 반사되기 때문이라고 하자), 우리는 모든 파동들의 특징적인 무엇인가를 알아차릴 수 있다. 서로 반대편에서 오는 두 개의 파동은 서로 더하거나 뺄 수 있다. 그 두 파동은 더 큰 파동으로 더해지거나 또는 서로를 상쇄시킬 수 있다. 과학자들은 이러한 현상을 파동들이 서로 자신들을 중첩시키려고 하는 방법의 개념으로 설명한다.

중첩

　파동들이 겹쳐지는 방법인 중첩(重疊)은 그것들이 만날 때마다 발생하는 파동의 특별한 성질이다. 그것들이 더해지고 빼는 방법, 그것들이 겹쳐지는 방법은 입자에게는 발생하지 않고, 단지 파동에게만 발생한다. 일상적 실재 CR에서, 입자들은 서로 만날 때 충돌하고 부딪친다. 그러나 파동은 다르다. 그들은 더하고 (또는 빼고) 나서는 자신들이 진행 방향에서 만났다는 것을 다소 잊으면서 가던 방향으로 계속 진행한다. 두 개의 파동이 상호작용하는 방법의 [그림 A-5]에서, 하나의 파동은 왼쪽에서 오고 있고 또 다른 하나는 오른쪽에서 오고 있다.

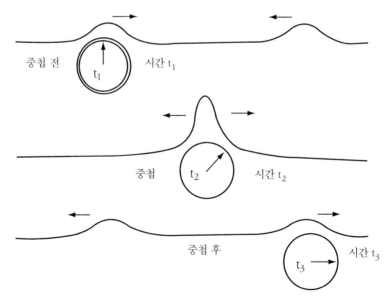

[그림 A-5] 파동의 중첩

　중첩은 파동들이 만나거나 교차할 때 발생한다. 그들이 t_2에서 만난 후에, 시간

t_3에서의 맥동은 기본적으로 변하지 않았고 계속해서 자신들의 진행 방향으로 가고 있다는 것을 주목하라. 파동은 서로 독립적이거나 분리되어 있는 본성을 가지고 있다. 그것들은 상호작용하고, 더하고 뺄 수 있지만 자신들이 무엇인지의 본질을 잃지 않는다.[7]

만약 파동들이 동일한 크기와 형태를 가지는 대신 반대의 극성을 가지고 있다면 어떤 일이 일어나겠는가? 파동들이 t_2에서 서로 교차할 때 실제로 서로 상쇄시키는 [그림 A-6]을 보라. 그것들의 에너지는 어디로 갔는가? 에너지는 끈의 진동으로 변화했다.

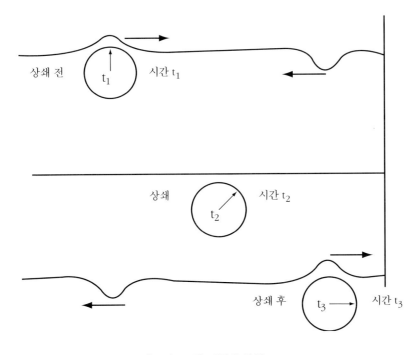

[그림 A-6] 파동의 상쇄

파동은 입자와는 매우 다른 방법으로 서로를 연관시키고 있다. 입자들은 서로 만나면 튕겨 나가지만 파동들은 서로 만날 때 파동이 더해진다(또는 빼거나 상쇄된다). 충돌 후에 입자들의 경로는 변경된다. 파동은 그것들이 상대적으로 분리

된 것처럼 전과 같이 계속된다.[8]

입자들은 상호작용 동안에 떠나보내려고 하지 않는다. 그것들은 만날 때 서로 부딪치고 충돌하는 완고한 사람들과 어느 정도 비슷하다. 파동은 (충돌하고 부딪힐 때) 더할 수도 있고 뺄 수도 있는, 그러나 그 후에는 크게 변화됨이 없이 계속하는 좀 더 완화된 사람과 비슷하다.

우리 인간은 모두 파동 같고 분자 같다. 만일 당신이 나를 비난한다면, 시간의 대부분을 나는 입자처럼 행동하고 상처를 받으며 당신에게 다시 충돌할 수도 있다. 만일 나의 알아차림이 비일상적 실재 NCR에 초점이 맞춰져 있다면, 나는 비난받을 때 좀 더 파동 같을 것이다. 나는 그 상황―동의한다고 느끼거나 수정한다고 느낌―을 받아들이고 계속 나갈 것이다.

동일한 중첩이 비일상적 실재 NCR의 외부에서처럼 우리의 내부에서 일어난다. 예를 들어, 만일 나의 한쪽 면이 "예"라고 말하고 다른 면이 "아니요"라고 말한다면, 나는 단지 공허하게 느낄 가능성이 있다. (만일 내가 일어나고 있었던 것을 주목하는데 알아차림을 사용했다면, 나는 t_2와 같은 점에서 발생하는 동적인 내부 평형을 알아차릴 수 있을 것이다.)

나의 요점은 내부 경험들은 파동 같은 과정이라는 것이다. 그것들은 중첩한다. 각 파동 또는 세계는 시간이 지나도 분리되어 있고 비교적 변화하지 않은 채 남아 있는 경향이 있다.

중첩 원리

중첩 원리는 일반적인 규칙이다.[9] 파도와 양자 파동과 같은 파동 현상에 적용되면, 이 원리는 어느 한 점에서 다수의 상호작용하는 파동의 합쳐진 효과는 그 점에서 존재한 모든 파동의 세기(또는 진폭)의 합이라는 것을 설명한다. [그림 A-7]에서 사각(square) 파동의 예를 보라. 그것은 다른 파동들을 함께 합침으로써

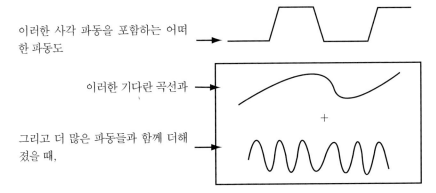

이러한 사각 파동을 포함하는 어떠
한 파동도

이러한 기다란 곡선과

그리고 더 많은 파동들과 함께 더해
졌을 때,

사각 파동과 유사해지는 높은 진동수의 복잡한 파동들을
찾음으로써 이해하거나 재구성할 수 있다.

[그림 A-7] 중첩의 예

추정될 수 있다. 중첩 원리는 두 개 또는 그 이상의 파동이 공간의 동일한 영역을 통해 움직일 때, 그 파동들은 겹쳐지고 두 파동의 합으로 이루어진 잘 정의된 통합 효과를 가져온다는 것을 설명한다. 파동은 겹칠 때 자신들의 완전성을(즉, 자신들을 영구히 변화시킴 없이) 유지한다.

나는 (어떤 파동이라도 다른 파동들의 합으로서 이해될 수 있다는) 중첩 원리가 수학과 물리학 모두에서 가장 놀라운 원리라는 파인만(Richard Feynman)의 의견에 동의한다(상자 안의 하나의 사각 파동과 같은). 어떠한 파동도 다른 파동들의 집단으로 추정할 수 있기 때문에, 파동 같은 성질을 가진 어떠한 입자도 역시 파동의 집단으로서 설명할 수 있다.

처음으로 양자 파동(그것들을 '물질 파동' 이라고 부르며)을 발견했던 슈뢰딩거(Erwin Schrödinger)와 같은 1920년대 물리학자들은 이 원리를 잡으며 "만일 어떠한 파동이 많은 다른 파동들의 합이라면, 입자의 양자 파동과 같은 어떠한 단일 파동은 많은 '하위-파동' 을 가져야만 하며, 그 각각은 그 파동 입자의 분리된 양자 상태를 나타내어야만 한다." 라고 말했다.

그들은 옳았다! 물체의 주(主) 파동은 그 물체의 소립자적 상태를 설명할 수 있는 하위-파동들로 나눌 수 있다. 물체의 전체 파동 함수는 그 물체의 모든 하위-파동 상태의 합이다. 요약하면, 원자의 소립자적 상태들은 그것이 진동하는 다양한 방법들로 구성되어 있다! 일상적인 언어로는, 우리는 원자—또는 그 물질의 어떠한 물리적 물체—의 기초적인 수학적 패턴은 그것의 모든 가능한 양자 패턴 또는 꿈 같은 패턴의 합이라고 말할 수 있다.

꿈의 조각들은 하위-파동이다

슈뢰딩거는 한편으로는 상담자였다. 나와 같은 상담자들은 사람을 일상적 실재 CR에서는 사람으로 간주하지만 비일상적 실재 NCR에서는 실제로 하위-개체들의 집단이라고 생각한다. 그것은 상담자들이 당신 자신을 아는 것은 당신의 다양한 부분과 과정을 안다는 것을 의미한다고 항상 제안하는 이유다. 당신의 꿈을 한번 지켜봐라. 우리는 당신이 전날 밤에 꿈에서 다섯 개의 서로 다른 조각들—당신은 나무, 개, 아버지, 누이, 학교 선생님에 관한 꿈을 꾸었다고 하자—의 꿈을 꾸었다고 하더라도, 이 인물들 또는 하위-개체들 각각은 본질적 당신으로 합쳐져야 할 필요가 있다. 당신의 일상의 실재에서, 당신은 이러한 꿈 물질을 보지 못한다. 그것들은 우리가 당신의 전체적인 광채 또는 아우라(aura), 당신의 침묵의 힘, 당신을 추진하는 미묘한 패턴이라고 부르는 것을 창조하며 겹쳐져 있다.

꿈 영역에서 당신은 원자가 많은 양자 상태를 가진 것과 같이 많은 하위-개체들을 가지고 있다. 각각의 상태, 개성은 당신이 주어진 상황하에서 행동할 수 있는 가능한 현실적인 방법 또는 가능성을 설명한다.

분리 가능한 세계

각각의 파동은 당신이 있는 다른 궤도와 본질적으로 독립적으로 남아 있는, 당신이 택할 수도 있는 궤도인, 분리된 세계 또는 평행 세계다. 당신은 당신 자신의 삶에서 수없이 많은 분리 가능한 부분들을 경험했을 가능성이 있다. 당신은 어렴풋이 인식하고 있는 동안 한 가지 일을 하고 있을 수 있으며, 동시에 당신은 다른 물체에 대해 꿈꾸거나 상상하거나 콧노래를 부를 수도 있다. 하나의 일을 하는 동안 다른 일에 대해 콧노래를 하는 것은 평행 세계들의 일상적인 예다. 전체적인 당신은 두 세계 모두의 겹침이다.

파동과 입자

이제 물질에 대한 이러한 다양한 관점 일부를 함께 통합시켜 보자. 고전적 물리학에서, 그리고 또한 오늘날의 의학에서 입자는 여전히 입자로, 화학 물질은 화학 물질로, 그리고 당신의 신체는 신체로 여겨져 왔다. 이제 양자물리학과 끈 이론은 입자들과 신체들이 확률의 구름 또는 단순한 파동이라는 개념을 추가하였다.[10]

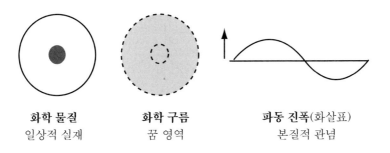

화학 물질
일상적 실재

화학 구름
꿈 영역

파동 진폭(화살표)
본질적 관념

[그림 A-8] 물질이 발전하는 과정의 그림

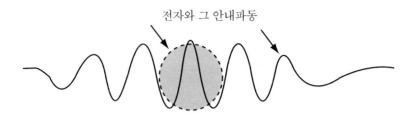

전자와 그 안내파동

[그림 A-9] 물질에 대한 봄의 상상적 그림

우리는 이제 어떤 파동도 다른 파동들의 합이라는 것을 알았다. 이 책의 첫 번째 장에서 나는 봄(Bohm)과 그의 선구자 드브로이(DeBroglie)가 전자와 같은 일상적 실재 CR 입자를 어떻게 시간과 공간을 통해서 자신의 파동에 의해 이끌리는 일종의 상상적인 조각으로 보았는지를 논의한 것을 상기해 보라. 봄은 양자 파동을 안내 파동이라고 상상하였다.

봄의 입자에 대한 개념은 우리가 우리의 신체에서 경험하는 물질의 가상적 본질(의도적인 영역 장의 정보적인 본질)을 통합하며, 동시에 우리가 일상적 실재 CR(예: 시간과 공간에서 입자, 물체와 사람)에서 어떻게 물질과 우리 자신을 상상해 왔던 것에 동의해 왔는지의 그림을 포함한다.[11]

슈뢰딩거는 양자 파동의 진폭(또는 높이)이 전체 체계에 대한 특정 양자 상태의 중요성을 포함한다고 제안하였다.[12] 이 진폭은 제곱하였을 때 일상의 실재

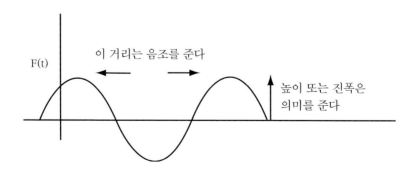

F(t)

이 거리는 음조를 준다

높이 또는 진폭은
의미를 준다

[그림 A-10] 양자 파동의 의미

에서 발생하는 것들의 확률이 된다. 파동의 위 정점에서 아래 정점까지(파장)의 이 거리는 가상의 측정 불가능한 양자 상태의 개별적인 주파수 또는 음조를 나타낸다.

슈뢰딩거의 양자 방정식의 발견은 물리학과, 이론적으로는, 모든 화학의 많은 부분을 포함하여 20세기의 가장 위대한 업적 중의 하나다. 그것은 물질의 원자 구조를 이해하기 위한 거대한 능력을 갖는 수학적 도구다.

슈뢰딩거가 양자 파동에 대해 붙인 첫 번째 이름은 '물질 파동'이었으며, 그렇게 함으로써 그는 궁극적으로 측정될 수 있는 어떠한 물질적인 것을 상상하였다. 이러한 파동은 일상적 실재 CR의 개념에서 측정 불가능한 것으로 밝혀졌으나, 그것은 신체로 느껴진, 신체로 감각된 경험들의 측면에서 물질이다. 소립자 영역에 대한 그의 직관은, 내 생각에, 드림바디의 지성(知性)관한 것이다. 어떤 사람들은 그것을 위대한 정신(Great Spirit)이라고 부르며, 또 다른 사람들은 양자마음(quantum mind)이라고 부르기도 한다. 슈뢰딩거에게, 이것은 '물질 파동'이었다.

양자 상태 교차

이 부록에서 나는 물질의 측정 불가능한 양자 상태들이 우리의 소위 심리학에서 말하는 하위 상태들과 비슷하거나 아마도 매우 동일하다고 제안해 왔다. 어떠한 순간에서도, 내가 또한 경험적 목적들을 위한 의도적 파동 영역 장으로서 언급한 양자 또는 안내 파동 영역 장은 봄(Bohm)이 상상한 입자가 자신의 안내 파동에 의해 안내되고 이동되는 방법과 비슷한 방법으로 우리를 움직이고, 우리를 안내한다. 이러한 의도는, 만일 당신이 당신의 알아차림을 개발시켰다면, 또는 잠이 들었을 때 명료하고 평온하다면 일상의 삶에서 당신이 느꼈을 움직임 경향성으로 발현하는, 본질, 침묵의 힘이다.

침묵의 힘이 본질 세계에서 꿈 영역으로 나타나면, 그것은 꿈 조각들로 나누어진다. 양자 상태(예: 원자가 진동하는 개별 방식들)와 같이 모든 조각들은 우리의 전체성에 대한 중요한 공헌자다. 일상의 실재에서, 꿈 같은 경험에 반영하는 것은 우리에게, 양자 상태가 무엇이 일어날 것인지의 추측을 만드는 반영과 자가-증폭을 하는 것 같이, 우리의 행동에 대한 비슷한 느낌을 준다.

심리학의 구조, 아이디어, 패턴과 소립자 물리학 사이의 유사성들은 심리학, 예술, 과학이 겹치는 연결점을 만든다. 나는 겹침의 이 영역을 물질과 영혼이 합쳐지는, 양자 상태 교차라고 부른다.

우리의 오래된 개념, 물질과 영혼의 사용은 시간과 공간 같은 우리의 일상적인 개념이 그러하듯이 감소하고 있다. 그것들은 너무 막연해서 연구에서 요구되는 정확성들을 제공하지 못한다. 문화가 변화하면서, 이러한 낡은 개념들은 궁극적으로 사라질 것이다. 어쨌든, 그것들은 침묵의 힘으로부터 나타나는 형태일 뿐이다. 만약 당신이 이미지에 집중한다면, 당신은 심리학에 도달할 것이고, 만약 당신이 고유 수용(固有受容)과 자(尺)를 사용한다면, 당신은 물리학에 도달한다.

우리는 단지 일상적 실재 CR에서만 당신의 실제 물리적 신체와 **상호작용하는** 당신의 고유 수용적 감정들에 대해 말할 수 있다. 상호작용은 분리된 점들과 연결의 개념에서 사물들을 생각하는 일상적 실재 CR 개념이다. 가장 깊은 수준에서 당신의 감각은 당신의 **신체다.** 분리된 세계는 교차한다. 양자 상태와 의식의 변형된, 꿈같은 상태는 동일한 근원적 실재의 두 이름이다. 이 실재가(그것을 우리의 본질 이면의 침묵의 힘, 물질을 안내하는 끈 또는 양자 파동이라고 하자) 변화할 때, 비록 특정 위치의 신체 증상에 대한 그것들의 영향이 불확실성 원리에 의해 지배받더라도, 그것은 우리를 인도하는 전체적인 꿈같은 패턴들을 변형시킨다.

어쨌든, 과정 지향적 과학에서 무엇인가는 그것이 일상적 실재 CR과 꿈 영역에서 타당하며, 공통의 (측정 불가능할 수도 있는) 인간 경험뿐만 아니라 알려진 사실들을 언급할 때는 맞다. 무지개 의학에서 우리는 새로운 아이디어와 이론들을 시험하고 또한 느낄 수 있어야만 한다. 새로운 과학적 패러다임에서, 한 아이디어는 만일 그것이 일상적 실재 CR, 꿈 영역, 경향성의 세계에서 시험되고 경험될 수 있다면, 맞다.

이것은 침묵의 힘, 다수의 하위 상태들의 중첩의 정당성, 그리고 양자 상태 교차의 아이디어와 같은 개념들의 타당성이 궁극적으로 미래의 일상적 실재 CR 시험을 받을 수 있고 다듬어질 수 있거나 또 그렇게 되어야만 한다는 것을 의미한다.

부록 B
세계: 에버레트의
다(多)세계

확률을 만들어 내기 위해 파동 방정식은 왜 증폭되어야 할 필요가 있는지, 그리고 그것이 일상의 삶에서 실재가 되었을 때 그것의 평행 세계에서는 무엇이 발생하는지와 같은 파동 방정식의 신비를 이해하기 위해 물리학자들은 다양한 개념들을 사용하였다.

아마도 가장 많이 알려진 개념은 양자역학의 코펜하겐(Copenhagen) 해석이다. 이 해석은 평형 세계와 같은 비일상적 사건들은 수학적 이상(異狀)이며 상상인 것으로 무시될 수 있고, 따라서 무의미하다는 것을 설명한다.

그러나 심리학적으로 우리는 비록 우리가 다른 것들을 잊고, 무시하고 버리더라도 일부 경험들을 강조하고 그것들을 실제라고 부르는 경향이 있다는 것을 알고 있다. 우리는 보통 친구의 평범한 모습을 강조하며 우리에게 즉각적인 느낌을 주지 않는 그 친구의 작은 변화를 무시한다. 관찰자로서, 우리는 보통 의식하고 있는 것보다 더 실재(친구의 일상적인 모습과 같은)를 만들고 유지할 수 있는 능력을 가지고 있다.

1957년 휠러(John Wheeler) 교수에게서 박사학위 지도를 받던 에버레트(Hugh Everett)는 실재가 관찰자의 능력을 통해 나타나는 방법에 대한 코펜하겐 해석의 대안을 꿈꾸었다.[1] 에버레트는 상당한 몽상가였으며 또한 험담가로 알려졌다. 프라이스(Michael Price)는 "분명히 에버레트는 날카롭게 말하며, 몇 마디만 말하면 질문을 예상하는 독특한 매너를 가지고 있었다. 아, 맞다. 사소한 것이지만,

그는 소뿔을 차 앞쪽에 장식한 캐딜락을 운전하고 다녔다."[2]

에버레트는 관찰자를 다른 어떠한 물리학자보다 더 깊은 민주적 방법으로 보았다. 에버레트에 따르면, 양자 상태들은 평행 세계들이다. 비록 우리가 들어 있는 세계가 일상적 실재 CR에서 우리가 인식할 수 있고 경험할 수 있는 가장 가능성 있는 세계라 할지라도, 모든 이러한 세계들은 동시에 존재한다. 바꾸어 말하면, 에버레트에게 평행 세계들은 모두 실제 상태들이다. 따라서 어느 주어진 순간에, 한 세계에서 우리는 살아 있을 수 있지만 또 다른 세계에서 우리는 죽었다.

에버레트의 개념은 나를 과소평가라는 아이디어로 이끌었다. 만일 우리가 모든 세계들을 실제로 본다면, 우리가 동의한 세계는 단순하게 가장 가능성 있는 세계고, 우리가 관찰할 수 있는 세계일 것이다. 다른 세계에는 무슨 일이 일어났는가? 왜 우리는 그것들을 보지 못하는가? 나의 대답은 우리가, 비록 그 세계들이 그곳에, 우리의 초점 바로 아래에 존재한다 하더라고, 우리 자신에게 그 세계들은 존재하지 않는다고 말하면서 나머지 세계들을 무시한다는 것이다.

에버레트는 두 개의 체계가 서로 상호작용하려고 할 때 그것들은 순간적으로 동일한 파장 안으로 들어간다고 지적했다. 따라서 한 체계는 이 파장을 측정으로 등록하는 것이다. 또 다른 순간에, 관찰자는 관찰되는 또 다른 파장 또는 또 다른 세계 속으로 들어갈 수 있다. 이와 같은 방법으로, 파동 함수(코펜하겐의 해석에서와 같이)의 기능은 소멸되지 않으며, 현재 전체 체계의 모든 양자 상태가 있는 것 같은 많은 세계들이 있다.

심리학에서 우리는 이러한 개념들을 잘 알고 있다. 어느 날 우리는 친구를 만나고, 함께 하나의 세계로 들어간다. 다음 날, 우리는 또 다른 세계에서 상호작용하며 그 친구와 함께 전혀 다른 진동에 있다. 이와 같은 방법으로, 우리 모두는 (관계에서 이중 역할과 다수의 세계들뿐만 아니라) 평행 세계들과 가까워진다. 음악 감상이 우리에게 다양한 음조와 배음의 교향곡에서 다양한 악기들과 음조들을 듣도록 요구하는 것과 같이, 심리학과 물리학에 대한 이해도 이제 우리에게 다양한 세계들과 그것들의 상상의 공간과 시간에 동조하도록 요구해야만 한다.

　　일상적 실재 CR 세계에서 각각의 모든 관찰과 함께 또는 바로 옆에, 다수의 우주가 놓여 있다. 우리 각각의 주변에 다수의 경험과 우주가 있다. 그것들을 알아차리는 것을 연습하기 바란다.

마음: 양자마음

양자마음의 기술적이기는 하지만 아직 여전히 인기 있는 측면들이 허버트 (Nick Herbert)의 『원소적 마음(Elemental Mind)』, 울프(Fred Alan Wolf)의 『양자 도약의 시도(Taking the Quantum Leap)』와 고스와미(Amit Goswami)의 『스스로 알아차리는 우주(The Self-Aware Universe)』에서 찾을 수 있다. 또한 물리학의 심리학적 근원에 대해 더 알고 싶으면 나의 저서 『양자심리학(Quantum Mind)』(양명숙 · 이규환 공역)을 보고, 의학에서의 양자마음에 대한 것은 해머로프(Stuart Hammerhoff)의 연구를 참조하라.[1]

여기에서 나는 내가 양자마음 개념에 부여한 많은 의미들 중 일부를 요약 정리하였다.

하이젠베르크(Werner Heisenberg)에 따르면, 양자 영역의 경향성은, 우리가 정말로 실재가 아니라 일상의 실재를 둘러싸는 것으로 경험하는 느낌과 같이, '단지 가능성과 실재 중간 사이에 있는 이상한 종류의 물리적 실재'에 존재한다. 하이젠베르크는 "원자와 기본 입자 자체들은 실제가 아니다. 그것들은 하나의 사물 또는 사실이라기보다는 잠재성 또는 가능성의 세계를 형성한다. ……확률 파동은…… 무엇인가의 경향성을 의미한다. 그것은 아리스토텔레스의 철학 중 포텐샤(potentia)의 오랜 개념의 정량적인 해석이다. 그것은 단지 가능성과 실재 중간 사이에 있는 이상한 물리적 실재, 사건의 아이디어와 실제 사건의 중간 사이에 있는 무엇인가를 도입한다."[2]

양자마음은 완전한 모습으로 적절하게 표현될 수 없다. 우리는 사람과 돌과 나무가 어떻게 보이는지 알고 있다. 그러나 양자 역학의 수학처럼 이 마음은 의자와 같이 하나의 명확한 이미지를 가지고 있는 사물은 아니기 때문에 우리는 쉽게 양자마음을 상상할 수 없다. 사실 보어(Niels Bohr)에 따르면, 단지 실제만이 측정 가능하다. 나는 이러한 설명을 일상적 실재 CR 가정이라고 부른다. 양자마음의 실재는, 우리가 설명할 수 없는 방법으로 우리를 인도하는 안내 영역 또는 지성(知性)의 느낌인 비일상적 실재 NCR 경험이다.

우리 중 무엇인가가 양자마음을 관찰하려고 결정했을 때, 그것은 일상의 실재에서 사물의 특성을 가지게 된다. 만일 우리가 우리의 관찰에서 신중하다면, 우리는 '우리'가 무엇인가를 관찰하기 전에 그것이 우리의 알아차림에서 순간적으로 반짝인다는 것을 주목하며, 우리는 그 관찰하기 위한 충동이 그것으로부터 오는지 또는 우리로부터 나오는지 확신할 수 없다. 달리 말하면, 양자마음은 일상적 실재 CR에서 우리에게 나타나는 아이디어와 대상 사이와 너머의 영역 장에서 존재한다.

양자마음은 자기 반영이며 자기 알아차림이다. 그것은 우리에게 본질이 호기심 있고 자기 반영인 것처럼 보인다. 양자마음은 자기 반영이다. 그것은 스스로를 반복하고, 견고함, 실재, 이해 그리고 각성의 감각을 창조한다. 노이먼(John von Neumann)은 저서 『양자역학의 수학적 기초(The Mathematical Foundations of Quantum Mechanics)』의 제6장에서 알아차림은 관찰자의 개념 안에 묻힌, 양자 역학에서 필요한 (감춰져 있다면) 가정이라고 하였다. 그의 사고(思考)에서, 실재의 기본적인 근거는 일상적 실재 CR에서 묘사하는 대상들이 아니라 수학이다. 달리 표현하면, 우리가 실제 세계로 보통 생각하는 것은 실제 세계가 아니다. 그것이 내가 그것을 일상적 실재 CR이라고 부르는 이유다.

한번 연결된 사건들은 항상 연결된다. 슈뢰딩거는 두 원자가 한 번 상호작용했다면, 한 원자의 가능성과 경향성은 다른 원자와 영원히 섞이거나 얽히게 된다고 말했다. 이러한 인접한 비국소적 상호작용은 다른 것으로부터 그리고 우리의 감정으로부터 우리 자신을 분리시키기 위한 우리의 일상적인 시도와는 매우 다르다. 미묘한 비일상적 실재 NCR 사건들은 서로 연결되어 있다.

공간, 위치, 입자와 신체는 어디에서나 있는 그것들의 양자마음 표현의 단지 일상적 실재 CR 형태일 뿐이다. 비국소적 상호 연결성은 당신의 신발 한 짝이 어느 마을의 보도에서 떨어졌다면, 당신과 보도는 항상 연결되어 있다는 것을 의미한다. 봄(Bohm)이 양자 세계의 나눌 수 없고, 연결하는 본질을 '나뉘지 않는 전체성'이라고 불렀으며, 그것은 연구에 의해 소위 벨-아스펙트(Bell-Aspect) 법칙과 실험으로 지지된 특성이다.

평행 세계들은 동시적으로 존재한다. 양자마음은 침묵의 힘으로 느껴질 수 있으며, 공존성에 의해 특징되는 다양한 분리된 세계에서 나타난다. 즉, 양자마음의 평행 세계들은 분리된 실재들이다. 각각의 세계는 본질적으로 분리되어 있다. 그것들은 임시로 겹칠 수도 있지만, 그러나 그것들은 분명히 서로 강하게 영향을

양자물리학	과정 지향적 무지개 의학	분석심리학
영점 에너지	본질	무의식
우주의 시작 양자 파동 장 영역 자기-반영 파동 나노-사건	침묵의 힘 의도적 장 영역 신호교환의 반영 신호교환, 사전-신호	하나의 세상 정신적 세계의 무의식
수학	꿈 영역	꿈
소립자 상태 중첩 확률	평행 세계 과정 신체 감각, 환상	꿈 조각 의미 원형 이미지
실재, 시간, 공간	일상적 실재	일상의 삶
관찰 가능한 것 측정 입자, 물체	신호, 이중 신호 알아차림 신체, 마음, 개인 과정	행동 의식 자아, 페르소나 개별화

주지 못한다.

양자마음은 많은 정신적 그리고 과학적 이름을 가지고 있다. 대부분의 과학자들은 위대한 영혼(The Great spirit) 또는 돈 후앙의 나구알(Nagual), 신(神) 또는 도(道)와 같은 개념에 저항한다. 그럼에도 불구하고, 정신적 아이디어들은, 비록 우리의 과학적 훈련에 의해 대부분 거부되지만, 과학의 비일상적 실재 NCR의 기본을 형성한다. 나는 아인슈타인의 "나는 신의 생각들을 알기 원한다. ……나머지 모두는 사소한 것이다."라는 유명한 문장을 생각한다.

분석심리학에서 융(Jung)은 아마도 양자마음을 연금술사가 하나의 세계(*Unus Mundus*; One world)라고 불렀던 것과 동일시할 것이다. 파울리(Wolfgang Pauli)가 했던 것처럼, 융도 심리학과 물리학 사이의 단일화는 '제3의 매체(*tertium comparitionis*; third medium)'를 통해 발생할 것이라고 추측하였다. 나는 이전의 무지개 의학 개념은 이러한 제3의 매체의 설명에 대한 기여라고 제안한다. 표의 목록들이 포괄적이지는 않다. 이것은 단지 암시적이며 모든 종류의 물리학자와 자아초월(transpersonal) 상담자 사이에서 더 깊은 사고(思考)를 자극하고자 하는 것이다.

양자마음은 어디에서 나타나며 어떻게 시작했는가? 나는 모른다. '어떻게' 그리고 '어디서'는 일상적 실재 CR 개념들이고 꿈 영역의 상상 영역에서는 별로 의미가 없다. 우리 신체에 대한 비일상적인 알아차림과 의식의 영향에 관한 한, 측정은 비국소성과 경쟁하는 것이 틀림없다. 원칙적으로, 하나의 장소에서 알아차림에서의 변화는 시간의 앞과 뒤 모두에서 전체 우주의 변화를 창조한다. 따라서 인간과 다른 모든 것은 양자마음의 공동 창조에 기여한다.

이러한 상황하에서 내게는, 시간과 공간에서 수학적인 아름다움과 측정뿐만 아니라, 경험의 알아차림이 궁극적으로 물리학의 수학적 공간들과 꿈 영역을 설명하는 지배적인 패러다임이 될 것처럼 보인다. 일상적 실재 CR 측정과 수학적 엄격성과 증거는 지금까지 유용한 패러다임이 되어 왔다. 그럼에도 불구하고, 이제는 다차원적 알아차림을 포함하는 다시 태어나고 더 총괄적인 일상적 실재 CR의 시대다. 나는 주관적인 신체 경험들을 근본적인 실재로서 초점을 맞추고 인식하는 것은 건강 문제에서 놀랍고 긍정적인 영향을 가질 것이라는 것을 예언한다.

주 석

제1장

1. 페르미(Fermi) 국립연구소에서의 2001년 4월 연설에서, 그는 물리학자들이 꿈꾸는 방법을 잊었다고 꾸짖었다. 출처: www.latimes.com/HOME/NEWS/METRO/t000056856.html.
2. 양자마음과 물리학 및 심리학의 연결에 대해 부록 C '마음: 양자마음'을 보라.
3. 부록에서, 이러한 영역 장에서의 우리의 느낌이 어떻게 물리학과 그 파동 함수의 양자 잠재력에 대한 심리학적 유사성인지에 대하여 설명한다. 따라서 침묵의 힘은 이 영역 장의 측정 불가능한 압력이며, 삶을 통해 우리를 움직이는, 즉 우리가 주관적으로 인도하는 지성이다.
4. 심리학자들을 위하여, 가상의 시간은 신화와 신화적 개념들의 실재를 지지할 것이다!

제2장

1. 『선구적 전망(Frontier Perspectives)』(The Center for Frontier Sciences at Temple University), 2000 가을호, 9(2): 27.
2. '볼프강 에른스트 파울리(Wolfgang Ernst Pauli)' 『과학계 천재들(The Genius of Science)』 (2000)에서
3. 이것이 양자 물리학에 대한 나의 해석이다. 나의 『양자심리학(Quantum Mind)』(양명숙·이규환 공역)을 보라.
4. 로스(Harold D. Roth)는 『근원의 도(Original Tao)』(1999)에서, 우리에게 '내적인 훈련(inward training)'이라고 불렀던 물질의 발견은 노자(老子)의 유명한 『도덕경』보다 이전의 오랫동안 잊혔던 책으로부터 유래한 것이라고 말했다. 고대 중국의 철학과 과학에 대한 우리의 생각에 대변혁을 일으킨 것으로 알려진 고대 사상에 대한 그의 논평에서, 도(道) 또는 도

력(道力)은 모든 사물을 창조한다. 이 세계는 도력의 완전한 발현이다.

5. 위와 같은 책, p. 46.

6. 린포체(Sogyal Rinpoche)의 『삶과 죽음을 바라보는 티베트의 지혜(The Tibetan Book of Living and Dying)(오진탁 역, 민음사, 1992년 2판 출간)』를 보라.

7. 하이젠베르크(Heisenberg) 『물리학과 철학(Physics and Philosophy)』(1958), 제2장. "그러나, 확률 함수(또는 파동 함수)는 그 자체에서 시간의 과정에서 사건들의 과정을 나타내지는 않는다는 것이 강조되어야만 한다. 그것은 사건들의 경향성과 사건들에 대한 우리의 지식을 나타낸다."

제3장

1. 이 연설은 캘리포니아 공과대학에서 하였으며, 이 대학의 『과학과 공학(Engineering and Science)』 (1960, 2월호)에 처음으로 게재되었으며, 인터넷(www. zyvex.com/nanotech/feynman.html)에서도 확인이 가능하다.

2. 프레이타스(Robert Freitas)는 『나노 의학(Nanomedicine)』에서 나노 과학과 의학의 통합에 관한 훌륭한 작업을 서술하였다.

3. 위와 같은 책

4. 그의 작업에 대한 논의에 대해서 나의 저서 『양자심리학』을 보라. 또한 원래 크레이머(Cramer)가 이름 붙였던 관찰자와 관찰 대상 사이, 관찰자와 그녀 자신 사이에서 통과하여 반영하는 '주문(offer)' 파동과 '메아리(echo)' 파동을 상세하게 설명하는 울프(Fred Alan Wolf)의 『양자 도약(The Quantum Leap)』과 특히 『평행 우주(Parallel Universes)』(pp. 219-223)를 보라.

5. 나는 『깨어 있는 동안 꿈꾸기(Dreaming While Awake)』에서 신호교환 경향성을 상세하게 설명하였다.

6. 봄(David Bohm), 『현대 물리학의 인과성과 가능성(Causality and Chance in Modern Physics)』(1957).

7. 인류학자에게 '꿈꾸는 장소'의 개념을 설명하는 원주민. 원출처 불명, 『순수 이성 과학 리뷰(IONS Noetic Sciences Review)』(2000, 9-11월호)에서 인용

8. 켤레화(conjugation)의 더 완벽한 논의에 대해 나의 저서 『양자심리학』을 보라.

9. 인도 철학에서 프라나(prana, 힌두 철학에서 모든 생명체를 존재하게 하는 힘)는 신체의 에너지를 나타낸다. 특히 우파니샤드(Upanishad, 고대 인도의 철학서)에 나타난 초기 힌두 철학에서의 중심 개념인 프라나는 영원 또는 내세(來世)를 위한 사람의 '마지막 숨(last breath)'으로 살아남는 생명력의 원리였다. 크리쉬나(Gopi Krishna)의 『종교와 천재의 생물학적 근거(The Biological Basis of Religion and Genius)』를 바이체커(Carl F. von Weizsaecker)의 서론과 함께 보라.

10. 위와 같은 책. 바이체커는 쿤달리니를 양자 이론에서 파동 함수의 '확률 진폭(probability amplitude)'으로 연결하였다.

제4장

1. 카쿠(Michio Kaku)의 『초공간: 평행 우주, 시간 왜곡, 그리고 10차원을 통한 과학여행 (Hyperspace: A Scientigic Odyssey through Parallel Universes, Time Warps, and the Tenth Dimension)』(1994)을 보라.

2. 현대 물리학 및 현대 기술과 연관된 고(高)차원적 사고(思考)의 생생하고 재미있는 설명에 대해 『사이언티픽 아메리칸(Scientific American)』에서 아르카니-하메드(Nima Arkani-Hamed, Savas Dimopoulos, Gerogi Dvali) 등의 논문 「우주의 보이지 않는 차원들(The Universe's Unseen Dimensions)」을 보라. 저자들에 따르면, "우리의 전체 우주는 고차원 공간에 떠다니는 막(膜)에 존재할지도 모른다."

3. 뤼세랑(Jacques Lusseyran)의 연구를 소개해 준 칼 민델(Carl Mindell)에게 감사한다.

4. 뤼세랑(Jacques Lusseyran), 『그리고 그곳에 빛이 있었다(And There Was Light)』

5. 첸(Ellen Chen)의 번역(1980).

제5장

1. 파인만(Richard Feynman), 『물리적 법칙의 성격(The Character of Physical Law)』.

2. 나의 저서 『초자연치료사의 육체(Shaman's Body)』 제6장을 보라.

제6장

1. 달라이 라마(Dalai Lama), 『유배중의 자유(Freedom in Exile)』.

2. 『그리고 그곳에 빛이 있었다: 뤼세랑의 자서전(And There Was Light: The Autobiography of Jacques Lusseyran)』에서.

3. 나의 『양자심리학』 제16~18장을 보라.

4. 이 책의 제3장 57쪽을 보라.

5. 『하버드 교육학 리뷰(Harvard Educational Review)』에 게재된 논문 「인지, 복잡성, 그리고 교사 교육」에서 데이비스(Davis)와 수마라(Sumara)는 인식의 지위와 아마도 삶 그 자체를 재배치하는 것을 지지했다. "만일 우리가 인지는 인식력이 있는 대리인 '안에' 위치하고 있다는 '자아'라는 명백한 격언을 거부한다면 어떻겠는가? 그 대리인은 서로로부터 분리된 것으로 주형(鑄型)되고 세계로부터 분리되며, 그리고 대신에 모든 인지는 유기적 관계성의 복합적 생태학의 '틈새'에 존재한다고 주장한다."

6. 그의 저서 『물리학의 도(The Tao of Physics)』.

7. 『별의 파동(Starwave)』에서.

8. 이 정의는 그것이 생명을 특정의 화학식에 따라 스스로와 다른 것을 재창조하는 경향성과 재생산으로 연결하기 때문에 시험해 볼 수 있다. 예를 들어, 결정체(結晶體)는 핵산 없이도 분해하고 재생산하지만, 그러나 이 정의에 의하면 결정체는 살아 있는 것이 아닐 것이다. 그것은 핵산을 가지고 있지 않다. 분자와 효소의 개념은 일상적인 것이다. 비일상적 개념에서, 재생산은 하지만 분명한 핵산이 없는 체계는 '유령'과 같으며, 그것은 더 이상 물리적 측면에서 살아 있는 것이 아니라 다른 수준에 존재하고 있는 것이다. 세계의 많은 장소들에서, 특별한 '죽은 자(者)의 날들' 동안에 죽은 자들이 살아 있는 사람들에게 돌아와서 추모될 수 있다는 것으로 믿어지고 있다. 사실, 죽은 자와의 접촉은 접촉한 사람에게 건강한 삶을 확실하게 해 줄 수 있다. 죽은 자가 더 이상 살아 있지 않다는 생각은 이해 가능한 것이다. 그러나 현대 세계의 일상적 실재 CR 신념은 많은 사람들의 미묘한 경험과 신념 체계를 무시한다는 것이다.

9. 저서 『창조적 우주: 물질, 생명과 과학(The Creative Cosmos: A Unified Science of Matter, Life and Mind)』 제5장에서 로마 클럽 회원인 라슬로(Ervin Laszlo)는 다윈(Darwin)의 이론에 관한 많은 최근의 비평을 훌륭하게 다시 정리하였다.

10. 예를 들어, 혼수상태에 있는 사람들은 종종 무의식 또는 임사 상태에 있는 것이라고 추정되어 왔다. 그러나 나의 『혼수상태: 깨어남의 열쇠(Coma: Key to Awakening)』에서와, 에이미 민델(Amy Mindell)의 『혼수상태: 치유의 여정(Coma: A Healing Journey)』에서 보고한 것처럼 미묘한 신호에 대한 명료한 알아차림으로 혼수상태에 있는 많은 사람들이 매우 놀라운 방식으로 현실로 돌아왔다.

제7장

1. 채트윈(Bruce Chatwin), 『노래 선율(The Songlines)』

2. 생명력(Entelechy; 그리스어의 entelecheia(생명력)에서)은 단지 잠재력인 것을 깨닫거나 사실로 만드는 일종의 안내하는 정령이다. 아리스토텔레스는 물질과 형태, 사실과 잠재력을 구별했다. 그는 물질은 자체를 실제로 만들기 위해서 본질이 필요하다고 생각했다. 살아 있는 사물에게서, 이러한 본질은 살아있는 유기물의 생명력이라고 처음에 불렸던 '영혼' 또는 '생명 기능'으로 나타난다.

3. 데이비스(Paul Davies)는 저서에서 블랙홀과 우주의 기원에 대해 특별히 강조하며 우주론, 중력 그리고 양자 영역 이론에 초점을 맞추었다.

4. 특히 봄(Bohm)의 『원자물리학과 인류의 지식(Atomic Physics and Human Knowledge)』 58-59쪽을 보라.

5. 사르파티(Jack Sarfatti)의 '후기 양자 물리학(Post Quantum physics)'을 보라.(www.qedcorp.com/pcr/pcr/)

6. 도(道)의 용(龍)은 필립(Phillip Rawson Philip)과 라슬로(Legeza Laszlo)의 저서 『도(道): 시

대와 변화의 동양 철학(Tao: Eastern Philosophy of Time and Change)』, [그림 55]로부터 나옴.

7. 류-하이(Liu-hai), 불사신(the Immortal), 위와 같은 책, [그림 28].

제8장

1. 카쿠(Michio Kaku), 『초공간: 평행 우주, 시간 왜곡, 그리고 10차원을 통한 과학적 여정(Hyperspace: A Scientific Odyssey through Parallel Universes, Time Warps, and the Tenth Dimension)』.
2. 부록 A에서 나는 심리학과 물리학에서의 파동 이론과 경험에 관해, 그리고 우리의 심리학이 우리의 생물학과 어떻게 연관되었는지 세부적으로 논의하였다.
3. 원자에 관해 부록 A를 보라.
4. 꿈 작업에 흥미가 있는 독자는 소리와 리듬을 형상과 연결시키는 것이 어떻게 꿈과 작업하는 '자의식적' 방법이 되는지 알아차리게 될 것이다.
5. 이러한 합은 푸리에(Fourier) 아이디어의 기초다. 파동의 합에 대해 부록 A를 보라.
6. 나의 저서 『드림바디(Dreambody)』를 보라.
7. 에버레트(Hugh Everett)에 관해 부록 B '세계: 에버레트의 많은 세계들'을 보라. 또한 『양자 도약의 선택(Taking the Quantum Leap)』에서 에버레트의 연구에 대한 울프(Fred Alan Wolf)의 설명을 보라.
8. 카쿠(Michio Kaku)는 다음과 같이 생각했을 수도 있다. 각각 양자의 상태 또는 과정은, 서로의 본질을 심각하게 방해하지 않으면서도, 그것들이 지나칠 때 서로 더하거나 빼면서 동시에 공존하는 파동들로 특성화된다.
9. 나의 『양자심리학』에서 호킹의 개념에 대한 나의 설명을 보라.

제9장

1. 수피교의 『하자트 이나야트 칸의 메시지: 음악(Message of Hazrat Inayat Kahn: Music)』(2권 3장)에서. 또한 www.sacramusica.org/elfrm.htm를 참조하라. 이 인용에 대해 에이미 민델(Amy Mindell)에게 감사한다.
2. 『사이언티픽 아메리칸(Scientific American)』(1999, 9월호)에 게재된 레빈(Theodore Levin)과 에드거톤(Michael Edgerton)의 '튜바의 목소리 가수들(Throat Singers of Tuva)'을 보라. 몽고와 시베리아의 튜바는 아마도 오늘날 가장 잘 알려진 배음 가수들이다. 그들의 목가적 음악은 자연 물체와 자연 현상에는 영혼이 있거나 정령이 거주한다는 믿음인 고대 물활론(物活論) 전통과 연결되어 있다. 튜바의 생명력 믿음 체계에서, 산과 강은 자체의 물리적 모양과 위치의 형태에서뿐만 아니라 그것들이 만들어 내는 소리에서도 발현한다. 고대 인도 사람들은 지구 자체는 소리 '옴(OM)'으로부터 창조되었다고 믿었다.

3. www.nanou.com.au/songlines를 보라. 그곳에 이러한 이야기를 전해 주는 예식에서 사용하는 노래들이 있다. 선조가 다양한 모험을 한 것처럼, 생활과 사냥 기술에 대한 규칙이 세워졌다. 그들의 노래, 이야기 그리고 그림들은 서로 얽혀 있다. 대지는 말 그대로 존재하도록 '노래 불렸다.'

4. 레비톤(Richard Leviton)은 저서 『지구에서의 은하(The Galaxy on Earth)』에서, 신화학, 역사 그리고 여행자의 관찰에서 비밀스럽게 전해오는 지식에 근거하여, 어떻게 개인적 경험의 개념으로 지구의 미묘한 실재들을 이해할 수 있는지 보여 준다.

5. 나는 이 그림을 www.nanou.com.au/songlines/에서 구입하였다.

6. 이 실습에 대한 아이디어는 2000년 미국 뉴멕시코 주 산타페에 있는 로스 알라모스(Los Alamos) 국립연구소의 과학자들과 회의를 가진 후 영감을 받았다. 그들은 에이미와 내가 어떻게 양자역학과 신체를 연결하는지에 대하여 매우 관심을 가졌으며 이러한 접근 방법이 약 15~20년 정도 시대에 앞서고 있다는 견해를 밝혔다. 그들은 우리가 신체 나노 화학에서의 개입을 만들고 있다고 인지했다. 의학에서의 나노 과학에 관해 프레이터스(Freitas)의 『나노 의학(Nanomedicine)』을 보라.

7. 나는 이 책을 쓰고 난 후에야 양자 상태 '교차(crossover)'의 가능한 영향력이 우리가 통합된 관점으로부터의 심리학과 물리학이라고 부르는 것의 재창조일 것이라는 것을 깨달았다. 이런 통합된 재형성에 대한 나의 제안은 자연을 양자마음을 가진 것으로 보는 것, 즉 아주 작고 꿈같은 동작, 그리고 자기-반영의 능력의 알아차림으로부터 시작된다는 것이다. 이러한 '마음'은 처음에는(실제 사건과 가상 사건의 혼합으로 구성된) 꿈 영역에서의 사건으로 나타난다. 심리학에서는, 이러한 사건들은 꿈의 방향과 경향성으로 나타나며, 그리고 물리학에서는 복소수의 공간에서 물질과 빛의 방향과 경향성으로 나타난다. 앞으로의 저서에서, 나는 꿈 영역에서 벡터(vector, 방향량(方向量))가 파인만의 기본 입자 그림의 개념에서 가상 입자의 경로를 반영하기 위해 보여질 수 있는 방법을 상세히 설명할 것이다. 어쨌든, 이 이론에 따르면, 이러한 정신적 · 물리적 꿈 영역 벡터는 일상적 실재 CR을 만들고 따라서 양자 물리학과 꿈 심리학을 '평행 세계들'로 만들면서 자기-반영한다.

제10장

1. 네이도(Nadeau)와 카파토스(Kafatos)의 『비국소적 우주: 마음의 새로운 물리학과 물질(The non-local Universe: The New Physics and Matters of the Mind)』 36쪽을 보라.

2. 오레곤 주 포틀랜드의 의학박사 모린(Pierre Morin)은 오하이오 주 신시내티 유니온 연구소에 제출한 그의 흥미로운 박사학위 논문 『신분과 건강생성(Rank and Salutogenesis)』(2002)에서, 공동체의 신앙 체계가 (신분의 판단에 의해 보이는 것처럼) 개인의 건강에 영향을 준다는 것을 나타내는 통계 자료들을 정리하였다.

3. 나의 『양자심리학』 267쪽을 보라.

4. 셀드레이크(Sheldrake)에 따르면, 저서 『과거의 존재(The Presence of the Past)』에서, "형태
형성학(Morphogenetic) 분야는 체계의 실제 상태—하전(荷電) 입자분배와 움직임에 관한—
전자기학 분야와 근본적으로 다르다. 반면에 형태형성학 분야는 발전하는 체계의 잠재적 상
태에 대응하며 그 자체의 최종적인 형태를 이루기 전에 이미 존재한다." 그는 계속하여 말했
다. "화학적 형태와 생물학적 형태는 그들이 불변의 법칙이나 영원한 형태에 의해 결정되기
때문이 아니라 이전의 유사한 형태로부터의 인과적 영향 때문에 반복된다. 이러한 영향은 어
떤 알려진 유형의 물리적인 작용과 같지 않게 시간과 공간을 넘어서는 작용을 요구한다." 그
는 말했다. "과거의 영역은 정보의 비(非)에너지적 이전에 의해 현재의 영역에 영향을 준다."
따라서, 물리적으로 실제이지만, 그것들은 물리학이 알고 있는 영역과 다른, 대신에 "시간과
공간 둘 다에서 멀리 떨어져 있는 작용" 공간의 거리 또는 시간의 길이에 따라 감소하지 않는
작용을 포함한다.

5. 나의 『양자 심리학』과 이 책의 부록 C에서 비국소성에 관한 설명을 보라.

6. 『비-국소적 우주: 마음의 새로운 물리학과 물질(The Non-Local Universe: The New Physics
and Matters of the mind)』.

7. 양자 얽힘 또는 상호 연결성을 초래하는 실험은 때때로 '세계의 단일(체)' 또는 벨(Bell) 실
험이라고 부른다. 이 실험은 주어진 어느 빛의 근원에서 나온 광자(光子)는 서로 연결되어 있
다는 것을 보여 주었다. 다른 모든 양자 현상과 마찬가지로, 빛은 때로는 입자 때로는 파동으
로 작용한다. 예를 들어, 빛을 발하는 네온 전등을 상상해 보라. 한 쌍의 광자가 네온 전등에
서 나와 서로 다른 방향으로 멀어져 간다. 한 광자는 한 방향으로 가고, 다른 광양자는 반대
방향으로 간다. 놀라운 실험은 그것들이 얼마나 멀리, 또는 얼마나 오랫동안 분리되어 있었
는지와 상관없이 하나의 입자에게 일어나는 사건들이 다른 입자에게 일어나는 사건들과 연
결되어 있다는 것을 보여 주었다(1964년 벨(John Stewart Bell)이 『물리학(Physics)』 1권,
95-100쪽에 게재한 '아인슈타인 포돌스키 로젠 역설에 관하여(On the Einstein Podolsky
Rosen Paradox)'에서). 벨의 이론은 국소적으로 감추어진 변수들에 대한 스핀 상관관계에
대한 가능성은 양자 이론적 스핀 상관관계 함수에 의해 한정되고 초과되었다. 이것은 양자 현
상이, 비록 양자 이론에 대한 대안으로 국소적으로 감추어진 변수 이론의 가능성을 열어 두었
음에도 불구하고, 본질적으로 비국소적이라는 것을 의미한다. 1982년 아스펙트(Allan
Aspect)의 증명 이래로, 물리학자들은 비국소성에 관하여 일반적으로 동의하고 있다.

8. 나의 책 『불에 앉아 있기(Sitting in the Fire)』를 보라. 이 연구는 1920년대 모레노(Jacob
Moreno)에 의해 개발된, 일반적으로 사용된 사이코드라마 기술의 발달이다. 이 방법에서는,
개인들은 다른 개인들 또는 작은 집단의 꿈같은 분위기를 연기한다.

9. 집단 과정이 어떻게 도시들에 영향을 주는가에 대한 예로 나의 책 『공개 포럼의 심오한 민주주
의: 가족, 작업장, 그리고 세계에서의 갈등 예방과 해결의 실제적인 단계(The Deep Democracy
of Open Forums: Practical Steps to Conflict Prevention and Resolution for the Family,

Workplace, and World)』를 보라.

10. 나의 책 『공개 포럼의 심오한 민주주의: 가족, 작업장, 그리고 세계에서의 갈등 예방과 해결의 실제적인 단계』에서 그와 같은 순간들에 관하여 다른 '실제' 이야기를 말한다.

11. 나의 책 『깨어 있는 동안 꿈꾸기(Dreaming White Awake)』 제1장을 보라.

제11장

1. 도시(Larry Dossey)의 『치유의 말(Healing Words)』을 보라.

2. 키르허(Athanasius Kircher)의 『오이디푸스 아이킵아쿠스(Oedipus Aegyptiacus)』에서. 장식으로 그려진 테두리에는 동물, 광물, 채소 같은 물질의 이름이 적혀 있다. 그것들이 인간의 신체에서 대응하는 부분과의 관계는 점선으로 보였다. 이 작품은 철학적 연구 학회(Philosophical Research Society, 저작권 1996)로부터 허락을 받고 게재하였다.

3. 빌헬름(Richard Wilhelm)의 『역경, 변화의 서(I Ching, Book of Changes)』번역본을 보라.

4. 여기서 나는 『AcreSolution』 2002년 여름호에 게재된 동료 존슨 박사(Dr. John Johnson)의 논문, 「모든 것에 대한 환경학적 정의: 갈등 해결사를 위한 원리와 실행(Environmental Justice for All: Principles an practices for Conflict Resolvers)」을 언급해야만 한다. 이 논문은 환경적인 문제가 어떻게 본질적으로 사회 계층과 심리학적 계층의 관계성 문제인지 정확하게 지적하였다.

제12장

1. 호킹의 웹사이트를 보라. www.hawking.org.uk.

2. 허수에 대해 더 알려면 나의 책 『양자심리학』 129-141쪽을 보라.

3. www.hawking.org.uk/lectures/bot.html을 보라.

4. 위와 같음

5. 롱(Derek A. Long)의 『라만 효과(The Raman Effect)』 385쪽을 보라.

6. 크레이머(Cramer)는 (미항공우주국 돌파 추진 물리학 학술대회(NASA Breakthrough Propulsion Physics Workshop, 1997년 8월 12일)의 초록에서 발표한) 논문 「양자 비국소성과 의식내 효과의 가능성(Quantum Nonlocality and the Possibility of Supraliminal Effects)」에서 비국소성에 대한 아인슈타인-포돌스키-로젠(Einstein-Podolsky-Rosen)의 실험(즉, 공간 같은 분리 너머, 얽혀 있는 양자 체계의 분리된 부분들 사이에서의 상관관계의 주장)에 대해 논의하였다.

7. 크레이머에 따르면, 그 반영 과정은, 거래의 방사체/관찰자를 결정하는 '경계'에 부여되는 모든 보존 법칙들과 양자화(量子化) 조건들을 따르면서, 에너지, 운동량 등의 전이 목적으로의 미래와 과거 사이의 쌍방향 계약이다. 양자 이론은(양자 파동들 사이의 상관관계의 비일상적 실재 NCR 수준에서) '미래가 제한된 방법으로 과거에 영향을 주고 있기 때문에' 비국

소적이다.

제13장

1. 셸드레이크(Rupert Sheldrake)의 '제1부. 마음, 기억, 그리고 원형: 형태적 공명과 집단적 무의식(Part Ⅰ. Mind, Memory, and Archetype: Morphic Resonance and the Collective Unconscious)' 과 www.sheldrake.org/articles/pdf/44.pdf를 보라.

2. 유전학과 유전 공학의 매우 대안적이며, 유익하고 그리고 자극적인 비평 『유전 공학: 희망인가 악몽인가?(Genetic Engineering: Dream or Nightmare?)』(Continuum Publishing, New York, 1998)는 용기 있는 호 매-완(Mae-Wan Ho)에 의해 쓰였다.

3. 로시(Ernie Rossi)는 유전자 발현의 정신 생물학에 관한 저서 『유전자 발현의 정신 생물학: 최면술과 치유 기술에서의 신경과학과 신경 생성(The Psychobiology of Gene Expression: Neuroscience and Neurogenesis in Hypnosis and the Healing Arts)』(2002)에서 더 이상 그것에 관해 '혹시나' 는 없으며 분명히 분자 수준에서 피드백 연결이 있다고 주장했다. 그는 "……두뇌 성장, 행동, 그리고 창조적인 인간 경험을 연결하는 정신 생물학에서의 새로운 개념(의)……유전자 발현"(p. 3)을 논의한다. 또한 로시는 "파동 방정식은…… 유전자 발현, 신경 생성 그리고 치유의 정신 생물학의 근원이다."(p. 29)라고 말한다. 그는 '즉각적인 초기 유전자' 와 환경적 동요에 대한 24시간 주기를 통해 응답하는 다른 종류 등 두 종류의 새로운 유전자에 대한 연구를 발표했다. 예를 들어, 활동가 집단은 신경 생성과 관련된 과정에 대한 연속단계를 시작함으로써 실행에 응답한다.

4. 앞서 언급한 로시는 신경 생성 연구에서 최첨단 연구를 논의하고, 그리고 예술, 과학과 치료적 최면술에서의 창의적인 경험을 통한 두뇌 성장과 치유를 촉진하기 위해 그것을 유전자 발현과 신경 생성을 최적화하는 연습과 통합했다. 또한 물리학과 유전학을 연결하는 훌륭한 최신 정보에 대해 호 매-완의 『유전 공학: 희망인가 악몽인가?』(1998)를 보라.

5. 유전적 사고를 만들고 또 고치기 위해 물리적인 방법이 계속해서 개발되고 있다. 아마도 나노 로봇 또한 미래에 우리에게 도움을 제공할 것이다.

6. 이 꿈 친구 인물은 내가 여기서 반복할 수 없지만, 꿈꾸는 사람에 대한 의미있는 개인적인 메시지를 가지고 있다.

제14장

1. 틱 낫 한(Thich Nhat Hanh), 『부처 가르침의 정수(The Heart of the Buddha's Teaching)』
2. 봄(David Bohm), 『나누어지지 않은 우주(The Undivided Universe)』
3. 이 유사성은 다른 연구자들에 의해 독립적으로 확인되어야 할 필요가 있다. 아직도 대답이 필요한 많은 의문들이 있다. 우리가 우리의 꿈으로부터 우리의 신체에 대해 얼마나 많이 예측할 수 있는가? 그리고 그러한 예측과 유전학 정보로부터 얻은 확률 사이에 정확한 관계는 무엇

인가? 꿈들은 유전학이 말할 수 없는 그 무엇을 말하는가? 그리고 유전학은 우리가 꿈에서 찾을 수 없는 그 무엇을 의미하는가?

4. 더 많은 정보를 위해 융(Jung)의 『심리학과 종교(Psychology and Religion)』와 『심리학과 연금술(Psychology and Alchemy)』(융의 모음집 11, 12권)을 보라.

5. 우나 토마스(Miss Una Thomas)는 1920년대 취리히 E.T.H.에서 융에 의해 개최된 꿈에 대한 세미나에서 어린이 꿈(Kinderträume)을 녹음하였다. 내가 1960년대 취리히에서 그녀를 만났을 때 90세였다. 그녀는 융의 가장 창의적인 학생 중 한 명이었다!

제15장

1. 『도덕경(Tao Te Ching)』

2. 틱 낫 한(Thich Nhat Hanh)의 저서 『부처 가르침의 정수(The Heart of the Buddha's Teaching)』(1998)에서 불교의 개관을 보라.

3. 8중(重) 경로는 다음과 같다.

① 올바른 이해-존재의 불교적 관점에서의 신념, ② 올바른 사고-불교를 실천하도록 노력, ③ 올바른 언행-거짓말, 비방, 그리고 유해한 언행을 삼가, ④ 올바른 행동-살생, 절도, 해로운 성적(性的) 행동의 절제, ⑤ 올바른 생활-불교 원리에 부합되지 않는 종류의 작업 거부, ⑥ 올바른 노력-선한 마음 상태의 개발과 악한 마음 상태의 기피, ⑦ 올바른 마음-신체, 감정, 그리고 사고의 알아차림, ⑧ 올바른 주의 집중-명상.

제16장

1. 파인만(Richard Feynman), 『물리적 법칙의 특징(The Character of Physical Law)』

2. 강력한 갈망을 해결하기 위해, 정신적 전통은 당신 자신을 어떠한 더 큰 강력한 존재에게 넘기라고 제안한다. 익명의 알코올 중독자 갱생회(Alcoholics Anonymous: AA)는 중독과 갈망이 관계에서 '더 강력한 존재'에 대한 절실한 필요의 표시라는 융(C. G. Jung)의 아이디어에서 설립되었다.

3. 나는 이러한 가상 입자들을 나의 책 『양자심리학』 제33-34장에서 상세하게 설명하였기 때문에 여기에서는 몇 가지 흥미로운 부분만을 언급하였다.

4. '가상 입자'에 대한 파인만의 놀라운 개념은 상대성 이론, 양자역학의 원리, 전기장 이론을 혼합한다. 그것은 비록 완벽하지 않지만 아직도 여러 가지 면에서 최선의 이론이다. 끈 이론과 같이 새로운 가설들은 궁극적으로 QED를 넘어설 것이나, 그러나 이러한 새로운 이론들은 QED가 세계에 관해 말해 주는 것만큼 말해 줄 수 있으려면 아직도 멀었다.

5. 그것은, 두 전자가 얼음판에서 스케이트를 타는 두 사람이 서로에게 눈뭉치를 던지거나 '교환'하는 것과 같이 '광자'를 교환하기 때문이다. (눈 뭉치는 스케이트를 타는 두 사람 사이에서 운동량을 전달하는, 따라서 서로로부터 반발력을 초래하는 가상의 광자를 나타낸다.)

6. 하이젠베르크의 불확실성 원리에 따르면, 입자의 수명은 식 $Et > b$ (E: 에너지, t: 시간, b: 플랭크(Planck) 상수)에 의해 결정된다. 따라서 어떠한 에너지의 입자도 이 관계식을 위반하지만 않는다면 어떠한 작은 시간 동안에도 존재할 수 있다. 입자는 에너지가 높을수록 더 수명이 짧다.

제17장

1. 말단소체가 세포의 더 연장된 수명을 만들기 때문에, 당신은 세포가 끊임없이 성장하는 암의 경우 말단소체가 너무 많이 있을지도 모른다고 생각할 수도 있다. 그러한 생각은 맞는 것으로 밝혀졌으며, 암의 경우에는 무엇인가가 과도하게 생성된 것처럼 보이는 그 효소의 스위치를 작동시킨 것이다.
2. 특히, 카스타네다(Carlos Castaneda)의 『익스틀란으로의 여정(Journey to Ixtlan)』을 보라.
3. 나는 이러한 훌륭한 그림들을 사용하게 해 준 www.buddhanet.net에게 감사한다. 열 장의 심우도 그림은 분명히 중국 송나라 시대(1126-1279 기원 전)의 선(禪) 도사로부터 유래한 것이며, 초기 불경에 그 정신적 근원이 있다. 그래픽 디자이너 룬(Hor Tuck Loon)이 이 그림들을 현대적으로 처리하였다.

제18장

1. 펜로즈(Roger Penrose), 『마음의 그림자(Shadows of the Mind)』
2. 엔트로피는 체계에서 일을 하기 위한 에너지의 비가용성의 척도다.
3. 열역학은 에너지가 어떻게 하나의 형태에서 다른 형태로 변환하는지, 열이 어떻게 이동하는지, 그리고 사용 가능한 에너지가 어떻게 더 많이 또는 더 적게 사용 가능하게 되는지를 지배하는 규칙들에 대한 연구다. 직접 일로 변환될 수 없는 (열과 같은) 사용 불가능 또는 '무질서한' 에너지와는 반대로, '사용 가능한 물리적 에너지'는 직접 일로 변환될 수 있다.
4. **쇠퇴**는 모든 사용 가능한 에너지가 열과 같은 사용 불가능한 형태(따라서 '우주의 열역학적 죽음' 참조)로 변환될 것이라는 것을 의미한다. 우주가 정말로 닫혀 있는 것인지 또는 아닌지에 대해 아직도 토론이 계속되고 있다. 이 분야에서의 인정된 전문가 랜도우(L. D. Landau), 리프쉬츠(E. M. Lifshitz)에 따르면, 중력이 역동적인 '외적' 조건으로 생각되면 우주는 정밀하게 닫힌 것은 아니다. 그들의 주장을 이용하면, 우리의 알아차림은 외적 조건 또는 적어도 비국소적 조건일 수도 있다.
5. 예를 들어, 만일 당신의 도시가 닫힌 계라면, 각각의 건물과 그것을 통해 이동하는 열, 빛, 그리고 물질 등의 환경은 하위 체계와 그것의 환경이 되는 것이다.
6. 맥스웰(Maxwell)은 벽으로 나뉘어 있으며 외부와 같은 온도를 갖는 상자에 들어 있는 두 부피의 기체를 상상했다. 빨리 움직이는 입자를 찾아내서 두 부피 기체 사이의 벽에 있는 문을 열고 다른 한쪽으로 갈 수 있도록 허용한다면 한 부피의 기체는 분자들의 빨라진 속도 때문에

더워질 것이다. 이러한 방법으로 (맥스웰의) 도깨비는 같은 온도에 있는 평형에서의 기체 특성인 무질서도로부터 질서도를 만들어 낼 수 있다.

7. 나에게는 치유의 자발적인 사례들이 내부 갈등을 해결하는 명료한 알아차림을 포함할 가능성이 있는 것처럼 보인다.

제19장

1. 카포랄(Lynn Caporale)의 『게놈에서의 다윈(Darwin in the Genome)』, 101쪽을 보라.

2. 이 말들은 폴(Kegan Paul)에 의해 출판된 『응답된 질문들(Some Answered Questions)』 (1908, Trench, Trubner & Co. Ltd.)에 처음으로 게재된 페르시아의 바하이(Baha'i) 신비주의자가 하였다. 미국판은 1918년에 처음 발간되었다.

3. 특히, 나는 '슈뢰딩거의 고양이'라고 일컬어지는 양자 역설을 생각하고 있다. 거기에서 고양이는 관찰 전의 양자 세계에서 죽었을 수도 있고 살아 있을 수도 있다. 근본적인 아이디어는 비록 삶(또는 죽음)의 관찰된 일상적 실재 CR 상태는 이러한 세계들을 배제하더라도, 삶과 죽음의 분리된 상태는 평행 세계들로서 존재한다는 것이다.

4. '바르도(Bardo)'는 육체적 죽음 후뿐만 아니라 일상의 삶에서, 인접한 시간에서('빛' '배고픈 유령' 등)의 상(相, phase)들이 발생하는 것을 일컫는 '상'을 의미하는 티베트 용어다. 린포체(Sogyal Rinpoche)의 『삶과 죽음을 바라보는 티베트의 지혜(The Tibetan Book of Living and Dying)』(오진탁 역)를 보라.

5. 나의 책 『혼수상태, 깨어남의 열쇠(Coma, Key to Awakening)』를 보라.

6. 헬싱키 부부(Camille and Kabir Helminski)는 『루미: 일광(Rumi: Daylight)』의 번역자이다.

7. 많은 사람들에게서 노화와 관련된 기억력 감소는 당신이 의도적으로 했던 것이다. 당신은 '왜' 당신이 무엇인가를 하고 있는지를 잊는다. 그와 같은 기억력 감소의 과정 지향적 관점은 당신은 왜 당신이 무엇인가를 해야 하는지를 알려고 하는 것을 접어 두고, '그것'이 당신을 움직이고, 미묘한 '경향성'과 침묵의 힘이 생명을 창조하도록 해야 할 '필요'가 있다는 것이다.

8. 나의 책 『혼수상태, 깨어남의 열쇠(Coma, Key to Awakening)』, 33-34쪽을 보라.

9. 오브라이언(Lewis O'Brien)과 한 낸커비스(David Nankervis)의 인터뷰, '우리는 거대한 캥거루같이 만들어졌다(We're Built Like a Giant Kangaroo)', 『애들레이드 타임스(Adelaide Times)』(1996, 11월호).

10. 그러한 사례 자료를 위해 나의 책 『혼수상태, 깨어남의 열쇠(Coma, Key to Awakening)』를 보라.

11. 레이(Reggie Ray)의 놀라울 정도로 명료한 『파괴할 수 없는 진실(Indestructible Truth)』을 보라.

12. 죽음 '가까이'에서의 작업에 대한 설명을 위해 민델(Amy Mindell)의 『혼수 상태, 치유의 여

정(Coma, A Healing Journey)』을 보라.

13. 나의 책 『깨어 있는 동안 꿈꾸기(Dreaming While Awake)』의 제1장에서 원주민 신화를 논의하였다.

14. www.lunarlogic.de/Frank/introduction.htm에서 피들러(Frank Fiedeler)의 연구를 보라.

15. 빌헬름(Wilhelm)의 『역경(I Ching)』(1981) 265쪽을 보라.

16. 『현대 물리학에서의 인과율과 가능성(Causality and Chance in Modern Physics)』, 11쪽를 보라.

제20장

1. 『양자 자아(The Quantum Self)』, 132쪽을 보라.

2. 독창적인 저서 『물리학의 도(The Tao of Physics)』에서, 카프라(Fritjof Capra)는 티베트의 신비주의의 고빈다 재단(Govinda Foundation)의 라마 아마가리카(Lama Anagarika)를 인용하였다. 305쪽을 보라.

3. 이 도깨비는 자기-반영이 왜 양자 파동 이론에 나타나는지를 설명할 때 필요했던 양자 물리학에서 없었던 특성의 묘사다. 우주의 자기-반영 능력이 없었다면, 우주도 없었을 것이다. 고스와미(Amit Goswami)는 이 주제에 대해 깨달음을 위한 책, 『스스로 알아차리는 우주(Self-Aware Universe)』를 다시 썼다. 그는 내가 **명료함**이라고 사용한 부분에서 **의식**이라는 단어를 사용했다.

4. 나는 『관계치료: 과정지향적 접근(Dreambody in Relationship)』(양명숙·이규환 공역)에서 신호 교환을 논의했다.

5. 병원이나 치료 장면에서, 가장 예상되는 역할의 쌍은 의사-상담자 그리고 환자-내담자다. 우리가 함께 들어가는 특정한 역할과 세계는 우리가 누구인지, 우리가 무엇을 하고 있는지, 그리고 그 순간의 본질에 달려 있다. 따라서 상담자에 대한 '이중(적) 관계'는 임상적이지 않은 (다른 모든 어떠한) 관계인 것이다. 예를 들어, 이중적 또는 다중적 관계는 당신이 누군가의 상담자가 되는 것에 추가하여, 당신은 또한 감독자, 교사 또는 친구라는 것을 의미할 것이다. 이중(적) 역할은 오늘날 상담자 협의회에서 많은 논란의 근원이다. 일반적으로 말해서, 임상을 넘어서는 어떠한 역할도 그것이 상담자의 객관성에 영향을 준다면 상담 장면에서 문제로 여겨진다. 무지개 알아차림은 주류의 관점을 지지한다. 그러나 규칙이 있든 없든, 관찰자는 비일상적 실재 NCR(예: 양자 수준에서나 꿈 작업에서)에서 관찰 대상과 항상 '얽혀' 있기 때문에 '객관성'은 결코 완전히 성취될 수 **없다**. 그러므로 관계에서 평행 세계 알아차림 작업은 항상 필수적일 것이다.

6. 예를 들어, 나의 책 『초자연치료사의 육체(Shaman's Body)』에서, 나는 케냐의 한 초자연치료사 부부가 어떻게 자신들의 작업을 설명했는지 설명했다. 그 부부는 그들의 '내담자들'을 방문한 후 그들을 집으로 돌려 보냈다. 그리고 부부는 변형 상태에 들어가고 그 상태에서 내담

자의 문제들을 해결한다. 초자연치료주의에서의 역사성과 신념은 그것이 현대 일상적 실재 CR 관찰자가 처음에 믿을 수 있는 것보다 더 빈번하게 '효과' 가 있다.

7. 복합적 역할의 '규칙들' 은 그것들이 상담자-내담자 관계의 투사를 인정하고 보호하려고 하기 때문에 중요하다. 그러나 역할들과 연관된 힘의 사용 주변에서의 알아차림의 결여 때문에 규칙은 처음부터 지키게 하는 것이 필요하다.

제21장

1. 『현대 물리학에서의 인과성과 가능성 Causality and Chance in Modern Physics)』, 11쪽을 보라.

부록 A

1. 카프라(Fritjof Capra), 『물리학의 도(The Tao of Physics)』, 241-242쪽을 보라.

2. 비록 우리가 우리의 시계를 시간에서 앞으로 움직이는 것으로 경험하더라도, 서로 상대적으로 움직이고 있는 기준 체제에 있는 시간의 관찰자에게 시간의 경험은 수축하거나 팽창할 수도 있다. 게다가 아인슈타인의 공간-시간 곡선은 우리가 결코 시간이 선형이라고 예측하면 안 된다는 것을 명확하게 보여 준다.

3. '이중성(Dualism)' 과 부주제인 '삶과 죽음(Life and Death)' 에 관해 『브리태니커 백과사전(Encyclopedia Britannica)』을 보라.

4. 끈 이론의 단순한 개관에 대해, 쉬바츠(Dr. Patricia Schwarz) 박사의 '공식적인 초끈(Official Superstring)' 웹 사이트(www.superstringtheory.com/basics/index.html)를 보라.

5. 호킹은 『땅콩 껍질속의 우주(Universe in a Nutshell)』(54-59쪽)에서 상대성 이론으로 양자역학을 통합한 가장 새로운 이론들에 대해 설명했다. 이 책에서, 그는 모든 끈들과 그것들의 다차원적인 대응들인 p-브레인(brane)을 포함하는 'p-브레인 이론' 과 'M 이론', 즉 끈 이론의 일반화를 위해 이해하기 쉬운 언어로 설명하고 있다. '긍정주의자' 로서, 그는 수학이 유용하기 때문에, 우리는 그것이 '실제' 인지 아닌지에 관한 논쟁을 하지 말고 그것을 사용해야만 하고 숙고해야만 한다고 말했다. 이러한 실용적인 관점은 그에게 가상의 시간과 가상 시간 개념을 사고하는 것을 허용하였다. 나의 관점은 모든 이론들이 심리학적이라는 것이다. 그것들은 우리의 본질로부터 나오고 우리 꿈, 우리가 만든 수학, 우리의 희망과 비전, 일상적인 실재의 내용의 개념으로 펼쳐진다. 따라서 양자역학의 가정된 진동 본성과 끈 이론의 개념으로 새로워진 내용은, 우리가 쿤달리니와 경향성 또는 나노 움직임과 같은 신체 경험에서 느끼는 우리의 심리학에서 경험되는 파동 같은 특성으로부터 유래한다.

6. 영점 에너지는 물질이 진동을 멈추는 온도인 절대온도 0K(-273℃)에서 물질에 남아 있는 에너지를 말한다. 이 에너지는, 양자 이론에 따르면, 단순 조화(調和) 운동으로 진동하는 입자가 0의 운동에너지를 가지는 정지 상태를 가지고 있지 않기 때문에 여전히 존재한다. 불확실성 원리는 그러한 입자가 진동의 정확한 중점(中點)에서 정지하고 있어야 한다는 것을 허용하

지 않는다. 따라서 사물들이 완전히 비어 있는 것처럼 보일 때조차 항상 영점 에너지가 있다.

7. 적어도, 여기서 나타낸 것은 가장 간단한 상황이 아니다.

8. 둘 또는 이상의 파동들이 중첩되었을 때, 과학자들은 개별적인 파동의 변위(變位)의 합인 '총 파동 변위'에 대해 설명한다. 이러한 변위는 양(陽)이거나 음(陰)일 수 있으며, 그들의 합(또는 총 변위)은 개별적인 파동 변위보다 더 크거나 작을 수 있다. 전자의 경우를 보강 간섭, 후자를 상쇄 간섭이라고 한다. 물의 파동, 빛의 파동 그리고 양자 파동 모두 서로 간섭한다. 간섭은 중첩 원리의 결과다.

9. 선형 체계라고 불리는 것에 대해. 예를 들어, 물은 점성을 가진 물질보다 더 '선형'이다. 파동은 '완벽한'(또는 마찰이 없는) 매개체에서 전파되지 않는 한 흩어져 소멸된다.

10. 물리학에서, 파동과 입자 사이의 연결성은 주어진 지점과 시간에서 입자를 찾아낼 확률 계산을 통해 확립된다. 이러한 계산은 그 상태의 파동 함수의 규격화된 진폭(normalized amplitude)을 제곱함으로써 얻어진다. 이렇게 하기 위해서, 당신은 파동의 높이(또는 진폭)를 구하고, 일상적 실재 CR에 측정 가능한 '입자'가 있을 수 있는 확률을 얻기 위해 그것(진폭)에다가 그 자체를 곱한다.

11. 『아인슈타인의 달(Einstein's Moon)』(p. 148-)이라는 훌륭한 책에서 피트(David Peat)는 기본적인 비수학적 방법에 대한 봄(Bohm)의 사고에 대해 논의하였다. 비록 봄의 기초적인 수학은 물리학의 주류 해석과 일치하지만, 피트는 일부 물리학자들이 봄의 생각을 완전하게 이해하지 못하는 것도 아니면서, 어떻게 양자역학에 대한 그의 해석을 받아들이지 않았는지 지적하였다. 왜냐하면 봄의 관점에서 입자의 모습은 다소 '입자'로 남아 있었기 때문이다. 봄이 '양자 잠재성'이라고 불렸던 그 파동 함수는 새로운 종류의 또는 비국소성 안내 힘이 된다. 비록 양자 잠재성이 인과적이고 정확한 방정식이라고 해도, 입자의 경로는 주변 환경에서 작은 변화가 양자 잠재성에서 약간의 변화를 만들기 때문에 불확실하다. 봄은 후에(양자 잠재성의 민감도에 의한) 입자의 경로의 필수적인 불확실성을 유지하는 그의 '인과적' 해석을 확장하였다.

물리학의 철학과 파동 함수의 해석에 대한 논쟁은 나에게 알아차림의 심리학과 심리학적 경험에 대한 그들의 연결만큼 중요하지 않다. 비국소적, 측정 불가능한 영역들은, 비록 일상적 실재 CR에서 그것들이 아주 멀리 떨어진 대상들을 연결시켜 줄지는 몰라도, 친근하고 가까운 것처럼 느껴질 수도 있다. 자석 주변의 자기장과 같은 물리학 영역과는 다르게 본질적 감정 또는 양자 잠재성의 정보를 주는 특징은 사물들이 더 멀어져도 감소하지 않는다. 반면, 자기장은 철 조각에 대해 서로 떨어지면 그 힘을 잃는다. 양자 잠재성 또는 안내 파동은, 자력과 중력과 같이 측정될 수 있는 다른 실제 영역의 '이면'에 있을 수도 있는 미묘한 정보를 주는 '힘'을 발휘한다. 그것이 내가 양자 잠재성과 그것의 파동 함수를, 우리가 우리를 움직이는 것을 주관적으로 경험하는 명백하게 측정 불가능한 미묘한 압력 또는 지성인 '침묵의 힘'이라고 부르는 이유다.

12. 양자 상태는 양자 수에 의해 표시되는 양자화된 체계의 상태다. 예를 들어, 수소는 전자의 특성(특정 에너지와 스핀) 을 나타내는 4종류의 양자 수 1, 0, 0과 1/2을 갖는다.

부록 B

1. 에버레트(Everett)의 위대한 통찰을 위해 프라이스(Michael Price)의 '에버레트에 관한 자주 묻는 질문들(The Everett FAQs)' 을 www.hedweb.com/everett/everett.htm에서 보라.
2. 위와 같은 인용

부록 C

1. 그의 웹사이트 listserv.arizona.edu/archives/quantum-mind는 바이오컴퓨터와 의학에 대한 양자마음 이론들의 응용에 대해 새로운 결과를 얻을 수 있는 훌륭한 곳이다.
2. 허버트(Nick Herbert)의 훌륭한 저서 『원소적 마음(Elemental Mind)』(pp. 146-178)에서 하이젠베르크 연구의 훌륭한 개관을 보라.

참고문헌

Abbott, E. 1952. *Flatland*. New York: Dover. (The original publication was in 1884 [seeling and Co.], and the most recent Dover Thrift Edition appeared in 1992.)

Abdu' l-Baha. 1908. *Some Answered Questions*. (Republished by Kegan Paul, Trench, Trubner & Co. Ltd. London. The first U.S. edition was published in 1918.)

Arkani-Hamed, Nima, Savas Dimopoulos, and Gerogi Dvail. August 2000. "The Universe's Unseen Dimensions." *Scientific American*. Vol. 282, Issue 8, p. 62.

Arye, Lane. 2002. *Unintentional Music: Releasing Your Deepest Creativity*. Cahrlottesville, Va.: Hampton Roads. www.hrpub.com.

Batchelor, Martine, and Stephen Batchelor. 1995. *Thorson's Principles of Zen: The Only Practical Introduction You'll Ever Need*. Audio cassette, #0-7225-9926-9, Thorsons Audio/National Book Network. www.nbnbooks.com.

____. 1996. *Walking on Lotus Flowers: Buddhist Women Living, Loving, and Meditating*. London and San Francisco: Thorsons, HarperCollins.

Beller, Mara. 1998. "The Sokal Hoax: At Whom Are We Laughing?" *Physics Today*.

January 1997, p. 61, and March 1997, p. 73.

Bohm, David. 1984. *Causality and Chance in Modern Physics*. London: Routledge and Kegan Paul. (First published in 1957.)

Bohm, David, and Basil Hiley. 1993. *The Undivided Universe: An Ontological Interpretation of Quantum Theory*. London and New York: Routledge.

Bohr, Niels. 1958. *Atomic Physical and Human Knowledge*. New York: John Wiley.

Caporale, Lynn. 2002. *Darwin in the Genome: Molecular Strategies in Biological Evolution*. New York: McGraw-Hill/Contemporary Books.

Capra, Fritjof. 1999. *The Tao of Physics: An Exploration of the Parallels Between Modern Physics and Eastern Mysticism*. 4th ed., updated. Boston: Shambhala.

Castaneda, Carols. 1972. *Journey to Ixtlan*. New York: Simon and Schuster.

Chatwin, Bruce. 1988. *The Songlines*. New York: Harmondsworth, England: Penguin Books.

Chen, Ellen. 1989. *The Tao Te Ching: A New Translation and Commentary*. New York: Paragon House.

Chopra, Deepak. 1998. *Ageless Body, Timeless Mind*. New York: Random House.

Cramer, John. 1997. "Quantum Nonlocality and the Possibility of supraliminal Effects." Proceedings of the NASA Breakthrough Propulsion Physics Workshop, Cleveland. Cleveland, Ohio, August 12-14, 1997.

Dalai Lama. 1990. *Freedom in Exile*. New York: Harper Collins.

Damasio, Antonio R. 1999. *The Feeling of What Happens: Body and Emotion in the Making of Consciousness*. New York: Harcourt Brace.

_____. 1999. "How the Brain Creates the Mind." *Scientific American*, 281, 6 (1999): 112-117.

Davies, Paul. 1999. *The Fifth Miracle*. New York: Simon and Schuster.

Dossey, Larry. 1993. *Healing Words*. New York: Harper Collins.

Encyclopedia Britannica 2001. (See especially its CD ROM version, available from www.britannica.com)

Feynman, Richard P. 1966. "Notes on the Beginning of Nanoscience." Caltech's

Engineering and Science website, www.zyvex.com/nanotech/feynman.html.

_____. 1967. *The Character of Physical Law*. Cambridge, Mass.: MIT Press.

Freitas, Robert A. 1999. *Nanomedicine. Vol. 1: Basic Capabilities*. Austin, Texas: Landes.

Godwin, Joscelyn. 1979. *Athanasius Kircher: A Renaissance Man and the Quest for Lost Knowledge*. London: Thames & Hudson.

Goswami, Amit, with R. E. Reed and M. Goswami. 1993. *The Self–Aware Universe: How Consciousness Creates the Material World*. New York: Tarcher/Putam.

Gould, James L., and Carol Grant Gould. 1988. *Life at the Edge*. New York: Freeman and Co.

Govinda, Lama Anagarika. 1973. *The Foundations of Tibetan Mysticism*. New York: Samuel Weiser.

Grimm's Fairy Tales. London: Routledge and Kegan Paul, 1980.

Hammeroff, S. R. 1994. "Quantum Coherence in Microtubules, a Neural Basis for Emergent Consciousness?" *Journal of Consciousness Studies*, 1: 91.

_____, and Roger Penrose. 1996. "Orchestrated Reduction of Quantum Coherence in Brain Microtubules: A Model for Consciousness." In S. Hameroff, A. Kaszniak, and A. Scott (Eds.), *Toward a Science of Consciousness: The First Tucson Discussions and Debates* (p. 115). Cambridge, Mass.: MIT Press.

Hanh, Thich Nhat, 1998. *The Heart of the Buddha's Teaching: Transforming Suffering into Peace, Joy, and Liberation; the four Noble Truths; the Noble Eight Fold Path, and other Basic Buddhist Teachings*. Berkeley, Calif.: Parallax Press.

Hawking, Stephen. 1993. *Black Holes and Baby Universes, and Other Essays*. New York: Bantam Books.

_____. 1999. Public lectures at www.hawking.org.uk/text/public/public.html.

_____. 2001. *The Universe in a Nutshell*. New York: Bantam Books.

Heisenberg, Werner. 1958. *The Physicist's Conception of Nature*. New York: Hutchinson.

_____. 1959. *Physics and Philosophy*. George Allen and Unwin Edition.

Helminski, Camiile, and Kabir Edmund Helminski. 1990. *Rumi: Daylight: A Daybook of Spiritual Guidance*. Putney, Vt.: Threshold Books.

Herbert, Nick. 1993. *Elemental Mind: Human Consciousness and the New Physics*. New York: Dutton.

Ho, Mae-Wan. 1998. *Genetic Engineering: Dream or Nightmare?* New York: Continuum Publishing.

Inkamana, Lorna. 2002. "Snake Dreaming" painting #LI1. www.nanou.com.au/songlines.

IONS Noetic Sciences Review, Sausalito, Calif. (Generally helpful magazine.)

Johnson, John L., "Environmental Justice for All: Principles and Practices for Conflict Resolvers" *AcreSolution*, Summer 2002: 24ff.

Journal for Frontier Sciences at Temple University in Philadelphia. (Generally helpful magazine for understanding biophysics and medicine.)

Jung, Carl Gustav. 1924. "Kindertraume" [Childhood Dreams]. Unpublished manuscript of lectures given at the E.T.H. (Eidgenoische Technische Hochschule) in Zurich, Switzerland.

_____. 1958. *Psychology and Religion: West and East, Vol. 11*.

_____. 1960. "Synchronicity: An Acausal Connecting Principle." *The Structure and Dynamics of the psyche: The Collected Works of C. G. Jung, Vol. 8*. Translated by R. F. C. Hull. Bollingen Series XX. London: Routledge.

_____. 1968. *Psychology and Alchemy, Vol. 12*.

Kahn, Hazart Inayat. 2001. *Sufi Message of Hazrat Inayat Khan*. (Sufi Message Series) New York: Hunter House.

Kaku, Michio. 1994. *Hyperspace: A Scientific Odyssey through Parallel Universes, Time Warps, and the Tenth Dimension*. New York: Anchor Books Doubleday.

Kircher, Athanasius. 1986. *Oedipus Aegyptiacus*. 1652/1986. Source: Thomas A.P. van Leeuwen, *The Skyward Trend of Thought*. Cambridge, Mass.: MIT Press.

Krishna, Gopi. 1971. *The Biological Basis of Religion and Genius*, with an introduction by Carl on Weizsacker, New York and London: Harper and Row.

Landau, L. D., and E. M. Lifshitz, 1999. *Statistical Physics*, 3rd ed. *Course of Theoretical Physics, Vol. 5*. Translated by J. B. Sykes and M. J. Kearsley. Oxford, UK: Butterworth-Heinemann.

Laszlo, Ervin. 1993. *The Creative Cosmos: A Unified Science of Matter, Life, and Mind.* Edinburgh: Floris Books.

Levin, Theodore, and Michael Edgerton. 1999, September. "The Throat Singers of Tuva." *Scientific American.* www.sciam.com/1999/0999issue/0999levin.html.

Leviton, Richard. 1992. "Landscape Mysteries and Healing Gaia: A Précis of Spiritual Geomancy." *West Coast Astrologer-Geomancer*, March, p. 15.

_____. 2000. *Physician: Medicine and the Unsuspected Battle for Human Freedom.* Charlottesville, Va.: Hampton Roads.

_____. 2002. *The Galaxy on Earth: A Traveler's Guide to the Planet's Visionary Geography.* Charlottesville, Va.: Hampton Roads.

Long, Derek A. 2001. *The Roman Effect: A Unified Treatment of the Theory of Raman Scattering by Molecules.* New York: John Wiley & Sons.

Lusseyran, Jacques. 1998. *And There Was Lingt: Autobiography of Jacques Lusseyran, Blind Hero of the French Resistance.* New York: Parabola Books.

McEvoy, J. P., and Oscar Zarate. 1999. *Quantum Theory for Beginners.* Cambridge, UK: Icon Books.

Menken, Dawn. 2002. *Speak Out! Talking About Love, Sex, and Eternity.* Tempe, Ariz.: New Falcon.

Mindell, Amy. 1994/2001. *Metaskills: the Spiritual Art of Theory.* Tempe, Ariz.: New Falcon; Portland, Ore.: Lao Tse Press. laotse@e-z.net.

_____. 1999. Coma, *A Healing Journey: A Guide for Family, Friends, and Helpers.* Portland, Ore.: Lao Tse Press. laotse@e-z.net.

_____. 2002. *An Alternative to Therapy. A Few Basic Process Work Principles. Zero Publications.* (Available through Lao Tse Press.laotse@e-z.net.)

Mindell, Arnold. 1982. *Dreambody: The Body's Role in Revealing the Self.* Boston: Sigo Press.

_____. 1984. *Working with the Dreaming Body.* London, England: Penguin-Arkana.

_____. 1987. *Dreambody in Relationships.* New York and London: Penguin.

_____. 1994. *Coma, Key to Awakening: Working with the Dreambody Near Death.*

New York and London: Penguin-Arkana.

———. 1996. *The Shaman's Body: A New Shamanism for Transforming Health, Relationships, and Community*. San Francisco: HarperCollins.

———. 1997. *Sitting in the Fire: Large Group Transformation Through Diversity and Conflict*. Portland, Ore.: Lao Tse Press. laotse@e-z.net.

———. 2000. *The Quantum Mind: The Edge between Physics and Psychology*. Portland Ore.: Lao Tse Press. laotse@e-z.net.

———. 2001. *Dreaming While Awake: Techniques for 24-Hour Lucid Dreaming*. Charlottesville, Va.: Hampton Roads.

———. 2002. *The Dreammaker's Apprentice: Using Heightened States of Consciousness to Interpret Dreams*. Charlottesville, Va.: Hampton Roads.

———. 2002. *The Deep Democracy of Open Forums: Practical Steps to Conflict Prevention and Resolution for the Family, Workplace, and World*. Charlottesville, Va.: Hampton Roads.

Morin, Pierre. 2002. *Rank and Salutogenesis: A Quantitative and Empirical Study of Self-Rated Health and Perceived Social Status*. Dissertation. Cincinnati: Union Institute.

Muktananda, Swami. 1994. *Kundalini: The Secret of Life*. South Fallsberg, N.Y.: Syda Foundation.

Nadeau, Robert, and Menas Kafatos. 1999. *The Non-Local Universe: The New Physics and Matters of the Mind*. New York: Oxford University Press.

New, Eldon. www.geocities.com/Athens/Acropolis/2606/superpos.htm.

North, Carolyn. 1997. *Death: The Experience of a Lifetime*. Berkeley, Calif.: Regent Press.

Pais, Abraham. 2000. *The Genius of Science*. London: Oxford University Press.

Peat, David F. 1990. *Einstein's Moon: Bell's Theorem and the Curious Quest for Quantum Reality*. Chicago: Contemporary Books.

Penrose, Roger. 1989. *The Emperor's New Mind*. London: Oxford University Press.

———. 1994. *Shadows of the Mind*. London: Oxford University Press.

Pert, Candice. 1999. *Molecules of Emotion*. New York: Simon and Schuster.

Pickover, Clifford A. 1999. *Surfing through Hyperspace: Understanding Higher Universes in six Easy Lessons*. New York: Oxford University Press.

Price, Michael Clive. 2002. "The Everett FAQ." www.hedweb.com/everett/everett.htm.

Rawson, Philip, and Laszlo Legeza. 1973. *Tao: Eastern Philosophy of Time and Change*. New York: Avon Books.

Ray, Reginald. 2000. *Indestructible Truth: The Living Spirituality of Tibetan Buddhism*. London: Shambhala.

Reiss, Gary. 2001. *Changing Ourselves, Changing Our World*. Tempe, Ariz.: New Falcon.

Regis, Ed. 1995. *Nano: The Emerging Science of Nanotechnology*. New York: Little Brown.

Rinpoche, Sogyal. 1997. *The Tibetan Book of Living and Dying*. San Francisco: HarperCollins.

Rossi, Ernst. 2002. *The Psychobiology of Gene Expression: Neuroscience and Neurogenesis in Hypnosis and the Healing Arts*. New York: W. W. Norton.

Roth, Harold D. 1999. *Original Tao*. New York: Columbia University Press.

Rucker, Rudy. 1984. *The Fourth Dimension*. Boston: Houghton-Mifflin.

Sarfatti, Jack. 2001. "Post Quantum Physics." www.qedcorp.com/pcr/pcr/.

Schrödinger, Erwin. 1944. *What Is Life? With Mind and Matter and Autobiographical Sketches*. Cambridge, UK: Cambridge University Press.

Schupbach, Max. 2002. "Process Work." In S. Shannon, ed., *Handbook of Complimentary and Alternative Therapies in Mental Health*. New York: Academic Press.

Schwarz, Patricia. 2002. "Official Super String Website." www.superstringtheory.com/basics/index.html.

Sheldrake, Rupert. 1981. *A New Science of Life: The Hypothesis of Formative Causation*. Los Angeles: J. P. Tarcher.

_____. 1988. *The Presence of the Past: Morphic Resonance and the Habits of Nature*. New York: Times Books.

_____. 1990. *The Rebirth of Nature: The Greening of Science and God*. London and

Sydney: Century.

_____. 1997. "Part 1: Mind, Memory, and Archetype: Morphic Resonance and the Collective Unconscious" in *Psychological Perspectives*, vol. 18, no. 1, pp. 9–25, Fall 1997. Los Angeles: C. G. Jung Institute of Los Angeles.

_____. 2002. "Sheldrake Online." www.sheldrake.org.

Sheldrake, Rupert, Ralph Abraham, and Terence McKenna. 1992. *Trialogues at the Edge of the West: Chaos, Creativity, and the Resacralization of the World*. Santa Fe, N.M.: Bear & Company Publishing.

Stargrove, Mitch. 2003. "Vital Systems: Integrative Medicine, Wellness, and the Healing Process." www.VitalSystems.org.

Sttrachan, Alan. 1993. "The Wisdom of the Dreaming Body: A Case Study of a Physical Symptom." *Journal of Process Oriented Psychology*, 5(2). Portland, Ore.: Lao Tse Press.

Sutton, Peter, et al., Eds. 1989. *Dreamings: The Art of Aboriginal Australia*. New York: George Braziller.

Taber's Cyclopedic Medical Dictionary. 2001 Donald Venes, Clayton L. Thomas (Eds.). Clarence Wilbur Taber. Philadelphia: F.A. David Co.

Tompkins, Peterm and Christopher Bird. 1989. *The Secret Life of Plants*. New York: HaperCollins.

Von Franz, Marie Louise. 1978. *Time: Rhythm and Repose*. London: Thames and Hudson.

Von Neumann, John. 1932. *The Mathematical Foundations of Quantum Mechanics*. Princeton: Princeton University Press.

Wheeler, John Archibald, and Max Tegmark. 2001. "100 Years of Quantum Mysteries." *Scientific American*, vol. 284, no. 1. pp. 68–75.

Wilhelm, Richard, trans. 1981. *I Ching, or Book of Changes*. Bollingen Series. Princeton, N.J.: Princeton Uiversity Press.

Wolf, Fred Alan. 1981. *Taking the Quantum Leap: The New Physics for Non-Scientists*. San Francisco: Harper & Row.

_____. 1984. *Starwave: Mind, Consciousness, and Quantum Physics*. New York: Collier

Books.

_____. 1988. *Parallel Universe*. New York: Simon and Schuster.

Yi-Fu Tuan. 1993. *Passing Strange and Wonderful: Aesthetics, Nature, and Culture*. Washington, D.C.: Island Press.

Zohar, Danah. 1990. *The Quantum Self*. New York: William Morrow.

찾아보기

《내 용》

저자 소개

아널드 민델(Arnold Mindell)

아널드 민델 박사는 1940년에 태어났으며, 현존하는 세계적인 석학으로 MIT에서 물리학을 전공하였고, 스위스의 취리히 융 연구소에서 전문 자격과정을 이수하였으며, 과정지향 심리학(Process Oriented Psychology)의 창시자다. 과정지향 심리학은 이후 프로세스 워크 센터(Process Work Center)를 중심으로 현재 미국 오리건 주의 포틀랜드를 비롯하여 세계 각국 연구소와 관련 기관에서 임상과 연구가 활발히 진행되고 있다.

민델 박사는 혁신적인 꿈의 통합, 바디워크, 융의 분석치료, 집단 과정, 의식 연구, 초자연치료, 양자물리학 그리고 크고 작은 집단 갈등 해결 등으로 세계적으로 알려진 인물이다.

주요 저서에는 『드림바디(Dreambody)』 『무예가로서의 지도자(The Leader as Martial Artist)』 『불에 앉아 있기(Sitting in the Fire)』 『양자심리학(Quantum Mind)』(양명숙 · 이규환 공역, 2011, 학지사) 『관계치료: 과정지향적 접근(Dreambody in Relationship)』(양명숙 · 이규환 공역, 2011, 학지사) 『지기(地氣) 심리학(Earth-Based Psychology)』 등 다수의 책이 있으며, 최신작으로 『프로세스마인드(ProcessMind)』가 있다. 민델 박사의 저서는 세계 각국 언어로 번역되었고, 현재도 활발하게 번역 중이다.

역자 소개

이규환
미국 뉴욕주립대학교(State University of New York at Stony Brook)
　　이학박사(화학 전공)
미국 플로리다 대학교(University of Florida) 연구원
한국과학기술연구원(KIST) 선임연구원
현 한남대학교 생명·나노과학대학 화학과 교수
　　한남대학교 생명·나노과학대학 학장
e-mail: gyuhlee@hnu.kr

양명숙
독일 하인리히 하이네 뒤셀도르프 대학교(Heinrich-Heine Dueseldorf
　　Universitaet) 철학박사(심리학 전공)
현 한남대학교 일반대학원 상담학과 교수
　　한남대학교 사회문화대학원 상담심리학과 교수
　　한남대학교 아동복지학과 교수
　　한남대학교 학생상담센터 소장

자격증
청소년상담사 1급
한국상담학회 초월영성상담 수련감독급 전문상담사
한국상담학회 집단상담 수련감독급 전문상담사
한국상담학회 아동·청소년상담 수련감독급 전문상담사
e-mail: msyang@hnu.kr

양자심리치료
The Quantum Mind and Healing

2013년 3월 15일 1판 1쇄 인쇄
2013년 3월 20일 1판 1쇄 발행

지은이 • Arnold Mindell
옮긴이 • 이규환 · 양명숙
펴낸이 • 김진환
펴낸곳 • (주) **학지사**

      121-837 서울특별시 마포구 서교동 352-29 마인드월드빌딩 5층
대표전화 • 02)330-5114   팩스 • 02)324-2345
등록번호 • 제313-2006-000265호

홈페이지 • http://www.hakjisa.co.kr
커뮤니티 • http://cafe.naver.com/hakjisa

ISBN 978-89-997-0041-5 93180

정가 17,000원